Christoph Kann (Hrsg.)

Emotionen in Mittelalter und Renaissance

d|u|p

Studia Humaniora

Düsseldorfer Studien zu Mittelalter und Renaissance

Band 44

Über den Herausgeber des Bandes:

Christoph Kann ist seit 2000 Professor für Philosophie an der Heinrich-Heine-Universität Düsseldorf.
Seine Arbeitsgebiete liegen im Bereich der theoretischen Philosophie (Erkenntnistheorie, Metaphysik, Sprachphilosophie) und der Geschichte der Philosophie, insbesondere der Philosophie und Logik des Mittelalters.

Emotionen
in Mittelalter und Renaissance

Christoph Kann (Hrsg.)

d|u|p

Bibliografische Information der Deutschen Nationalbibliothek
Die Deutsche Nationalbibliothek verzeichnet diese Publikation in der Deutschen Nationalbibliografie; detaillierte bibliografische Daten sind im Internet über http://dnb.dnb.de abrufbar.

Gedruckt mit Unterstützung der Anton-Betz-Stiftung der Rheinischen Post e.V. und der Gesellschaft von Freunden und Förderern der Heinrich-Heine-Universität Düsseldorf

http://www.dupress.de
Einbandgestaltung: düsseldorf university press
Einbandabbildung: Meister Casper von Regensburg: Frau Venus und der Verliebte, um 1485, kolorierter Einblattholzschnitt, Kupferstichkabinett – Staatliche Museen zu Berlin, Preußischer Kulturbesitz
Satz: Inna Goudz, InDesign
Gesetzt aus: Times New Roman, Mediaevum
Herstellung: Ruhrstadt Medien AG, Castrop-Rauxel
ISBN 978-3-943460-57-5

Für Iris

Inhaltsverzeichnis

Einleitung

Was sind Emotionen, Gefühle, Affekte und Leidenschaften? Die unterschiedlichen Ebenen dieser uns oft rätselhaften Phänomene lassen keine einfache Antwort zu. Zunächst haben wir die subjektive Ebene der Emotionen, d. h. erlebte und kommunizierte Gefühlszustände, zu unterscheiden von der objektivierbaren Ebene im Sinne psychophysiologischer Erregungs- und Reaktionsmuster. Hinzu kommen Formen des motorischen Verhaltens (z. B. Angriff oder Flucht) und des Ausdrucksverhaltens (z. B. Mimik, Gestik oder stimmliche Äußerung) sowie kulturelle Voraussetzungen, etwa implizite oder explizite Regeln dafür, was und wie gefühlt wird und als Gefühltes ausdrückbar ist oder welche Wechselwirkungen zwischen Gefühlen und sozialen Prozessen bestehen. All diese Dimensionen des komplexen Phänomens der Emotionen sind historisch durch sämtliche Epochen hindurch präsent, auch und nicht zuletzt im Mittelalter, und können zum Gegenstand historisch-systematischer Untersuchung werden. Das von Johan Huizinga vor fast einhundert Jahren gezeichnete Bild vom *Herbst des Mittelalters*, das uns jene Epoche u. a. als Zeit einer „allgemeinen Leidenschaftlichkeit“ mit Hang zur „zügellosen Extravaganz“ und zu „lebhaften Gemütsbewegungen“ wahrnehmen lässt[1], ist in diversen Phasen und Richtungen mediävistischer Forschung bestätigt, ergänzt und ausdifferenziert worden. Zu Beginn des 21. Jahrhunderts wird ein nochmals gesteigertes, an theoretischen ebenso wie an empirischen Fragen orientiertes Interesse an Emotion, Gefühl, Affekt und Leidenschaft einschließlich ihrer kognitiven Bedingtheit, ihrer wechselseitigen Abgrenzung und ihrer geschichtlichen Ausprägung sichtbar, das sich in zahlreichen Publikationen aus unterschiedlichen fachlichen Perspektiven niederschlägt.[2]

1 Johan Huizinga, *Herbst des Mittelalters. Studien über Lebens- und Geistesformen des 14. und 15. Jahrhunderts in Frankreich und in den Niederlanden,* Stuttgart [11]1975, S. 10, 18, 23.

2 Aus der Fülle der neueren Publikationen seien exemplarisch als interdisziplinär ausgerichtete mediävistische Sammelwerke genannt: Bele Freudenberg (Hg.), *Furor, zorn, irance. Interdisziplinäre Sichtweisen auf mittelalterliche Emotionen* (= Das Mittelalter. Perspektiven mediävistischer Forschung, Bd. 14, Heft 1), Berlin 2009; Christian Schäfer / Martin Thurner (Hg.), *Passiones animae.*

Der vorliegende Band nimmt dieses facettenreiche Forschungsinteresse auf und führt es weiter, indem er auf ausgewählte Texte und Autoren konzentrierte Einzelaspekte mit synoptischen Rekonstruktionen mittelalterlicher und frühneuzeitlicher Emotionen bzw. ihrer Repräsentation in Geschichts- und Literaturwissenschaft sowie in Kunstgeschichte und Philosophie verbindet. Die einzelnen Untersuchungen entwickeln nicht nur anthropologische, kulturgeschichtliche, gesellschaftspsychologische und ethische Perspektiven, sondern beziehen auch begriffliche Fragestellungen ein, die zu einer historischen Semantik der Emotionen beitragen. Der Band geht auf Initiativen des *Forschungsinstituts für Mittelalter und Renaissance* (FIMUR) der Heinrich-Heine-Universität Düsseldorf zurück. Nachdem sich bereits die Interdisziplinäre Sommerakademie 2006 und eine Ringvorlesung 2006/07 den Emotionen in Mittelalter und Renaissance gewidmet hatten, konnten für die aktuelle Publikation neben den FIMUR-Mitgliedern Vittoria Borsò (Romanistische Literaturwissenschaft), Barbara Haupt (Ältere Germanistik), Hans Hecker (Osteuropäische Geschichte), Hans Körner (Kunstgeschichte) und Achim Landwehr (Geschichte der Frühen Neuzeit) weitere einschlägig ausgewiesene Autorinnen und Autoren aus Philosophie und Literaturwissenschaften gewonnen werden: Dieter Birnbacher (Universität Düsseldorf), Mechthild Dreyer (Universität Mainz), Isabelle Mandrella (Universität München), Thomas Nisters (Universität Köln) und Martin Pickavé (Universität Toronto) sowie Katharina Philipowski (Universität Mannheim) und Irmgard Rüsenberg (Universität Bonn). Die Gruppierung bzw. Anordnung der Beiträge verdankt sich der Absicht, verwandte Themenbereiche zusammenzubinden und innerhalb dieser Bereiche nach Möglichkeit der Chronologie zu folgen.

Emotionen in Mittelalter und Renaissance wendet man sich hinführend und grundlegend am besten aus einer epochenübergreifenden Vergleichsperspektive zu – eben jener Perspektive, die Dieter Birn-

---

Die „Leidenschaften der Seele" in der mittelalterlichen Theologie und Philosophie (= Veröffentlichungen das Grabmann-Institutes zur Erforschung der mittelalterlichen Theologie und Philosophie, Bd. 52), Berlin 2009. Einen ausführlichen Überblick bietet der Bericht von Rüdiger Schnell, Historische Emotionalitätsforschung. Eine mediävistische Standortbestimmung, in: *Frühmittelalterliche Studien* 38 (2004), S. 173-276.

bacher an den Anfang seiner historisch-systematischen Analyse von Emotionen im Wandel des Zeitgeistes stellt. Während einerseits Emotionen als etwas gelten, das uns allen widerfährt, so dass sie in diesem Sinne eine anthropologische Konstante (wenngleich kein menschliches Spezifikum) darstellen, unterliegen sie andererseits erheblichen kulturellen und historischen Variationen. Menschen unterschiedlicher Kulturen denken nicht nur verschieden, sondern sie fühlen auch verschieden, und emotionale Äußerungsformen zeigen sich vielfältig geprägt durch Prozesse sozialen oder sogar gezielten Lernens: Erziehung kann Emotionstraining umfassen – oft mit dem Ziel der vor allem durch rationalistische Philosophietraditionen immer wieder empfohlenen Emotionsmäßigung oder -vermeidung.

Ein näherer Zugang zu dem komplexen Phänomen der Emotionen lässt sich über ihre verschiedenen Komponenten gewinnen, wie etwa deskriptive Überzeugungen, Bewertungen, Motivationen. Ausgehend von einer systematischen Analyse solcher Komponenten und strittiger Forschungsfragen, u. a. der sog. Körperbasiertheit und der Bewusstseinsgebundenheit, geht Birnbacher auf die kulturellen Bedingungen von Emotionen ein. Ihre durch einschlägige Theorien aller Epochen oft vernachlässigte Kontext- bzw. Kulturabhängigkeit ist bezogen auf das Mittelalter besonders gut zu zeigen. Der sich damals erst unvollständig ausgeprägten Differenziertheit und Verfeinerung der Emotionen steht eine spezifische Entdeckung ihres Wertes gegenüber. Tiefendimensionen des emotionalen Erlebens werden nicht zuletzt in der religiösen Gottesliebe sichtbar, die den Gefühlsalltag des mittelalterlichen Menschen in charakteristischer Weise prägt. Aber auch unabhängig von und unterhalb der Ebene der Gottesliebe treten ungezügelte, emphatisch ausgelebte, geradezu inszenierte Emotionen ebenso wie entsprechende Ausdrucksformen in Erscheinung.

Im Binnenbereich der philosophisch-wissenschaftlichen Perspektive behandelt Birnbacher exemplarisch einerseits Augustinus, der als Denker an der Schwelle von Antike zum Mittelalter einen frühen Beitrag zu Meta-Emotionen leistet, und andererseits Wilhelm von Ockham, der als einer der prominentesten spätscholastischen Philosophen den Blick auf die kognitiven Komponenten der Emotionen nicht nur von Menschen, sondern vergleichend auch von Tieren richtet. Ockhams Ausgangspunkt liegt bei Thomas von Aquin, dessen Ansatz für Birnbacher eine Art mittelalterlicher *common sense*-Theorie der Emotionen repräsentiert und der mit den Interpretationen von Dreyer, Pickavé und Nisters deutlich im Zentrum der philosophiegeschichtlichen Beiträge des Bandes steht sowie einen wichtigen Referenzpunkt für die geschichts- und literaturwissenschaftlichen Studien bildet.

Ausgehend von der eigentümlichen Doppelrolle der Emotionen bzw. Gefühle als körperlich-geistigem Phänomen rekonstruiert Mechthild Dreyer die systematische Stellung der Emotionslehre des Thomas von Aquin einschließlich ihrer philosophiegeschichtlichen Prämissen – insbesondere bei Platon, Aristoteles, den Stoikern und Augustinus. Während Emotionen generell durch rationalistisch ausgerichtete Philosophen eher kritisch betrachtet werden, gelangt Thomas zu einer die Gefühlswelt mit ihrem Beitrag zu Sittlichkeit und Glück des Menschen letztlich aufwertenden Sichtweise, und zwar auf Grundlage einer differenzierten Analyse und Typologie bzw. Klassifikation der nach aristotelischem Vorbild unterschiedenen Seelenteile und -vermögen. Von Thomas als anthropologisches Grundmoment gewürdigt, tragen Emotionen in je eigener Weise maßgeblich zur Ausrichtung des Menschen auf das Gute bei. Die ethische und handlungstheoretische Relevanz der Emotionen impliziert allerdings nicht nur die Möglichkeit, sondern auch das Erfordernis vernünftiger und willentlicher Kontrolle. Entsprechend verweist Dreyers Erörterung der thomanischen Prinzipien rationaler Emotionskontrolle auf die von Martin Pickavé behandelte Anschlussfrage der Verantwortlichkeit des Menschen für seine Emotionen.

Wenn wir registrieren, dass wir uns unseren Emotionen mitunter wie äußeren Ereignissen passiv ausgesetzt fühlen, stellt sich das Problem der willentlichen Verfügbarkeit von Emotionen und damit eben auch unserer Verantwortlichkeit für sie. Thomas von Aquin scheint, wie Pickavé zeigen kann, wechselnd davon auszugehen, dass Emotionen der Kontrolle durch die Vernunft oder aber durch den Willen unterliegen, doch erweist sich diese vermeintliche Inkonsistenz letztlich als gut begründet: Die Kontrolle der Emotionen durch die Vernunft bzw. den Willen kann gemäß ihrer Kontextabhängigkeit variieren. Zwecks seiner prinzipiell anzustrebenden Vervollkommnung ist der Mensch zur Emotionskontrolle durch die Vernunft aufgerufen, während Emotionen auch direkte Konsequenz einer Willenswahl sein und Vorstellungsbilder durch Willensentschluss beeinflusst werden können. Aus Verflechtungen des sinnlichen Strebevermögens mit anderen Seelenvermögen resultieren unterschiedliche emotionsbezogene Kontrollmechanismen – die aktive Steuerung einer vorhandenen Emotionsregung oder die vorausschauende Verhinderung des Aufkommens einer Emotion. Die Möglichkeiten der Emotionskontrolle, die Thomas zumindest implizit von einer Verantwortlichkeit für Emotionen ausgehen lassen, nimmt Pickavé zum Anlass für Vergleiche auch mit modernen Positionen.

Emotionen sind messbar an der Frage des situationsabhängigen Zuviel und Zuwenig. Dass unsere Bewertungskategorien und sprachlichen Ausdrucksmittel dabei Unschärfen und Asymmetrien aufweisen, ist das Thema von Thomas Nisters, in dessen Beitrag es exemplarisch um Fragen eines möglichen Übermaßes von Dankbarkeit geht. Anhand von Thomas von Aquins Begriffserklärungen zu „Dankbarkeit“ und „Undankbarkeit“ lässt sich nachweisen, dass Emotionen bzw. Gefühle uns nicht an sich, sondern im Hinblick auf ihren jeweiligen Gegenstandsbezug zu sittlich-moralischer Bewertung veranlassen. Dankbarkeit und Undankbarkeit einschließlich ihrer Gefühlskomponenten der Freude, des Wohlwollens, des Hochmuts, der Feindseligkeit usw. können sich auf mehr oder weniger angemessene Gegenstände richten, auf mitunter defizitären Urteilen (Tatsachenurteilen, Kausalurteilen, Urteilen über Werte und Normen) beruhen und damit mehr oder weniger angemessene Ausprägungen erfahren. Hierbei stellt sich nicht nur die Frage nach Bedingungen des uns lebenspraktisch vertrauten Phänomens unterentwickelter Dankbarkeit, des sog. „Unterdanks“, sondern auch des allgemein weniger beachteten, bei Thomas von Aquin nur angedeuteten und von Nisters in den Vordergrund gerückten „Überdanks“ einschließlich des Verhältnisses beider Emotionsformen.

Aus Sicht des (neu-)platonischen Denkens und seiner besonderen Gewichtung der intellektuellen Vollendung des Menschen kann das emotionale Empfinden mit seinen körperlich-sinnlichen Ausprägungen nur eine untergeordnete Rolle spielen. Die von Isabelle Mandrella zum Ausgangspunkt genommene Formel „*homo solus intellectus*“ des Nicolaus Cusanus scheint in diesem Sinne die rationale, intellektuelle Seite des Menschen absolut zu setzen. Allerdings zeigt sich bei näherer Betrachtung, dass der Prozess intellektueller Vervollkommnung, der den Menschen zu einer Gottangleichung oder Gottebenbildlichkeit führen soll, ohne richtig verstandene Emotionalität nicht auskommen kann. Immerhin ist der Mensch nicht nur mit einem Intellekt, sondern auch mit einem begehrenden Seelenteil ausgestattet – *intellectus* und *affectus* erweisen sich bei Cusanus als komplementäre anthropologische Größen. So betont Mandrella, dass im (Neu-)Platonismus des Cusanus die ‚Anähnlichung' an Gott wesentlich mit einer affektiv-emotionalen Gestimmtheit verbunden ist, wodurch sich die Formel „*homo solus intellectus*" relativiert. Die intellektuelle Vollendung des Menschen bleibt auf vernünftige Lenkung der Emotionen angewiesen, ist aber kaum unabhängig von jeglichen Gefühlskategorien zu denken.

Emotionen gelten einerseits als Teil der engsten persönlichen Sphäre eines jeden, können andererseits aber als Vorkommnisse des öffentlichen Lebens insbesondere dann eine maßgebliche Rolle spielen, wenn sie von Herrschenden für ihr politisches Handeln funktionalisiert, zuweilen auch bewusst inszeniert werden. Hans Hecker thematisiert aus historischer Perspektive den Gefühlsmenschen auf dem Thron, welcher zugleich auch komplex motivierter und rational kalkulierender Akteur sein kann, anhand dramatischer Beispiele aus dem mittelalterlichen und frühneuzeitlichen Osteuropa. Diese Beispiele sind die durch Gattenliebe, Mutterliebe und Gottesliebe zu fürchterlicher Rache getriebene Kiever Fürstin Ol′ga, der durch einen unbekannten Chronisten in absichtsvoller Darstellung mit intensivsten Gefühlsäußerungen ausgestattete Moskauer Großfürst Dmitrij Ivanovič, die in ihrer Wut maßlos agierenden Könige von Polen und Böhmen, Bolesław II. und Wenzel IV., und schließlich der für seine Leidenschaften, Ausschweifungen und Exzesse berühmt-berüchtigte Moskauer Zar Ivan der Schreckliche. Jeweils stehen hier Machtpositionen für Gefühlsspielräume zwischen Maß und Übermaß, zwischen Anschein und Authentizität, wobei sich, wie Hecker deutlich macht, im subtilen Zusammenspiel von *ratio* und *emotio* besondere Anforderungen an Mechanismen der Affektkontrolle stellen.

Als weitere historische Fallstudie zu Emotionen in ihrer Zeit- oder Zeitgeistbedingtheit, in ihrer wechselnden Gewichtung und Bewertung, kann Achim Landwehrs Beitrag zur Emotionskontrolle in der Frühen Neuzeit gelten. Historische und ethnologische Untersuchungen zu zeitlich oder räumlich entlegenen Gesellschaften lassen uns die von vertrauten Maßstäben teils deutlich abweichende Würdigung der Emotionen erkennen. Das rechtsverbindliche öffentlich-gesellschaftliche Verständnis der Ehe wird in der Frühen Neuzeit durch ökonomische, soziopolitische und kirchlich-religiöse Gesichtspunkte deutlich stärker bestimmt als durch den emotionalen Faktor von Zuneigung und Liebe. In Michel de Montaignes *Essais* begegnet uns exemplarisch ein weitgehend vernunftbestimmtes, also die Gefühlswelt der Akteure marginalisierendes Emotionsverständnis. Zugleich entwickeln bzw. verstärken sich seit dem Spätmittelalter administrative Möglichkeiten der Entprivatisierung und institutionellen Kontrolle familiärer und damit auch emotionaler Verhältnisse, wie Landwehr anhand von Beispielen der Ehegesetzgebung im frühneuzeitlichen Württemberg sowie von höchst anschaulichen Gerichtsprotokollen aus der schwäbischen Kleinstadt Leonberg demonstriert.

Bedingungen von Emotionsdarstellung in der Kunst, speziell der Dekoration, dem Ornamentalen, wendet sich Hans Körner zu. Zierelemente wie Satyrn an Feuerböcken gehören als Bestandteile des Dekorativen an einem Gebrauchsgegenstand einerseits einem eigenen, von dem Kaminfeuer selbst unterschiedenen Realitätsbereich zu, weisen andererseits aber das Gestaltungsmoment sichtbar gemachter Wärmempfindung auf, das sie gleichsam in den Realitätsbereich des Kaminfeuers einbinden. ‚Dekorativ leidende' Satyrn, ein Leitmotiv der Kunstgeschichte seit dem späten 15. Jahrhundert, begegnen uns in kunstgewerblichen Gegenständen ebenso wie in gemalten und plastischen Dekorationen oder Ornamentstichen. Müssten nicht derartige ornamentale Kontexte als separierte Realitätsbereiche jegliche Emotionalität neutralisieren? Körner erklärt, dass das Ornamentale die dargestellten Empfindungen gerade nicht suspendiert, sondern ihre Unabhängigkeit und Unbedingtheit zum Ausdruck bringt und damit sogar Steigerungsformen von anschaulich gemachter Empfindung erzeugt, wie sie sich, zu großer Kunst gesteigert, in den Fresken Michelangelos wiederfinden: Emotionaler Ausdruck kann letztlich umso prägnanter werden, je mehr er seinen äußeren Gegenstand und Zusammenhang verliert.

Literarische Inszenierungen von Gefühlen, etwa in dem emotionsgeprägten *Nibelungenlied*, fungieren nicht nur als Identifikationsangebote an den Leser, sondern bieten auch, wie Barbara Haupt zeigen kann, vielfältige Einblicke in gesellschaftlich-kulturelle Verhältnisse und in anthropologische Konstanten. So erfährt in einer kriegerisch geprägten Elitekaste der Zorn seine positive Bewertung im Hinblick auf Kampf- und Überlebenssituationen, wird aber zur ambivalenten Größe im Kontext sozialer Wertung und Interaktion. Trauer, im erweiterten Sinne der tiefen seelischen Verletzung durch andere, muss nicht einfach passiv hingenommen werden, sondern darf sich in gerechtem Zorn entladen, wobei sie für weibliche und männliche Rollen aber durchaus unterschiedlich definiert wird. Das Schamgefühl eines Ritters infolge von Ehrverlust mag zwecks Erneuerung des Ansehens zum Kampf motivieren, während es andererseits als Komponente von Taktgefühl, als Konstituens moralisch-ethischen Verhaltens überhaupt, zu einem zentralen Wert gesellschaftlicher Interaktion werden kann. Höfische Epen bringen dem Leser somit ein Kulturkonzept nahe, das aus der Sicht Haupts Emotionen in ihrer Vielfalt und Ambivalenz paradigmatisch dokumentiert und das uns zur Reflexion traditioneller Verhaltensmuster veranlasst.

In diesem Sinne rekonstruiert Irmgard Rüsenberg das komplexe Verhältnis konkurrierender und sich überlagernder Emotionen, welche in Hartmanns von Aue *Armem Heinrich* die wechselvolle Erfahrung von Krankheit und Heilung, von Resignation und Hoffnung begleiten. Im Kontext drohenden Missbrauchs patriarchaler Verfügungsgewalt werden hemmende Ängste überwunden durch freigesetztes Begehren, das seinerseits wiederum bewussten Verzicht ermöglicht. Die sexuellen Bezüge des Textes werden einschließlich ihrer inzestuösen und sado-masochistischen Konnotationen des archaischen Blutopfers zum Thema gemacht und mit der theologisch motivierten Untersuchungsperspektive von Schuld und Sühne ebenso verknüpft wie mit den psychoanalytischen Topoi von Voyeurismus, Narzissmus und Ödipuskomplex. Hartmanns emotionsgeladenes Dreiecksszenarium zwischen zwei Männern und einem Mädchen kehrt siebenhundert Jahre später in Gerhart Hauptmanns dramatischer Nachdichtung als modernisierte Botschaft der Triebzähmung wieder. So bietet auch Rüsenbergs Beitrag nicht zuletzt eine literaturwissenschaftliche Exemplifikation des Topos der Zeit- oder Zeitgeistbedingtheit und Wandelbarkeit von Emotionen.

Der bereits angesprochenen aristotelisch-thomistischen Tradition verdankt das Spätmittelalter die Unterscheidung einer sinnlich-materiellen und einer intellektuell-geistigen Seite unseres Gefühlslebens. Den physischen, unvermittelten Affekten sind demnach die psychischen, kulturell vermittelten Emotionen übergeordnet, insofern

Sinnlichkeit vom Prozess der Erkenntnisgewinnung ausgeschlossen bleibt. Eine Neubewertung des Verhältnisses von Affekt und Emotion unter Betonung der positiven Funktionen der physischen Sphäre ist, wie Vittoria Borsò zeigt, den Novellen Boccaccios zu entnehmen, die das Bild einer gefühlsbasierten Subjektivität, einer freizügigen Moralordnung der Leidenschaften zeichnen, wobei sinnliche Ausschweifung gemäß einer eigenen Vernunft des Körperlichen zur Geltung gebracht wird. Aufgrund von Boccaccios Umdeutung tradierter Implikationen des Naturgemäßen kann nunmehr Enthaltsamkeit als widernatürlich erscheinen. So repräsentiert das *Dekameron* nach Borsò einen auf die moderne Reflexion des komplexen Verhältnisses von leibbezogenem Affekt und kodierter Emotion vorausweisenden Beitrag: Der sich letztlich der traditionellen Materie-Form-Unterscheidung verdankende Antagonismus von materiellen Affekten und immateriellen Emotionen wird außer Kraft gesetzt zugunsten des neuartigen Konzepts einer Materialität der Emotionen.

Die Betrachtung literarischer Emotionsdarstellungen verweist zurück auf die Grundlagenfrage nach ihrem ontologischen Gegenstand, der, analog etwa zu ‚erzählten' Körpern oder ‚erzählten' Menschen, nicht ohne Weiteres mit realen Emotionen gleichzusetzen ist. So nimmt Katharina Philipowski den frühhumanistischen Emotionsdiskurs anhand der Novelle *Eurialus und Lucretia* zum Ausgangspunkt, Emotionen in der fingierten Erzählwelt Piccolominis zu analysieren. Komplexität und Kohärenz dieser Erzählwelt sorgen dafür, dass wir eine in ihr auftretende Emotion keinesfalls nur einer isolierten Einzelfigur zuzuweisen haben, sondern dass jene erst als Bestandteil und Funktion eines ganzheitlichen narrativen Zusammenhangs adäquat zu begreifen ist. Philipowski macht mit vergleichenden Seitenblicken auf das *Nibelungenlied* und das *Dekameron* klar, wie ein literarischer Diskurs Emotionsmodelle entwerfen kann, in denen die Protagonisten weniger als Akteure mit eigener Subjektivität als vielmehr im Sinne von entindividualisierten Funktionsträgern in einer modellhaften, zugleich dramatischen Konstellation auftreten. Diese Konstellation fungiert als Muster verfehlten Verhaltens und seiner Konsequenzen, das als Warnung vor der Liebe, vor Vernunft- und Identitätsverlust, im Sinne eines normativ-pädagogischen Konzepts zu lesen ist.

Die Autorinnen und Autoren der Beiträge haben mit Professionalität und Engagement das Zustandekommen des Sammelbandes ermöglicht sowie Verzögerungen der Publikation geduldig akzeptiert. An redaktionellen Arbeitsgängen waren Helena Behle, Sarah Gröning, Susanna Melkonian und Sascha Aulich maßgeblich beteiligt. Eva Kellner und Dennis Sölch haben wichtige Hinweise und Anregungen gegeben. Der Band wurde von Inna Goudz mit großer Einsatzbereitschaft, Sorgfalt und Sachkenntnis für den Druck vorbereitet. Auf Seiten des Verlags Düsseldorf University Press (dup) trugen neben Hans Süssmuth auch Sonja Seippel und Friedhelm Sowa mit verlässlicher Koordination und technischer Betreuung wesentlich zum Gelingen des Unternehmens bei. Allen Genannten sei an dieser Stelle herzlich gedankt. Besonderer Dank gilt schließlich der *Anton-Betz-Stiftung der Rheinischen Post e.V.* und der *Gesellschaft von Freunden und Förderern der Heinrich-Heine-Universität*, die wie schon bei früheren Bänden der FIMUR-Reihe *Studia Humaniora* die Publikation mit großzügiger finanzieller Unterstützung ermöglicht haben.

Christoph Kann

Düsseldorf, Januar 2014

I.

Dieter Birnbacher

Emotionen im Wandel des Zeitgeists

1. Die kulturelle Vielfalt und soziale Bewertung von Emotionen

Kulturgeschichte und Ethnologie belehren uns über die große Vielfalt menschlicher Emotionen und Emotionsäußerungen. Emotionen und Emotionsäußerungen scheinen eine ähnlich große Vielfalt aufzuweisen wie natürliche Sprachen. Es ist, als hätte jede Kultur und jede Zeitepoche, aber manchmal auch jedes eigene soziale Milieu seine eigene Phonologie. Die Grundausstattung zur Lauterzeugung ist bei allen Menschen im Kern dieselbe. Aber wie sie im Einzelnen zur sprachlichen Verständigung genutzt wird, ist in erheblichem Maße kulturell differenziert. Manche Laute muss man in frühester Kindheit auszusprechen lernen, um sie später zu beherrschen. Wird die Gelegenheit verpasst, besteht sie später nicht noch einmal. Manche Sprachen bevorzugen eine Lautgruppe, die andere gar nicht oder nur in Fremdwörtern kennen, und es gibt Dialekte und Idiolekte. Wie bei den Sprachen gibt es auch bei den Emotionen Altmodisches und Neumodisches und echte Innovationen: *Acedia*, die mittelalterliche Emotion der Unlust an geistlichen Übungen, ist seit langem ausgestorben[1]; *Weltschmerz* oder *Isoldes Liebestod* sind neu hinzugekommen. Und es gibt einen offenen Zukunftshorizont nicht vorhersehbarer Entdeckungen und Möglichkeiten. Das Repertoire der Emotionen wie der in natürlichen Sprachen vorkommenden Laute ist bei weitem nicht erschöpft.

Auf den ersten Blick hat diese Vielfalt der Emotionen und der Emotionsäußerungen etwas Paradoxes. Eine unbestrittene Eigenschaft von Emotionen ist ihre *Passivität*. Emotionen sind etwas, was uns widerfährt und nichts, was direkt von unserem Willen abhängt. Sie unterliegen nur in sehr begrenztem Maße einer willentlichen Steuerung. Sie sind *passiones* in dem ursprünglichen Sinn von etwas, das wir *erleiden*. Insofern hat sie Descartes in seiner Abhandlung über die *passions de l'âme* zu Recht zusammen mit den Emp-

1 Vgl. Rom Harré / Robert Finlay-Jones, Emotion Talk across Times, in: Rom Harré (Hg.), *The Social Construction of Emotions,* Oxford 1986, S. 220-233, hier S. 221f.

findungen und Wahrnehmungen den *passiven* Seelenfunktionen zugerechnet und ihnen als *aktive* Seelenfunktionen ausschließlich den Willen und diejenigen Seelenfunktionen, die Willensakte als Komponenten enthalten, gegenübergestellt. Nur mittels des Willens vermögen wir unser Verhalten direkt kausal zu steuern. Eine Beeinflussung dessen, was wir erleiden, ist uns allenfalls indirekt möglich.

Die kulturelle Vielfalt der Emotionen und ihrer Äußerungsformen will zu diesem Befund nicht recht passen: Emotionen scheinen uns das Spontanste, Natürlichste, Authentischste, am wenigsten von kulturellen Faktoren Beeinflusste. Deshalb vielleicht auch das Erstaunen, wenn wir feststellen, dass andere Menschen, andere Kulturen und andere Zeiten nicht nur anders *denken*, sondern auch anders *fühlen* – wobei diese Verschiedenheiten befremdlich wirken können, aber auch besonders anziehend. Das Exotische, das Gauguin auf Tahiti festhielt, war ja nicht nur die exotische Oberfläche, sondern auch die für den aus bürgerlichem Milieu stammenden Künstler die exotische Emotionalität, etwa die völlige Abwesenheit von sexuellen Schamgefühlen bei den jungen Mädchen, die er sich als Lebensgefährtinnen hielt.

Das Paradox löst sich auf, wenn wir uns vor Augen führen, wie sehr auch noch die allernatürlichsten und allerspontansten Emotionsäußerungen durch Prozesse sozialen Lernens geprägt sind. Selbst noch ein Seufzer, der sich der Brust eines Belasteten entringt, klingt – bei aller scheinbaren ‚Natürlichkeit' dieser Äußerung – im Deutschen und im Französischen so verschieden wie ‚ach' und ‚hélas'. Aber auch die Emotionen selbst sind von dieser Variabilität betroffen. Unterschiedliche Emotionen sind in unterschiedlichen Kulturen und zu unterschiedlichen Zeiten dominant, und zwar einerseits und trivialerweise, weil die jeweiligen Erfahrungen andere sind (Depressionen sind in Kriegszeiten drastisch reduziert, offensichtlich weil die Aufmerksamkeit durch die äußeren Ereignisse vom eigenen Innenleben abgelenkt wird; in der ehemaligen DDR konnte man der – geheim gehaltenen – Suizidstatistik ablesen, dass die Suizidneigung mit jeder ‚Tauwetterperiode', in der die Hoffnung auf eine Öffnung zum Westen hin wuchs, abnahm), andererseits und interessanterweise, weil sich die emotionalen Reaktionen auch auf ähnliche Erfahrungen signifikant unterscheiden, etwa zwischen ‚Schuldkulturen' und ‚Schamkulturen'.

Selbstverständlich hat die Variabilität Grenzen. Auch wenn ein Seufzer in verschiedenen Sprachen sehr unterschiedlich ausgedrückt wird, dürfte doch seine charakteristische Intonationskurve in allen Sprachen zumindest ähnlich sein. Die gegenwärtig bestbestätigte psychologische Theorie der Emotionen geht davon aus, dass es *Grundemotionen* gibt, die ähnlich wie Chomskys sprachliche Universalien kulturübergreifend realisiert sind und für die es standardisierte Formen physiognomischen Ausdrucks gibt, der nahezu immer richtig gedeutet wird. Dass dies nicht nur für Menschen gilt, sondern auch für Menschenaffen, zeigt, wie stark diese Grundemotionen (nach Paul Ekman Glück, Trauer, Angst, Ärger, Überraschung und Ekel) und ihr jeweiliger mimischer Ausdruck biologisch verankert sind. Emotionen sind nichts spezifisch Menschliches[2], und ebenso wenig ist es der Ausdruck von Emotionen im Verhalten. (Allerdings sind Primaten die einzigen Tiere, die eines emotionalen *Gesichtsausdrucks* fähig sind. Nur bei ihnen finden sich Muskelendigungen im Bereich des Gesichts.) Spezifisch menschlich ist das Ausmaß ihrer kulturellen und historischen Differenzierung.

Der Eindruck des Paradoxen verliert sich vollends, wenn wir uns klarmachen, wie vielen psychischen Phänomenen wir passiv ausgesetzt sind, die dennoch keinesfalls ‚natürlich', sondern kulturell, d. h. durch Erziehungs- und Einübungsprozesse bedingt sind: Eine bestimme Melodie verfolgt uns, wird vielleicht sogar zum ‚Ohrwurm'. Auch wenn der *Mechanismus*, der diesen Zwang bewirkt, möglicherweise einem psychologischen Naturgesetz folgt, ist der *Inhalt* dieses Gedankens dennoch ganz und gar kulturell geprägt.

Am augenfälligsten sind die kulturellen Differenzierungen in der Dimension der *Bewertung* von Emotionen. In verschiedenen Gesellschaften werden nicht nur unterschiedliche Grenzen zwischen angemessenem und unangemessenem *Emotionsausdruck* gezogen, sondern auch zwischen angemessenen und unangemessenen *Emotionen* selbst. Dieselben Emotionen, die in einer bestimmten Kultur tabuiert sind, werden in einer anderen als ‚normal' akzeptiert. Einem Eskimovolk (Utku), das Ärger und die Äußerung von Ärger perhorresziert, lässt sich ein anderes – ein im Grenzgebiet zwischen Venezuela und Brasilien lebendes (Jayanomamö) – ge-

2 Vgl. Antonio R. Damasio, *Der Spinoza-Effekt. Wie Gefühle unser Leben bestimmen,* Berlin 2005, S. 57.

genüberstellen, bei dem Ärger und Ärger auslösendes Verhalten nicht nur geduldet, sondern sogar kultiviert wird, z. B. durch mutwillige wechselseitige Provokationen.[3] In den USA gilt heute ein Jahr als angemessene Trauerzeit. Halten Trauerreaktionen länger an, gelten sie als exzessiv, pathologisch und behandlungsbedürftig. In lateinamerikanischen Ländern, aber auch in Griechenland, wird eine längere Trauerzeit als angemessen beurteilt. In multikulturellen Gesellschaften werden diese Unterschiede regelmäßig zu großen Herausforderungen an Toleranz und Einfühlung.

Die sozialen Bewertungen von Emotionsäußerungen als erwünscht oder unerwünscht, politisch korrekt oder politisch inkorrekt, wirken auf die gefühlten Emotionen zurück – zumindest soweit sich diese nicht als allzu robust erweisen, um sich in gesellschaftlich approbierte Bahnen lenken zu lassen. Es ist zu vermuten, dass die Zunahme der Intensität und Dauer von Traueräußerungen im Europa des 19. Jahrhunderts einhergegangen ist mit einer Intensivierung auch der gefühlten Trauer selbst.[4] Man ließ sich stärker auf die eigene Trauer ein, spiegelte sie und kultivierte sie. Ähnlich hat wohl auch die ausgeprägte Tendenz zur Ächtung etwa von Eifersucht unter den 68ern zu einer tatsächlichen Schwächung dieser Emotion in der entsprechenden gesellschaftlichen Gruppe geführt, ähnlich wie die vorherigen Tendenzen zur Abwertung des Ehrgefühls oder des Patriotismus. Wie weit die noch andauernden Prozesse der Abwertung von Fremdenfeindlichkeit (nach aller Erfahrung eine ausgesprochen ‚natürliche' Emotion) erfolgreich sein werden, steht noch dahin. Derartige Veränderungen in den für eine Gesellschaft typischen Emotionen hat der Kulturhistoriker Peter N. Stearns – etwas irreführend – als „emotionological transformations" bezeichnet.[5] Kennzeichnend für solche Transformationen ist die Gleichzeitigkeit einer veränderten *Bewertung* bestimmter Emotionen mit einer veränderten *Praxis* der Emotion.

---

3 Vgl. Keith Oatley, *Emotions. A Brief History,* Malden, MA 2004, S. 31.

4 Vgl. Peter N. Stearns / Mark Knapp, Historical Perspectives on Grief, in: Rom Harré / W. Gerrod Parrott, *The Emotions. Social, Cultural and Biological Dimensions,* London 1996, S. 132-150, hier S. 133.

5 Peter N. Stearns, *American Cool. Constructing 20th-Century Emotional Style,* New York / London 1994, S. 303.

Die dieserart Bewertungen zugrunde liegenden Normen umfassen neben den *display rules* (Ekman)[6] – den Regeln, wann und wo welche Emotionen ausgedrückt oder nicht ausgedrückt werden dürfen oder sollen – eine Reihe weiterer *feeling rules*[7], die regeln, wann, wo und unter welchen Bedingungen es angemessen ist, welche Emotion zu haben, und wie lange eine Emotion dauern darf.[8] Solche Regeln sind, worauf Michael Stocker hingewiesen hat, ein wichtiger Teil nicht nur des individuellen Selbstverständnisses[9], sondern auch des Moralsystems einer Gesellschaft:

> Simply having the right emotions is not enough, they must be had in the right way, People who have the right emotions can remain with them for too short or too long a time. Here we could consider people who claim to feel serious remorse at a misdeed, or deep grief at the death of a relative or friend, but are almost immediately back to their old concerns and ways of life. This too can be a moral fault, showing insincerity or lack of depth.[10]

Diese Normen wirken teilweise über die bewusste Verhaltenssteuerung, teilweise unbewusst. So scheinen etwa auch bei gänzlich spontanem Ausdrucksverhalten kulturelle und angeborene Faktoren zusammenzuwirken.[11] In der neueren neurowissenschaftlich orientierten Entwicklungspsychologie gibt es Hinweise darauf, dass die Einprägung solcher Normen bereits im frühen Kindesalter einsetzt. So spricht der Kinder- und Jugendpsychiater Daniel J. Siegel davon,

---

6 Vgl. Christoph Jäger / Anne Bartsch, Meta-Emotions, in: *Grazer Philosophische Studien* 73 (2006), S. 179- 204, hier S. 192.

7 Vgl. Arlie Russell Hochschild, *The Managed Heart. Commercialisation of Human Feeling,* Berkeley, CA 1982.

8 Vgl. James R. Averill, The Acquisition of Emotions During Adulthood, in: Harré (Hg.), The Social Construction (wie Anm. 1), S. 98-118, hier S. 105ff.

9 Vgl. Alan Gibbard, *Wise Choices, Apt Feelings. A Theory of Normative Judgment,* Oxford 1990, S. 274ff.

10 Michael Stocker, Some Ways to Value Emotions, in: Peter Goldie (Hg.), *Understanding Emotions,* Aldershot 2002, S. 65-79, hier S. 77.

11 Vgl. u. a. Ursula Hess / Rainer Banse / Arvid Kappas, The Intensity of Facial Expression is Determined by Underlying Affective State and Social Situation, in: *Journal of Personality and Social Psychology* 69 (1995), S. 280-288, hier S. 287.

dass das neuronale System des Kindes von Anfang an durch das reifere Gehirn der Eltern im Zuge ihrer wechselseitigen emotionalen Kommunikation geformt wird.[12] Verstärkt und geschwächt werden Emotionen im Prozess der Erziehung und Sozialisation ähnlich wie andere Verhaltensweisen, durch Belohnungs- und Strafreize sowie durch Modelllernen. Offenbar lassen sich Emotionen aber auch durch bloße Zuschreibungen beeinflussen, was u. a. in der Psychotherapie genutzt wird. Die Zuschreibung positiver Konnotationen verbessert den emotionalen Zustand bzw. die Selbstzuschreibung dieses Zustands durch die entsprechende Person augenblicklich. Es genügt, dass der Therapeut einem Patienten den eigenen Zustand in einem konstruktiv-ressourcenorientierten, positive Assoziationen weckenden Sinn beschreibt, um diesen sich besser fühlen zu lassen. Die große Plastizität der Emotionen zeigt sich auch daran, dass sich das Kleinkind in einer bestimmten Entwicklungsphase aktiv darum bemüht, emotionale Hinweise von Anderen zu erhalten, um es in seiner Einschätzung einer unsicheren oder mehrdeutigen Situation zu unterstützen. Es sucht die emotionalen Reaktion der Eltern oder anderer Bezugspersonen, um sich emotional zu orientieren.[13] Dadurch erwirbt das Kleinkind zugleich mit den Emotionen selbst Normen der Angemessenheit oder Unangemessenheit dieser Emotionen. Es lernt nicht nur, wann man weint und wann man lacht, sondern auch – und primär auf diesem Weg –, wann man traurig ist und wann man sich freut.

Es ist anzunehmen, dass die sozialen Bewertungen von *Emotionen* und die sozialen Bewertungen von *Emotionsäußerungen* dabei nicht unabhängig voneinander sind, sondern zwei Seiten einer Medaille. Als eine der erfolgversprechendsten Strategien zur Schwächung unerwünschter und zur Stärkung erwünschter Emotionen hat sich die Ab- oder Aufwertung ihrer jeweiligen *Ausdrucksformen* jedenfalls bewährt. Wenn Eltern ihre Kinder ermahnen, sich nicht ‚hängen zu lassen', ist gewöhnlich nicht nur das entsprechende Verhalten, sondern auch die dahinter stehende emotionale Einstellung gemeint.

---

12 Vgl. Daniel J. Siegel, *Wie wir werden, die wir sind. Neurobiologische Grundlagen subjektiven Erlebens und die Entwicklung des Menschen in Beziehungen,* Paderborn 2006, S. 307.

13 Vgl. Jean Decety / Philip L. Jackson, The Functional Architecture of Human Empathy, in: *Behavioral and Cognitive Neuroscience Reviews* 3 (2004), S. 71-100, hier S. 78.

Diese Strategie hat eine durchaus solide faktische Grundlage. Das zunächst emotionslose Ausführen emotionaler Ausdrucksgesten in Mimik und Körperhaltung wirkt sich auch auf den tatsächlichen emotionalen Zustand aus: Das ‚künstliche' Zeigen des entsprechenden emotionalen Gesichtsausdrucks bewirkt eine schwache entsprechende Emotion.[14] In China wird dieser Zusammenhang seit längerem in der Lachtherapie bei Depressiven genutzt. Bereits Pascal war bekanntlich der Meinung, der beste Weg zur Frömmigkeit sei der, in die Kirche zu gehen. Ähnliche pädagogische Anstrengungen unternehmen Politiker, über das Angebot, den Druck oder den Zwang zur Teilnahme an öffentlichen Manifestationen emotionaler Einstellungen wie Trauer, Solidarität oder Völkerfreundschaft diese selbst zu verstärken.

Ein schönes Beispiel für den Versuch einer ‚Herzensbildung' mithilfe der Korrektur der Ausdrucksgestalten, in denen sich das Herz nach außen hin ausspricht, bietet Jane Austens in dieser Hinsicht einschlägiger Roman *Sense and Sensibility*. In diesem um 1800 entstandenen Werk kontrastiert die Autorin die Vernünftigkeit und Zurückhaltung Elinors (*Sense*) mit der Leidenschaftlichkeit und dem Ungestüm ihrer Schwester Marianne (*Sensibility*). Die Sympathien der Autorin liegen erkennbar auf der Seite des Herzens und nicht auf der Seite der für ihre Gesellschaftsschicht geltenden Konventionen. Aber andererseits liegen sie ebenso erkennbar auf der Seite der Zurückhaltung in Gefühlsäußerungen. *Sense* geht vor *Sensibility*, vor allem wegen des Schadens, den heftige und unbedachte Gefühlsäußerungen bei anderen anrichten. Ungezügelte Äußerungen von negativen Emotionen werden – nicht zuletzt wegen ihrer Authentizität – leicht als anstößig und verletzend empfunden, ungezügelte öffentliche Äußerungen positiver Emotionen wecken Neid und Missgunst. Elinors Versuche, die Spontaneität ihrer Schwester zu zügeln, zielen aber nicht nur auf deren leidenschaftliche Gefühlsäußerungen, sie zielen auch auf deren Leidenschaften selbst. Am Ende gelobt die von der Schwester umsichtig zurechtgewiesene Marianne Besserung: „I have laid down my plan, and if I am capable of adhering to it – my feelings shall be governed and my temper improved. They shall no longer worry others, nor torture myself."[15]

14 Vgl. ebd.

15 Jane Austen, *Sense and Sensibility,* London 1995 (Orig. 1811), S. 323.

Was hier exemplarisch vorgeführt wird, ist das, was man in früheren Zeiten *éducation sentimentale* genannt hat, die gezielte Steuerung und Formung des Gefühlslebens. Heute spricht man von *emotion coaching*. Erziehung besteht zu einem großen Teil aus dieserart ‚Emotionstraining', und dieses vor allem aus der Erziehung zur Mäßigung von Emotionen. Der Weg dahin führt u. a. über die Mäßigung des Emotionsausdrucks. Die Vollendung dieser Tendenz ist das in der westlichen Gesellschaft seit den 20er Jahren des 20. Jahrhunderts vorherrschende Ideal der *coolness*.[16] Stärkere Affekte werden zunehmend als *Störungen* wahrgenommen – sowohl für die eigene Lebensführung als auch für den Seelenfrieden anderer.

2. Die Vielfalt der Emotionen und ihrer Ausdrucksgestalten aus philosophischer Sicht

Die kulturelle und historische Variabilität von Emotionen sind ein Thema vieler Disziplinen. Das eben erwähnte Buch von Stearns ist der dritte Band in einer Buchserie zur ‚History of Emotions', in der kulturelle Ausprägungen von Emotionen als Teil der Mentalitätsgeschichte studiert werden. Emotionen und ihre Variabilität sind aber seit einiger Zeit zunehmend auch Gegenstand der *philosophischen* Anthropologie, also derjenigen Disziplin, die nach dem Wesen von Emotionen im Allgemeinen fragt. Typische philosophische Fragen in diesem Zusammenhang lauten:

(i) Was macht das *Spezifische* von Emotionen im Gegensatz etwa zu Empfindungen, Stimmungen, Bedürfnissen, Motiven und Strebungen aus?

(ii) Wie verhalten sich Emotionen zu *körperlichen Prozessen*? Besteht hier lediglich ein kausaler oder auch ein begrifflicher Zusammenhang? Sind Emotionen wesentlich psychische oder wesentlich auch körperliche Phänomene?

(iii) Wie verlaufen die *Kausallinien* zwischen Emotionen, Emotionsursachen und Emotionsausdruck? Kausale Zuordnungen sind nur in engen Grenzen *empirisch* nachweisbar. Ob es sich bei dem empirischen Befund einer regelmäßigen Koinzidenz oder Aufeinan-

16 Vgl. Stearns, American Cool (wie Anm. 5), S. 303.

derfolge um eine *kausale* Verknüpfung oder eine bloße Korrelation handelt, hängt u. a. auch von übergreifenden theoretischen Überlegungen, etwa einem bestimmten Grundverständnis des Verhältnisses zwischen körperlichen und seelischen Vorgängen ab.

(iv) Welche *Funktionen* übernehmen Emotionen ontogenetisch und phylogenetisch? Wie fügen sich Emotionen in die evolutionäre Entstehungsgeschichte des Menschen ein?

Selbstverständlich sind diese Fragen nicht das exklusive Eigentum *philosophischer* Emotionstheorien. Sie werden auch von vielen psychologischen und biologischen Emotionstheorien gestellt. Auch hinsichtlich der Antworten existiert dabei ein hohes Maß an Übereinstimmung, wobei jedoch nur wenige Theoriestücke gänzlich unumstritten sind.

Um die Variabilität der Emotionen zu verstehen, empfiehlt es sich, zunächst einen Blick auf die einzelnen *Komponenten* von Emotionen zu werfen. In der Tat scheint mir der Schlüssel zum Verständnis der Vielfalt der Emotionen die in der Geschichte der philosophischen Emotionstheorien seit langem gewachsene Einsicht, dass es sich bei Emotionen um in besonderem Maße *komplexe* Phänomene handelt, d. h. dass sich Emotionen aus einer Vielzahl von Komponenten oder Dimensionen zusammensetzen.[17] Da die meisten dieser Komponenten unabhängig voneinander variieren können, ist damit bereits ein Teil der Variabilität der Emotionen erklärt.

2.1 Komponenten der Emotion

Auch wenn unstrittig ist, dass Emotionen komplexe psychische Phänomene darstellen, gibt es keinen Konsens darüber, *welche* Komponenten für Emotionen im Einzelnen konstitutiv sind. Innerhalb der Kontroverse über die Komponenten der Emotion lassen sich dabei zwei verschiedene Frontlinien unterscheiden. Die eine verläuft zwischen den Positionen derjenigen, die überzeugt sind, dass Emotionen notwendig *körperlich* realisiert sein müssen, und denen, die dieses nicht annehmen. Die Vertreter der ersteren

17 Vgl. William P. Alston, Emotion und Gefühl, in: Gerd Kahle (Hg.), *Logik des Herzens. Die soziale Dimension der Gefühle,* Frankfurt a. M. 1981, S. 9-33.

Auffassung meinen, dass *körperliche* Veränderungen eine notwendige und schlechthin unabdingbare Komponente von Emotionen ausmachen. Zu dieser Gruppe gehört der einflussreiche englische Philosoph Anthony Kenny.[18] Die Gegenseite, etwa repräsentiert durch den amerikanischen Philosophen Hilary Putnam[19], ist überzeugt, dass diese körperlichen Veränderungen Begleitphänomene oder Symptome sind, die lediglich empirisch mit den für Emotionen primär charakteristischen inneren Erlebnissen korreliert sind.

Der Streitpunkt erscheint vielleicht auf den ersten Blick trivial. Denn auch diejenigen, die die körperlichen Veränderungen für nicht-konstitutiv halten, bestreiten nicht, dass Emotionen stets mit körperlichen Veränderungen einhergehen. Aber angesichts der Geschichte der Philosophie und insbesondere der Theologie ist dieser Streitpunkt dennoch von einigem Gewicht, etwa im Zusammenhang mit der Gottesvorstellung. Wenn Gott als rein geistiges und unkörperliches Wesen vorgestellt wird, ist es der Kenny-Position nach bereits aus logischen Gründen ausgeschlossen, dass Gott zu Emotionen wie Liebe und Zorn fähig ist. Ein reiner Geist kann dann keine Emotionen haben. In diesem Sinne hat Spinoza völlig konsequent für *seinen* Gott postuliert, dass derjenige, der Gott liebt, nicht darauf hoffen kann, dass er von Gott wiedergeliebt wird.[20] Vertritt man andererseits, dass Emotionen nicht notwendig an körperliche Vorgänge gebunden sind, lassen sich auch einem rein geistigen Gott, wie es die populäre Religiosität tut, Emotionen wie Zorn, Liebe oder Barmherzigkeit zuschreiben.

Die andere Frontlinie verläuft zwischen denen, die überzeugt sind, dass Emotionen notwendig *bewusst* sind, d. h. sich in bestimmten Gefühlen und Gefühlsqualitäten (*feelings*) manifestieren, und denen, die überzeugt sind, dass es Emotionen geben kann und gibt, die völlig unbewusst bleiben und sich lediglich im Verhalten oder etwa auch in bestimmten Gedanken ausdrücken, nicht aber in inneren Erlebnissen. Auch diese Kontroverse mag auf den ersten Blick

18 Vgl. Anthony Kenny, *Action, Emotion and Will,* London 1963, S. 63.

19 Vgl. Hilary Putnam, Brains and Behaviour, in: ders., *Mind, Language and Reality. Philosophical Papers,* vol. 2, Cambridge 1975, S. 325-341.

20 Vgl. Baruch de Spinoza, *Ethik* V, Lehrsatz 19.

befremdlich erscheinen. Kann es *Gefühle* geben, die nicht *gefühlt* werden? Selbst Freud, der Erhebliches dazu beigetragen hat, die unbewusst ablaufenden psychischen Prozesse offenzulegen, hat sich gelegentlich so geäußert, dass alle Gefühle notwendig bewusst seien.[21] Aber nicht erst seit dem neuerdings verstärkten Interesse der Biologie und der Neurowissenschaften für die Emotionen hat sich in dieser Hinsicht einiges geändert. Spätestens mit der Entdeckung, dass große Teil der neuronalen Strukturen, auf denen das menschliche Emotionssystem beruht, evolutionär nicht erst mit dem Menschen entstanden, sondern sehr viel älter sind und sich bei vielen anderen Tiergattungen finden, hat sich (exemplarisch z. B. bei dem Neurophysiologen Edmund T. Rolls) ein mehr oder weniger rein *physiologischer* Emotionsbegriff etabliert, der Bewusstseinsphänomene wie *feelings* als Komponenten von Emotionen zwar nicht ausschließt, aber sie auch nicht als notwendige Begriffsmerkmale einschließt.[22] Neben der Biologie und den Neurowissenschaften hat zu einer Anerkennung unbewusster Emotionen nicht zuletzt auch die Tiefenpsychologie beigetragen, vor allem dadurch, dass sie den Begriff der *Verdrängung* nicht nur auf Motive, sondern auch auf Emotionen angewendet hat. Dass Hass oder Eifersucht nicht nur als *Motive*, sondern auch als *Emotionen* verdrängt werden können, setzt voraus, dass sie auch rein unbewusst bestehen können.[23] Nur dann, wenn sie *nicht* gefühlt werden, werden sie erfolgreich verdrängt.

Dabei ist klar, dass diejenigen, die in dieser letzten Kontroverse unbewusste Emotionen akzeptieren, in der ersten Kontroverse auf der Seite derer stehen, die die mit Emotionen einhergehenden körperlichen Vorgänge für konstitutiv halten. Denn für sie machen körperliche Vorgänge (einschließlich neuronaler Vorgänge) nicht nur konstituierende Merkmale von Emotionen unter anderen aus, sondern für sie ist es darüber hinaus auch möglich, dass sich Emotionen *ausschließlich* in körperlichen Vorgängen manifestieren.

---

21 Vgl. Christoph Jäger / Anne Bartsch, Privileged Access and Repression, in: Sabine A. Döring / Verena Mayer (Hg.), *Die Moralität der Gefühle,* Berlin 2002, S. 59-80, hier S. 68.

22 Vgl. Edmund T. Rolls, *The Brain and Emotion,* Oxford 1999.

23 Vgl. ebd., S. 67.

Insgesamt bestehen also drei theoretische Optionen:

Emotionen	notwendig bewusst	nicht notwendig bewusst
notwendig körperlich manifestiert	X	X
nicht notwendig körperlich manifestiert	X	

Kommen wir zunächst auf die weitgehend unstrittigen Komponenten von Emotionen zu sprechen. Zu diesen gehören, soweit ich sehe, die folgenden drei:

Komponenten, unstrittig
1. Deskriptive Überzeugungen
2. Bewertungen
3. Motivation

1. *Deskriptive Überzeugungen.* Es ist unbestritten, dass Emotionen bestimmte *deskriptive Überzeugungen* beinhalten oder voraussetzen. Emotionen sind intentionale psychische Phänomene, d. h. sie haben einen Gegenstand, gelegentlich auch Gründe, und dieser Gegenstand oder Grund wird ihnen durch bestimmte Überzeugungen darüber, was der Fall ist, geliefert. Wenn ich mich ärgere, ärgere ich mich *über* etwas oder habe, wie wir sagen, *Grund* zum Ärger. Verschwindet der Gegenstand oder erweist sich der Grund als haltlos, verschwindet in der Regel auch der Ärger. An dem Tag, an dem ich dies schreibe, träume ich kurz vor dem Erwachen, dass mir jemand mein Portemonnaie gestohlen und mir ein fremdes, mit Zeitungspapier gefülltes untergeschoben hat. Ich ärgere mich maßlos. Dieser Ärger verfliegt nicht nur beim Erwachen, er macht zusätzlich einem spürbaren Gefühl der Erleichterung Platz: „Glücklicherweise alles nur geträumt!"

Eine häufige Kritik an dem Postulat des Enthaltenseins von deskriptiven Überzeugungen in Emotionen lautet, dass es der Existenz nicht nur von *unbegründeten*, sondern auch von *ungerichteten* und deshalb gegenstandslosen Emotionen nicht gerecht werde. Tatsächlich haben nicht alle ‚Gefühle', wie Emotionen häufig genannt werden, ein intentionales Bezugsobjekt, z. B. nicht alle Formen von Euphorie, Niedergeschlagenheit oder Angst. Diese Affekte werden nicht nur gelegentlich als *grundlos*, sondern gelegentlich auch als *objektlos* erlebt. Vielfach drückt sich das Diffuse solcher Emotionen in entsprechenden Verlegenheitsbezeichnungen aus: „Lebensfreude", „Weltschmerz", „angoisse" u. ä.

Allerdings handelt es sich bei vielen der ungerichteten Affektzustände, die gewöhnlich als Gegenbeispiele gegen die erste Komponente angeführt werden, eher um Stimmungen als um Emotionen, und sie stellen insofern das Postulat einer deskriptiven Überzeugungskomponente nicht ernstlich in Frage. Sie weisen zwar eine gefühlsmäßige Tönung auf, sind aber ohne den für ‚echte' Emotionen charakteristischen Gegenstandsbezug. *Ärgerlich zu sein* ist nicht in jedem Fall dasselbe wie sich *zu ärgern*. Wer sich *ärgert*, muss zumindest im Prinzip in der Lage sein, auf die Frage eine Antwort zu geben, über wen oder was er sich ärgert. Wer *ärgerlich* ist, braucht das nicht. Bei ihm genügt die Auskunft, dass er gereizt, angriffslustig oder aggressiver Stimmung ist.

2. *Bewertungen*. Der kognitive Gehalt von Emotionen erschöpft sich nicht in deskriptiven Überzeugungen. Hinzu kommt eine *Bewertungskomponente*. Neben Gegenständen haben Emotionen in der Regel eine bestimmte *Valenz*, mit der sie sich auf ihre Gegenstände beziehen. In der Emotion erscheinen die intentionalen Gegenstände in ein entweder positives oder negatives Licht getaucht, wobei sich diese Beleuchtungswerte auch gelegentlich mischen können, etwa als Hassliebe oder als das ambivalente Gefühl, das man gegenüber seinen sogenannten ‚Intimfeinden' empfindet. Nicht jede Bewertung geht mit einer Emotion zusammen. Positive und negative Bewertungen können sich auch in emotional getönten *Einstellungen*, sogenannten *pro-* oder *con-attitudes* manifestieren. Aber Emotionen gehen in der Regel nicht nur mit Bewertungen zusammen, sondern in der Regel auch mit stark ausgeprägten bis extremen Bewertungen. Jedenfalls ist keine Emotion mit einer ausgesprochenen Bewertungsindifferenz vereinbar. Eine Ausnahme macht in diesem Punkt möglicherweise allenfalls die *Überraschung*, die – zumindest in psychologischen Emotionstheorien – ebenfalls zu den Emotionen gezählt wird.

3. *Motivation.* Eine ebenfalls unstrittige Komponente der Emotion ist die *Motivationskomponente.* Zumindest in der Regel geht von Emotionen ein mehr oder weniger starker Verhaltensantrieb aus. Dies spiegelt sich u. a. darin wieder, dass die meisten Emotionsbegriffe zugleich auch als Motivbegriffe verwendet werden, etwa Ärger, Angst und Liebe. Je näher das Verhalten, zu dem eine Emotion motiviert, zeitlich zum Vorkommen der Emotion liegt, desto eher wird sich das Verhalten als *Ausdruck* der Emotion beschreiben lassen. Je weiter es zeitlich entfernt liegt, desto eher bietet es sich an, ein fortdauerndes Motiv zur Überbrückung der zeitlichen Distanz ‚dazwischenzuschieben'. In *spontanen* Dankesgesten drückt sich Dankbarkeit als *Emotion* aus, in zeitlich verzögerten Dankesgesten Dankbarkeit als *Motiv.* Dabei gehören Motive und Emotionen zu gänzlich verschiedenen Typen psychologischer Beschreibungen. Während Dankbarkeit als *Emotion* etwas Episodisches ist, also sich als zeitlich begrenzter, aber während dieser Spanne fortdauernd präsenter Zustand durchhält, ist Dankbarkeit als Motiv eine *Disposition*, die sich lediglich bei gegebenem Anlass manifestiert.

Die zweite Gruppe umfasst die kontroversen Komponenten von Emotionen. Sie enthält wiederum drei Mitglieder:

Komponenten, strittig
4. Körperliche Veränderungen
5. Gefühlsqualität
6. Seelische Erregung

4. *Körperliche Veränderungen.* Ich hatte bereits darauf hingewiesen, dass auch die Vertreter der Position, nach der Emotionen wesentlich Bewusstseinsereignisse sind, nicht bestreiten, dass Emotionen *de facto* stets von körperlichen Veränderungen begleitet sind. Zu diesen Veränderungen gehören einerseits die neuronalen Veränderungen im Zentralen Nervensystem, andererseits die Veränderungen im Organismus als ganzem, etwa die Beschleunigung des Herzschlags oder die Erhöhung des elektrischen Hautwiderstands. Eine wichtige Untergruppe der organismischen Veränderungen sind die für die *kommunikativen* Funktionen von Emotionen

wichtigen äußerlich wahrnehmbaren *Ausdrucksgestalten*. Allerdings können Emotionen dennoch vollständig *privat* bleiben in dem Sinn, dass sie für andere – jedenfalls solange keine Messinstrumente zu Hilfe genommen werden – unentdeckbar sind.

5. *Gefühlsqualität*. Diese Komponente umfasst sowohl die *Qualität* des mit Emotionen einhergehenden inneren Erlebens als auch die *Intensität* dieses Erlebens. Die Gefühlskomponente ist vielfältiger Abstufungen und Nuancierungen fähig und lässt eine Vielfalt von Mischungen zu. David Hume spricht von der *chemistry of emotions*. Andererseits gibt es Indizien dafür, dass das Spektrum der Gefühlsqualitäten enger begrenzt ist als das Spektrum der Emotionsbegriffe, da sprachlich viele Emotionen weniger nach ihrer Gefühlsqualität als nach anderen Komponenten unterschieden werden, etwa nach der Art ihrer Gegenstände, der von ihnen implizierten Überzeugungen sowie ihrer Ursachen und Anlässe. So kann man etwa bezweifeln, ob der herkömmlichen Unterscheidung zwischen den Emotionen *Schuld* und *Scham* ein entsprechender Unterschied in den für diese Emotionen charakteristischen *Gefühlsqualitäten* entspricht. Schuld und Scham scheinen sich vielmehr primär in ihren Gegenständen und weiteren kognitiven Voraussetzungen zu unterscheiden: Schuld kann man nur für eigene Verfehlungen fühlen, Scham auch für Verfehlungen anderer.

Die Gefühlsqualität ist das, was viele Emotionen mit ihren unintentionalen Gegenstücken, den Stimmungen, gemeinsam haben. Oft ist ein stimmungshaftes Gefühl zunächst da, und erst später tritt ein Gegenstand hinzu, an dem die diffuse Gestimmtheit zur gerichteten Emotion kristallisiert. Die Verdrossenheit ist da, bevor sich ihr ein Gegenstand anbietet, an dem sie sich ‚auslassen' kann. Oder der Gegenstand wird – wie beim ‚Suchen von Streit' – aus der entsprechenden Stimmung heraus aktiv aufgesucht.

6. *Seelische Erregung*. Auch die Komponente der seelischen Erregung kann – etwa mittels Adrenalingaben – isoliert von den übrigen Komponenten der Emotion realisiert und wahrgenommen werden, wobei sie dann typischerweise als ‚leere Emotion', als sinnleere Erregtheit, erlebt wird. Durch den Bestandteil der seelischen Erregung unterscheiden sich Emotionen von gefühlsmäßigen Einstellungen und anderen emotional getönten Dispositionen. Emotionen sind *violent passions*, gefühlsmäßige Einstellungen im Unterschied

dazu *calm passions*.[24] Für Emotionen ist ein Fluten und Abebben der Erregung charakteristisch, ein Crescendo und Decrescendo der Agitation, zumeist parallel in den seelischen und den körperlichen Abläufen. Für beide ist charakteristisch, dass sie den anderen Komponenten ‚hinterherhinken' können. Erweist sich eine Emotion als gegenstandslos oder unbegründet, dauert es gewöhnlich eine gewisse Zeit, bis die Erregung abgeklungen ist. Sie kann dann ganz unabhängig von ihrem ursprünglichen Anlass und unabhängig davon, ob die ursprüngliche Emotion positiv oder negativ getönt war, als lustvoll erlebt werden, besonders wenn sie sich, wie etwa bei einem Wutausbruch, kathartisch und durchbruchhaft entlädt: Das Exaltierte der Emotion wird als solches – worauf insbesondere Friedrich Nietzsche hingewiesen hat – zu einer Quelle des Selbstgenusses, der „Lust an der Emotion an sich".[25]

2.2 Emotionstheorien: Der Vorwurf des ‚terrible simplificateur'

Während für Emotionen eine Vielfalt von Komponenten und Dimensionen typisch ist, ist es für zahlreiche Emotionstheorien typisch, dass sie die eine oder andere dieser Komponenten auf Kosten der übrigen Komponenten verabsolutieren. Beinahe für jede Komponente existiert eine Theorie, die diese Komponente einseitig fokussiert:

Komponenten	Fokussiert in
1. Deskriptive Überzeugungen	Starker Kognitivismus
2. Bewertungen	*Appraisal theory*
3. Motivation	Willenstheorien (Augustinus, Schopenhauer)
4. Körperliche Veränderungen	Logischer Behaviorismus (Ryle), James-Lange-Theorie, Theorie der ‚somatischen Marker' (Damasio)
5. Gefühlsqualität	Gefühlstheorie
6. Seelische Erregung	

24 Vgl. David Hume, *Ein Traktat über die menschliche Natur,* Hamburg 1973 (Orig. London 1739-40), S. 155.

25 Friedrich Nietzsche, *Menschliches, Allzumenschliches* I, § 140.

Kognitivistische Emotionstheorien machen sich immer dann einer Einseitigkeit schuldig, wenn sie postulieren, Emotionen seien *nichts als* Kognitionen, Emotionen also als eine bestimmte Art von Überzeugungen oder Urteilen auffassen.[26] Eine andere Art von Einseitigkeit ist kognitivistischen Theorien vorzuwerfen, die fordern, dass Emotionen stets die Form von propositionalen Einstellungen haben, also stets *Sachverhalte* zum Gegenstand haben. Dabei werden Emotionen übersehen, die keine Sachverhalte, sondern bestimmte *Sachen* zum Gegenstand haben und deshalb mit sehr viel schwächer ausgeprägten kognitiven Anteilen auskommen.

Die sogenannte *Appraisal theory* rückt zu Recht die Bewertungskomponente in den Vordergrund, büßt aber immer dann in derselben Weise wie der starke Kognitivismus an Adäquatheit ein, wenn sie die Bewertungskomponente zum schlechthin definierenden Merkmal von Emotionen macht und Emotionen auf Werturteile oder Werteinstellungen reduziert. Oatleys Aussage „The human system of emotions is the map of our values" muss nicht, kann aber in einem solchen reduktiven Sinn verstanden werden.[27] Emotionen enthalten Bewertungen oder setzen Bewertungen voraus, sind mit ihnen aber nicht identisch.

Die *Willenstheorie* wiederum ist mit dem Defizit behaftet, Emotionen, Motive und Strebungen nicht hinreichend voneinander abzugrenzen. Motivation ist lediglich eine von mehreren Dimensionen von Emotionen, nicht das Ganze der Emotion. Kaum zufällig werden bei Augustinus[28] wie bei Schopenhauer[29] sehr heterogene psychische Phänomene unter denselben Begriff „Gefühl" subsumiert und damit notwendige Unterscheidungen unterlaufen.

---

26 So z. B. Robert C. Solomon, Emotionen und Anthropologie. Die Logik emotionaler Weltbilder, in: Kahle (Hg.), Logik des Herzens (wie Anm. 17), S. 233-253.

27 Oatley, Emotions (wie Anm. 3), S. 43.

28 Vgl. Augustinus, *Vom Gottesstaat* XIV, 6-10.

29 Vgl. Arthur Schopenhauer, *Die Welt als Wille und Vorstellung,* bes. Ergänzungen zum zweiten Buch, Kap. 19: „Vom Primat des Willens im Selbstbewußtseyn", et passim. Vgl. auch Dieter Birnbacher / Oliver Hallich, Schopenhauer: Emotionen als Willensphänomene, in: Hilge Landweer / Ursula Renz (Hg.), *Klassische Emotionstheorien,* Berlin / New York 2008, S. 479-500.

Ähnliches lässt sich über die behavioristischen und neurophysiologischen Emotionstheorien sagen. Der *Logische Behaviorismus* wird der großen Mehrzahl speziell der menschlichen und tierischen Emotionen nicht gerecht, von denen wir annehmen, dass sie regelmäßig bestimmte Gefühlsqualitäten aufweisen. Die *James-Lange-Theorie*, die Emotionen als Empfindungen einiger der mit Emotionen einhergehenden körperlichen Veränderungen auffasst, verfehlt die Intentionalität von Emotionen. Ähnliches gilt für Damasios Hypothese der ‚somatischen Marker', die – als neurowissenschaftlich verfeinerte Version der *James-Lange-Theorie* – Emotionen auf Wahrnehmungen der neuronalen Repräsentationen körperlicher Veränderungen zurückführt.[30]

Demselben Verdikt verfällt aber auch die populärste Emotionstheorie, die *Gefühlstheorie*, nach der Emotionen nichts anderes als Gefühlszustände, d. h. Zustände mit einer bestimmten Gefühlsqualität sind. Sie unterschlägt – ebenso wie viele physiologische Theorien – den Gegenstandsbezug und die übrigen kognitiven Gehalte der Emotion.

2.3 Einfallstore für kulturelle Einflüsse

Die Komponentenanalyse der Emotion erlaubt es nicht nur zu verstehen, *dass* Emotionen in erheblichem Ausmaß kulturellen Einflüssen unterworfen sind, sondern auch, *in welchen Hinsichten* sie diesen Einflüssen unterworfen sind. Offensichtlich fungieren die einzelnen Komponenten in unterschiedlichem Maße als Einfallstore für konventionelle Prägungen. Vergegenwärtigen wir uns noch einmal die sechs diskutierten Komponenten:

Komponenten	
1. Deskriptive Überzeugungen	4. Körperliche Veränderungen
2. Bewertungen	5. Gefühlsqualität
3. Motivation	6. Seelische Erregung

30 Vgl. Antoine Bechara / Antonio R. Damasio, The Somatic Marker Hypothesis: A Neural Theory of Economic Decision, in: *Games and Economic Behavior* 52 (2005), S. 336-372.

Von diesen weisen die Komponenten 1, 2 und 4 die offensichtlichsten kulturellen Prägungen auf.

Am offensichtlichsten stehen die in Emotionen eingehenden *deskriptiven Überzeugungen* kulturellen Einflüssen offen – allerdings nur in bestimmten Hinsichten. Um zu sehen, welche Hinsichten dies sind, müssen wir hier eine Unterscheidung einführen, auf die bereits oben angespielt worden ist: die zwischen Emotionen, die ausschließlich propositionale, solchen, die ausschließlich sachliche Gegenstände, und wiederum anderen, die Gegenstände beider Arten als Referenzpunkt haben. Ärger gehört, wenn ich richtig sehe, zur ersten, Liebe zur zweiten, Angst zur dritten Kategorie. Wenn sich N über g *ärgert*, lässt sich das stets darauf zurückführen, dass N sich darüber ärgert, dass p, wobei g ein wesentliches Element von p ist. Wenn N g *liebt*, lässt sich das in der Regel nicht auf die Wertschätzung eines bestimmten Sachverhalts zurückführen. N kann g auch unabhängig von allem lieben, was er über g weiß oder glaubt, und sogar *trotz* allem, was er über g weiß oder glaubt – gemäß dem schönen Diktum von Henri de Montherlant „On aime d'amitié parce que, on aime d'amour tandis que". Anders wiederum, wenn N vor g *Angst* hat. Dies lässt sich manchmal, aber nicht immer so verstehen, dass N Angst davor hat, dass p – etwa davor, dass g A etwas antut. Es ist auch möglich, vor g Angst zu haben, ohne irgendeine Idee davon zu haben, *wie* g einem gefährlich werden könnte.

Der kulturelle Einfluss auf eine Emotion wird in der Regel umso stärker sein, je mehr sich eine Emotion auf einen *Sachverhalt* bezieht und nicht bloß auf eine *Sache*. Denn Sachverhalte werden einem Subjekt und seinen Emotionen nur dadurch verfügbar, dass es von ihnen etwas *weiß* oder *glaubt*, während Sachen bereits dadurch verfügbar werden, dass man sie *kennt* oder *wahrnimmt*. N kann sich über g nur dann ärgern, wenn er über g etwas Bestimmtes *weiß*, *glaubt* oder *vermutet*, was ihm Anlass zum Ärger gibt. Dagegen braucht N, um g zu lieben, über g nicht besonders viel zu wissen. Er braucht g im Wesentlichen nur zu *kennen*. Was man *glaubt*, ist jedoch im Allgemeinen stärker kulturell bestimmt als was man *wahrnimmt*. Je unmittelbarer der Kontakt mit dem Gegenstand der Emotionen, desto weniger können sich kulturelle Einflussfaktoren zwischen Emotion und Gegenstand schieben. Mit der zusätzlichen kognitiven Komponente bieten auf Sachverhalte bezogene Emotionen in sehr viel stärkerem Maße Angriffspunkte für kulturelle Vorstellungen. Man denke etwa an die große Vielfalt der religiösen Emotionen, die von entsprechenden Glaubensannahmen abhängen. Emotionen wie Gottesliebe, Sündenbewusstsein, *attritio* und *contritio* lassen sich nur auf dem Hintergrund geeigneter Gottesbilder verständlich machen.

Nur unwesentlich weniger empfänglich für kulturelle Einflüsse ist die *Bewertungskomponente*. Sie bewirkt, dass Emotionen für interkulturell und im Zeitverlauf wechselnde soziale Bewertungen durchlässig werden, die sich dann u. a. auch in den Begriffen wiederfinden, mit denen die entsprechenden Emotionen beschrieben werden. *Moralische* Emotionen wie Empörung, Entrüstung oder Schuldgefühle sind abhängig von der Anerkennung bestimmter moralischer Normen, diese wiederum davon, dass die jeweilige Kultur diese Normen bereitstellt. Auch wenn Schuldgefühle universal verbreitet sein sollten (was zweifelhaft ist), richten sie sich auf teilweise sehr unterschiedliche Formen von Fehlverhalten. Zwar lassen sich – zum Teil möglicherweise genetisch verankerte – moralische ‚Universalien' aufweisen. Aber jede Kultur lässt von diesen universalen Normen unterschiedliche Arten von Ausnahmen zu oder dehnt ihre Geltung in jeweils spezifische Anwendungsbereiche hinein aus. So dürften etwa Schuldgefühle für bloße ‚Gedankenverbrechen' (‚unzüchtige Gedanken') in unserer Gesellschaft heute sehr viel seltener sein als noch vor einem Jahrhundert. Noch offensichtlicher ist die Zeit- und Kulturgebundenheit von Emotionen, die auf nicht-moralischen sozialen Normen basieren, etwa solcher des standesgemäßen Verhaltens, des Berufsethos und der Etikette. Eine Gesellschaft, die keinen Ehrbegriff hat, kennt auch keine Ehrgefühle. Eine egalitäre Gesellschaft, die keinen Begriff von Größe oder Vornehmheit hat, kennt auch keine Gefühle von Großmütigkeit oder Jovialität. Viele der Emotions-, Motiv- und Tugendbegriffe, die Aristoteles in der *Nikomachischen Ethik* beschreibt, etwa Hochherzigkeit, Freundschaft und Bewunderung, sind so eng an den Kontext der damaligen Sozialstruktur gebunden, dass sie unter veränderten Bedingungen kaum noch verständlich sind. Bestimmte Gefühlsrichtungen, die über Jahrhunderte in einer Kultur unbekannt sind, können – allmählich oder plötzlich – aufkommen, sich verbreiten und möglicherweise zu Modeerscheinungen werden. Ein Teil dieser Dynamik ist dabei sicher auch durch die jeweiligen Äußerungsformen vermittelt. So erklärt sich die sogenannte Werther-Welle zweifellos nicht daraus, dass mit der Lektüre von Goethes Werther die suizidalen

Neigungen schlagartig zunahmen. Aber das Modell einer bestimmten Ausdrucksform dieser Neigungen führte doch dazu, dass die bestehenden Motivationen in dieser Richtung aufgedeckt, verstärkt und in bestimmte ritualisierte Verhaltensweisen überführt wurden, die, publik gemacht, sich quasi epidemisch ausbreiteten. Heute, da man um diese Verstärkungsprozesse weiß, halten sich die meisten Presseorgane an die Regel, über spektakuläre Suizidfälle nicht im Detail zu berichten.

Eine weitere Dimension, in der sich kulturelle Einflüsse geltend machen, sind die *körperlichen Veränderungen*, die mit Emotionen einhergehen. Es gibt keine Anzeichen dafür, dass sich kulturelle Einflüsse bereits auf der Ebene der mit Emotionen verknüpften *neuronalen* Muster bemerkbar machen. Unübersehbar sind diese Einflüsse jedoch auf der Ebene der Ausdrucksmuster im *körperlichen Verhalten*. So soll etwa der Ausdruck von Freude bei einem Volk in Polynesien die Gestalt eines blutigen Gemetzels angenommen haben.[31] Aber auch bereits auf der organismischen Ebene zeigen sich signifikante Unterschiede. Man wird heute nicht mehr ganz so leicht ohnmächtig wie zu Gretchens Zeiten („Nachbarin, ihr Fläschchen"). Und es wird auch bedeutend weniger geweint als noch vor kaum mehr als 200 Jahren, in der Periode der ‚Empfindsamkeit'. Es berührt uns Heutige seltsam, wenn wir bei Christian Fürchtegott Gellert lesen, dass er über eine sentimentale Episode in Richardsons *Sir Charles Grandison* geweint habe, bis „sein Taschentuch, sein Buch, sein Tisch und sogar der Fußboden nass waren".[32]

3. Das Beispiel Mittelalter – Emotionalität im Stadium der Pubertät

Nicht nur die literarischen, auch die philosophischen Darstellungen des emotionalen Lebens atmen den Zeitgeist, aus dem sie stammen – wobei sich diese Relativität allerdings bei den philosophischen Theorien sehr viel verheerender auswirkt. Aus heutiger Perspektive wirkt es nachgerade grotesk, wie einige philosophische Emotions-

---

31 Vgl. Weston La Barre, Die kulturelle Grundlage von Emotionen und Gesten, in: Wilhelm Emil Mühlmann / Ernst W. Müller (Hg.), *Kulturanthropologie,* Köln / Berlin 1966, S. 264-285, hier S. 268.

32 Vgl. René Wellek / Austin Warren, *Theorie der Literatur,* Berlin 1968, S. 101.

theorien – und hier insbesondere im Bereich der Ethik – Soziolekte und sogar Idiolekte zu Universalsprachen erklären und die zum Greifen naheliegende Zeit-, Kultur-, Schicht- und sogar Milieuabhängigkeit der von ihnen beschriebenen Emotionen übersehen. So fragt man sich bei der ansonsten äußerst subtilen Moralpsychologie in Adam Smiths *Theorie der moralischen Gefühle*, ob es zu seiner Zeit eigentlich keine Arbeiter und Bauern gegeben hat, auf die die dort als universal beschriebenen Emotionen womöglich nicht ganz so zutreffen, wie sie Smith beschreibt. Theoretiker, die ‚die Gefühle des Menschen' zu beschreiben unternehmen, wählen zuweilen extrem kontextgebundene Emotionen als Paradigmen, etwa David Hume, wenn er sich im zweiten Buch seines *Treatise of Human Nature* u. a. die Frage vorlegt, warum der Stolz auf die Vorfahren sich ausschließlich auf die Vorfahren väterlicherseits und nicht auch auf die Vorfahren mütterlicherseits richtet.[33] Sollte es sich hier wirklich um Merkmale der ‚menschlichen Natur' handeln oder vielleicht doch nur um historische Episoden in der wechselvollen Geschichte der Emotionen?

Als exemplarisch dafür, wie eng Emotionen an Zeitgeist und gesellschaftlichen Kontext gebunden sind, kann insbesondere das europäische Mittelalter dienen. Diese Bindung zeigt sich dabei in allen drei primären kulturabhängigen Komponenten: den *Gegenständen* der Emotion, den diesen zugrunde liegenden *Wertorientierungen* und den *Äußerungsformen*. Das sich ergebende Gesamtbild ist ein zwiespältiges. Einerseits bleibt das im Mittelalter erreichte Niveau an Differenziertheit und Verfeinerung der Emotionen noch hinter dem von Hume und Smith für die bessere englische Gesellschaft des 18. Jahrhunderts beschriebenen zurück. Erst recht bleibt es zurück hinter dem Differenzierungsniveau, das wir für die bessere Gesellschaft Österreichs um 1900 aus den literarischen Emotionsbeschreibungen eines Stefan Zweig oder Robert Musil kennen. Andererseits ist das späte Mittelalter nicht von ungefähr als das Zeitalter der ‚Entdeckung der Liebe' beschrieben worden.[34] Gegenstand dieser Entdeckung sind dabei keineswegs die Emotionen, hier die

33 Vgl. Daniel M. Gross, *The Secret History of Emotion,* Chicago / London 2006, S. 122f.

34 Vgl. Peter Dinzelbacher, Über die Entdeckung der Liebe im Hochmittelalter, in: *Saeculum* 32 (1981), S. 185-208.

sexuellen, selbst. Gegenstand der Entdeckung ist ihr plötzlich zur Geltung kommender *Wert*: Der bis dahin ‚unreflektiert und habituell gebrauchte Sexus' und die auf ihm aufbauenden Emotionen werden als etwas überragend Wertvolles gehandelt.[35] In der Tat scheinen in der Liebesdichtung der Troubadours die Wurzeln gelegt für diejenige Übertragung ursprünglich religiöser Gefühlsmuster auf das säkulare Leben, die in der Gestalt der romantischen Liebe nicht nur zu einem Hauptthema der nachfolgenden Literatur und der Künste insgesamt, sondern auch zu einem Kernelement der Lebensziele und der Lebenserfüllung nachfolgender Epochen geworden ist. Einem nicht zu verkennenden Primitivismus in den Emotionen und den Emotionsäußerungen, das sich in den vom Zeitgeist vorgegebenen Bahnen bewegt, stehen die Anfänge eines raffinierteren Fühlens gegenüber, das diesen Geist aufsprengt, die bestehenden gesellschaftlichen Normen souverän missachtet und in das Gefühlsleben eine neue Tiefendimension einziehen lässt. Während sich die Emotionalität der großen Mehrzahl der mittelalterlichen Menschen in Extremen bewegt, die einige Kulturhistoriker an die Gefühlswelt von Kindern und an die Drastik von Volksmärchen erinnert, zeigt sich in der Erfindung der ‚hohen Minne' eine Erwachsenheit und Reife des Fühlens, die auch in späteren Zeiten einer Minderheit vorbehalten blieb, wenn sie nicht sogar ganz wieder verloren gegangen ist. Ob sie zu ihrer Zeit mehr als eine literarische Fiktion, eine gesellschaftliche Realität war, ist bis heute umstritten.[36]

Zunächst zu den *Gegenständen* des Fühlens: Eine nicht zu übersehende Eigentümlichkeit des Gefühlslebens im Mittelalter ist der *religiöse* thematische Fokus. Nicht nur die Diskussion von Emotionen in der Sphäre der Wissenschaft wendet sich primär religiösen Gegenständen zu (so findet man – aus heutiger Sicht überraschend – als Beispiel für Liebe vielfach an erster Stelle die *Gottesliebe* behandelt), sondern religiöse Emotionen wie Erlösungssehnsucht, Liebe zu Christus, Sündenbewusstsein und Buße scheinen sowohl in der Welt des objektiven Geistes als auch im Gefühlsalltag der Menschen eine erhebliche Rolle gespielt zu haben. Auffällig ist demgegenüber die Abwesenheit der späterhin bedeutsamen Dimension des

35 Vgl. ebd., S. 203.

36 Vgl. Joachim Bumke, *Höfische Kultur. Literatur und Gesellschaft im hohen Mittelalter,* 2 Bde., München 1986 u. ö., Bd. 2, S. 569ff.

Naturgefühls. Wie auf den Tafelbildern der mittelalterlichen Kunst spielt die Natur lediglich die Rolle eines Hintergrundphänomens. Die Natur ist entweder Staffage für menschliche Personen und Artefakte, oder sie ist intensiv genutzte Natur. Der Wald ist Ort des Vieheintriebs und der Jagd oder gefürchtete menschenfeindliche Wildnis. Die ‚blaue Blume' ist noch fern. Tiere kommen ganz vorwiegend nur unter Nutzungsaspekten oder als moralische oder religiöse Allegorien in den Blick. Die Sicht auf die Natur war primär die des Bauern: pragmatisch, ökonomisch, allenfalls magisch.[37] Das Verhältnis zu Tieren erinnert an das heute in vielen Ländern Asiens übliche. Sofern Tiere nicht – wie die Kühe in Indien – spezifisch religiöse Bedeutungsträger sind, werden sie kaum (wie im deutschen Tierschutzgesetz) zu ‚Mitgeschöpfen' aufgewertet, sondern schlicht als nützlich oder lästig behandelt.

Ebenso unverkennbar ist die ‚Primitivität' der den dominanten Emotionen zugrunde liegenden *Bewertungsmuster*, vor allem die vorrangige Rolle der Gefolgschaftstreue und der Loyalität. In vielem erinnert dieses unter den Massen verbreitete Gefühlsleben an das heutiger Sportfans, die mit ihrem Verein ‚in die Schlacht ziehen', ihre Leidenschaft mit grellen Farben und starren Ritualen öffentlich kundgeben und sich aus nichtigen Anlässen zu erbitterten und opferreichen Kämpfen hinreißen lassen.

Dieselbe Vasallentreue, die den damaligen *warlords* ihre unaufhörlichen Kriege ermöglichte, wurde auf der anderen Seite zum Modell für die von den Troubadouren besungene große Liebe des Lancelot zu der Frau seines Dienstherrn. Clive S. Lewis spricht von der „Feudalisierung der Liebe"[38]: Der Liebende ist der Vasall, der seiner Dame wortwörtlich den ‚Hof' macht und ihr nicht anders als seinem Herrn Treue und Ergebenheit schuldet. Dadurch, dass er den Herrn gleichzeitig verrät, kommt es zur tragischen Zuspitzung.

Dieses Muster ist in der Antike unbekannt. Dort (zumindest in der Literatur) ist die Frau primär Gegenstand sinnlicher Begierde und häuslicher Bequemlichkeit oder aber Gegenstand einer blindwütigen und eher als lächerlich stigmatisierten Leidenschaft. Erst

37 Vgl. Arno Borst, *Lebensformen im Mittelalter,* Frankfurt a. M. / Berlin 1973, S. 212.

38 Clive S. Lewis, *The Allegory of Love. A Study in Medieval Tradition,* Oxford 1936, S. 2.

mit der ‚höfischen' Liebe kommen das Moment der demütigen Ergebenheit (das Moment der christlichen Heiligenverehrung) und das sinnliche Moment zusammen. Der ‚Frauendienst' ist so spirituell wie die Verehrung der Heiligen Jungfrau, aber gleichzeitig erotisch und sexuell. Ginevra wird von Lancelot wie eine Heilige angebetet. Er ordnet sich ihren Wünschen bedingungslos unter. Andererseits lässt die Darstellung keinen Zweifel daran, dass die Beziehung auch sexueller Natur ist. Plötzlich ist die Liebe die ernsteste Sache der Welt, etwas, was die höchsten Anstrengungen lohnt und zum Stimulus für Höchstformen von Tugend und Tüchtigkeit wird. Die Leidenschaft ist nichts mehr, durch das sich der Verliebte zum Narren macht. Was sie adelt, ist die unbezweifelbare Wertigkeit der durch sie ermöglichten menschlichen und moralischen Tugend.

Der Eindruck des ‚Primitiven' und des im Vergleich zu den Hochkulturen der Antike ‚Unzivilisierten' der mittelalterlichen Emotionalität ergibt sich für viele Kulturhistoriker allerdings vor allem aus dem vergleichsweise niedrigen Niveau der zivilisatorischen Kontrolle der emotionalen *Ausdrucksformen*. Wie die Vorschriften für die Tischsitten aus dieser Zeit so klingen, als seien sie für Kindergeburtstage bestimmt[39], so scheinen auch den Emotionen in dieser Zeit insgesamt sehr viel weniger Zügel angelegt worden zu sein. Die Lust an Aggression und Grausamkeit war noch nicht ins Mediale umgeleitet, sondern wurde real ausgelebt. Norbert Elias schreibt:

> Es ist eine besondere Lust, Gefangene zu verstümmeln [...]. [Ein bestimmter Ritter] gefällt sich besonders darin, die Unschuldigen zu verstümmeln. In einem einzigen Kloster, dem der Schwarzen Mönche von Sarlat, findet man 150 Männer und Frauen, denen er die Hände abgeschlagen oder die Augen ausgedrückt hat. [...] Die Freude am Quälen und Töten anderer war groß, und es war eine gesellschaftlich erlaubte Freude. [...] Das Gros der weltlichen Oberschicht des Mittelalters führte das Leben von Bandenführern.[40]

Dass der Emotionsausdruck selbst unter Aristokraten noch in der Renaissance verhältnismäßig ‚kindlich' war und eher an moderne *Schul*höfe als an moderne *Fürsten*höfe erinnert, belegt ein Kapitel

39 Vgl. Norbert Elias, *Über den Prozeß der Zivilisation. Soziogenetische und psychogenetische Untersuchungen,* 2 Bde., Frankfurt a. M. [3]1976, Bd. 1, S. 70ff.; Bumke, Höfische Kultur (wie Anm. 36), Bd. 1, S. 267ff.

40 Elias, Prozeß der Zivilisation (wie Anm. 39), Bd. 1, S. 267-269.

in Castigliones *Cortegiano*, in dem von bestimmten Leuten am Hof gesprochen wird, die ‚witzig und spaßhaft' sein wollen, sich nach Ansicht der im *Cortegiano* geschilderten Gesprächsrunde im Schloss von Urbino aber eindeutig danebenbenehmen:

> Oft stoßen sie sich die Treppen herab, prügeln sich mit Stöcken und Ziegelsteinen durch, werfen sich Fäuste voll Staub in die Augen, richten die Pferde in Gräben oder an irgendeinem Abhang unter dem Leibe zugrunde; bei Tisch werfen sie einander Suppen, Tunken, Gallerte ins Gesicht und lachen dann. Und wer solches am besten zu tun versteht, hält sich vor sich selbst für den vorzüglichsten und artigsten Hofmann und meint, großen Ruhm verdient zu haben. [...] Es gibt welche, die darüber streiten und wetten, wer die ekelhaftesten und stinkigsten Sachen essen und trinken kann; und sie finden derart abscheuliche für die menschlichen Sinne heraus, dass es unmöglich ist, sich ihrer ohne größten Ekel zu erinnern.[41]

Auch wenn Vergleiche in diesem Feld schwierig sind: Vieles spricht dafür, dass mit der gemessen an unserer gegenwärtigen Zivilisation größeren Ungehemmtheit des Emotions*ausdrucks* und der diesbezüglich geltenden Normen auch die *Emotionen selbst* ungehemmter waren als heute. Nicht nur äußerte sich die Lust an Rache und Vergeltung ungehemmter in dem Zulauf zu öffentlichen Folterungen, sie wurde, da weniger *politically incorrect*, vermutlich auch ungehemmter gefühlt und genossen. Zusätzlich dürfte jene Lust dadurch intensiviert worden sein, dass sie in der Öffentlichkeit ausgelebt wurde. Jerry Paxman irrt, wenn er meint, die „[...] Massenhysterie, die ihr Land ergreift, als Prinzessin Diana bei jenem schrecklichen Autounfall in Paris umkommt" sei ein typisches „Phänomen des Medienzeitalters".[42] Nach Johan Huizinga war öffentliche und allgemeine Ergriffenheit im Mittelalter bei Triumphen und Desastern regelmäßig an der Tagesordnung:

> Auch bei jeder weltlichen Feierlichkeit wird eine Flut von Tränen vergossen. Ein Höflichkeitsgesandter des Königs von Frankreich an Philipp den Guten bricht bei seiner Ansprache wiederholt in Tränen aus. Beim Abschied des jungen Johann von Coimbra vom burgundischen

41 Baldesar Castiglione, *Das Buch vom Hofmann,* München 1986, S. 158.

42 Jerry Paxman, *Der Mensch unter der Krone,* DIE ZEIT, 11.01.2007, S. 34.

> Hofe weint alles laut, ebenso bei der Begrüßung des Dauphin und bei der Zusammenkunft der Könige von England und Frankreich zu Ardres.[43]

Von da an bis ins prüde 19. und ins coole 21. Jahrhundert hinein hat dann derjenige „Prozeß der Zivilisation" stattgefunden, der zumindest in der Ober- und in der oberen Mittelschicht nach und nach den Emotionsausdruck – und damit wohl auch die Emotionen selbst – gedämpft und die bis dahin unter dem Lärm der groben Emotionen verborgenen ‚leiseren Töne' vernehmbar gemacht hat.[44] Die Gewaltsamkeit elementarer Gefühle und elementaren Gefühlsausdrucks macht nach und nach nicht nur differenzierteren Emotionen und Emotionsäußerungen, sondern zugleich einer differenzierteren Sensibilität Platz.

4. Emotionstheorie im Mittelalter

Auch an den philosophischen *Theorien der Emotion* lässt sich diese zunehmende Differenzierung ablesen – so wie ja insgesamt der Fortschritt der Philosophie wesentlich in einer zunehmenden Ausdifferenzierung ihrer Fragestellungen und in der zunehmenden Akzeptanz der Erkenntnis besteht, dass auf die einfachen Fragen der Philosophie keine einfachen, sondern allenfalls differenzierte Antworten zu haben sind. Obwohl das Thema Emotion in der Philosophie des Mittelalters eine eher marginale Rolle gespielt hat, haben doch einige Theoretiker des Mittelalters wesentliche Einsichten zur Emotionstheorie beigetragen und in einigen Punkten wichtige spätere Theorieentwicklungen antizipiert.

Ich greife hier zwei solche Antizipationen heraus, eine aus dem frühen, eine aus dem späten Mittelalter: Augustinus über Meta-Emotionen und Wilhelm von Ockham über die kognitiven Komponenten von Emotionen.

4.1 Augustinus zu Meta-Emotionen

Meta-Emotionen sind Emotionen über Emotionen. Unter den Sachverhalten, über die wir uns ärgern können, sind auch solche, die

---

43 Johan Huizinga, *Herbst des Mittelalters,* Stuttgart [11]1975, S. 9.

44 Elias, Prozeß der Zivilisation (wie Anm. 39), Bd. 2, S. 404ff.

ihrerseits Emotionen beinhalten. Zum Beispiel können wir uns darüber ärgern, dass sich andere über uns ärgern. Oder wir ärgern uns darüber, dass wir uns selbst ärgern, etwa über etwas, was ‚den Ärger nicht lohnt'. (Natürlich kann man auch über die *Emotionslosigkeit*, die eigene oder die anderer, emotional werden – so wie sich der Steinerne Gast darüber erregt, dass Don Giovanni *nicht* bereut.) Der Emotionsbezug von Emotionen kann sogar weiter iteriert werden, so dass insgesamt drei Emotionen involviert sind, etwa wenn sich A darüber ärgert, dass B sich über Cs Wutausbrüche aufregt.

Meta-Emotionen sind erst seit kurzem in den Horizont der Psychologie und der philosophischen Anthropologie gerückt. Sie verdienen jedoch Interesse, nicht nur weil sie ein wichtiges Element jeder Erziehungspraxis und insbesondere der moralischen Erziehung sind, sondern auch, weil man sich von ihnen Erklärungsansätze für einige ‚paradoxe' Emotionen wie die sogenannte ‚Überlebensschuld' erhofft, die Schuldgefühle derer, die bei einem Unglück verschont geblieben sind.[45] Auch bei Augustinus werden solche ‚paradoxen' Emotionen (wie etwa die Angstlust oder die lustvolle Erschütterung des Tragödienzuschauers) wiederholt zum Thema gemacht[46], darüber hinaus und unabhängig hiervon aber auch ‚echte' Meta-Emotionen, bei denen sich Emotionen nicht nur mischen, sondern sich eine Emotion intentional auf eine andere bezieht. Was Augustinus an Meta-Emotionen interessiert, ist vor allem die Möglichkeit einer Umkehrung der Valenz von Emotion und Meta-Emotion, das Phänomen der ‚inkongruenten Valenzen': Die Erinnerung an eine Freude ist nicht immer eine freudige, und die Erinnerung an ein Leid nicht immer eine leidvolle. Vielmehr kann sich das Vorzeichen der Emotionen, die Gegenstand einer anderen wird, bei der späteren Thematisierung umkehren: „Zuweilen erinnere ich mich [...] mit Freude einer früher erlebten Trauer und traurig einer früheren Freude."[47] Das Thema der Meta-Emotion durchzieht Augustinus' *Bekenntnisse* wie ein Leitmotiv. Zu Beginn des zweiten Buchs schreibt Augustinus, dass es die „Liebe zu deiner Liebe" (der Liebe Gottes) sei, die

45 Vgl. Jäger / Bartsch, Meta-Emotions (wie Anm. 6), S. 196.

46 Vgl. Harry Norman Gardiner / Ruth Clark Metcalf / John Gilbert Beebe-Center, *Feeling and Emotion. A History of Theories,* Westport, CT 1970 (Orig. New York 1937), S. 96f.

47 Augustinus, *Bekenntnisse,* X, XIV.21, Stuttgart 1989, S. 266.

ihn dazu bringe, sich die früheren „fleischlichen Verderbnisse“ seiner Seele ins Gedächtnis zu rufen.[48] An anderen Stellen wird diese Beschreibungsweise zur rhetorischen Verstärkung seiner Abkehr von der früheren Sinnlichkeit genutzt, die dabei als paradox und absurd gekennzeichnet wird: „So stürzte ich mich [...] in die Leidenschaft, voll Begier nach ihrer Fessel.“[49] „Ich Armseliger [. . .] brannte damals darauf, Schmerz zu empfinden [. . .].“[50] Die „leidenschaftlichen Gelüste“ nach Ehre, Reichtum und Eheglück bereiteten ihm „bitterste Nöte“.[51]

Augustinus ist für die Emotionstheorie ein fruchtbarer Autor, weil er sich nur wenig an traditionelle Doktrinen gebunden fühlt und sich primär an seine ureigenste Erfahrung hält. Anders als viele seiner Nachfolger schöpft er in dem, was er über Emotionen sagt, aus der Selbsterfahrung. U. a. dies macht ihn zu einem eminent ‚modernen‘ Autor und hat ihn (neben dem Augustinus in diesem Punkt verwandten William James) zu einem Lieblingsautor (und gleichzeitig zu einer Hauptzielscheibe der Kritik) Ludwig Wittgensteins werden lassen.

4.2 Ockham als Emotionstheoretiker

Ein zweites Beispiel für einen beachtlichen Beitrag zur Emotionstheorie in der Philosophie des Mittelalters findet sich bei Wilhelm von Ockham. Dieser Beitrag betrifft die Frage nach Art und zeitlicher Abfolge der für eine Emotion als komplexes Geschehen konstitutiven Komponenten. Ockhams Ausgangspunkt ist dabei die Emotionstheorie Thomas von Aquins, die weitgehend dem *common sense* entspricht und sich für den Fall der Angst etwa in folgender Weise schematisieren lässt:

Löwe → Wahrnehmung des Löwen → Angstgefühl → seelische und körperliche Erregung → Flucht

48 Ebd., II, I.1, S. 57.

49 Ebd., III, I.1, S. 71.

50 Ebd., III, II.4, S. 74.

51 Ebd., VI, VI.9, S. 150.

Danach werden Emotionen zunächst durch Wahrnehmungen ausgelöst. Die seelischen und körperlichen Symptome der Emotion folgen zeitlich und kausal auf das für die Emotion charakteristische Gefühl, daraus folgt schließlich das der Emotion entsprechende Verhalten. In diesem Schema finden sich also bereits nahezu alle Komponenten der Emotion: Am Anfang steht die kognitive Komponente (die Wahrnehmung des Löwen), es folgt die Gefühlskomponente (die gefühlte Angst), die seelische Erregung, die körperlichen Veränderungen und schließlich die Motivationskomponente, in diesem Fall die Auslösung des Fluchtverhaltens.

Ockham übernimmt dieses Schema im Wesentlichen, aber nicht, ohne es in zwei Punkten zu modifizieren. Die erste Modifikation betrifft das erste Glied der Kausalkette, die Existenz des Gegenstands. Ockham verweist zu Recht darauf, dass es zur Auslösung einer Emotion, die auf einen Gegenstand g gerichtet ist, nicht in jedem Fall der Existenz von g bedarf. Es genügt, dass N *glaubt*, dass g existiert oder dass g in Ns Wahrnehmung lediglich intentional, z. B. als Gegenstand einer Halluzination, enthalten ist. Nicht g selbst, sondern die Wahrnehmung von g (in einem Sinn von ‚Wahrnehmung', der es offen lässt, ob g existiert) muss als die unmittelbare Ursache der Emotion gelten.[52] Damit sieht die zeitliche und kausale Abfolge so aus:

Wahrnehmung eines Löwen → Angstgefühl → seelische und körperliche Erregung → Flucht

Die zweite Modifikation, die Ockham am Common-sense-Schema vornimmt, betrifft die Bedingung, dass N g *wahrnehmen* muss, um in Bezug auf g eine Emotion zu empfinden. Ockham bezweifelt – aus heutiger Sicht zu Recht –, dass diese Bedingung universal erfüllt sein muss. Der Ausdruck „Wahrnehmung" legt nahe, dass N, um Angst vor g zu haben, g *als* g wahrnehmen muss, d. h. g als g identifizieren, ihn gedanklich unter den Begriff g subsumieren muss. Das ist aber Ockham zufolge nicht notwendig. Um Angst zu haben, braucht N nicht eigens zu *urteilen*, dass g gefährlich ist und Flucht angezeigt ist. Sogar ein Urteil, dass es sich bei g *um ein* g *handelt*, ist entbehrlich. Es genügt, dass N bestimmte g-ähnliche Empfindungen

52 Vgl. Dominik Perler, Emotions and Cognitions. Fourteenth-Century Discussion on the Passions of the Soul, in: *Vivarium* 43 (2005), S. 250-274., hier S. 256ff.

hat, um die Emotion auszulösen. In anderen Worten: Eine Emotion wie Angst ist nicht daran gebunden, dass N über Denk- oder Urteilsfähigkeit verfügt und in der Lage ist, die über die Sinnesorgane empfangenen Reize begrifflich zu fassen. Angst und Motivation zur Flucht stellen sich unmittelbar ein. Das heißt, dass lediglich die folgenden Bedingungen notwendig sind:

Löwenartige sensorische Reize → Angstgefühl → seelische und körperliche Erregung → Flucht

Um die Unabhängigkeit der Emotion von begrifflichen Leistungen zu betonen, verwendet Ockham Beispiele von Kleinkindern und Tieren, z. B. das eines Schafs, das vor einem Wolf erschrickt: Die Emotion des Schafs ist unabhängig davon, ob es über den Begriff „Wolf" verfügt und in der Lage ist, Urteile über den Wolf und dessen Gefährlichkeit zu fällen. Selbstverständlich muss das Schaf in der Lage sein, den Wolf von anderen ihm vor die Augen kommenden Gegenständen zu unterscheiden. Aber diese Unterscheidung vollzieht sich nicht im Medium der Begriffe. Es ist nicht erforderlich, dass das Schaf über das Vermögen verfügt, die ‚passenden' sensorischen Reize begrifflich zu verarbeiten. Es muss lediglich aufgrund bestimmter körperlicher Faktoren dazu disponiert sein, auf die betreffenden Reize in bestimmter Weise zu reagieren.[53]

Das modifizierte Schema gilt nach Ockham auch für den erwachsenen Menschen. Allerdings betont er, dass dieser anders als das Tier die meisten seiner Emotionen (allerdings nicht die heftigen und spontanen) gezielt zu steuern vermag und sich insofern vom Reflexhaften der Emotionen befreien kann[54], und zwar auf zweierlei Weise: erstens dadurch, dass er sich den emotionsauslösenden Reizen entzieht und Gelegenheiten, bei denen ihm Löwen Angst einjagen können, meidet; zweitens indem er mithilfe seines Verstandes etwaige reflexhaft einsetzende Emotionen durch eine kognitive Reinterpretation des Reizes ‚umpolt', z. B. aufgrund des Wissens, dass es sich bei einem gegebenen Löwen um ein zahmes oder ausgestopftes Exemplar handelt.

---

53 Vgl. Vesa Hirvonen, Wilhelm von Ockham, Die Passionen der zwei Seelen, in: Hilge Landweer / Ursula Renz (Hg.), *Klassische Emotionstheorien,* Berlin / New York 2008, S. 205-219, hier S. 210.

54 Ebd., S. 211.

In der gegenwärtigen Emotionstheorie ist, vor allem aufgrund von Forschungen über die mit emotionalen Vorgängen verknüpften neuronalen Abläufe, das von Ockham entworfene Schema noch einmal revidiert worden. Diese Revisionen gehen in eine Richtung, die den Denkern des Mittelalters sicher kontraintuitiv erschienen wäre und auch heute noch vielen kontraintuitiv erscheint. Danach haben die durch die Präsenz des Auslösers hervorgerufenen körperlichen Veränderungen die zeitliche und die kausale Priorität gegenüber den sich im Bewusstsein manifestierenden Aspekten der Emotion.

Das Schema, das sich aus den Hypothesen der neurowissenschaftlichen Emotionstheoretiker LeDoux und Damasio ergibt[55], lässt sich folgendermaßen wiedergeben:

Löwe → löwenartige sensorische Reize (unbewusst) → körperliche Erregung → Flucht → Angstgefühl → (bewusstes) inneres Bild des Löwen

oder alternativ (mit vertauschten Endgliedern):

Löwe → löwenartige sensorische Reize (unbewusst) → körperliche Erregung → Flucht → (bewusstes) inneres Bild des Löwen → Angstgefühl

Danach gehen die körperlichen und motivationalen Komponenten der Emotion ihrer Manifestation im Bewusstsein (als Gefühl und seelische Erregung), statt auf sie zu folgen, zeitlich und kausal voran. Für eine solche Richtungsumkehr sprechen u. a. Versuche, bei denen sich gezeigt hat, dass die mit bestimmten sensorischen Reizen einhergehenden körperlichen Symptome und Motivationen auch dann ausgelöst werden, wenn die Gegenstände der Emotion nicht bewusst werden oder nicht bewusst werden können, z. B. weil das Subjekt blind ist oder an einer anderen Beeinträchtigung leidet, die das Bewusstsein gegen bestimmte Reize abschirmt. Für eine solche Richtungsumkehr sprechen aber auch verhaltensbiologische und evolutionäre Gründe: Bis das Gefühl im Bewusstsein auftaucht, könnte es für eine erfolgreiche Flucht möglicherweise wortwörtlich ‚zu spät' sein.

---

55 Vgl. Joseph LeDoux, *Das Netz der Gefühle. Wie Emotionen entstehen,* München 1998, und Damasio, Der Spinoza-Effekt (wie Anm. 2).

Es ist nicht ganz unwahrscheinlich, dass es ähnliche Überlegungen waren, die Ockham zu seiner Form der Emotionstheorie, diesmal in Bezug auf Wölfe und Schafe, motiviert haben.

II.

Mechthild Dreyer

Die Ausrichtung des Menschen auf das Gute. Gefühl und Sittlichkeit nach Thomas von Aquin

1. Einleitung: Zur Ambivalenz von Gefühlen

> Die Großaufnahme eines heulenden Kindes mit hochrotem Gesicht, verkniffenen Augen, die Mundwinkel nach unten gezogen, die Fäuste geballt. Mal hatte ein böser, älterer Cousin mir das Spielzeug weggenommen, oder der mühsam den Hügel hochgezogene Schlitten weigerte sich, in Fahrt zu kommen, oder das erwartungsvoll ausgepackte Geschenk erwies sich als unzureichend – die Reaktion war immer dieselbe: ich heulte. Aus diesen Bildern weiß ich, daß Tränen schon damals nicht Ausdruck meines Schmerzes waren, sondern meines Zorns. Zorn ist für mich vor allem ein körperlicher Zustand. Ähnlich wie Fieber oder Übelkeit überkommt er mich, wenn auch nicht grundlos, so doch völlig unerwartet. Meistens mitten in einer Auseinandersetzung, manchmal aber auch aus heiterem Himmel, wenn meine umherschweifenden Gedanken sich an etwas erinnern. Was immer im konkreten Fall der Grund für meinen Zorn sein mag, er fragt nicht um Erlaubnis, unterwirft sich nicht meinem Willen, sondern wirkt unmittelbar auf meine Tränendrüsen, verschafft sich Ausdruck durch eine körperliche Reaktion. Zorn ist etwas anderes als Ärger oder Wut, die aus vernünftigen Überlegungen resultieren. Zornig ist man, Wut hat man. Ärger und Wut sind die Folge einer bewußt erlebten Unzufriedenheit, dem Willen unterworfen, steigern sich langsam und kontrolliert. Zorn ist einfach da. Er argumentiert nicht, er schockiert.[1]

Was in dieser knappen, aber durchaus prägnanten Phänomenologie des Zornes von der Publizistin Antje Schrupp beschrieben wird, rangiert bei den griechischen Philosophen unter dem Gattungsbegriff „*pathos*“, bei Cicero unter „*perturbatio*“, und in der lateinischen Literatur des Mittelalters wird es „*affectio*“, „*affectus*“ oder – in Anlehnung an den griechischen Begriff – „*passio*“ genannt. Die deutsche Sprache nennt es „Gefühl“ oder bezeichnet es mit dem Fremdwort „Emotion“. Das, was Antje Schrupp als die

---

1 Antje Schrupp, Ich heule, weil ich zornig bin, in: Publik Forum 5, *EXTRA Zorn & Zärtlichkeit* (1997), http://www.antjeschrupp.de/zorn (30.09.2008).

spezifische Eigentümlichkeit des Zornes bezeichnet, bringt gerade die griechische und lateinische Begrifflichkeit deutlich zum Ausdruck. Gefühl ist wesentlich ein Erleiden (*pathos*, *passio*). Es überfällt den Menschen, es fällt ihn geradezu an (*affectus*). Dieses Leiden, so zeigt das Zitat, ist aber ein durchaus gerichtetes. Im vorliegenden Fall wendet es sich gegen das, was als Übel erfahren wird. Hinzu kommt ein weiteres Merkmal: Das Leiden äußert sich körperlich, hier im roten Kopf, den verkniffenen Augen, den nach unten gezogenen Mundwinkeln, den geballten Fäusten und schließlich im Heulen. Das Gefühl – so scheint es – ist Ausdruck eines unvermittelten, vielleicht nur im Augenblick gegebenen Weltverhältnisses, das, wenn es Gegenstand des eigenen Nachdenkens wird, Auskunft gibt über das eigene Selbst und sein Verhältnis zur Welt.

Der mittelalterliche Theologe und Philosoph Thomas von Aquin hätte der eingangs zitierten Beschreibung der Emotion des Zornes als eines körperlichen Leidens zugestimmt, hätte aber zugleich hinzugefügt, dass Gefühle mehr sind als nur körperliche Phänomene. Heftig widersprochen hätte er indes der Charakterisierung, dass der Zorn sich jeder Kontrolle oder Beherrschung durch den Willen entzöge. Ganz im Gegenteil, Thomas hätte darauf bestanden, dass der Zorn seine besondere Dignität dadurch erhält, dass der Mensch ihn wie jedes Gefühl prinzipiell kontrollieren und damit gezielt einsetzen kann. Wieso Thomas zu dieser Einschätzung kommt, wie er Gefühle als menschliche Grundgegebenheit inhaltlich bestimmt und beurteilt – das aufzuzeigen ist Ziel der nachfolgenden Überlegungen.

Eine systematische Darlegung seiner Lehre von den Emotionen findet man in seinem Hauptwerk *Summa theologiae* (= *S. th.*). In *S. th.* I-II befasst er sich in den *quaestiones* 22 bis 48 ausführlich mit dem Thema und liefert damit ohne Zweifel einen der gewichtigsten einschlägigen Beiträge der Philosophie des lateinischen Mittelalters. Entsprechend der ausdrücklich didaktischen Zielsetzung der *Summa theologiae* behandelt Thomas die Emotionen einerseits unter allgemeinen Gesichtspunkten. Andererseits setzt er sich mit einzelnen von ihnen auseinander.

Dass Thomas eine theoretische Erfassung des Phänomens unternimmt, scheint auf den ersten Blick ungewöhnlich zu sein, stehen

Emotionen doch seit jeher im Verdacht, unbeständig, widersprüchlich und irrational zu sein.[2] Auf den zweiten Blick erweist sich dies jedoch nicht als ein überzeugender Einwand. Mögen die Emotionen auch in sich irrational sein oder dem Bereich des Vorrationalen angehören, so vermag der Mensch sie nach Thomas doch zu beherrschen, ja im Kontext sittlichen Handelns sogar nutzbringend einzusetzen. Der vorliegende Beitrag will nicht nur das entsprechende Lehrstück zu den Emotionen in seinen wichtigsten Elementen vorstellen.[3] Er will auch deutlich machen, dass Thomas' Position vor dem Hintergrund philosophischer Traditionen, die den Gefühlen

---

2 Vgl. hierzu und zum Folgenden: Jürgen Hengelbrock / Jakob Lanz, Affekt, in: Joachim Ritter (Hg.), *Historisches Wörterbuch der Philosophie,* Bd. 1, Basel 1971, Sp. 89-100; Wolfhart Henckmann, Gefühl, in: Hermann Krings / Hans Michael Baumgartner / Christoph Wild (Hg.), *Handbuch philosophischer Grundbegriffe,* 1-6, München 1973, Bd. 2, S. 520-536; Ursula Franke (u. a.), Gefühl, in: Joachim Ritter (Hg.), *Historisches Wörterbuch der Philosophie,* Bd. 3, Basel 1974, Sp. 82-96; Heiner Hastedt, *Gefühle. Philosophische Bemerkungen,* Stuttgart 2005; Verena Mayer, Gefühl, in: Petra Kolmer / Armin G. Wildfeuer (Hg.), *Neues Handbuch philosophischer Grundbegriffe,* Freiburg / München 2011, Bd. 1, S. 865-878; vgl. ferner auch Christoph Demmerling / Hilge Landweer, *Philosophie der Gefühle,* Stuttgart 2007.

3 Vgl. zum Folgenden: Gerd Althoff, Gefühle in der öffentlichen Kommunikation des Mittelalters, in: Claudia Benthien / Anne Fleig / Ingrid Kasten (Hg.), *Emotionalität. Zur Geschichte der Gefühle,* Köln / Weimar / Wien 2000, S. 82-99; Klaus Bernath, *Anima forma corporis. Eine Untersuchung über die ontologischen Grundlagen der Anthropologie des Thomas von Aquin,* Bonn 1969; Alexander Brungs, *Metaphysik der Sinnlichkeit. Das System der Passiones Animae bei Thomas von Aquin,* Halle 2002; Alan Donagon, Thomas Aquinas on Human Action, in: Norman Kretzmann / Anthony Kenny / Jan Pinborg (Hg.), *The Cambridge History of Later Medieval Philosophy,* Cambridge 1982, S. 642-654; Maximilian Forschner, *Thomas von Aquin,* München 2006; Anthony Kenny, *Action, Emotion and Will,* London / New York 1963; Wolfgang Kluxen, *Philosophische Ethik bei Thomas von Aquin,* 2., erw. Aufl., Hamburg 1980; Catherine Newmark, *Passion – Affekt – Gefühl. Philosophische Theorien der Emotionen zwischen Aristoteles und Kant* (Paradeigmata 29), Hamburg 2008; vgl. auch *Critique. Revue générale des publications françaises et étrangères* (2007), n° 716-717: Émotions médiévales.

kritisch bis ablehnend gegenüberstehen, eine deutliche Aufwertung dieses Bereichs menschlicher Lebensvollzüge bedeutet.

2. Die Lehre von den Gefühlen nach Thomas von Aquin

2.1 Die antike und spätantike Vorgeschichte der thomanischen Emotionenlehre

Thomas entwickelt seine Lehre von den Gefühlen teils in Abgrenzung zu den ihm bekannten philosophischen Positionen, teils in ihrer Weiterführung. Wie Aristoteles bindet er seine Position einerseits an eine Seelenlehre zurück und verortet sie andererseits im Kontext der Ethik. Die Frage nach den Gefühlen stellt sich für beide damit als Frage nach dem Beitrag, den jene für die menschliche Sittlichkeit leisten können. Die thomanische Deutung der Seele übernimmt in zentralen Stücken die Lehre des Aristoteles. Mit ihm unterscheidet Thomas im Blick auf den Menschen einen vernunftmäßigen Seelenteil (*anima rationalis*) von zwei nicht-vernünftigen Teilen (*anima sensitiva* und *anima vegetativa*), wobei die Strebevermögen der *anima sensitiva* durchaus der Vernunft als dem Vermögen der *anima rationalis* untergeordnet werden können. Im Kontext dieses Seelenteils haben auch die Gefühle ihren Ort.

Dass die Stoiker die Emotionen als etwas Schlechtes beurteilten, während die Peripatetiker die gemäßigten Emotionen für gut hielten, hat nach Thomas seinen Grund in der unterschiedlichen Abgrenzung und Zuordnung von Vermögen, die mit der Unterscheidung von Seelenteilen einhergehen. In *S. th.* I-II, q. 24, art. 2, stellt er heraus, dass die Differenz hinsichtlich der Bewertung der Emotionen auf die mangelnde Unterscheidung der Stoiker zwischen Sinnen und Intellekt und zwischen den ihnen zugrundeliegenden sinnlichen bzw. geistigen Vermögen zurückzuführen sei. Infolge dieses Mangels würden die Stoiker jede der Vernunft gemäße Äußerung des Strebevermögens Wille nennen, Emotion aber jede Bewegung, welche die Grenzen der Vernunft missachte. Die Peripatetiker hingegen, welche die Emotionen ganz dem sinnlichen Strebevermögen zuordnen würden, könnten diese dann als gut bewerten, wenn der Mensch ihnen durch seine Vernunft das Maß gebe. Thomas folgert aus der von ihm gegebenen Erklärung der Gründe für die unterschiedliche

Bewertung der Emotionen bei Peripatetikern und Stoikern, dass die sachlichen Differenzen zwischen beiden Philosophien im Falle der Emotionen entweder nur minimal seien oder sich bei genauerem Hinsehen auflösten.

2.2 Die systematische Bestimmung des Wesens der Gefühle und ihre Einteilung

Wie bereits erwähnt ist der Kontext, in dem Thomas seine Deutung der Emotionen (*passiones animae*) in der *Summa theologiae* entwickelt, die Morallehre. Mit Aristoteles geht Thomas davon aus, dass der Mensch wie jedes Lebewesen von Natur aus in seinen Strebungen auf ein Ziel ausgerichtet ist. Das Letztziel dieses Strebens ist die Selbstverwirklichung, also in Wirklichkeit das zu sein, was zunächst nur den eigenen Möglichkeiten nach oder als Anlage gegeben ist. Die Selbstverwirklichung des Menschen ist kein Zustand, sondern in Tätigkeiten bzw. Vollzügen gegeben, die ihm spezifisch eigen sind und die um ihrer selbst willen vollzogen werden. In diesen findet der Mensch nach Aristoteles sein Glück. Die Morallehre des Thomas von Aquin macht sich diese anthropologische Sicht zu eigen. Ausgehend von der Frage nach dem Letztziel des Menschen und seinem Glück untersucht sie den Gesamtbereich menschlicher Handlungen samt ihrer Umstände um aufzuzeigen, wie der Mensch handelnd sein Glück erringen kann. Thomas unterscheidet – auch hier Aristoteles folgend – bei den menschlichen Handlungen drei Arten der Tätigkeit: Hierzu gehören zum einen die vegetativen Tätigkeiten, die der Mensch mit allen Lebewesen gemeinsam hat, zum anderen die Tätigkeiten, die auf das sinnliche Strebevermögen zurückzuführen sind und die der Mensch mit den (höher entwickelten) Tieren teilt. Schließlich gibt es die Gruppe der vernunftbestimmten Tätigkeiten, die spezifisch für den Menschen sind. Zur Gruppe der Vollzüge, die dem Menschen wie den Tieren als Leib-Seele-Einheiten zukommen, gehören die Gefühle. Für die Erlangung des Glücks sind die vernunftorientierten Handlungen aus den oben genannten Gründen von vorrangiger Bedeutung. Denn – um es zu wiederholen – das Glück des Menschen wird nach Aristoteles und Thomas von dem her bestimmt, was zum Wesen des Menschen gehört. In zweiter Linie sind die von den Sinnen her bestimmten Tätigkeiten, also auch die Gefühle, für das Glück bedeutsam.

Ihrer wesentlichen Bestimmtheit nach ist die Emotion für Thomas ein seelisches Phänomen, genauer: ein Akt des sinnlichen Strebevermögens, der mit körperlichen Veränderungen verbunden ist. Diese körperliche Veränderung macht die Emotion zu einem Erleiden (*passio*).[4] In den Unterscheidungskategorien des Thomas formuliert, lässt sich der Sachverhalt folgendermaßen beschreiben[5]: Die Emotionen sind der Form nach etwas Psychisches, sie sind Gemütsbewegungen; der Materie nach sind sie körperliche Veränderungen. Sie gehören dem sinnlichen Begehrungsvermögen an, denn sie rufen Reaktionen hervor bzw. motivieren, weil durch eine *passio* das Subjekt zu dem hingezogen bzw. hingetrieben wird, was Sache des Handelnden ist. Für Thomas ist der Umstand, dass Emotionen mit körperlicher Veränderung einhergehen, auch der Grund, sie an das sinnliche Begehrungsvermögen und nicht an den Willen als Strebevermögen rückzubinden, da nach seiner Überzeugung Willensakte stets unkörperlicher Natur sind. Für den Menschen als Leib-Seele-Einheit bedeutet dies: Die Seele als Trägerin aller Strebevermögen kann, weil sie unkörperlich ist, an sich nicht leiden. Sie leidet nur mit, insofern sie Form des Körpers (*forma corporis*) ist. Die körperlichen Veränderungen betreffen nach Thomas vor allem das Herz.[6] Jede Emotion fügt der natürlichen Bewegung des Herzens etwas hinzu oder mindert etwas an dieser Bewegung, insofern das Herz schwächer oder stärker bewegt wird – gemäß der Systole (Zusammenziehen) oder der Diastole (Ausdehnen). Deshalb hat diese Bewegung die Wesensart des Erleidens (*passio*).

In seinen *quaestiones* zur Emotionenlehre in *Summa theologiae* I-II versucht Thomas, den Bereich der Gefühle systematisch zu erfassen. Als wesentliches Hilfsmittel dienen ihm Einteilungen und Klassifikationen. Thomas unterscheidet in deutlicher Nähe zu Platon

---

4 Zur Definition der *passio* vgl. *S. th.* I, q. 20, art. 1, ad 1: „*Sic igitur actus appetitus sensitivi, inquantum habent transmutationem corporalem annexam, passiones dicuntur [...].*“

5 Vgl. zum Folgenden Forschner, Thomas von Aquin (wie Anm. 3), S. 69.

6 Vgl. *S. th.* I-II, q. 24, art. 2, ad 2: „*[...] in omni passione animae additur aliquid, vel diminuitur a naturali motu cordis, inquantum cor intensivus vel remissius movetur, secundum systolen aut diastolen: et secundum hoc habet passionis rationem.*“

und Aristoteles die konkupisziblen von den irasziblen Emotionen, oder genauer: die Emotionen des begehrenden (konkupisziblen) von denen des überwindenden (irasziblen) Strebevermögens.[7] Diese traditionelle Einteilung, die er als eine nach Arten und nicht nach Gattungen interpretiert, begründet er unter Rückgriff auf Grundannahmen der aristotelischen Seelenlehre: Emotionen sind wie alle Lebensvollzüge oder Lebensäußerungen Verwirklichung (*actus*) von Vermögen bzw. Anlagen (*potentiae*). Sie sind Verwirklichungen von Vermögen des sinnenhaften Seelenteils. Das Vermögen, das Ermöglichungsgrund der Emotionen ist, zeigt sich in der doppelten Fähigkeit (*vis*), etwas zu erlangen oder etwas zu meiden zu suchen. Beide Fähigkeiten sind wie Vermögen stets intentional auf ein Objekt ausgerichtet. In ihrem Fall ist es das Gute (*bonum*) als ein Freude bringendes Objekt und das Übel (*malum*) als ein Schmerz bringendes. Seiner Natur entsprechend sucht der Mensch, das Gute zu erlangen und das Übel zu vermeiden. Da das Erstreben sich immer auf etwas anderes als Objekt bezieht als das Meiden, kommen auch immer distinkte Objekte für beide Fähigkeiten vor, womit sich die Möglichkeit ergibt, von den Objekten der Fähigkeiten her weitere Klassifikationen für die Emotionen abzuleiten.

Nun kann ein Objekt schlechthin angestrebt werden, weil es ganz allgemein Freude oder Vergnügen bringt, oder es kann vermieden werden, weil es Schmerz bringt. Emotionen, die sich strebend auf ein schlechthin Freude Bringendes oder die sich meidend auf ein schlechthin Schmerz Erzeugendes beziehen, fallen unter die Spezies der Emotionen des konkupisziblen Seelenvermögens (*passiones concupiscibilis potentiae*) bzw. unter die konkupisziblen Emotionen. Ein Objekt kann aber auch ein schwer erreichbares Gutes oder schwer vermeidbares Übel sein; auf Objekte dieser Art beziehen sich die Emotionen des irasziblen Seelenvermögens (*passiones irascibilis potentiae*) bzw. die irasziblen Emotionen, die einen Menschen kampforientiert danach trachten lassen, Hindernisse aus dem Weg zu räumen.

Ebenfalls in Anlehnung an die Tradition zählt Thomas die folgenden sechs Emotionen zur Gruppe der *passiones concupiscibiles*: die Liebe (*amor*), die sich auf ein anwesendes und anziehendes Gut

7 Vgl. hierzu und zum Folgenden *S. th.* I-II, q. 23, art. 1; vgl. auch Forschner (wie Anm. 3), S. 70.

bezieht, das Verlangen (*desiderium*), das sich auf ein abwesendes, und die Freude (*gaudium*), die sich auf ein anwesendes Gut bezieht. Auf ein Übel, das anwesend ist und das es abzustoßen gilt, bezieht sich der Hass (*odium*); auf ein noch nicht anwesendes Übel die Flucht bzw. Abscheu (*fuga, abominatio*); auf ein anwesendes Übel ist die Emotion der Trauer (*tristitia*) bezogen. Fünf Emotionen gehören zur Gruppe der *passiones irascibiles*. Auf ein nicht anwesendes, schwer erreichbares Gut ist die Hoffnung (*spes*) bezogen; auf ein nicht anwesendes, aber unerreichbares Gut die Verzweiflung (*desperantia*). Objekt der Tapferkeit (*audacia*) ist ein noch nicht anwesendes, schwer abwendbares Übel; Objekt der Furcht (*timor*) ist ein ebenfalls noch nicht anwesendes, jedoch unabwendbares Übel. Das Gefühl des Zorns (*ira*) schließlich richtet sich auf ein anwesendes, schwer abwendbares Übel. Vollständig wäre die Einteilung der Objekte der iraszliblen Emotionen erst mit dem Objekt, das ein anwesendes unabwendbares Übel darstellt. Auf dieses Übel ist die Trauer bezogen, die jedoch zu den *passiones concupiscibiles* zählt. Unter den elf genannten Emotionen gelten nach Thomas Freude, Trauer, Hoffnung und Furcht als die Grundgefühle.[8] Freude und Trauer bezeichnen die Endpunkte aller Emotionen, Hoffnung und Furcht sind ganz auf die Zukunft gerichtet.

2.3 Die Bedeutung der Gefühle für die Sittlichkeit der menschlichen Handlung

Thomas behandelt die Frage nach der Relevanz der Gefühle für die menschliche Sittlichkeit in den Artikeln der *quaestio* 24 seiner *Summa theologiae* I-II. Als Gegebenheiten, die dem sinnenhaften Seelenteil zugeordnet sind, sind sie dem Menschen wie jedem anderen Sinnenwesen eigen. Für sich betrachtet sind sie unwillkürliche Gemütsbewegungen und unterstehen als solche nicht der Differenz von gut und böse, sind also weder sittlich noch unsittlich. Was den Menschen von allen anderen Sinnenwesen jedoch unterscheidet, sind seine Fähigkeiten von Vernunft (*ratio*) und Wille (*voluntas*). Sie ermöglichen es ihm, zu den eigenen Gefühlen in ein Verhältnis zu treten, sei es, sie zu steuern oder sich ihrer Steuerung zu enthalten. Damit aber verlieren die menschlichen Gefühle den Status sittlicher Indifferenz. Gefühle sind gut oder böse je nachdem, wie

8 Vgl. *S. th.* I-II, q. 25, art. 4.

sie unter der Herrschaft und Ordnungsmacht der Vernunft bzw. des von der Vernunft geleiteten Willens stehen.[9] Menschen werden also nicht deshalb gelobt oder getadelt, weil sie Gefühle haben. Sie werden – so Thomas – gelobt, wenn sie ihre Gefühle mit den Mitteln der Vernunft kontrollieren, und sie werden getadelt, wenn sie ihre Gefühle unkontrolliert ausleben.[10]

Die aristotelische Position, die Thomas sich mit diesen Überlegungen zu eigen macht, gilt – wie er weiß – in der Philosophie nicht unangefochten. Wichtigster Gegenpart ist die auch für die theologische Tradition und insbesondere für Augustinus einflussreiche Position der Stoiker, welche die Gefühle verurteilen. Thomas führt diese Bewertungsdifferenz zwischen den Stoikern einerseits und Peripatetikern und damit auch seiner eigenen Sicht andererseits auf unterschiedliche Grundunterscheidungen beider philosophischer Richtungen zurück[11]: Die Stoiker – so seine Deutung – unterschieden nicht zwischen den Sinnen und der Vernunft und daher nicht zwischen einem von den Sinnen und einem von der Vernunft bestimmten Strebevermögen. Infolgedessen unterschieden sie auch nicht zwischen den Gefühlen, die dem sinnenhaften Strebevermögen zugeordnet sind, und dem Willen als dem vom Intellekt bestimmten Strebevermögen. Vielmehr hätten sie jede Bewegung des vernunftgeleiteten Strebens ‚Wille' genannt, und als ‚Gefühl' hätten sie eine die Grenzen der Vernunft übersteigende Bewegung bezeichnet. Die Stoiker und auch Augustinus bewerteten die Gefühle infolgedessen als Krankheiten der Seele.[12] Für die Peripatetiker, die alle Bewegungen des sinnenhaften Strebevermögens ‚Gefühle' nannten, sind diese gut, wenn sie von der Vernunft ihr Maß empfangen, also von ihr gemäßigt werden, und schlecht, wenn dies nicht der Fall ist. Sie sind demzufolge dann gut, wenn sie der Sittlichkeit dienen, und schlecht bzw. böse, wenn sie der Sittlichkeit des Menschen schaden.

---

9 Vgl. *S. th.* I-II, q. 24, art. 1: „*Propinquior enim est appetitus sensitivus ipsi rationi et voluntati, quam membra exteriora; quorum tamen motus et actus sunt boni vel mali moraliter, secundum quod sunt voluntarii. Unde multo magis et ipsae passiones, secundum quod sunt voluntariae, possunt dici bonae vel malae moraliter.*"

10 Vgl. *S. th.* I-II, q. 24, art. 1, ad 3.

11 Vgl. hierzu und zum Folgenden *S. th.* I-II, q. 24, art. 2.

12 Vgl. ebd.

Den Gedanken, dass die Gutheit des Gefühls wesentlich durch das Maß seiner Vernunftbestimmtheit bedingt ist, führt Thomas in einem eigenen Artikel aus.[13] Die Gutheit des Menschen und aller seiner Handlungsvollzüge wurzelt in seiner Vernunft. Je mehr sich der Mensch in seinem Tun von ihr bestimmen lässt, umso vollkommener ist ihm das Gute eigen.[14] Folglich ist auch die Gefühlsregung dann gut, wenn sie unter der Leitung der Vernunft erfolgt. Aus all diesen Überlegungen folgt, was Thomas im letzten Artikel von *quaestio* 24 darlegt, nämlich dass die (sittliche) Bewertung des Gefühls wie die jeder Tätigkeit von der je in Anspruch genommenen Perspektive abhängt[15]: Im Kontext der Natur betrachtet ist das Gefühl weder sittlich gut noch sittlich böse; im Kontext der Sittlichkeit gesehen hängt seine Gutheit vom Maß seiner Regulierung durch die Vernunft ab. Beispielhaft verweist Thomas auf das Gefühl der Scham, von dem ein Handeln aus Angst vor möglicher Schande begleitet wird. Mit diesen Überlegungen schließt Thomas seine systematische Behandlung des Bereichs der Gefühle ab, um sich in den nachfolgenden *quaestiones* einzelnen Gefühlen zu widmen.

3. Schlussbetrachtung: Der Wert des Gefühls

Gefühle – so lässt sich zusammenfassend die Position des Thomas von Aquin charakterisieren – sind seelische Phänomene, die sich leiblich äußern, wobei dies als Leiden gedeutet wird. Gefühle gehören zur Natur des Menschen und stellen ihn in dieser Hinsicht auf eine Stufe mit allen anderen Sinnenwesen. Obwohl Gefühle

---

13 Vgl. zum Folgenden *S. th.* I-II, q. 24, art. 3.

14 Vgl. ebd.: „*Cum enim bonum hominis consistat in ratione sicut in radice, tanto istud bonum erit perfectius, quanto, ad plura quae homini conveniunt, derivari potest.*“

15 Vgl. *S. th.* I-II, q. 24, art. 4: „*[...] quod scilicet species actus vel passionis dupliciter considerari potest. Uno modo, secundum quod est in genere naturae: et sic bonum vel malum morale non pertinet ad speciem actus vel passionis. Alio modo, secundum quod pertinent [!] ad genus moris, prout scilicet participant aliquid de voluntario et de judicio rationis. Et hoc modo bonum et malum morale possunt pertinere ad speciem passionis, secundum quod accipitur ut objectum passionis aliquid de se conveniens rationi, vel dissonum a ratione [...].*“

also naturhafte Gegebenheiten sind, ist der Mensch ihnen nicht wie plötzlich manifest werdenden Krankheiten ausgeliefert. Dank der Vermögen von Vernunft und Wille hat er vielmehr die Möglichkeit, seine Emotionen zu kontrollieren und zu steuern und sie in den Kontext seiner Handlungen, die seiner Natur gemäß auf das Gute ausgerichtet sind, einzubeziehen. Ja, gerade derjenige Mensch handelt ganzheitlich, dessen Handeln von kontrollierter Emotion begleitet ist. Und er vermag mit dem Mittel gesteuerter Emotionalität sein Handeln und damit seine Ausrichtung auf das Gute sogar positiv zu verstärken. Daher kann Thomas in seiner Tugendlehre selbst dem Zorn durchaus eine gute Seite abgewinnen.[16] Zustimmend bezieht er sich auf ein Wort des griechischen Kirchenlehrers Johannes Chrysostomus: Wer einen Grund zum Zorn habe, der sei ohne Schuld. Denn ohne Zorneseifer gebe es keinen Wissenschaftsfortschritt, Rechtssprechung komme nicht zustande, Verbrechen würden nicht verfolgt.

16 Vgl. *S. th.* II-II, q. 158, art. 1.

Martin Pickavé

Thomas von Aquin über Verantwortlichkeit für unsere Emotionen

1. Einleitung

Im Alltag loben und tadeln wir unsere Mitmenschen gewöhnlich nicht nur für das, was sie tatsächlich tun, sondern auch für ihre Charakterzüge, ihre Meinungen und ihre Emotionen. Man denke nur an das Beispiel eines besonders jähzornigen Kollegen, den eine unbedeutende Ungeschicktheit eines jüngeren Mitarbeiters so erregt, dass er diesen schwer beleidigt. In einem solchen Fall sind wir unter Umständen geneigt, von der Beleidigung, also der Tat selbst, abzusehen, den Kollegen aber wegen seiner Zornesregung zu tadeln; etwa indem wir ihn darauf hinweisen, dass sein Zorn unangebracht sei. Oder man denke an jemanden, der traurig darüber ist, dass ein Freund seinen Arbeitsplatz verloren hat. Hier gibt es neben der Trauer unter Umständen keine mit der Trauer verbundene Tat, aber dennoch neigen wir dazu, diese Art von Empathie für etwas Positives zu halten.

Die Praxis, Personen für ihre Emotionen zu loben und zu tadeln, wirft jedoch eine grundlegende Frage auf. Lob und Tadel, ja jegliche Form von moralischer Bewertung, setzen voraus, dass der Gelobte bzw. Getadelte moralisch verantwortlich war für das, wofür er gelobt oder getadelt wird. Es ist jedoch unklar, wie wir z. B. für unsere Emotionen verantwortlich sein können. Die Gefühle unserer Mitmenschen sind uns wichtig, weil Emotionen Handlungen motivieren und wir annehmen, dass sie uns über die grundlegenden moralischen Werte und Einstellungen unserer Mitmenschen Auskunft geben. Dennoch werden Emotionsregungen von ihren Subjekten in der Regel als passive Zustände erlebt; jemand oder etwas macht uns ängstlich, zornig, hoffnungslos oder froh, wir scheinen nichts unmittelbar dafür zu können. Das Haben von Emotionen ist etwas, das uns überkommt. In Emotionsregungen fühlen wir unsere Freiwilligkeit als sehr eingeschränkt oder ganz abwesend. Ich bestreite nicht, dass Emotionen manchmal auch freiwillige und bewusst gewählte Handlungen begleiten, aber man kann nicht wählen, die eine oder andere Emotion zu haben. In dieser Hinsicht gleicht das Haben einer Emotion einer Sinneswahrnehmung. Beide Erfahrungen sind im Wesentlichen unreflektiert. Wenn sich herausstellen sollte, dass Verantwortlichkeit wirklich so etwas wie eine freie Willenswahl voraussetzt, dann können wir für unsere Emotionen kaum verantwortlich sein.

Im Zusammenhang der neuerlichen Wiederentdeckung der Emotionen als Gegenstand philosophischer Forschung haben sich eine Reihe von Philosophen mit der Frage nach der Verantwortlichkeit für Emotionen beschäftigt[1]; diese Frage ist keineswegs neu, sondern wurde in der Geschichte der Philosophie immer wieder behandelt. Ich möchte in diesem Beitrag untersuchen, wie wir nach Thomas von Aquin Verantwortung für unsere Emotionen besitzen. Dies geschieht weniger mit der Absicht, Thomas' Position für die aktuelle Diskussion relevant zu machen, sondern weil ich der Auffassung bin, dass Thomas' Behandlung der Verantwortlichkeit für Emotionen ein interessantes Licht auf seine allgemeine Auffassung von moralischer Verantwortung wirft.

Für Thomas steht außer Frage, dass menschliche Emotionen bzw. Leidenschaften der Seele (*passiones animae*) selbst Gegenstand moralischer Bewertung sein können, und nicht etwa nur insofern sie im Zusammenhang mit einer Tathandlung stehen, die sie entweder begleiten oder der sie ursächlich vorausgehen.[2]

---

1 Vgl. z. B. Nancy Sherman, Taking Responsibility for Our Emotions, in: *Social Philosophy and Policy* 16.2 (1999), S. 294-323; John Martin Fischer / Mark Ravizza, *Responsibility and Control: A Theory of Moral Responsibility,* Cambridge 1998, S. 255-259; Aaron Ben-Ze'ev, Emotions and Morality, in: *The Journal of Value Inquiry* 31 (1997), S. 195-212; Justin Oakley, *Morality and the Emotions,* New York 1992; Robert Adams, Involuntary Sins, in: *The Philosophical Review* 95 (1985), S. 3-31.

2 Emotionen können freilich die moralische Qualität von Handlungen beeinflussen: Eine im Zorn verübte Straftat ist von anderer Qualität als dieselbe Straftat, wenn sie mit ‚kühlem Kopf' begangen wird. Zu diesem Thema, das für die hier behandelte Frage nicht relevant ist und deshalb völlig ausgeblendet bleibt, vgl. z. B. Thomas Nisters, Aquinas on Passions and Diminished Responsibility, in: *Jahrbuch für Recht und Ethik / Annual Review of Law and Ethics* 2 (1994), S. 239-257.

Manche Emotionsregungen gelten für sich selbst genommen als sündhaft, obwohl Thomas auch der Meinung ist, dass sie selbst nie den Tatbestand einer schweren Sünde, einer Todsünde (*peccatum mortale*), erfüllen.[3] Aber wenn er die Bedingungen umschreibt, die bestehen müssen, damit eine Emotion oder eine menschliche Handlung als lobens- oder tadelswert gelten kann, benutzt er natürlich nicht den modernen deutschen Ausdruck „Verantwortlichkeit" oder eine davon abgeleitete Form, sondern er wählt die Formulierung, dass etwas „willentlich" (*voluntarium*) ist.[4] Ist „willentlich" einfach mit „verantwortlich" gleichzusetzen? Oder besitzt Thomas vielleicht kein Verständnis dessen, was wir heute mit dem Begriff „Verantwortlichkeit" bezeichnen?

2. Willentlichkeit und Verantwortlichkeit

Thomas von Aquin erweckt manchmal den Eindruck, dass seine Behandlung von Willentlichkeit primär auf Handlungen abzielt. Wenn er z. B. in der *Summa theologiae* I-II, q. 6, auf die Unterscheidung „willentlich/unwillentlich" (*voluntarium/involuntarium*) zu sprechen kommt, dann handelt die erste Frage davon, unter welchen Umständen menschliche Handlungen (*actus*) willentlich sind. In seiner Antwort arbeitet er zwei Bedingungen heraus: Eine Handlung ist nur dann willentlich, wenn sie (1) aus einem dem Handelnden innerlichen Prinzip entspringt und (2) der Handelnde auch das Ziel begreift, um dessen Willen die Handlung getätigt wird. Hinter den beiden Bedingungen steht die Auffassung, dass der Handelnde im Hinblick auf die Handlung ein Selbstbeweger ist und dass genuine Selbstbewegung nicht nur voraussetzt, dass das Prinzip der Bewegung dem Bewegenden bzw. Handelnden innewohnt, sondern

---

3 Vgl. *Quaestiones disputatae de veritate* (= *De veritate*), q. 25, art. 5 (Opera omnia, Bd. 22, ed. Leonina, Rom 1970-1975); *Quaestiones disputatae de malo* (= *De malo*), q. 7, art. 6 (Opera omnia, Bd. 23, ed. Leonina, Rom 1982); *Summa theologiae* (= *S. th.*) I-II, q. 74, art. 3 und 4 (Opera omnia, Bde. 4-11, Rom 1888-1906); Quodlibet IV, q. 11, art. 1 (Opera omnia, Bd. 25, Rom 1996); *In II Sententiarum*, dist. 24, q. 3, art. 2 (hg. v. Pierre Mandonnet / Marie Fabien Moos, Paris 1929-1947).

4 Vgl. etwa *Summa theologiae* I-II, q. 74, art. 3.

auch, dass der Bewegende sich um eines Zieles willen bewegt, das von ihm auch als ein solches erkannt wird.[5]

Obwohl es naheliegend wäre, die zwei genannten Bedingungen als allgemeine Bedingungen für Willentlichkeit aufzufassen, gibt es in Thomas' Text nichts, was uns zu diesem Schluss veranlassen müsste. Ganz im Gegenteil; wenn er kurz darauf die Frage aufwirft, „ob es auch ohne jede Handlung (*absque omni actu*) etwas Willentliches geben kann", lautet seine Bestimmung des Willentlichen ganz lapidar: „Willentlich wird genannt, was vom Willen her ist."[6] In zwei Weisen, so führt Thomas weiter aus, kann etwas vom Willen her sein: entweder direkt oder indirekt. Direkt vom Willen her sind die willentlichen Handlungen, für welche die gerade entwickelten Kriterien gelten und bei denen der Wille als ein verursachendes Prinzip auftritt. Indirekt vom Willen her sind Tätigkeiten oder Ereignisse, bei denen der Wille nicht im strengen Sinne als eine Ursache in Erscheinung tritt, er aber dennoch durch ein Eingreifen die Tätigkeit oder das Ereignis hätte verhindern können und somit als quasi-Ursache gelten kann. Als Beispiel hierfür erwähnt Thomas einen Schiffsuntergang, der sich zuträgt, weil der Kapitän das Lenken des Schiffes vernachlässigt. Obwohl der Kapitän in diesem Fall strenggenommen nicht die Ursache des Untergangs ist – die eigentliche Ursache ist die stürmische See –, kann man dennoch sagen, dass der Untergang dem Kapitän zuzuschreiben ist.[7]

Wenn aber wirklich gilt, dass auch Tätigkeiten oder Ereignisse willentlich sind, bei denen der Wille irgendwie anwesend, aber nicht als eigentliche Ursache tätig ist, dann wäre sehr Vieles willentlich. Dann müssten mir z. B. auch die Tätigkeiten der Bäckereiverkäuferin, bei der ich gerade ein Brot gekauft habe, als willentlich zugeschrieben werden. Mir wäre also alles das als willentlich zuzuschreiben, was ich durch mein Nicht-Eingreifen zugelassen habe. Um diese absurde Konsequenz auszuschließen, führt Thomas eine weitere Bedingung ein: nur bei jenen Sachverhalten liegt Willentlichkeit vor, wo nicht lediglich die Möglichkeit eines willentlichen

5 Vgl. *Summa theologiae* I-II, q. 6, art.1.

6 *Summa theologiae* I-II, q. 6, art. 3: „*Voluntarium dicitur quod est a voluntate.*"

7 Vgl. *Summa theologiae* I-II, q. 6, art. 3; vgl. auch ebd. I-II, q.71, art. 5, ad 2, und I-II, q. 77, art. 7.

Eingriffs bestand, sondern auch die Pflicht einzugreifen vorlag.[8] Das lässt sich wiederum am Beispiel des Schiffsuntergangs deutlich machen. Wir sagen nur deshalb, der Kapitän habe den Untergang willentlich in Kauf genommen, weil wir davon ausgehen, dass er die reale Möglichkeit hatte, den Untergang durch sein Eingreifen zu verhindern, und weil Kapitäne qua ihrer Funktion als Schiffslenker die Pflicht haben, genau dies zu tun. Einem normalen Passagier, der das Schiff – vielleicht aus Zufall – durch sein Handeln ebenfalls hätte retten können, schreiben wir den Untergang nicht als etwas willentlich in Kauf Genommenes zu.

Diese Skizze von Thomas' Verständnis dessen, was er für willentlich (*voluntarium*) hält, lädt zu drei Bemerkungen ein. Erstens dürfte deutlich sein, dass Thomas mit den Bedingungen für Willentlichkeit in der Tat auf so etwas wie Verantwortlichkeit abzielt. Was er mit dem Ausdruck „*voluntarium*" bezeichnet, deckt sich jedenfalls kaum mit dem modernen Verständnis von „willentlich".[9] Um bei dem Schiffsbeispiel zu bleiben: Wir halten den Kapitän trotz seiner Untätigkeit genau dann für den Untergang *verantwortlich,* wenn er diesen nicht nur durch sein Eingreifen hätte verhindern können, sondern dies außerdem noch seine Pflicht gewesen wäre. Da Verantwortlichkeit für Unterlassungen und andere nicht direkt willentlich verursachte Zustände und Ereignisse auch davon abhängt, was moralisch geboten ist, ergibt sich zweitens, dass es für

---

8 Vgl. *Summa theologiae* I-II, q. 6, art. 3: „*Sed sciendum quod non semper id quod sequitur ad defectum actionis reducitur sicut in causam in agens, ex eo quod non agit: sed solum tunc cum potest et debet agere. Si enim gubernator non posset navem dirigere vel non esset ei commissa gubernatio navis, non imputaretur ei navis submersio, quae per absentiam gubernatoris contingeret.*"

9 Für Thomas verpasse ich etwa, um das Beispiel von Claudia Eisen Murphy zu benutzen, willentlich eine Vorlesung, wenn ich durch Nachlässigkeit den Bus versäume, der mich zum Hörsaal bringt. Da im modernen Sprachgebrauch „willentlich" weitgehend synonym mit „absichtlich" ist, wäre es unangemessen, hier von einem willentlichen Verpassen zu sprechen, wenngleich man natürlich ohne Probleme sagen kann, dass ich in dem geschilderten Fall für das Verpassen der Vorlesung verantwortlich bin. Für das Beispiel siehe Claudia Eisen Murphy, Aquinas on Our Responsibility for Our Emotions, in: *Medieval Philosophy and Theology* 8 (1999), S. 163-205, hier S. 173.

Thomas in diesen Fällen keine Verantwortlichkeit gibt, die nicht zugleich *moralische* Verantwortlichkeit ist.[10] Bemerkenswert erscheint drittens, dass indirekte Kontrolle seitens des Willens für Thomas nicht mit verminderter Willentlichkeit und Verantwortlichkeit verbunden ist. Ob eine Tat oder ein Ereignis direkt oder indirekt vom Willen her stammt, tut für den Grad der Willentlichkeit nichts zur Sache. Der Kapitän, der durch Untätigkeit den Untergang seines Schiffs in Kauf nimmt, tut dies ebenso „willentlich" (*voluntarie*) wie der Kapitän, der sein Schiff zum Untergang verdammt, indem er beschließt, einen Eisberg zu rammen. Dass der zweite Fall schwerer wiegt, liegt an anderen Faktoren wie z. B. Vorsatz. Indessen konzediert Thomas in anderer Hinsicht Grade bzw. Abstufungen von Willentlichkeit. Denn insofern Tierhandlungen auf Wahrnehmungen von Handlungszielen beruhen (z. B. Beschaffung von Nahrung oder Vermeidung eines natürlichen Feindes), können solche Handlungen ebenfalls als willentlich gelten. Tiere erfassen Handlungsziele jedoch nicht wirklich als Ziele, da sie keinen Begriff von einem Handlungsziel als solchem besitzen; somit sind ihre Handlungen nur „in einem unvollkommenen Sinn" willentlich.[11]

---

10 Zu der naheliegenden Frage, welche Rolle moralische Verpflichtungen in Thomas' Handlungstheorie und Psychologie spielen, siehe Jeffrey Hause, Voluntariness and Causality: Some Problems for Aquinas' Theory of Responsibility, in: *Vivarium* 36 (1998), S. 55-66.

11 *Summa theologiae* I-II, q. 6, art. 2. Vgl. auch *In II Sententiarum*, dist. 25, art. 1, ad 6, und *Sententiae libri Ethicorum*, lib. 3, lect. 4 (Opera omnia, Bd. 47, ed. Leonina, Rom 1969). Dass man Willentlichkeit auch bei Tieren ausmachen kann, ist natürlich bereits eine Aristotelische Idee; vgl. *Nikomachische Ethik* III, 3, 1111a25-26. Sieht man sich einmal die Artikelfolge von *Summa theologiae* II-I an, kann es kein Zufall sein, dass Thomas es bei der Unterscheidung von verschiedenen Weisen, wie etwas ‚vom Willen her' stammt, unterlässt, eine korrespondierende Unterscheidung von Graden der Willentlichkeit vorzunehmen. Dort folgt die Diskussion des ‚vom Willen her' (*S. th.* I-II, q. 6, art. 3) unmittelbar auf die Einführung von Graden von Willentlichkeit (*S. th.* I-II, q. 6, art. 2). Es wäre für Thomas ein Leichtes gewesen, die Grade der Willentlichkeit auch auf die folgende Unterscheidung anzuwenden. Außerdem können unsere Emotionen Gegenstand von Lob und Tadel sein, obwohl sie offensichtlich nicht direkt ‚vom Willen her' sind. Für Thomas ist allerdings nur das lobens- und tadelswert, was im vollkommenen Sinn willentlich ist (*S. th.* I-II,

3. Emotionen, Willentlichkeit, Moral

Das Ausgeführte scheint nahezulegen, dass wir nach Thomas von Aquin nicht etwa deshalb für Emotionen verantwortlich sind, weil Emotionen selbst Handlungen sind, die direkt vom Willen hervorgebracht werden – dies stünde im Widerspruch zur Phänomenologie der Emotionen –, sondern weil Emotionen nur indirekt ‚vom Willen her' sind, nämlich insofern sie vom Willen gesteuert und kontrolliert werden können.[12] Wie ist es dem Willen allerdings möglich, unsere Emotionen zu kontrollieren und Emotionsregungen gegebenenfalls zu unterbinden? Es reicht normalerweise nicht, keine Angst haben zu wollen, um seine Angst unter Kontrolle zu halten; Entsprechendes gilt für die anderen Emotionen.

Thomas von Aquin ist sich der Schwierigkeit durchaus bewusst, die wir oft damit haben, unsere Emotionen zu kontrollieren und in eine geeignete Bahn zu lenken. Diese Schwierigkeit kann wie ein Hinweis darauf gelesen werden, was Emotionen ihrer Natur nach sind. Für Thomas sind Emotionen nämlich im Wesentlichen Bewegungen des sinnlichen Strebevermögens, des *appetitus sensitivus,* und damit eines psychischen Vermögens, das wir mit den Tieren gemeinsam haben.[13] Menschliche Emotionen sind selbstverständlich

---

q. 6, art. 2, ad 3). Also muss auch in den Fällen von indirekter Willentlichkeit vollkommene Willentlichkeit vorliegen.

12 Vgl. *Summa theologiae* I-II, q. 74, art. 3: „*Manifestum autem est quod actus sensualitatis potest esse voluntarius, inquantum sensualitas, idest appetitus sensitivus, nata est a voluntate moveri*"; vgl. auch *Summa theologiae* I-II, q. 24, art. 1. Zu Thomas' Auffassung, dass Emotionen zum *appetitus sensitivus* bzw. zur *sensualitas* gehören, siehe das Folgende.

13 Für Näheres zu Thomas' Auffassung von Emotionen siehe Robert Miner, *Thomas Aquinas on the Passions: A Study of* Summa Theologiae *1a2ae 22-48,* Cambridge 2009; Alexander Brungs, Die *passiones animae,* in: Andreas Speer (Hg.), *Thomas von Aquin: Die Summa Theologiae*, Berlin 2005, S. 198-222; ders., *Metaphysik der Sinnlichkeit: das System der Passiones Animae bei Thomas von Aquin,* Halle a. d. Saale 2002; Elisabeth Uffenheimer-Lippens, Rationalized Passions and Passionate Rationality: Thomas Aquinas on the Relation between Reason and the Passions, in: *Review of Metaphysics* 56 (2003), S. 525-558; Peter King, Aquinas on the Passions, in: Brian Davies (Hg.), *Thomas Aquinas: Contemporary Philosophical Perspectives,*

komplexer als die Emotionen von nicht-vernunftbegabten Tieren, weil die sie auslösenden Wahrnehmungsprozesse in der Regel komplexer sind; aber dies ändert nichts an der Tatsache, dass sie zu dem niederen Strebevermögen gehören und nicht etwa zum Willen. Zwar räumt Thomas ein, dass es zum Willen zugehörige Phänomene gibt, die den Emotionen zumindest äußerlich ähnlich sind, von Emotionen im eigentlichen Sinne, d. h. von Emotionen als Leidenschaften der Seele (*passiones animae*), kann man hier jedoch nicht sprechen, da menschliche Emotionen wesentlich mit körperlichen Veränderungen einhergehen, der Wille hingegen ein unkörperliches Vermögen ist. Die Röte im Gesicht des Zornigen und das Herzklopfen beim leidenschaftlich Liebenden sind nach Thomas keine reinen Begleiterscheinungen von Emotionen, sondern Teile der Emotionsregungen selbst.[14]

Aus dem Wesen der Emotionen ergibt sich nun unmittelbar, warum ihre Kontrolle schwierig ist. In *Summa theologiae* I-II, q. 17, art. 7, führt Thomas dazu aus:

> Ein Akt unterliegt unserer Kontrolle (*imperium*), insofern er in unserer Macht (*potestas*) liegt, wie oben gesagt wurde. Um zu verstehen, wie ein Akt des sinnlichen Strebevermögens (*actus appetitus sensitivi*) der Kontrolle der Vernunft (*ratio*) unterliegt, muss man deshalb betrachten, wie er in unserer Macht liegt. Aber man muss wissen, dass das sinnliche Strebevermögen sich in darin von dem intellektiven

New York 2002, S. 353-384. Manche Interpreten, wie z. B. Eisen Murphy, Aquinas on Our Responsibility (wie Anm. 9), S. 168, halten es für verfehlt, Emotionen mit dem, was Thomas als Leidenschaften der Seele (*passiones animae*) bezeichnet, gleichzusetzen. Ich wende mich gegen diese Auffassung in meinem Beitrag: Thomas von Aquin: Emotionen als Leidenschaften der Seele, in: Hilge Landweer / Ursula Renz (Hg.), *Klassische Emotionstheorien,* Berlin 2008, S. 185-204.

14 Thomas räumt z. B. ein, dass auch unkörperliche Wesen wie Gott oder die Engel Zorn oder Liebe haben können. In begrenztem Maße gibt es aus seiner Sicht auch bei uns Menschen diese ‚höheren' Emotionen, wie er oft am Beispiel der Liebe deutlich macht: Neben der Liebe als *passio animae* gibt es Liebe auch als Akt des Willens; vgl. etwa *Summa theologiae* I, q. 82, art. 5, ad 1; I-II, q. 22, art. 3, ad 3; I-II, q. 31, art. 4. Thomas reserviert den Ausdruck „*passiones animae*" aus offensichtlichen Gründen für die Emotionen im sinnlichen Strebevermögen und bezeichnet die höheren Emotionen als „*affectus*" oder schlichtweg als „*actus voluntatis*".

Strebevermögen, dem Willen, unterscheidet, dass das sinnliche Strebevermögen das Vermögen eines körperlichen Organs (*organum corporale*) ist, der Wille aber nicht. Jeder Akt eines sich eines körperlichen Organs bedienenden Vermögens ist nicht nur von dem Seelenvermögen abhängig, sondern auch von der Verfassung des körperlichen Organs, so wie das Sehen nicht nur von der Sehkraft abhängt, sondern auch von der Qualität des Auges, durch die das Sehen entweder unterstützt oder beeinträchtigt wird. Daher hängt der Akt des sinnlichen Strebevermögens nicht nur von der Strebekraft ab, sondern auch von der Verfassung des Körpers. Aber das, was ein Akt des Strebevermögens von Seiten des Seelenvermögens hat, dies folgt einem kognitiven Erfassen (*apprehensio*). Weil das kognitive Erfassen der Einbildungskraft (*apprehensio imaginationis*) jedoch ein partikuläres ist, wird es vom Erfassen der Vernunft (*ratio*), die allgemein ist, reguliert, so wie eine partikuläre aktive Kraft von einer allgemeinen aktiven Kraft reguliert wird. Und deshalb unterliegt der Akt des sinnlichen Strebevermögens von dieser Seite der Kontrolle der Vernunft. Aber die Qualität und die Verfassung des Körpers unterliegt nicht der Kontrolle der Vernunft. Und daher entzieht sich von dieser Seite aus die Bewegung des sinnlichen Strebevermögens der vollständigen Kontrolle durch die Vernunft. Es ist zudem oft der Fall, dass eine Bewegung des sinnlichen Strebevermögens plötzlich (*subito*) durch ein Erfassen der Einbildungskraft oder eines Sinnesvermögens (*apprehensio imaginationis vel sensus*) hervorgerufen wird. Und dann findet eine solche Bewegung in Abwesenheit der Kontrolle der Vernunft statt, obwohl sie von der Vernunft hätte verhindert werden können, hätte die Vernunft sie vorausgesehen.

Zwei Faktoren werden hier dafür verantwortlich gemacht, dass Emotionen von sich aus gesehen nur teilweise unter unserer Kontrolle sind: zum einen, dass die Emotionen als Regungen eines wesentlich mit dem Körper verbundenen psychischen Vermögens von physiologischen Faktoren mitbestimmt werden[15]; zum anderen, dass Emotionen bei den Menschen nicht nur durch höhere kognitive Funktionen hervorgerufen werden, sondern nach wie vor (d. h. wie bei anderen Tieren) auch unmittelbar durch Sinneswahrnehmung

15 Vgl. auch *Summa theologiae* I-II, q. 17, art. 7, ad 3. Diese physiologischen Faktoren sind umso wichtiger, weil Thomas an mehreren Stellen (z. B. in *S. th.* I-II, q. 22, art. 2, ad 3) betont, dass Akte des sinnlichen Strebevermögens noch viel enger mit körperlichen Veränderungen verbunden sind als etwa Akte der sinnlichen Wahrnehmungsvermögen.

und einfache Akte der Einbildungskraft ausgelöst werden können.[16] Beide Beobachtungen scheinen zutreffend: Bestimmte körperliche Faktoren bewirken, dass manche Menschen zu gewissen Gefühlsregungen, etwa zu Zorn, neigen; weit über fachmedizinische Kreise hinaus berühmt ist z. B. auch das sogenannte ‚Glückshormon' Serotonin und seine Auswirkungen auf Stimmungen und Emotionen. Auf der anderen Seite erregen die Wahrnehmungen von Süße oder Dunkelheit in vielen Menschen automatisch ein Verlangen bzw. Furcht, unabhängig davon, ob wir uns vorgenommen haben, nichts Süßes zu essen oder keine Angst haben zu wollen.[17]

Als Konsequenz der beiden genannten Faktoren, die von der Seite der Emotionen selbst zu einer eingeschränkten Kontrolle führen, die wir über unsere Emotionen haben, können fehlgeleitete und unpassende Emotionen nach Thomas auch nicht den Tatbestand einer vollkommenen Sünde erfüllen.[18] In *De veritate*, q. 25, art. 5, führt Thomas dazu aus:

---

16 Vgl. auch *Summa theologiae* I, q. 81, art. 3, ad 2. In *De veritate,* q. 26, art. 6, verleitet die Tatsache, dass Emotionen häufig automatisch von bestimmten wahrgenommenen Gegenständen ausgelöst werden, Thomas sogar zu der Bemerkung, dass die Ursache der Emotionen nicht in uns liege.

17 Aufgrund der Spontanität der Emotionen kann man nach Thomas (*S. th.* I, q. 81, art. 3) auch davon sprechen, dass die rationale Kontrolle über Emotionen eine Art „politischer Herrschaft" (*principatus politicus*) ist – im Gegensatz zu „tyrannischer Herrschaft" (*principatus despoticus*). Letztlich sei die Abwesenheit vollständiger Kontrolle, so Thomas, eine Folge des Sündenfalls. Da Adam vor dem Sündenfall ein körperliches Wesen war, kann die Hauptquelle der mangelnden Kontrolle nicht in der Körperlichkeit liegen – darauf verweist auch Miner, Thomas Aquinas (wie Anm. 13), S. 108 –, sondern muss mit dem zweiten Faktor zu tun haben.

18 Ich betone, dass die genannten Faktoren die Kontrollierbarkeit der Emotionen *von der Seite der Emotionen selbst* betreffen, weil es noch andere Faktoren gibt, die emotionale Kontrolle erschweren. Emotionen färben z. B. unsere Wahrnehmung und behindern rationale Überlegung und können somit ebenfalls ihre eigene Kontrolle erschweren. Aber diese Faktoren ergeben sich aus den Wirkungen der Emotionen und nicht unmittelbar aus ihrer Natur als Regungen der sinnlichen Strebevermögen. Vgl. hierzu die unten in Anm. 33 genannten Texte.

> Eine Sünde (*peccatum*) ist nichts anderes als ein Akt, der von dem gebotenen rechten Maßstab abfällt (*deficiens a recto ordine*). Und in dieser Weise spricht man von Sünde in den Dingen, die der Kunst oder der Natur gemäß sind, wie Aristoteles im zweiten Buch der Physik ausführt. Aber eine Todsünde (*peccatum mortale*) liegt nun dann vor, wenn der unzureichende Akt ein moralischer Akt ist. Ein Akt ist jedoch moralisch (*moralis*) dadurch, dass er auf irgendeine Weise in uns ist; denn auf diese Weise kommt ihm Lob oder Tadel zu. Und deshalb ist derjenige Akt, der in vollkommener Weise (*perfecte*) in unserer Macht steht, in vollkommener Weise moralisch, und in diesem kann man den vollkommenen Sinngehalt einer moralischen Sünde (*perfecta ratio peccati moralis*) finden. Von solcher Art sind die Akte, welche der Willen hervorbringt oder befielt. Ein Akt der Sinnlichkeit (*sensualitas*) ist hingegen nicht in vollkommener Weise in unserer Macht, weil er dem Urteil der Vernunft zuvorkommt. Er ist jedoch auf eine bestimmte Weise in unserer Macht, insofern die Sinnlichkeit nämlich der Vernunft (*ratio*) unterworfen ist, wie aus dem Vorhergesagten deutlich wird. Und deshalb fällt ein Akt der Sinnlichkeit unter die Klasse der moralischen Akte, wenn auch in unvollkommener Weise. Daher kann es in der Sinnlichkeit auch keine Todsünde (*peccatum mortale*), d. h. eine vollkommene Sünde, geben, sondern nur eine lässliche Sünde (*peccatum veniale*), in der man den unvollkommenen Sinngehalt einer moralischen Sünde findet.[19]

Dass Thomas hier statt vom sinnlichen Strebevermögen von der Sinnlichkeit (*sensualitas*) spricht, tut nichts zur Sache; beide Ausdrücke bezeichnen dasselbe, beschreiben es jedoch von verschiedenen Blickwinkeln aus.[20] Entscheidend ist, dass es zur einer vollkommenen Sünde, einer sogenannten Todsünde, gehört, dass sich der Sündige in seiner Tat (implizit oder explizit) von dem letzten Ziel abwendet. Da die Hin- und Abwendung von Handlungszielen als solchen jedoch nur der Vernunft möglich ist, kann es sich bei den spontan hervorgerufenen Emotionsbewegungen nie um Todsünden handeln.[21] Manchmal begleiten Emotionsregungen

---

19 Vgl. Aristoteles, *Physik* II, 14, 199a33. Vgl. auch die oben in Anm. 3 genannten Texte.

20 „*Sensualitas*" wird das sinnliche Strebevermögen genannt, insofern die Akte des Strebevermögens von den Sinnen abhängen (vgl. *De veritate,* q. 25, art. 1 und art. 4).

21 Vgl. *Summa theologiae* I-II, q. 74, art. 4; *De malo*, q. 7, art. 6; *Quodlibet* IV, art. 11, art. 2.

jedoch willentliche Akte, so z. B. wenn jemand sich bewusst dazu entschließt, Ehebruch zu begehen und dann in der Voraussicht auf die Tat auch sinnliche Begierde empfindet. In diesem Fall, so Thomas, stellt die Emotionsregung aber ebenfalls keine Todsünde dar, weil die Emotion hier nicht dem sinnlichen Strebevermögen selbst als einer Ursache zugeschrieben werden kann, sondern der befehlenden übergeordneten Instanz.[22]

Aus der Behandlung der Sündhaftigkeit von Emotionen ergibt sich deutlich, dass Thomas den gegenüber Handlungen verminderten Grad von Gutheit oder Schlechtigkeit einer Emotion nicht in irgendeiner Weise auf Grade von Willentlichkeit bzw. Verantwortlichkeit zurückführt, sondern auf das Vorliegen oder die Abwesenheit von Absicht und Wissen im moralischen Subjekt. Dass die verminderte Gutheit und Schlechtheit von Emotionen nicht per se an der Willentlichkeit festgemacht werden kann, ergibt sich auch aus dem Vergleich mit den Tieren. Obwohl für Thomas die Handlungen der Tiere auf eine unvollkommene Art willentlich sind, vermögen Tiere jedoch nie zu sündigen. Handlungen von Tieren sind nicht Gegenstand moralischer Bewertung.[23] Hieraus lässt sich erneut ersehen, dass Thomas Emotionen keineswegs als nur bedingt willentlich (*voluntarium*) betrachtet.

Thomas' Auffassung, dass menschliche Emotionen als Regungen des sinnlichen Strebevermögens sehr wohl einen moralischen Wert haben, kann historisch als Antwort auf stoische (und stoisch inspirierte) Emotionstheorien gelesen werden. Dieser historische Bezug auf die Stoiker lässt sich auch an Thomas' Sprache festmachen, bezeichnet er doch die Regungen des sinnlichen Strebevermögens häufig als „erste Bewegungen" (*primi motus*).[24] Die Lehre

---

22 Vgl. *Summa theologiae* I-II, q. 74, art. 4, ad 1; *De malo*, q. 7, art. 6.

23 Vgl. *Summa theologiae* I-II, q. 6, art. 2, ad 3: „*Laus et vituperium consequuntur actum voluntarium secundum perfectam voluntarii rationem; qualis non invenitur in brutis.*" Da wir Menschen wegen ihrer Emotionen loben und tadeln, ergibt sich, dass man in Emotionen die *perfecta ratio voluntarii* finden kann.

24 Dieser Ausdruck findet sich z. B. in *In II Sententiarum*, dist. 24, q. 3, art. 2; *Quodlibet* IV, q. 11, art. 1 und 2; *De malo,* q. 7, art. 3, ad 17, und q. 7, art. 8; *Summa theologiae* I-II, q. 89, art. 5; *In Epistolam ad Romanos* VIII, lect. IV (hg. v. R. Cai, Turin 1958).

von den ‚ersten Bewegungen' oder *propatheiai* wurde von den Stoikern ursprünglich zur Verteidigung des Ideals der Emotionslosigkeit (*apatheia*) eingeführt. Denn die Stoiker stellen sich einen Weisen als jemanden vor, der völlig frei von Emotionen und damit vollständig Herr seiner selbst ist. Nun ist es allerdings schwer vorzustellen, dass selbst ein solcher Weiser zum Beispiel angesichts eines heraufziehenden schweren Übels nicht auch blass wird und Symptome von Furcht aufweist. Spätere Stoiker wie Seneca sind bereit, dieser Intuition Rechnung zu tragen, aber sie insistieren darauf, dass eine derartige Reaktion des Weisen keine Emotion sei, sondern lediglich eine Art automatischer Reaktion, eine erste Bewegung eben.[25] Denn Emotionen sind auch für die Stoiker etwas, wofür man moralisch verantwortlich ist und was daher Zustimmung voraussetzt; als rein automatische Reaktionen entziehen sich die ‚ersten Bewegungen' allerdings jeder moralischen Dimension.

Thomas' Antwort auf diese stoische Lehre basiert auf seinem grundlegend anderen Verständnis der menschlichen Seele und insbesondere der sinnlichen Vermögen der menschlichen Seele. Obwohl wir unsere sinnlichen Vermögen mit Tieren gemeinsam haben, so sind diese Vermögen beim Menschen wegen der Verbindung mit der Vernunft (*ratio*) in einer besonderen und höheren Weise vorhanden.[26] Das hat zur Folge, dass wir beim Menschen nicht mehr von rein automatischen Reaktionen der sinnlichen Strebevermögen sprechen können. Die Verbindung mit den höheren Seelenvermögen macht das sinnliche Strebevermögen prinzipiell steuerbar; deshalb haben die ‚ersten Bewegungen' auch einen moralischen Wert und können als menschliche Emotionen angesehen werden.[27]

---

25 Für Näheres zu dieser stoischen Lehre siehe Karlhans Abel, Das Propatheia-Theorem: ein Beitrag zur stoischen Affektenlehre, in: *Hermes* 111 (1983), S. 78-97; Richard Sorabji, *Emotion and Peace of Mind: From Stoic Agitation to Christian Temptation,* Oxford 2000; ders., Stoic First Movements in Christianity, in: Steven K. Strange / Jack Zupko (Hg.), *Stoicism: Traditions and Transformations,* Cambridge 2004, S. 95-107.

26 Vgl. *Summa theologiae* I-II, q. 74, art. 3, ad 1: „*Ad primum ergo dicendum quod aliquae vires sensitivae partis, etsi sint communes nobis et brutis, tamen in nobis habent aliquam excellentiam ex hoc quod rationi iunguntur.*"

27 Robert Miner ist überraschenderweise der Meinung, dass für Thomas

In einer gewissen Hinsicht ist Thomas aber auch bereit, in der stoischen Unterscheidung von Emotionen und ‚ersten Bewegungen' einen Funken Wahrheit zu erblicken. Man kann nämlich nach Thomas zwischen „allerersten ersten Bewegungen" (*motus primo primi*) und „zweiten ersten Bewegungen" (*motus secundo primi*) unterscheiden. Unter ersteren hat man sich mechanische Bewegungen vorzustellen, die rein physiologische Ursachen haben, während die letzteren Wahrnehmung voraussetzen. Von den ‚allerersten ersten Bewegungen' sagt man zu Recht, dass sie keine moralische Qualität besitzen, dies gilt aber nicht für die ‚zweiten ersten Bewegungen', den *primi motus* im eigentlichen Sinne.[28]

4. Emotion und Kontrolle

Ich sollte nun jedoch auf die Frage zurückkommen, wie genau wir Kontrolle über unsere Emotionen besitzen. Auf den ersten Blick

---

die *primi motus* nicht mit menschlichen Emotionen identisch sind; vgl. Miner, Thomas Aquinas (wie Anm. 13), S. 106. Das würde bedeuten, dass Thomas der stoischen Lehre von den *propatheiai* zustimmt, was seinen Texten offensichtlich widerspricht. Es ist daher auch nicht überraschend, dass Miner für seine Deutung keine Textverweise anbietet.

28 Vgl. *In II Sententiarum*, dist. 24, q. 3, art. 2: „*Sed motus praecedentes, quos supra naturales diximus, qui imaginationem non sequuntur, sed solum naturalium qualitatum actionem, ratione peccati carent, secundum quod potest verificari quorumdam dictum, qui dicunt, quod motus primo primi non sunt peccatum, sed motus secundo primi sunt peccatum; ut per primo primos motus naturales, et per secundo primos motus sensualitatis intelligamus, in qua peccatum est, etiam sicut in subiecto.*" Zur Rezeption der Lehre von den *primi motus* im Hoch- und Spätmittelalter siehe Odon Lottin, *Psychologie et morale aux XIIe et XIIIe siècles,* Bd. 2, Louvain 1948, S. 491-589; Simo Knuuttila, *Emotions in Ancient and Medieval Philosophy,* Oxford 2004, bes. S. 178-195. Dies ist freilich nur ein Aspekt von Thomas' Auseinandersetzung mit der stoischen Affektenlehre. Des Weiteren kritisiert Thomas die Stoiker auch für das stoische Ideal der Emotionslosigkeit (*apatheia*). Nach Thomas sind Emotionen ein integraler Teil der menschlichen Natur; die völlige Ausmerzung der Emotion ist somit gegen die menschliche Natur. Emotionen müssen allerdings gesteuert, d. h. moderiert, werden. In diesem Sinne will Thomas die traditionelle Idee der Affektkontrolle verstanden wissen (vgl. z. B. *S. th.* I-II, q. 24, art. 2).

sind Thomas' Ausführungen recht verwirrend. Es gibt Texte, wie die oben zitierte Passage aus *Summa theologiae* I-II, q. 17, art. 7, in denen er behauptet, unsere Emotionen unterliegen der Kontrolle der Vernunft (*ratio*), andere, in denen er von Kontrolle durch den Willen spricht[29], und wieder andere, in denen er die Kontrolle sowohl auf den Willen als auch auf die Vernunft zurückführt.[30] Welchem Vermögen der Vernunftseele obliegt es nun, die Emotionen in Schach zu halten und zu kontrollieren?

Es gibt gute Gründe, dies als ein Pseudo-Problem abzutun. Wie auch immer Kontrolle durch unseren Willen aussehen mag, nach Thomas von Aquin vermag der menschliche Wille ohne das vorausgehende Diktat der *Vernunft* nichts zu wollen. Was die Vernunft nicht als ein Gutes erfasst, das kann der Wille weder wählen noch zustimmend in Kauf nehmen. Man stelle sich einmal das entgegengesetzte Szenario vor – das eines Willens, der sich über die Vernunft hinwegsetzen kann, so dass es unabhängig von bzw. entgegen dem Diktat der Vernunft zu einem Willensakt kommt; in diesem Fall können wir die daraus resultierende Handlung kaum als eine menschliche Handlung begreifen, da sie nicht auf Gründen zu basieren scheint, sondern eher der Zufälligkeit der Willenswahl geschuldet ist. Für Thomas liegt die Freiheit des Willens, zwischen verschiedenen Handlungsoptionen wählen zu können, in der Möglichkeit praktischer Überlegung (*deliberatio*) begründet. Es ist unserem Willen nur deshalb möglich, sich für dies oder das zu entscheiden, weil praktische Überlegung sich nicht deterministisch auf nur eine Handlungsoption beschränkt, sondern sich selbst *ad opposita* verhält.[31] Die Indeterminiertheit praktischer Überlegung geht aber letztlich auf die Natur der Vernunft zurück, denn die Vernunft, die „Wurzel der Freiheit" (*radix libertatis*), ist ein selbst-reflexives

29 Vgl. z. B. das Zitat in Anm. 12.

30 Vgl. z. B. *Summa theologiae* I-II, q. 24, art. 1: „*Dicendum quod passiones animae dupliciter possunt considerari: uno modo secundum se, alio modo secundum quod subiacent imperio rationis et voluntatis.*" Vgl. auch *Summa theologiae* I, q. 81, art. 3.

31 Vgl. z. B. *Summa theologiae* I-II, q. 6, art. 2, ad 2: „*Ad secundum dicendum quod ex hoc contingit quod homo est dominus sui actus, quod habet deliberationem de suis actibus: ex hoc enim quod ratio deliberans se habet ad opposita, voluntas in utrumque potest.*"

Vermögen, das stets auf sich selbst und auf ihre Entscheidungen und Urteile zurückzukommen vermag. Und gerade diese Selbstreflexivität sorgt dafür, dass praktische Überlegungen nicht von irgendwelchen äußeren Faktoren und den Gegenständen selbst determiniert sind.[32] Kurzum, für Thomas verdanken wir die Herrschaft über unsere Handlungen der Vernunft, und daher ist auch jegliche Kontrolle, die wir über unsere Emotionen ausüben können, letztlich in der Vernunft begründet.

Wenn wir uns auf der anderen Seite ansehen, wie sich Thomas konkret die Kontrolle von Emotionen vorstellt, dann finden sich aber auch gute Gründe für eine Betonung der Rolle des *Willens*. Zwar ist sich Thomas im Klaren, dass Kontrolle durch den Willen wahrscheinlich nicht immer einfach ist, da unser Wille selbst (wie übrigens auch unsere Vernunft) von unseren Emotionen beeinflusst und bewegt wird[33], aber prinzipiell können Emotionen durch den

32 Vgl. *Summa theologiae* I-II, q.17, art. 1, ad 2: „*Ad secundum dicendum quod radix libertatis est voluntas sicut subiectum, sed sicut causa, est ratio. Ex hoc enim voluntas libere potest ad diversa ferri, quia ratio potest habere diversas conceptiones boni. Et ideo philosophi definiunt liberum arbitrium quod est liberum de ratione iudicium, quasi ratio sit causa libertatis*“; *De veritate,* q. 24, art. 1: „*Homo vero per virtutem rationis iudicans de agendis, potest de suo arbitrio iudicare, in quantum cognoscit rationem finis et eius quod est ad finem, et habitudinem et ordinem unius ad alterum: et ideo non est solum causa sui ipsius in movendo, sed in iudicando; et ideo est liberi arbitrii, ac si diceretur liberi iudicii de agendo vel non agendo*“; ebd., q. 24, art. 2: „*Iudicium autem est in potestate iudicantis secundum quod potest de suo iudicio iudicare: de eo enim quod est in nostra potestate, possumus iudicare. Iudicare autem de iudicio suo est solius rationis, quae super actum suum reflectitur, et cognoscit habitudines rerum de quibus iudicat, et per quas iudicat: unde totius libertatis radix est in ratione constituta.*“ Zu Thomas' intellektualistischer Begründung menschlicher Freiheit siehe auch Scott MacDonald, Aquinas's Libertarian Account of Free Choice, in: *Revue internationale de philosophie* 2 (1998), S. 309-328.

33 Thomas behandelt den Einfluss unserer Emotionen auf den Willen an mehreren Stellen, z. B. *Summa theologiae* I-II, q. 9, art. 2; I-II, q. 10, art. 3; I-II, q. 77, art. 1; I-II, q. 77, art. 7. Was Thomas an diesen Stellen ausführt, lässt sich natürlich auch auf die Vernunft übertragen; auch sie wird von den Emotionen beeinflusst. Aber wie der Einfluss auch immer aussehen mag, er stellt keine Gefahr für eine prinzipielle Kontrollier-

Willen in zweifacher Weise kontrolliert werden; einmal, insofern wir die Entstehung von Emotionsregungen zu steuern vermögen, zum anderen, insofern wir eine bereits bestehende Emotion abändern oder gleichsam in Schach halten können. Der klarste Fall von Kontrolle im ersten Sinn liegt dann vor, wenn ich mir bewusst bin, dass gewisse Situationen in mir bestimmte Emotionen hervorrufen und ich mich deshalb willentlich entschließe, diese Situationen so weit es geht zu vermeiden, und auf diesem Wege das Entstehen einer bestimmten Emotion verhindere.[34] Da eine solche Vermeidungsstrategie nicht nur die Vernunft einschließt, sondern offensichtlich auf einer Willensentscheidung beruht, ist eine Beteiligung des Willens deutlich. Ferner lassen sich Emotionen indirekt durch Willensentscheidungen hervorrufen. Man stelle sich vor, dass ich beschließe, mir ein Buch zu kaufen, das ich schon lange zu besitzen hoffte. Der Beschluss zum Kauf wird je nach dem subjektiven Wert des Gegenstands und der Intensität der Willensentscheidung in mir sowohl das Verlangen nach dem Gegenstand weiter steigern als auch Freude über den bevorstehenden Besitz. (Und natürlich kann diese Willenswahl auch Grund für eine entgegengesetzte Emotion der Trauer sein, wenn ich etwa feststelle, dass das Buch nicht mehr erhältlich ist.) Thomas drückt denselben Gedanken etwas prosaischer aus, wenn er davon spricht, dass „in Vermögen, die aufeinander bezogen und verbunden sind, es so ist, dass eine heftige Bewegung in einem von

barkeit der Emotionen dar. (Es gibt allerdings – pathologische – Fälle, in denen der Einfluss der Emotionen so stark ist, dass die vernünftige Natur des Menschen völlig aufgehoben wird. Hier haben wir es dann aber nicht mehr mit *menschlichen* Akten und *menschlichen* Emotionen zu tun. Und somit erübrigt sich auch die Frage der Verantwortlichkeit.) Vgl. hierzu auch Eisen Murphy, Aquinas on Our Responsibility (wie Anm. 9), S. 197ff.; Robert Pasnau, *Thomas Aquinas on Human Nature,* Cambridge 2002, S. 252ff.

34 Vgl. *Quodlibet* IV, q. 11, art. 1: „*Sed actus appetitus sensitivi, subiacet imperio rationis; quia ratio praeveniens ipsum, potest eum imperare vel etiam impedire;*“ vgl. *Summa theologiae* I-II, q .17, art. 7: „*Contingit etiam quandoque quod motus appetitus sensitivi subito concitatur ad apprehensionem imaginationis vel sensus. Et tunc ille motus est praeter imperium rationis, quamvis potuisset impediri a ratione, si praevidisset.*“

diesen Vermögen, und besonders in einem höheren, in ein anderes Vermögen überströmt (*redundat in aliam*)".[35] Wille und sinnliches Strebevermögen sind eng miteinander verbunden, denn ohne die Vermittlung des niederen Strebevermögens ist es schwierig, an einmal gefassten Beschlüssen festzuhalten und Willensentscheidungen in physisch realisierbare Akte zu überführen. Deshalb führen Akte des Willens zu entsprechenden Akten des sinnlichen Strebevermögens, also Emotionen.[36]

Auch im Umgang mit bereits bestehenden Emotionsregungen kommt dem Willen eine zentrale Rolle zu. Der Wille kontrolliert vorhandene Emotionen zum Beispiel in dem Sinne, dass er verhindert, dass Emotionen äußere Handlungen auslösen. Der Grund hierfür liegt in der Art und Weise, wie nach Thomas menschliche Subjekte ‚verdrahtet' sind. Denn anders als bei den Tieren bewegen menschliche Emotionen nicht unmittelbar die Glieder des Körpers wie Arme, Beine, Stimmbänder usw. Die ‚Hardware' des Menschen ist so beschaffen, dass, um zu diesen äußeren Akten zu gelangen, stets zumindest das stille Zugeständnis des Willens erforderlich ist.[37] Andererseits lassen sich vorhandene Emotionen auch über die sie auslösenden Wahrnehmungen und Urteile beeinflussen.[38] Am besten kann man dies am Beispiel von komplexeren Emotionen sehen, etwa beim Zorn. Zornig sind wir etwa dann, wenn wir uns in irgendeiner Weise herabgesetzt behandelt fühlen, sei dies in Worten oder in Taten. Zorn setzt daher ein ziemlich komplexes Urteil voraus, das nicht nur eine Vorstellung vom eigenen Wert einschließt, sondern

35 *De veritate,* q. 25, art. 4; vgl. auch ebd., q. 26, art. 3, ad 13; q. 26, art. 6; *Summa theologiae* I-II, q. 24, art. 3, ad 1; I-II, q., 77, art. 6.

36 Thomas lässt jedoch offen, wie dies genau funktioniert. Da Emotionen direkt von vorausgehenden Wahrnehmungen ausgelöst werden, von denen sie auch ihr (intentionales) Objekt erhalten, kann er wohl kaum meinen, dass der Wille *direkt* Emotionen im sinnlichen Strebevermögen auszulösen vermag. Wahrscheinlich meint Thomas lediglich ganz generell, dass eine intensive Bewegung im Willen, die ja auch nicht ohne einen entsprechenden Erkenntnisakt existieren kann, dazu führt, dass es auf der Ebene der sensitiven Seele zu dem Auftreten einer entsprechenden Emotion kommt.

37 Vgl. *Summa theologiae* I, q. 81, art. 3; *De veritate*, q. 25, art. 4.

38 Vgl. *Summa theologiae* I, q. 81, art. 3; *De veritate*, q. 25, art. 4.

auch eine Wertung dessen, was uns widerfahren ist. Wenn ich mich durch die herabsetzende Bemerkung eines Kollegen beleidigt fühle und daraufhin zornig werde, kann sich die Einsicht, dass mein Kollege diese Art von Bemerkung gegenüber jedem macht, dazu führen, dass mein Zorn verschwindet oder sich in eine leichte Verstimmung verwandelt. Wenn ich mir solch ein neues Urteil durch das Zureden eines Freundes bilde, kann man kaum davon sprechen, dass ich meinen Zorn hiermit willentlich unter *meine* Kontrolle gebracht habe; aber natürlich kann ich die auslösende Wahrnehmung auch selbst und bewusst steuern; dann ist ohne Zweifel der Wille involviert. Folgendes Beispiel soll dies verdeutlichen: Maria hat eine milde Form von Flugangst und ist dieser Angst während einer Flugreise zu ihrem Verlobten ausgesetzt. In dem sie sich entschließt, anstatt an die Flugerfahrung an das bevorstehende Wochenende mit ihrem Verlobten zu denken, verdrängt sie (oder reduziert zumindest) die Angst und ersetzt sie durch Freude auf das zu Erwartende. Unter Umständen, d. h. wenn ihre Flugangst nicht allzu paranoide Züge trägt, kann sie sich natürlich auch zu beruhigen versuchen, indem sie sich entschließt, an die Statistiken zu denken, aus denen hervorgeht, dass Fliegen viel sicherer ist als andere Fortbewegungsarten. Nach Thomas sind diese beiden Arten von Einflussnahme möglich, da Emotionen ja direkt durch sinnenhafte Vorstellungen ausgelöst werden. Die höheren Sinnesvermögen des Menschen sind aber so beschaffen, dass sie rational zugänglich sind, d. h. von rationalen Überlegungen beeinflusst werden können.[39] Zusammenfassend lässt sich also festhalten, dass bei dieser Form willentlicher (da auf Willenswahl basierender) Kontrolle unsere Emotionen mittels der durch den Willensentschluss hervorgebrachten Überlegungen und Vorstellungsbilder verändert werden.

Ich denke, dass es stets vom Kontext abhängt, ob Thomas von Kontrolle durch den Willen oder Kontrolle durch die Vernunft spricht. Wenn es ihm um die generelle Beherrschbarkeit von Emotionen geht, steht die Vernunft im Vordergrund, wenn Willentlichkeit im Fokus ist, wird die Kontrolle durch den Willen betont. Am aufschlussreichsten sind jedoch Passagen, in den er beide Vermögen erwähnt, weil er an diesen Stellen in der Regel die unmittelbaren

39 Vgl. *Summa theologiae* I, q. 81, art. 3; I-II, q. 17, art. 7; *De veritate*, q. 25, art. 4; q. 26, art. 3, ad 13.

Ursachen der Kontrolle hervorhebt[40], wie in der folgenden Passage aus *De veritate*, q. 25, art. 4:

> Die niederen Strebevermögen, d. h. das zornmütige und das begehrende Vermögen, sind der Vernunft (*ratio*) in dreifacher Weise untergeordnet:
>
> Erstens vonseiten der Vernunft selbst: Weil nämlich dieselbe Sache unter verschiedenen Aspekten betrachtet werden und sowohl als freudespendend oder als schrecklich wiedergegeben werden kann, deshalb stellt die Vernunft mittels der Einbildungskraft der Sinnlichkeit (*sensualitas*) ein Ding unter dem Sinngehalt des Freudespendenden oder des Traurigmachenden vor, so wie es der Vernunft erscheint. Und so bewegt die Vernunft die Sinnlichkeit zu Freude oder Trauer. [...]
>
> Zweitens vonseiten des Willens: Denn in Vermögen, die aufeinander bezogen und verbunden sind, ist es so, dass eine heftige Bewegung in einem von diesen Vermögen, und besonders in einem höheren, in ein anderes Vermögen überströmt. Und deshalb folgen das zornmütige und das begehrende Vermögen der Bewegung des Willens, wenn sich die Bewegung des Willens durch eine Willenswahl auf einen Gegenstand richtet. [...]
>
> Drittens vonseiten der ausführenden bewegenden Kraft (*vis motiva*): Denn wie in einer Armee die Schlachtbewegungen vom Befehl des Feldherrn abhängen, so bewegt in uns die bewegende Kraft sich nicht außer auf Befehl dessen, was in uns an der ersten Stelle steht, und das ist die Vernunft.

Thomas bedient sich hier der traditionellen Unterteilung des sinnlichen Strebevermögens bzw. der Sinnlichkeit (*sensualitas*) in das sogenannte „zornmütige" (*irascibilis*) und das im strengen Sinne „begehrende" (*concupiscibilis*) Vermögen[41], aber der Inhalt

---

40 Ich bin also keineswegs wie Claudia Eisen Murphy der Meinung, Thomas mache sich hier der Sorglosigkeit („carelessness") schuldig, wenn er in verschiedenen Kontexten den Willen, die Vernunft oder beide hervorhebt. Vgl. Eisen Murphy, Aquinas on Our Responsibility (wie Anm. 9), S. 174f.

41 Zu dieser Unterscheidung vgl. *Summa theologiae* I, q. 81, art. 2, und q. 82, art. 5; vgl. auch Klaus Jacobi, *Vis irascibilis* – die Kraft für schwierige Vorhaben. Untersuchungen zu Handlungstheorie und Anthropologie bei Thomas von Aquin, in: Gerhard Leibold / Winfried Löffler (Hg.), *Entwicklungslinien mittelalterlicher Philosophie. Vor-*

der Passage ist eindeutig. Obwohl Thomas eingangs alle Weisen, unsere Emotionen zu manipulieren, als Kontrolle der Vernunft bezeichnet, ist bei der speziellen Einflussnahme über den Kanal der Vorstellungskraft die Vernunft derjenige Faktor, der unmittelbar Kontrolle ausübt, bei der Kontrolle qua ‚Überströmen' ist hingegen der Wille *causa proxima.* In Hinblick auf die dritte Alternative finden wir bei Thomas widersprüchliche Aussagen. Während er die Kontrolle von Seiten der bewegenden Kraft hier der Vernunft zuschreibt, schreibt er sie in der *Summa theologiae* dem Willen zu, da der Wille dasjenige der beiden höheren Seelenvermögen ist, das unmittelbarer mit der Bewegungskraft verbunden ist.[42]

Wie auch immer es sich mit den Details verhält, es dürfte Folgendes deutlich geworden sein: Aus den Verflechtungen, welche das sinnliche Strebevermögen mit den anderen Vermögen der menschlichen Seele besitzt, ergibt sich eine Reihe von Möglichkeiten, wie die Akte des sinnlichen Strebevermögens von den höheren Seelenvermögen kontrolliert werden können. Und dazu kommt noch eine äußere Form der Kontrolle, denn alle Emotionen lassen sich auch dadurch kontrollieren, dass das handelnde Subjekt durch Voraussicht und Überlegung sich bestimmten Situationen entziehen oder sich in solche begeben kann.

5. Fazit: Verantwortlichkeit für Emotionen

Es steht nun noch aus, wie sich die im Vorausgehenden erläuterten Elemente zu einem einheitlichen Bild zusammensetzen lassen, das uns Auskunft gibt über Thomas' Auffassung von der Verantwortlichkeit, die wir für unsere Emotionen haben.

Wie bereits erwähnt, schließt die den Emotionen eigentümliche Passivität nach Thomas Verantwortlichkeit keineswegs von vornherein aus. Für Thomas ist es nicht nötig, Emotionen in quasi-Handlungen umzudeuten, um ihren Trägern Verantwortung zuschreiben

träge des 5. Kongresses der Österreichischen Gesellschaft für Philosophie, Wien 1998, S. 135-152; Albert Zimmermann, Zur Unterscheidung des sinnlichen Strebevermögens gemäß Thomas von Aquin, in: ders. (Hg.), *Aristotelisches Erbe im arabisch-lateinischen Mittelalter* (Miscellanea Mediaevalia 18), Berlin 1986, S. 43-52.

42 Vgl. *Summa theologiae* I, q. 81, art. 3.

zu können, wie dies einige moderne Autoren tun.[43] Von zentraler Bedeutung ist für Thomas' Auffassung die Idee, dass etwas auch dann im vollen Sinne willentlich sein kann, wenn es nur indirekt ‚vom Willen her' ist. Verantwortlichkeit für unsere Emotionen muss im Wesentlichen analog zur Verantwortlichkeit für Unterlassungen konstruiert werden. So wie der Kapitän für den Schiffsuntergang verantwortlich ist, wenn er ihn hätte vermeiden können und müssen, so sind menschliche Subjekte für ihre Emotionen verantwortlich, wenn sie die Möglichkeit und die Pflicht zur Kontrolle besitzen. Es ist deutlich, dass wir die Pflicht haben, unsere Emotionen im Schach zu halten. Emotionskontrolle ist ein wesentlicher Bestandteil von menschlicher Vervollkommnung; aber man muss kein Philosoph sein, um zu wissen, dass man sich gegenüber seinen Mitmenschen gemäßigt verhalten sollte. Und im Vorausgehenden wurde beschrieben, auf wie viele verschiedene Weisen es uns Menschen möglich ist, unsere Emotionen zu kontrollieren. Dies ist in aller Kürze einer der Gründe, warum wir nach Thomas für unsere Emotionen verantwortlich sind.

Es gibt jedoch auch Emotionsregungen, für die wir verantwortlich sind, weil sie unmittelbarer mit dem Willen verbunden sind. In diese Kategorie fallen diejenigen Emotionen, die aus dem Willen in das sinnliche Strebevermögen ‚überströmen' und solche, die direkte Konsequenz einer Willenswahl sind, etwa wenn sich jemand entschließt, „von einer Emotion affiziert zu werden, so dass man mit dem Beistand des sinnlichen Strebevermögens schneller handeln kann".[44] Nicht, dass diese Emotionsregungen für die tatsächliche moralische Beurteilung eines menschlichen Subjekts von allzu großer Bedeutung wären: Wenn jemand beschließt, Ehebruch zu begehen, und dieser Beschluss von einer entsprechenden Emotion begleitet wird, werden wir diese Person in erster Linie wegen ihres Willensbeschlusses tadeln; gleiches gilt für den Fall, dass sich jemand entschließt, sich dem Zorn voll hinzugeben, da dies den

43 Dies gilt z. B. für Nancy Sherman, die entsprechend von ‚emotional agency' sprechen möchte; vgl. u. a. Sherman, Taking Responsibility (wie Anm. 1). Für eine Diskussion des verbreiteten Fehlschlusses, dass Passivität Verantwortlichkeit ausschließt, siehe Robert M. Gordon, The Passivity of Emotions, in: *The Philosophical Review* 95 (1986), S. 371-392.

44 *Summa theologiae* I-II, q. 24, art. 3, ad 1.

persönlichen Zielen mehr zuträglich sei. Aber wir können uns natürlich dennoch fragen, ob und wie wir für solche begleitenden Emotionen verantwortlich sind.[45] Hier muss die Antwort lauten, dass wir für diese Emotionen verantwortlich sind, weil sie vom Willen stammen; zwar nicht direkt, wie Willensakte, doch aber ‚gemäß einer Ursache' (*secundum suam causam*). In anderen Worten: Wir sind für sie verantwortlich, weil sie in ihrer Entstehung mehr oder weniger direkt auf den Willen zurückgehen. Auf ähnliche Weise sind wir auch für Taten verantwortlich, die wir in Trunkenheit begehen, wenn die Trunkenheit auf eine Willensentscheidung zurückgeht.[46]

Die Besonderheit von Thomas' Ansatz zur Erklärung, wie wir für unsere Emotionen verantwortlich sein können, tritt vielleicht deutlicher zutage, wenn wir ihn kurz mit anderen Ansätzen vergleichen. Ich möchte hier lediglich einen vielbeachteten Beitrag von Robert Adams heranziehen, in dem der Autor argumentiert, dass wir für unsere Emotionen verantwortlich sein können, obwohl unsere Emotionen nicht freiwillig bzw. willentlich („voluntary") sind.[47] Natürlich machen begriffliche Divergenzen einen Vergleich der Positionen von Thomas und Adams problematisch, aber man kann weite Teile von Adams' Beitrag dennoch als eine Kritik an zwei traditionellen Auffassungen von der Willentlichkeit der Emotionen lesen.[48] Die erste Auffassung, die Adams aus naheliegenden Gründen verwirft, betrachtet Emotionen als willentlich, weil sie als Aktivitäten

45 Genaugenommen spricht Thomas davon, dass in diesen Fällen sich die Emotion in Bezug auf die vorausgehende Willenswahl bzw. den Beschluss der Vernunft auf „nachfolgende Weise" (*consequenter*) verhält; vgl. ebd.

46 Vgl. *Summa theologiae* I-II, q. 77, art. 7: „*Aliquid potest esse voluntarium vel secundum se, sicut quando voluntas directe in ipsum fertur, vel secundum suam causam, quando voluntas fertur in causam et non in effectum, ut patet in eo qui voluntarie inebriatur; ex hoc enim quasi voluntarium ei imputatur quod per ebrietatem committit. Secundo considerandum est quod aliquid dicitur voluntarium directe, vel indirecte.*"

47 Vgl. Adams, Involuntary Sins (wie Anm. 1).

48 Strenggenommen diskutiert und kritisiert Adams drei Auffassungen. Da jedoch die erste Auffassung eingesteht, dass Emotionen unwillentlich sind, werde ich sie hier übergehen.

des Willens direkt zum Willen gehören.[49] Diese Auffassung steht im Widerspruch zur Phänomenologie der Emotionen, es sei denn man dehnt den Begriff des Willens so weit aus, dass alle irgendwie appetitiven Akte dem Willen zugeschrieben werden müssen, was ebenfalls wenig überzeugend ist. Die zweite Auffassung operiert nach Adams mit der Idee, dass etwas willentlich sein kann, obwohl es nur indirekt unter willentlicher Kontrolle steht. Er bemerkt, dass dies unter Philosophen die am weitesten verbreitete Auffassung von der Willentlichkeit unserer Emotionen sei, charakterisiert sie jedoch so, dass ihr gemäß Emotionen nur deshalb willentlich sind, weil sie sich auf willentliche Handlungen und Unterlassungen in der Vergangenheit zurückführen lassen.[50] Für Adams ist dieser Ansatz verfehlt, weil es einfach nicht der Wahrheit entspricht, dass wir in den aktuellen Emotionen unserer Mitmenschen hauptsächlich die vergangenen willentlichen Handlungen oder Unterlassungen loben und tadeln.[51] Wenn wir die Emotionen unserer Mitmenschen bewerten, dann tun wir dies nicht etwa wie jemand, der die Taten einer Person bewertet, die gewisse Dinge in Trunkenheit getan hat. Die seiner Ansicht nach erfolglose Suche nach Erklärungen, wie Emotionen willentlich sein können, führt Adams schließlich zu seiner These von ihrer Unwillentlichkeit.

Meiner Meinung nach ist es eine der Stärken der Lehre des Thomas von Aquin, dass er in der Hauptsache die Verantwortlichkeit für unsere Emotionen nicht in vorausgehenden Willensentscheidungen begründet sieht (und in diesem Sinne Adams' Kritik zustimmen würde). Zwar gibt es die besondere Gruppe der aus dem Willen ‚überströmenden' Emotionen und der vom Willen bedingten Emotionen, deren Verantwortlichkeit in der Tat in vorausgehenden Willensentscheidungen begründet ist. In diesem Fall verstehen wir die Verantwortlichkeit für solche Emotionen nach dem Modell der Handlung unter Trunkenheit. Für den größten Teil von Emotionen trifft dieses Modell jedoch nicht zu. Obgleich sowohl Thomas als auch Adams von indirekter willentlicher Kontrolle sprechen, meinen sie damit ganz Unterschiedliches. Adams hat bei indirekter

49 Vgl. Adams, Involuntary Sins (wie Anm. 1), Kapitel III „Control and the Voluntary", S. 6-11.

50 Vgl. ebd., S. 11.

51 Vgl. ebd., S. 12-14.

willentlicher Kontrolle eine *vorausgehende* willentliche Kontrolle im Blick, die zu einer Art bedingter (d. h. konditionaler) Willentlichkeit führt (wie im Fall des Handelns in Trunkenheit); Thomas hingegen denkt hier an *kontrafaktische* willentliche Kontrolle.[52] Um für eine Emotionsregung verantwortlich zu sein und für sie getadelt oder gelobt zu werden, reicht es aus, dass unsere Sinnlichkeit (*sensualitas*) vernünftiger Kontrolle unterworfen zu sein vermag.[53] Es ist also nicht nötig, dass in allen Fällen aktive Kontrolle vorliegt, sondern dass die Möglichkeit bestand, die Emotion durch vernünftige Kontrolle zu verhindern. Kurzum, wir sind für eine Emotion verantwortlich, wenn wir sie hätten verhindern können[54] – sei es, dass wir durch aufmerksame Voraussicht das Entstehen der Emotion hätten verhindern können oder dass wir bei einer einmal aufgetretenen Emotionsregung deren Weiterbestehen hätten unterbinden können. Und auf welche Weise uns dies möglich ist (oder gewesen wäre), sollte durch die erwähnten verschiedenen Arten von Kontrolle deutlich geworden sein.

Unter Thomas-Interpreten findet man bisweilen die Auffassung, dass es nach Thomas auch Emotionen gibt, die sich nicht auf Willensentscheidungen zurückführen lassen, die aber auch nicht unter kontrafaktische Kontrolle fallen und für die wir deshalb nicht verantwortlich sein können. Charakteristisch für diese Emotionen ist, dass sie jeder vernünftigen Kontrolle vorausgehen. Claudia Eisen Murphy denkt hierbei an „die ersten Regungen von ehebrecherischer Lust oder triumphierendem Stolz oder Eifersucht oder Neid“ und verweist auf Thomas' Auffassung, dass selbst von Gnade beseelte Menschen nach wie vor an den Folgen des Sündenfalls leiden und Emotionsregungen ausgesetzt sind, die sie offensichtlich nicht kontrollieren können. Denn wem sollte eine solche Kontrolle

52 Ich entnehme diesen Begriff aus Eisen Murphy, Aquinas on Our Responsibility (wie Anm. 9), S. 191ff.

53 Vgl. *De veritate,* q. 25, art. 5, ad 5: „*Non dicitur esse peccatum in sensualitate propter interpretativum consensum rationis: quando enim motus sensualitatis praevenit iudicium rationis, non est consensus, nec interpretatus nec expressus; sed ex hoc ipso quod sensualitas est subiicibilis rationi actus eius quamvis rationem praeveniat, habet rationem peccandi.*“

54 Vgl. vor allem *Quodlibet* IV, q. 11, art. 1.

möglich sein, wenn nicht solchen ‚idealen' Handelnden. Zudem setzt Eisen Murphy diese ‚ersten Regungen' („first stirrings") mit den ‚ersten Bewegungen' (*primi motus*) gleich.[55] Ich hoffe, für den Leser wurde aus dem Vorausgegangenen klar, dass dies eine Fehlinterpretation ist. Unsere ‚ersten Bewegungen' haben für Thomas eine moralische Qualität, und diese können sie nur besitzen, wenn sie (indirekt) willentlich sind, d. h. wenn wir für sie verantwortlich sind. Auch wenn sich eine solche Regung unmittelbar beim Erfassen eines Gegenstandes und ohne jede Beteiligung der Vernunft einstellt, sind wir verantwortlich, weil „es uns möglich gewesen wäre, sie zu verhindern, hätten wir sie vorausgesehen".[56] Denn der Anblick von z. B. etwas Begehrenswertem muss beim Menschen nicht notwendigerweise zu der entsprechenden Emotion der Begierde führen. Dass wir eine Emotion und ihren Anlass nicht vorausgesehen haben, tut nichts zur Sache. Obwohl für Thomas sogar der von Gnade beseelte Mensch nicht verhindern kann, von negativen Emotionen heimgesucht zu werden, folgt daraus kaum, dass er nicht verhindern könnte, diese oder jene negative Emotion zu haben, wenn er sie nur vorausgesehen hätte. Und letzteres ist hinreichend, damit einzelne Emotionsregungen auch bei einem solchen Menschen willentlich sind.

Es sei dahingestellt, ob sich Thomas' Idee, dass unsere Verantwortlichkeit für Emotionen vor allem auf kontrafaktische Kontrolle zurückzuführen ist, verteidigen lässt. Bemerkenswert bleibt, dass Thomas der weitverbreiteten Meinung, Verantwortlichkeit für Emotionen habe man sich analog zur Verantwortlichkeit für Handlungen bei Trunkenheit zu erklären, nur bedingt zustimmt und dass er nach Alternativen zu diesem Modell sucht. In dieser Hinsicht kann er vielleicht noch heute von Interesse sein.

---

55 Eisen Murphy, Aquinas on Our Responsibility (wie Anm. 9), S. 194; vgl. auch Miner, Thomas Aquinas (wie Anm. 13), S. 106. Zu der Idee, dass selbst der *homo sub gratia constitutus* spontanen Emotionsregungen ausgesetzt ist, siehe *In Epistolam ad Romanos* VIII, lect. III; vgl. dazu Norman Kretzmann, Warring against the Law of my Mind: Aquinas on Romans 7, in: Thomas Morris (Hg.), *Philosophy and the Christian Faith,* South Bend, IN 1988, S. 172-195, bes. S. 186-188.

56 *Summa theologiae* I-II, q. 17, art. 7: „*Et tunc ille motus est praeter imperium rationis, quamvis potuisset impediri a ratione si praevidisset.*"

Thomas Nisters

Dank, Unterdank, Überdank. Facetten einer Emotion nach Thomas von Aquin

1. Das Problem

Das Ziel dieser Untersuchung ist es, die Frage zu beantworten: Können wir zu dankbar sein? Gibt es ein Übermaß, ein Zuviel an Dankbarkeit? Der philosophiegeschichtliche Rahmen, innerhalb dessen ich mich der Frage, ob wir zu dankbar sein können, nähern möchte, ist das Hochmittelalter. Der Autor, von dem ich mich zunächst an die Hand nehmen lasse, ist Thomas von Aquin. Wer mit Thomas von Aquins Texten ein wenig vertraut ist, wird wissen, dass eine von ihm bevorzugte literarische Form die *quaestio* ist. Obwohl „*quaestio*" das lateinische Wort für „Frage" ist, ist eine *quaestio* bei Thomas keine Frage. Sie ist vielmehr eine Zusammenfassung von Diskussionen zu einem Thema. Eine *quaestio* benennt ein Thema, zu dem dann eine Reihe von Fragen gestellt, diskutiert und beantwortet wird. So lauten die Titel der *quaestiones*, auf die ich mich stützen werde, „*De gratitudine*" (*S. th.* II-II, q. 106) und „*De ingratitudine*" (*S. th.* II-II, q. 107)[1], also „Über die Dankbarkeit" und „Über die Undankbarkeit". Beide *quaestiones* setzen sich aus Artikeln zusammen. Jeder Artikel hebt mit einer Entscheidungsfrage an, also mit einer Frage, die mit „Ja" oder „Nein" zu beantworten ist. Ich nenne einige Artikelfragen aus der *quaestio* über die Dankbarkeit (*S. th.* II-II, q. 106):

Artikel 1 fragt: „*Utrum gratia sit virtus specialis ab aliis distincta?*", „Ist die Dankbarkeit eine Tugend eigener Art, die sich von anderen Tugenden wesentlich unterscheidet?"[2]

Artikel 3 fragt: „*Utrum homo teneatur ad gratiarum actiones omni homini benefacienti?*", „Sind Wohltaten in jedem Fall zurückzuerstatten?"

---

1 Die Abkürzung „*S. th.*" steht für „*Summa theologiae*".

2 Die indirekten Fragen des lateinischen Textes gebe ich vereinfachend als direkte Fragen wieder.

Artikel 6 fragt: „*Utrum oporteat aliquem plus exhibere in recompensatione quam susceperit in beneficio?*", „Müssen wir mehr zurückerstatten als wir bekommen haben?"

Die Frage nach dem Überdank würde der heilige Thomas nach diesem Muster wohl so ausgedrückt haben: „*Utrum excessus gratitudinis sit speciale peccatum?*", „Ist das Übermaß an Dankbarkeit eine Verfehlung eigener Art?"

Leider stellt Thomas diese Frage nicht. Er widmet dem Überdank keine *quaestio* etwa des Titels „*De excessu gratitudinis*". Und auch ein Artikel, welcher sich mit dem Überdank befasst, findet sich im Werk des *Doctor Communis* nicht. Wir müssen also selbst und auf eigene Rechnung den Begriff des Überdanks erörtern. Diese Erörterung soll in drei Schritten erfolgen. In einem ersten Schritt wird die Frage nach dem Überdank in einen größeren Zusammenhang eingebettet. Diese Einbettung verhilft dazu, die Frage nach dem Überdank genauer zu fassen. In einem zweiten Schritt werden die Begriffe der Dankbarkeit und Undankbarkeit ihrem Sinn nach entwickelt und vorgestellt. Diese Begriffserklärungen halten sich dicht an das, was Thomas hierzu lehrt. Schritt 1 und Schritt 2 werden wir tun, indem wir uns weitgehend von Thomas führen lassen. Nach Schritt 2 müssen wir Thomas' Hand allerdings loslassen und den dritten Schritt alleine tun: Die Frage nach dem Überdank müssen wir selbstständig beantworten. Wir werden uns aber bei dieser eigenständigen Arbeit dessen bedienen dürfen, was wir vorher von Thomas über die Dankbarkeit und die Undankbarkeit gelernt haben. Entsprechend gerüstet werden wir – so steht zu hoffen – nicht straucheln oder vom Weg rechter philosophischer Erkenntnis abirren. Gleichwohl werden wir abschließend Rückfragen stellen und einen hypothetischen Zweifel formulieren.

2. Eine Lösung in drei Schritten

2.1 Erster Schritt: Einbettung der Frage nach dem Überdank in einen größeren Zusammenhang

Gefühle sind nach Thomas für sich betrachtet sittlich weder gut noch böse (*S. th.* II-II, q. 35, art. 1, ad 1). Die Tatsache, dass ein Mensch Liebe oder Hass empfindet, liefert keinen Grund für eine sittliche

Billigung oder Missbilligung. Dass sich jemand freut oder traurig ist, veranlasst uns nicht, ihn zu loben oder zu tadeln. Wer zornig oder wütend ist, gilt nicht allein deshalb als guter oder böser Mensch. Furcht oder Zuversicht im Herzen zu tragen, mehrt oder mindert den sittlichen Wert nicht um ein Jota. Diese sittliche Neutralität teilen Gefühle mit einer Reihe sehr allgemeiner Handlungsbegriffe: Etwas an sich zu nehmen, ist weder gut noch böse. Nehme ich aber fremdes Eigentum, so kann dies Diebstahl sein und gilt als verwerflich. Oder: Etwas zu sagen ist neutral. Sage ich aber die Unwahrheit, so setze ich mich dem Vorwurf aus zu lügen. Ähnlich verhält es sich mit Gefühlen. Sobald wir erfahren, worauf sich bestimmte Gefühle beziehen, verlieren sie ihre sittliche Farblosigkeit und Blässe. Die Gefühle nehmen die düsteren Farben des Bösen an oder werden ins helle Licht des Guten getaucht (*S. th.* II-II, q. 35, art. 1, ad 1; II-II, q. 158, art. 1, c.).

Dafür, wie Gefühle ihrer Art nach sittlich gut oder böse werden, sobald sie sich auf einen angemessenen oder einen unangemessenen Gegenstand beziehen, gibt Thomas Beispiele: Traurig zu sein, Schmerz zu empfinden, ist weder gut noch böse. Fragen wir aber den, der da so traurig dreinblickt, worüber er denn derart betrübt sei, so könnte er antworten: „Ich bin traurig, weil mein Bruder schwer erkrankt ist." Seine Trauer bezieht sich auf fremdes Leid. Trauer über fremdes, unverdientes Leid nennen wir Mitleid (*S. th.* I-II, q. 35, art. 8, c.; II-II, q. 30, art. 1, c.; II-II, q. 30, art. 3, c.). Und Mitleid ist positiv zu bewerten. Unser trauriger Zeitgenosse könnte auf die Frage nach dem Gegenstand seines Grams aber auch erwidern: Mich fuchst es, dass mein Nachbar einen funkelnagelneuen Porsche 911 Carrera fährt, während ich mit einem Mazda MX vorliebnehmen muss. In diesem Fall bezieht sich die Trauer auf fremdes Glück. Das nennen wir Neid, und der ist böse (*S. th.* I-II, q. 24, art. 4, c.; I-II, q. 35, art. 8, c.; II-II, q. 34, art. 6, arg. 1 *et* c.; II-II, q. 36 *passim*; II-II, q. 158, art. 1, c.). Oder: Sich zu ängstigen oder furchtlos zu sein ist für sich betrachtet weder gut noch böse. Die Furcht vor Schande aber nennen wir Scham, und Scham ist ein eher positives Gefühl (*S. th.* I-II, q. 24, art. 4, c.; I-II, q. 41, art. 4, c.; II-II, q. 144, art. 2), während die Abwesenheit der Furcht vor Schande Schamlosigkeit heißt. Hören wir, jemand sei völlig schamlos, ihm gehe die Furcht vor Schande gänzlich ab, so heben wir voller moralischer Bedenken die Brauen und wiegen besorgt den Kopf. Die Furcht bietet für Thomas ein weiteres Beispiel dafür, wie Gefühle ihre Unschuld verlieren können. Noch einmal: Sich zu fürchten ist sittlich unbedenklich. Hören wir aber, jemand fürchte sich davor zu arbeiten, sich gar die Hände dabei schmutzig zu machen, so nennen wir ihn faul, träge, arbeitsscheu. Bei Thomas hat diese Angst vor der Mühsal der Arbeit einen eigenen Namen, *„segnities"*, was so viel wie „Trägheit" oder „Schlaffheit" heißt. Diese *segnities* ist für Thomas ein Gefühl, und zwar eine Art der Angst, die es – gelinde gesagt – zu tadeln gilt (*S. th.* I-II, q. 41, art. 4, c.).

Fassen wir zusammen: Gefühle an sich sind weder gut noch böse. Einige Gefühle sind aber ihrem Begriff nach gut oder böse, weil sie sich auf einen angemessenen oder einen unangemessenen Gegenstand beziehen: Furcht vor Schande ist Scham, Schmerz über fremdes Glück ist Neid, Schmerz über fremdes Unglück ist Mitleid. Gleiches gilt nun für das Gefühl der Dankbarkeit und für die Abwesenheit des Gefühls der Dankbarkeit. Nachdem wir gehört haben „A ist dankbar" oder „A ist nicht dankbar", fühlen wir uns nicht zu einem moralischen Urteil über A veranlasst oder berechtigt. Sobald wir aber die Vorgeschichte vernehmen, ändert sich das schlagartig, und wir geben unsere Urteilsenthaltung auf. Dazu, dass A dankbar ist oder dass A nicht dankbar ist, sind nun zwei Vorgeschichten denkbar:

Vorgeschichte 1: Der Wohltäter D erwies A eine dankwürdige Wohltat.

Vorgeschichte 2: D erwies A keine dankwürdige Wohltat.

Nichts hindert, die Unterscheidung (a) „A ist dankbar" *versus* (b) „A ist nicht dankbar" mit diesen beiden Vorgeschichten zu kombinieren. Durch die Kombination erhalten wir vier Fälle:

Fall I: Der Wohltäter D erwies A eine dankwürdige Wohltat B, und A ist D dankbar. Die Dankbarkeit des A bezieht sich auf die dankwürdige Wohltat des D. Dies ist gut so und zu loben.

Fall II: Der Wohltäter D erwies A eine dankwürdige Wohltat B, und A ist D nicht dankbar. Diesen Mangel an Dankbarkeit dort, wo sie erwartet werden darf, nennen wir Undank. Wer Freude an Wortprägungen hat, der könnte sich veranlasst fühlen, von Unterdank zu sprechen. Undank oder Unterdank ist tadelnswert.

Fall III: D erwies A keine dankwürdige Wohltat B. A ist nicht dankbar. Hier ist die Abwesenheit der Dankbarkeit nicht kritisierbar. Sie wird nicht erwartet und darf nicht erwartet werden. Der nicht-dankbare A ist weder dankbar noch undankbar.

Fall IV: D erwies A keine dankwürdige Wohltat, aber A ist D trotzdem dankbar. Die Dankbarkeit des A greift hier sozusagen ins Leere. Es gibt keine Veranlassung, dankbar zu sein. Für dieses Übermaß, für dieses Zuviel, stellt keine der mir bekannten Sprachen ein eigenes Wort bereit. So muss sich selbst derjenige, der Wortprägungen verabscheut, dazu bequemen, ein neues Wort zu bilden, oder sich doch mit einer Neubildung abfinden. Ich schlage vor, dieses Zuviel an Dankbarkeit, dieses Übermaß, auf den Namen „Überdank" zu taufen. Überdank, so können wir sagen, ist die Anwesenheit von Dankbarkeit dort, wo keine dankwürdige Wohltat vorliegt.

Den Fall III werden wir nicht weiter bearbeiten, sondern links liegen lassen. Es ist müßig, todlangweilig und reine Zeitverschwendung, über eine derartige Ereignislosigkeit zu grübeln: D tut nichts, und A fühlt nichts! Umso spannender sind die übrigen Fälle: die Dankbarkeit (Fall I), der Unterdank (Fall II) und der Überdank (Fall IV).

2.2 Zweiter Schritt: Wie bestimmt Thomas die Begriffe der Dankbarkeit und Undankbarkeit?

Thomas befasst sich in den *quaestiones* 106 und 107 seiner *Summa theologiae* II-II mit der Dankbarkeit und der Undankbarkeit. Der Ton dieser beiden Fragen ist eher ratgebend. Thomas erteilt Ratschläge, wie wir uns zu verhalten haben. Wir finden Aufklärung darüber, ob wir stets und in jedem Falle unsere Dankesschuld abtragen müssen (*S. th.* II-II, q. 106, art. 3). Wir erfahren, ob Wohltaten stehenden Fußes zu vergelten sind, oder ob es angemessener ist abzuwarten (*S. th.* II-II, q. 106, art. 4). Thomas belehrt uns, worauf es bei einer Wohltat ankommt: Kommt es auf den guten Willen des Wohltäters an oder auf das, was für den begünstigten Wohltatempfänger schließlich herausspringt (*S. th.* II-II, q. 106, art. 5)? Und wer unsicher ist, ob er auch einem undankbaren Wohltatempfänger weiter wohl tun soll, der wird, nachdem er sich bei Thomas kundig gemacht hat, wissen, was er zu tun hat (*S. th.* II-II, q. 107, art. 4). Über all dem aber unterlässt Thomas es, die Begriffe „Dank" und „Undank" klar und deutlich zu bestimmen. Eine ausdrückliche Erörterung der Begriffe findet nicht statt. Thomas unterstellt anscheinend, dass diese Begriffe klar sind. Immerhin finden sich mehr oder minder versteckte Hinweise darauf, wie Thomas die Begriffe „Dank“ und „Undank“ verstanden wissen will. Diese Hinweise gilt es zu sammeln und zu einem Bild zusammenzufügen.

Zunächst und vor allem ist für Thomas die Dankbarkeit mit zwei Gefühlen eng verbunden: mit dem Gefühl der Freude und dem Gefühl des Wohlwollens. So behauptet Thomas im Einklang mit Seneca, dass ein großer Teil der Dankesschuld des A bereits dadurch abgetragen sei, dass A die Wohltat B vom Wohltäter D gerne und mit Freude annimmt (*S. th.* II-II, q. 106, art. 3, ad 5; II-II, q. 106, art. 4, c.). Zu dieser Freude tritt das Gefühl des Wohlwollens. A muss seinem Wohltäter D wohl wollen (*S. th.* II-II q. 106, art. 3, ad 5; II-II, q. 106, art. 4, c.; II-II, q. 106, art. 5, c.; II-II, q. 107, art. 1, ad 1; II-II, q. 107, art. 1, ad 3). Das Wohlwollen, welches A in Dankbarkeit gegen seinen Wohltäter D hegt, ist durch die vorgängige Wohltat des D bedingt. Das Dankeswohlwollen des A ist jenem Wohlwollen, welches nicht durch eine vorgängige Wohltat bedingt ist, entgegengesetzt. Ein Wohlwollen, welches nicht durch eine vorgängige Wohltat bedingt ist, empfinden seelisch gesunde Eltern für ihr neugeborenes Kind.

Das Dankeswohlwollen ist aber nicht die einzige Art desjenigen Wohlwollens, welches durch eine vorgängige Wohltat bedingt ist. Es gibt vielmehr zwei Arten des Wohlwollens, welches durch eine vorgängige Wohltat bedingt ist: das Kettenwohlwollen und das Spiegelwohlwollen. Kettenwohlwollen und Spiegelwohlwollen sind echte Arten der Gattung des durch Wohltaten bedingten Wohlwollens. Im Falle des Kettenwohlwollens empfängt A von D eine Wohltat. Dadurch fühlt sich A veranlasst, Dritten wohl zu wollen und folglich wohl zu tun. Ein Beispiel für solches Kettenwohlwollen wäre: A wird bei einem Verkehrsunfall schwer verletzt und verliert eine große Menge Blut. Im Krankenhaus wird A operiert, erhält mehrere Blutkonserven und überlebt. Er fühlt sich veranlasst, nun seinerseits regelmäßig Blut zu spenden, welches natürlich nicht denen, die ihm Blut spendeten, sondern Dritten zu Gute kommt. A gibt aus Wohlwollen die Wohltat wie einen Staffelstab weiter. Die Nächstenliebe, welche einige Religionen ihren Anhängern ans Herz legen, könnte als Kettenwohlwollen gedeutet werden: Wir nehmen die Wohltaten, welche Gott uns angedeihen lässt, zum Anlass, unsererseits unseren Nebenmenschen wohl zu wollen und wohl zu tun.

Anders beim Spiegelwohlwollen: Hier wollen wir genau demjenigen wohl, der uns wohl tat. Wir können demnach das Dankeswohlwollen füglich als Spiegelwohlwollen bestimmen.

Damit die Gefühle der Dankesfreude und des Spiegelwohlwollens in A erwachen können, muss A Urteile fällen. Wie alle anderen Gefühle, so setzen auch Dankesfreude und Spiegelwohlwollen Erkenntnisse und Urteile voraus. Dass Gefühle Urteile voraussetzen, lässt sich schnell dartun: Wer sich vor einem Hund fürchtet, der beurteilt diesen Hund als bissig. Wer traurig ist, der urteilt, er sei eines wertvollen Guts für lange Zeit oder gar auf immer verlustig gegangen. Wer sich gekränkt fühlt, der urteilt, ihm werde nicht das Maß an Hochschätzung und Anerkennung, welches ihm gebührt, entgegengebracht. Die Urteile, die A fällen muss, um überhaupt Dankbarkeit entwickeln zu können, zerfallen, so lässt sich Thomas' Ausführungen entnehmen, in drei Gruppen:

Gruppe 1: Urteile über Tatsachen und Kausalbeziehungen

Gruppe 2: Urteile über Werte und Normen

Gruppe 3: Urteile über Seelisches

A muss demnach erstens über Tatsachen und Kausalbeziehungen, zweitens über Werte und Normen und drittens über Seelisches urteilen.

Beginnen wir mit den Tatsachenurteilen, welche der Dankesfreude und dem Spiegelwohlwollen vorauszugehen haben. A muss bemerken und angemessen urteilen, dass D überhaupt etwas tut oder lässt, was A nützt, was zum Wohl des A beiträgt (*S. th.* II-II, q. 107, art. 2, c.; II-II, q. 107, art. 3, c.): A ist bettlägerig und droht, sich wund zu liegen. Schwester Dorothea wechselt täglich die Bettwäsche, um Keime fernzuhalten. A muss den Wäschewechsel bemerken. Sonst kann A Dorothea gegenüber keine Dankbarkeit empfinden. Oder: A steckt in Geldnot. Er ist nicht mehr in der Lage, seinem Vermieter D den Mietzins pünktlich zu entrichten. Die Säumigkeit des A würde nach § 543 *BGB* eine fristlose Kündigung rechtfertigen. Der Vermieter D sieht aus Wohlwollen gegenüber dem Mieter A und dessen vielköpfiger Familie von dieser drastischen Maßnahme ab. Bevor der Mieter A die menschenfreundliche Unterlassung des D nicht erkennt, kann in A nicht das Gefühl der Dankbarkeit aufkeimen.

Es sind aber nicht bloß schlichte Tatsachenfeststellungen, die A vornehmen muss. A muss überdies kausale Zusammenhänge richtig erkennen und beurteilen. Die Frage nach der Ursache der wohltätigen Wirkung ist richtig zu beantworten. So muss unser bettlägeriger A die Tatsache, dass er sich nicht wund liegt, auf Schwester Dorotheas Mühe schieben, und nicht etwa auf ein Antibiotikum, welches die behandelnde Ärztin ihm täglich verabreicht. Damit das Gefühl der Dankbarkeit entsteht, muss A mithin deutlich erkennen, was andere zu seinem Wohl in der Gegenwart beitragen und in der Vergangenheit beigetragen haben. In einem gewissen Sinne muss A sich in Bescheidenheit üben, um dankbar sein zu können. Denn der dankbare A überschätzt seinen eigenen Beitrag zu seinem Wohlergehen nicht. Vielmehr würdigt er und erkennt an, welche Leistungen andere zu seinem Glück erbringen. In diesem Sinne könnte die Demut als eine Wurzel der Dankbarkeit bezeichnet werden (so indirekt *S. th.* II-II, q. 162, art. 4, c.; *De malo*, q. 8, art. 4, c.). Angemessen über Tatsachen und über Kausalbeziehungen zu urteilen, ist mithin eine notwendige Bedingung zur Entstehung jener Dankesfreude und jenes Spiegelwohlwollens, welches den eigentlichen Kern der Dankbarkeit ausmacht.

Doch damit nicht genug: Neben den Tatsachenurteilen und den Kausalurteilen muss A Urteile über Werte und Normen fällen. A muss nämlich nicht nur wahrnehmen, dass D etwas tut. A muss darüber hinaus das Tun oder Lassen des D erstens als gut und wohltätig bewerten (*S. th.* II-II, q. 107, art. 1, ad 1; II-II, q. 107, art. 2, c.), und zweitens muss A erkennen, dass D zu B nicht streng verpflichtet war oder ist (*S. th.* II-II, q. 106, art. 3, arg. 4 *et* ad 4). Welche Bedeutung diesen Urteilen über Wertigkeiten einerseits und über Rechte und Pflichten andererseits zukommt, zeigen folgende Beispiele: Die Lehrerin D unterrichtet eine achte Klasse im Fach Englisch. Die Faulheit der Schülerinnen und Schüler schreit zum Himmel und wurzelt in einer Art Verwahrlosung. D nimmt es nun auf sich, wöchentliche Vokabeltests zu schreiben und zu korrigieren. Ziel und Wirkung dieser Dienstleistung von D ist: Der mehr als armselige englische Wortschatz der Schülerinnen und Schüler vergrößert sich und wird gefestigt. Die Schülerinnen und Schüler und deren Erziehungsberechtigte aber antworten einstimmig mit grobem Undank: Die Schülerinnen und Schüler bewerten die Bemühungen der Lehrerin D nicht als aufopferungsvolle Wohltat, sondern als Übeltat: D raube ihnen die ganze Freude und den Spaß an der Schule. Mittags dazusitzen und sich die Vokabeln einzuprägen erfülle den Tatbestand der Nötigung und der Freiheitsberaubung. Unsere Achtklässler sind mithin nicht dankbar, ja undankbar, weil sie verfehlte Werturteile fällen. Der Apfel fällt nicht weit vom Stamm: Die Erziehungsberechtigten nämlich sind keinen Deut besser. Die lassen es an der gebotenen Dankbarkeit mangeln, weil sie in ihrem Urteil über Rechte und Pflichten fehlgehen. Die Erziehungsberechtigten freuen sich natürlich darüber, dass sich endlich einmal irgendjemand um die Jugendlichen kümmert und sie zum Lernen anhält. Aber die Erziehungsberechtigten sitzen dem Rechtsirrtum auf, es sei verdammte Pflicht und Schuldigkeit der Lehrerin D, diese Tests schreiben zu lassen und zu korrigieren. Die Lehrerin D erfülle nur ihre Dienstobliegenheiten. Dafür, dass D ihre Pflicht erfüllt, gebührt ihr kein Dank. An diesem Beispiel zeigt sich, dass die Dankbarkeit Urteile über Rechte und Pflichten voraussetzt.

Neben Tatsachenurteilen, Kausalurteilen sowie Urteilen über Werte und Normen gibt es, so lässt sich Thomas' Diskussionen entnehmen, eine vierte Art von Urteilen, ohne die Dankbarkeit nicht möglich ist: Urteile über Seelisches. A muss über Absichten und über Gefühle der D urteilen (*S. th.* II-II, q. 106, art. 5, c.). Ein dankbarer A urteilt: D hatte mein Wohl im Auge. Mein Wohl war der ausschlaggebende Grund für D, so zu handeln, wie D handelte (*S. th.* II-II, q. 106, art. 3, arg. 3; II-II, q. 106, art. 5, c.). Sobald A umgekehrt glaubt, D ginge es im Grunde nur um das eigene Wohl, D wirtschafte in die eigene Tasche, versiegt die Quelle der Dankbarkeit abrupt. Dass die offene oder verkappte Selbstbezogenheit des vermeintlichen Wohltäters D ganz und gar unverträglich mit der Dankbarkeit des A ist, verdeutlicht eine Fabel, die uns Lessing erzählt:

> Ein gefräßiges Schwein mästete sich unter einer hohen Eiche mit der herabgefallenen Frucht. Indem es die eine Eichel zerbiss, verschluckte es bereits eine andere mit dem Auge.
>
> Undankbares Vieh! rief endlich der Eichbaum herab. Du nährest dich von meinen Früchten, ohne einen einzigen dankbaren Blick auf mich in die Höhe zu richten.
>
> Das Schwein hielt einen Augenblick inne und grunzte zur Antwort: Meine dankbaren Blicke sollten nicht außenbleiben, wenn ich nur wüsste, dass du deine Eicheln meinetwegen hättest fallen lassen.[3]

3 Gotthold Ephraim Lessing, *Fabeln in Prosa;* I. Buch, 15. Fabel.

Neben den Absichten des D muss A die Gefühle des D deuten. Wer unterstellt, D rücke die Wohltat B gegen heftigste Widerstände unter Gebewehen heraus, wer vermeint, D reue die milde Gabe, kaum sei sie im Hut des Bettlers gelandet, der wird nicht dankbar sein. D muss die Wohltat mit Freude erweisen (*S. th.* II-II, q. 106, art. 3, arg. 2; II-II, q. 106, art. 5, ad 3).

Die Urteile aber über Absichten und Gefühle des Wohltäters D sind mit besonderen Schwierigkeiten behaftet. Auf diese Schwierigkeiten kommt Thomas im Artikel 5 der *quaestio* 106 zu sprechen. Die Artikelfrage lautet: „*Utrum beneficiorum recompensatio sit attendenda secundum affectum beneficiantis, an secundum effectum?*" Frei übersetzt: „Was zählt: die innere Einstellung des Wohltäters D oder das, was für A, den Empfänger der Wohltat, letztlich herausspringt?" Argument 3 des Artikels macht nun geltend: Wir können uns in unserem Handeln und Fühlen nur nach dem richten, was wir wissen und erkennen können. Die Gefühle und auch die Absichten anderer Menschen bleiben uns aber verborgen. Nur Gott kennt die tiefsten Regungen des menschlichen Herzens, oder wie es der Prophet Jeremia lehrt: „Aber der Herr der Heere richtet gerecht, er prüft Herz und Nieren." (Jer 11, 20; vgl. auch Jer 20, 12) Daher, so die Schlussfolgerung des Arguments, komme es nur auf den messbaren Profit aus der Wohltat an und nicht auf die verschleierte Gutwilligkeit des D. Des Weiteren folgt aus dieser Überlegung: Dankbarkeit kann Urteile über fremde Innenwelten, über Absichten und Gefühle des Wohltäters D nicht voraussetzen, weil solche Urteile uns Menschen unmöglich sind. Thomas' Antwort auf diese radikale Erkenntniskritik ist erfrischend pragmatisch und zeugt von einem gesunden Wirklichkeitssinn: Freilich, so antwortet er auf das dritte Argument, wisse lediglich Gott, was uns Menschen in den tiefsten Gründen unseres Herzens bewegt. Aber es ist ausgemachter Unfug, sich schon deshalb jeden Urteils zu enthalten, weil es nicht sicher ist. Wir dürfen auch über Sachverhalte urteilen, deren Kenntnis nicht völlig gewiss ist. Und so ist es auch um die Urteile über die Gefühle und Absichten anderer Menschen bestellt. Es gibt genug äußere Zeichen und Hinweise, die uns Aufschluss bieten, was unser Gegenüber fühlt und will. Wir lesen im Gesichtsausdruck. Wir verstehen die Körpersprache. Solche Zeichensprache ist uns geläufig. Die Zeichen dieser Sprache sind zwar keine *signa certa,* keine sicheren Zeichen, aber immerhin *signa incerta*, unsichere Zeichen, welche einen vorsichtigen und behutsamen Schluss auf die

Gefühle und Absichten des Wohltäters D zulassen. Wer uns etwa zügig und ohne zu zaudern hilft, dem stellen wir gerne und sicher zu Recht das Zeugnis einer wohltätigen Gesinnung aus (*S. th.* II-II, q. 106, art. 5, ad 3). Umgekehrt: Wer uns nur zögerlich beisteht, dabei ein schiefes, säuerliches Gesicht zieht und grämlich-unwillig dreinschaut, dem unterstellen wir, dass er uns nicht gerne beisteht.

Fassen wir zusammen:

Erstens: Dankbarkeit ist ein Gefühl oder beinhaltet doch wenigstens Gefühle – Dankesfreude und Spiegelwohlwollen.

Zweitens: Wie alle anderen Gefühle, so setzt auch die Dankbarkeit Urteile voraus – Urteile über Tatsachen, über Kausalbeziehungen, über Werte und Normen sowie über Seelisches.

Gefühle haben es nun weiter an sich, bestimmte Handlungen oder Unterlassungen nahezulegen: Wer Mitleid empfindet, der neigt dazu zu helfen (*S. th.* I-II, q. 24, art. 3, ad 1). Der Neid macht anderen madig, was er selbst gern besäße. Was ich hasse, will ich vernichten. Und den Ärger dürstet nach süßer Rache. Nicht anders verhält es sich mit den im Dank geborgenen Gefühlen des Spiegelwohlwollens und der Dankesfreude. Die Dankbarkeit legt in der Regel drei Handlungen nahe: zwei äußere Handlungen und eine innere Handlung. Die innere Handlung ist leicht zu benennen und schwer auszuführen: Es gilt, die Wohltat auf Dauer zu erinnern. Die träge Vergesslichkeit ist eine Feindin tätigen Danks (*S. th.* II-II, q. 107, art. 1, arg. 2 *et* ad 2; II-II, q. 107, art. 2, c.). Die äußeren Dankeshandlungen zerfallen weiter in Sprechhandlungen und Tathandlungen. Die Sprechhandlungen, die der dankbare A ausführt, sind: A bedankt sich bei D, und A lobt die Wohltat des D vor Dritten (*S. th.* II-II, q. 107, art. 2, c.).

Die Tathandlung, welcher sich der dankbare A befleißigt, ist die Rückerstattung, *retributio*. A tut seinerseits D etwas Gutes. Dies kann nach Thomas viele Formen annehmen: A wird taktvoll, umsichtig und klug ermitteln, wo, wann, wie und was er tut, um seine Dankesschuld abzutragen. Die Umstände sind sorgfältig in Rechnung zu stellen und zu berücksichtigen mit Blick auf das Wohl des D (*S. th.* II-II, q. 106, art. 3, ad 6; II-II, q. 106, art. 4, c. *et* ad 3; II-II, q. 107, art. 2, c.). Es gibt keine starren Regeln oder gar handlichen Rezepte der Rückerstattung: Einem Reichen, der mir in Geldnot half, werde ich nicht meinerseits mit Barem wohl tun wollen;

einem Armen, der mir das Leben rettete, unter Umständen wohl. Die dankbare Rückerstattung ist keinesfalls nach Maßgabe der Formel ,Gleiches mit Gleichem' zu leisten.

Nachdem wir die Dankesfreude und das Spiegelwohlwollen sowie die Urteile, aus denen diese Gefühle entspringen, kennengelernt haben, nachdem wir über die Sprechhandlungen und Tathandlungen, deren die Dankbarkeit sich befleißigt, nachgedacht haben, sind wir hinlänglich gerüstet, uns dem Mangel, dem Zuwenig an Dankbarkeit, der Undankbarkeit zuzuwenden.

Grundsätzlich ist zu sagen: Als dankbar gilt A erst dann, wenn A richtig urteilt, richtig fühlt, richtig spricht und richtig handelt. Als undankbar gilt A schon dann, wenn A sich auch nur auf einer dieser Ebenen verfehlt. Dankbarkeit ist rezessiv, Undankbarkeit ist dominant, um ein Motiv aus der Vererbungslehre zu bemühen. Oder: Ein Tropfen Essig macht die Milch schon sauer. Die Verfehlung der Undankbarkeit kann nun, so Thomas, zwei Formen annehmen: Die eine Form beinhaltet in der Regel eine eher leichte, lässliche Schuld; die andere Form hingegen führt dazu, dass A schwere Schuld auf sich lädt, ja eine Todsünde begeht. Der Undankbare kann nämlich erstens undankbar im Sinne einer Unterlassung sein, und zweitens kann A undankbar im Sinne feindseligen Tuns sein (*S. th.* II-II, q. 107, art. 3, c.). Undankbarkeit ist also durch Tun oder durch Lassen begehbar. Wie sich die Unterscheidung zwischen dem eher harmlosen Unterlassensundank und dem gefährlichen Tatundank auf den Ebenen des Urteilens, des Fühlens, des Sprechens und des Handelns darstellt, sei nun in Kürze und im Umriss ausgeführt. Dies soll am Beispiel jener fürsorglichen Englischlehrerin D geschehen, die es unternimmt, ihre pubertierenden Zöglinge aus dem Sumpf sprachlicher Totalignoranz zu ziehen.

Erstens: Die Erziehungsberechtigten nehmen die Bemühungen der Lehrerin D gar nicht wahr. Sie unterlassen es, hinzuschauen. Sie sind unterlassungsundankbar auf der Ebene der Tatsachenurteile.

Zweitens: Undankbarkeit mag aus falschen Urteilen über Kausalbeziehungen erwachsen. So könnte ein Schülervater seinem Sohn, nennen wir ihn Lennart, ein Lernprogramm für den PC schenken. Lennarts Englisch verbessert sich in der Tat merklich. Die Ursache dieser Verbesserung liegt aber einzig und allein im Bemühen der Lehrerin D, denn seinen PC nutzt Lennart nur für Computerspiele.

Lennarts Vater aber verbucht die Lernfortschritte seines Sohnes stolz für sich. Er ist undankbar, indem er Fehlurteile über die obwaltenden Kausalbeziehungen fällt. Diese Art der Undankbarkeit ist oft, so Thomas, geboren aus dem Geist des Hochmuts, der *superbia*. Der Hochmütige glaubt, er selbst sei die Ursache wohltätiger Wirkung, während doch in Wahrheit andere ihm und den Seinen wohl tun (*S. th.* II-II, q. 162, art. 4, c.; *De malo*, q. 8, art. 4, c.).

Drittens: A macht sich möglicherweise des Undanks schuldig, weil seine Werturteile in bedrohliche Schieflage geraten sind. Dies ist, so durften wir bereits erfahren, bei den verlotterten Schülerinnen und Schülern jener achten Klasse der Fall. Die Schüler und Schülerinnen bewerten das, was ihre Lehrerin tut, nicht als Wohltat. Sie verargen ihr vielmehr die Mühe als Übeltat.

Viertens: Fehlurteile über Rechte und Pflichten sind ein fruchtbarer Nährboden, auf welchem die Saat des Undanks aufgeht und üppig ins Kraut schießt. Vergleichsweise harmlos ist da noch das Urteil, die Lehrerin D sei schließlich verpflichtet, die Vokabeltests schreiben zu lassen und zu korrigieren. Sie erfülle damit nur ihre Dienstobliegenheit. Dafür gebühre ihr kein Dank. Auch die Gesinnung, sich auf alles und jedes ein Recht anzumaßen und jede Wohltat als Erfüllung einer Rechtspflicht zu deuten, ist, so Thomas, ein fratzenhaft-frecher Bastard, der dem Schoße der *superbia*, des Hochmuts, entsprang (*S. th.* II-II, q. 162, art. 4, c.; *De malo*, q. 8, art. 4, c.). Schlimmer noch und nachgerade feindselig ist es, das Tun von D nicht nur als Pflichterfüllung zu missdeuten, sondern sogar als Pflichtverletzung zu bewerten. Dieses feindseligen Undanks erdreistete sich etwa eine Erziehungsberechtigte, sagen wir Lennarts Mutter, sobald sie die wöchentlichen Vokabeltests als Pflichtverstoß der Lehrerin D brandmarkte. Diese, so Lennarts Mutter, sei gar nicht berechtigt, Tests schreiben und die Bewertung der Tests in die Benotung der Schüler und Schülerinnen einfließen zu lassen.

Fünftens: Auch auf der Ebene des Urteils über Seelisches treibt der Undank sein Unwesen. So könnte böswillig unterstellt werden, der Lehrerin D ginge es nicht um das Fortkommen und das Wohl der Schüler. D wolle sich durch ihr marktschreierisches Getue nur beim Schulleiter beliebt machen und spekuliere dabei auf die nächste Beförderung.

Sechstens: Gleichgültig undankbar fühlen die Erziehungsberechtigten, sobald der Einsatz der Lehrerin D gar kein emotionales Echo bei ihnen auslöst. Feindselig undankbar fühlen sie, sofern sie sich über D ärgern, es als lästig und störend empfinden, dass ihre Kinder sie mit der Bitte behelligen, ihnen die anstehenden Vokabeln abzuhören.

Siebtens: Undankbares Sprechen und Handeln in Tateinheit läge vor, sobald die Erziehungsberechtigten gegen die Lehrerin D die bittersten Vorwürfe erheben und sich beim Schulleiter beschweren: D hause offenbar in der pädagogischen Steinzeit und fröne der schwärzesten Pädagogik!

2.3 Dritter Schritt: Wie wäre der Begriff des Überdanks zu bestimmen?

Schritt 1 und Schritt 2 durften wir bedenkenlos tun, denn der große Thomas von Aquin war unser Weggefährte. Jetzt verlässt er uns. Das letzte Wegstück müssen wir alleine gehen. Aber Thomas verabschiedet sich nicht, ohne uns einen letzten Fingerzeig zu geben. *Quaestio* 107, Artikel 2, fragt: „*Utrum ingratitudo sit peccatum speciale?*“ Im *corpus articuli* finden wir, frei übertragen, folgenden Hinweis: „Der Dankbarkeit kann ein Übermaß als Fehlhaltung gegenüberstehen, etwa dann, wenn jemand für etwas eine Rückerstattung leistet, wofür es gar nicht angebracht ist.“ (*S. th.* II-II, q. 107, art. 2, c.) Dabei lässt Thomas es bewenden. Im Folgenden soll nun für jede Ebene der Dankbarkeit – des Urteilens, des Fühlens, des Sprechens und des Handelns – wenigstens ein Fall oder Aspekt möglichen Überdanks vorgestellt werden.

2.3.1 Überdank auf der Ebene des Urteilens

A könnte überdankbar sein, weil A irrtümlich D für die Ursache einer für A wohltätigen Wirkung hält: A leidet unter zyklischen Kopfschmerzen. Die Ärztin D verschreibt A ein Placebo, weil sie ihn für einen wehleidigen Simulanten hält. Durch eine zeitgleiche, zufällige Veränderung der Ess- und Trinkgewohnheiten des A – keine Schokolade und keinen Rotwein mehr – verflüchtigen sich die Schmerzen. A ist seiner Ärztin D zutiefst und zu Unrecht dankbar.

Oder: A könnte überdankbar sein, weil er im Irrtum über Rechte und Pflichten befangen ist: A ist alt, arm und gebrechlich. Sein Sohn D hat es zum Dezernenten der Besoldungsgruppe B 3 gebracht, nachdem der Vater sich angestrengt hatte, um seinem Sohn das Studium der Rechte und damit eine bessere Zukunft zu eröffnen. Sohn D überweist dem greisen A monatlich 300 Euro. A ist vor Überdank gegen den eigenen Sohn zu Tränen gerührt, weil der arglose Alte nicht weiß: *BGB* § 1601 bestimmt: „Verwandte in gerader Linie sind verpflichtet, einander Unterhalt zu zahlen." Klagte Vater A gegen Sohn D oder träte Vater A seine Ansprüche an das, was man früher Sozialamt nannte, ab, so müsste D das Doppelte zahlen.

Oder: A übersieht, unerfahren und der Menschen unkundig, dass D aus selbstsüchtigen Absichten handelt und dass ihm, dem A, die Wohltaten allenfalls wie Brosamen vom Tisch des reichen Prassers zufallen. Hierzu entnehme ich ein hübsches Beispiel dem von Choderlos de Laclos verfassten und 1782 erschienen Briefroman *Les Liaisons dangereuses* (‚Gefährliche Liebschaften'):

Der verworfene Vicomte von Valmont ist sterblich in die edeltugendhaft-reine Frau von Tourvel verliebt. Die Gute aber, gewarnt von einer ehemaligen, vor Eifersucht bitteren Geliebten des Vicomte, ist auf der Hut vor den Nachstellungen des Bösewichts. Tief im Herzen aber träumt die schöne Seele davon, den Roué zu läutern, ihn auf den Pfad der Tugend zurückzuführen. Überdies – wer weiß aus welchem Grund – lässt sie den Valmont überwachen. Der bemerkt dies und nutzt es zu einer Finte. Er macht eine Not leidende Familie ausfindig und lenkt seinen Weg wie zufällig zu den Leuten, als ein Steuereinnehmer deren letzte Habseligkeiten pfänden will. Valmont zückt 65 Livres und rettet die Habenichtse vor Stroh und Verzweiflung. Frau Tourvel ist überwältigt vor moralischer Verzückung. Die Dankbarkeit der armen Leute allerdings hätte sich in engeren Grenzen gehalten, wäre ihnen nur bewusst, dass sie bloßes Mittel zum Zweck in einem abgefeimten Spiel sind. Sie wären dem Valmont nicht wie einem Ebenbild Gottes zu Füßen gefallen.

Die verarmte Familie ist überdankbar, denn Valmont ging es nicht um sie. Der Wüstling will nur ein Plus auf dem Konto seiner erotischen Lustbarkeit verzeichnen, Frau Tourvel à la Don Giovanni auf die Liste setzen.

2.3.2 Überdank auf den Ebenen des Fühlens, Sprechens und Handelns

Zunächst: Ein Übermaß an Dankesfreude mag vorliegen, sobald A die Wohltat höher einschätzt, als er sollte: Dem Lehrer A wird von der Pflegschaftsvorsitzenden seiner Klasse zu Weihnachten eine Aktentasche aus echtem Krokodilleder überreicht. So eine Tasche hat er sich schon immer gewünscht. A freut sich wie ein Kind und nimmt das Geschenk an. Beides sollte er nicht.

Ein Übermaß an Dankeswohlwollen könnte vorliegen, sobald A vor lauter Dankbarkeit blind wird für das, was D wirklich gut tut, und stattdessen den bedenklichsten Wünschen des D willfährig ist: A sei alt, einsam und steinreich. Nur sein Enkel D besucht A regelmäßig, mäht den Rasen, welcher die alte Villa umgibt, und erledigt den einen oder anderen Gang für den Großvater. Als Enkel D, gerade einmal 18 Jahre alt, die Führerscheinprüfung besteht, unterbreitet er dem alten Herrn, ihm werde zum Spottpreis ein Porsche 911 Carrera zum Kaufe angeboten. Der Großvater zückt überdankbar sein Scheckheft. Er achtet nicht darauf, dass es kaum im Interesse des Enkels liegen kann, ein derartiges Auto zu steuern. Ein Anfänger ist mit 250 PS hoffnungslos überfordert – ganz abgesehen von dem Missverhältnis des Geschenks zu den vorherigen Gefälligkeiten.

Sodann: Wer sprechend das rechte Maß aus dem Auge verliert, droht in peinliche Dankeshymnen oder schmierige Lobhudelei abzugleiten.

Schließlich: Wer überdankbar eilfertig seine Dankesschuld abträgt, wer zwanghaft mehr zurückgibt, als er empfing, der dürfte doch sicherlich als überdankbar gelten!

3. Ein Zweifel zum Schluss

Unsere Leitfrage lautet: Können wir zu dankbar sein? Es sieht so aus, als dürften wir antworten: Ja, wir können zu dankbar sein! Aber wir wären keine zünftigen Philosophen, wenn wir zum Schluss nicht doch wieder in Zweifel zögen, was so klar zu sein scheint. Denn: Bezeichnen wir den, der uns in einen Schwall überdankbarer Worte hüllt, wirklich als zu dankbar? Hegen wir nicht eher den Verdacht, A sei insgeheim undankbar, wolle uns nur einlullen mit vielen Worten, damit unbemerkt bleibt, dass er nicht tätig zurückerstatten mag? Oder unterstellen wir nicht jenem übereifrigen Rückerstatter, der nie etwas schuldig bleiben kann und stets nur Gläubiger sein will, A wolle bloß quitt sein, dankbar sei er nicht, erst recht nicht überdankbar, sondern im tiefsten Grunde seines Herzens undankbar? Schließlich jener Großvater, dessen Geschenk Überdank des Fühlens und des Handelns verbindet: Gehört zum wahren Dankeswohlwollen nicht der kluge, umsichtige, aufmerksame Blick auf das, was dem anderen langfristig und wahrhaftig zum Wohl und Glück gereicht? Ist hier nicht närrische Affenliebe am Werk? Vielleicht also kippt der Überdank um in den Unterdank, und die äußeren, entgegengesetzten Endpunkte der vermeintlichen Strecke fallen zusammen und schließen sich zu einem Kreis![*]

---

* In den Text sind viele Verbesserungsvorschläge eingeflossen, die ich Daniela Stein verdanke. Einige der Gedanken, die ich hier entwickle, finden sich auch in dem Aufsatz „*Excessus Gratitudinis* – oder: Können wir zu dankbar sein?“, in: nachdenken 3, hg. von Birgitta Fuchs / Karin Farokhifar / André Schütte, Rheinbach 2013, S. 91-110.

Isabelle Mandrella

Homo solus intellectus? Die Rolle der Emotionen im Neuplatonismus des Nicolaus Cusanus

1. Einleitung

Fragt man nach der Rolle der Emotionen in der Philosophie, so wird man geteilte Meinungen hören. Zwar findet sich mittlerweile in jedem philosophischen Lexikon ein entsprechender Eintrag – wenn auch weniger zu dem Begriff „Emotion“ als eher zu dem übergeordneten Terminus „Affekt“, der Emotionen (im Sinne von punktuell auftretenden Gefühlsregungen) und Leidenschaften (im Sinne von habitualisierten Stimmungen) umfasst. Aber der Sache nach spielen Emotionen in erster Linie höchstens in den praktischen philosophischen Disziplinen Ethik und Handlungstheorie eine Rolle, insofern ihnen ein nicht zu unterschätzender Einfluss auf das Zustandekommen menschlicher Handlungen und Zielvorstellungen zugeschrieben werden kann. Philosophie als solche hingegen hat es mit dem Denken zu tun, und dieses wiederum ist als unabhängig von jeglichen Emotionen, ja sogar als diesen geradezu entgegengesetzt, zu verstehen.

Während jedoch heute vor allem durch den Dialog der Philosophie mit den modernen Kognitions- und Neurowissenschaften die Weichen für das Verhältnis zwischen Denken und Fühlen grundlegend neu gestellt worden sind, insofern beides als untrennbar aufeinander verwiesen begriffen wird (bis hin zu der umgekehrten These, dass Denken und Erkennen konstitutiv auf Affektivität bezogen bleiben), scheint unter historischem Blickwinkel eine aus der Priorität des Intellektuellen resultierende Abwertung von Emotionen vor allem für das Mittelalter zu gelten, weil sich dort – so der Verdacht – die Vorstellung eines reinen, emotionslosen Denkens mit einer vor allem von der Kirche propagierten leibfeindlichen Einstellung verbindet, die ihren Ursprung im biblischen Sündenfall hat. Was sich in dieser Hinsicht bereits in den tendenziell dualistischen Interpretationen des Menschen bei Platon und in der Stoa andeutet, erhärtet sich bei Augustinus durch die Verknüpfung mit christlich-biblischen

Aussagen: Während die platonische Rede etwa vom Körper als Kerker der Seele die untergeordnete Stellung des Materiellen noch in erster Linie mit dessen Vergänglichkeit begründet, verschärft die augustinische Erbsündentheorie die Problematik, insofern sie das Körperliche nunmehr als Quell sündhaften Verhaltens ansieht.

Dass an dieser groben und plakativen Sicht einiges zu korrigieren ist, versteht sich von selbst. Nichtsdestoweniger gibt es etliche Aussagen, die sie unterstützen. Dazu zählt nicht nur die bereits genannte Metapher vom Körper als Kerker der Seele, sondern auch die im Titel meines Beitrags zitierte Feststellung, dass der Mensch allein sein Intellekt sei. Sie findet sich bei zahlreichen philosophischen Autoren des Mittelalters und darf zweifellos – wie noch näher zu zeigen sein wird – als Ausweis antiken, insbesondere neuplatonischen Denkens gelten. Angesichts solcher Aussagen liegt auf der Hand, dass Emotionen als primär körperliche Empfindungen nur eine marginale Rolle spielen können.

Wenn es im Folgenden um die Erörterung der neuplatonischen Interpretation der Emotionen im Mittelalter gehen soll, müssen dafür drei Leitfragen im Vordergrund stehen:

(i) Worum genau geht es den neuplatonischen mittelalterlichen Denkern, wenn sie die Tätigkeit des menschlichen Intellekts derart in den Mittelpunkt stellen?

(ii) Bedeutet die Konzentration auf den Intellekt das Ausschalten und die Missachtung von Emotionen, oder geht es um einen verantwortungsvollen Umgang damit?

(iii) Kann die intellektuelle Vollendung des Menschen bzw. die Vollendung des menschlichen Intellekts völlig jenseits emotionaler Kategorien begriffen werden?

Zunächst jedoch eine Abgrenzung: Es ist selbstverständlich unmöglich, im Rahmen des vorliegenden Beitrags die ganze Fülle neuplatonischer Positionen zu berücksichtigen. Deshalb möchte ich mich auf einen Autor, nämlich Nicolaus Cusanus (1401-1464), konzentrieren, in dessen Werk sich neuplatonische Positionen exemplarisch widerspiegeln.

2. *Homo solus intellectus*

Es gehört zu den Grundvoraussetzungen antiker wie mittelalterlicher Philosophie, den Menschen als rationales Wesen zu betrachten, das sich gerade durch seine Intellektfähigkeit von anderen Lebewesen unterscheidet. *Esse – vivere – intelligere;* Sein – Leben – Erkennen, so lautet die neuplatonische Strukturierung der Wirklichkeit. Der Mensch ist das höchste Wesen, das über die Stufen des einfachen Seins – *esse* – und des bloßen Lebens – *vivere* –, die er mit (unbeseelten) Pflanzen und tierischen Lebewesen teilt, erkennend tätig wird. Dieser Ausweis menschlicher Besonderheit verdankt sich der Vorstellung, dass das Intellektuelle die höchste Stufe repräsentiert, weil es jene Form der Selbstreflexivität bietet, die für Selbsterkenntnis und Selbstvollendung maßgeblich ist. Daraus folgt für den Menschen die Aufgabe, sein Leben gemäß der Vernunft auszurichten und zu führen und nicht bei den unteren Seelenvermögen stehen zu bleiben. „Lieber wünscht der Mensch, nicht zu existieren, als ohne jede Vernunft zu sein“[1], kann Cusanus deshalb sagen und repräsentiert damit den *common sense* des Mittelalters.[2] Ähnlich heißt es in *De docta ignorantia*: „*Homo [...] est suus intellectus [...].*“[3]

---

1 *Cribratio Alkorani* II, cap. 17, h VIII, n. 145,15: „*Potius homo optat non esse quam sine omni intellectu esse.*“ (Nikolaus von Kues, *Sichtung des Korans. Zweites Buch,* übers. und hg. von Ludwig Hagemann und Reinhold Glei, Hamburg 1990, S. 67). Ich zitiere nach der von der Heidelberger *Akademie der Wissenschaften* herausgegebenen und im Felix Meiner-Verlag, Hamburg, erscheinenden kritischen Gesamtausgabe der Werke des Nicolaus Cusanus (= h). Die deutsche Übersetzung füge ich in Klammern an.

2 Zum neuplatonischen Hintergrund der cusanischen Anthropologie vgl. Hubert Benz, Ziel des sittlichen Handelns und einer philosophisch-theologischen Ethik bei Nikolaus von Kues, in: Klaus Kremer / Klaus Reinhardt (Hg.), *Sein und Sollen. Die Ethik des Nikolaus von Kues* (= Mitteilungen und Forschungsbeiträge der Cusanus-Gesellschaft (MFCG) 26), Trier 2000, S. 209-252, bes. S. 226-246.

3 *De docta ignorantia* III, cap. 4, h I, S. 131,24 (n. 205). Vgl. auch Albertus Magnus, *De anima* I, tr. 1, cap. 1 (hg. Colon. VII/1, 2, S. 32f.): „*esse tamen hominem, inquantum homo est, solum intellectum*“. Vgl. dazu Henryk Anzulewicz / Caterina Rigo, *Reductio ad esse divinum.* Zur Vollendung des Menschen nach Albertus Magnus, in: Jan A. Aertsen / Martin Pickavé (Hg.), *Ende und Vollendung. Escha-*

Cusanus fährt erklärend fort:

> Die größte Vollkommenheitsfülle der menschlichen Natur wird aber im substantialen und wesenhaften Bereich wahrgenommen, nämlich im Intellekt, dem das übrige Körperhafte dient. Und demnach muß der vollkommenste Mensch nicht im Akzidentellen hervorragend sein, sondern hinsichtlich des Intellekts. Es ist nicht notwendig, daß er ein Riese oder ein Zwerg sei, diese oder jene Größe, Farbe, Gestalt habe, und so gilt es auch bei den sonstigen akzidentellen Eigenschaften; nur das allein ist vielmehr notwendig, daß dieser Körper so die Extreme meidet, daß er ein höchst taugliches Instrument für die intellektuelle Natur ist, der er ohne Widersetzen, Murren und Mühe gehorchen und willfahren soll.[4]

Und im Brief an Nikolaus von Bologna heißt es: „Wenn einem Menschen die Vernunft entzogen werden könnte, müßte er notwendigerweise ins tierische Sein, in das Nichtwissen seiner selbst und in den Tod des Denkens stürzen; für ihn wäre es besser, nicht zu sein als so elend zu sein.“[5]

Die besondere Dignität des Intellektwesens Mensch ergibt sich jedoch noch aufgrund eines anderen Zusammenhangs, nämlich seiner

---

tologische Perspektiven im Mittelalter (Miscellanea Mediaevalia 29), Berlin / New York 2002, S. 388-416, sowie Jörn Müller, *Felicitas civilis* und *felicitas contemplativa*: Zur Verhältnisbestimmung der beiden aristotelischen Glücksbestimmungen in den Ethikkommentaren des Albertus Magnus, in: Ludger Honnefelder / Hannes Möhle / Susana Bullido del Barrio (Hg.), *Via Alberti. Texte – Quellen – Interpretationen* (= Subsidia Albertina 2), Münster 2009, S. 295-322.

4 *De docta ignorantia* III, cap. 4, h I, S. 132,14-22 (nach: Nikolaus von Kues, *Die belehrte Unwissenheit,* übers. und hg. von Hans Gerhard Senger, Hamburg ²1999, n. 207, S. 33 – leicht modifiziert).

5 Epistula ad Nicolaum Bononiensem, in: Gerda von Bredow, *Das Vermächtnis des Nikolaus von Kues. Der Brief an Nicolaus Albergati nebst der Predigt in Montoliveto (1463)* (= Cusanus-Texte IV 3), Heidelberg 1955, n. 14, S. 30-33: „*Ac si de aliquo homine subtraheretur intellectus, ille necessario rueret in bestialitatem et sui ipsius ignorantiam et rationis mortem, cui melius esset non esse quam sic misere esse.*“ (Nikolaus von Kues, *„Ein lebendiges Loblied Gottes“. Cusanus' Gedenkbüchlein für Nikolaus von Bologna,* eingel. und hg. von Harald Schwaetzer und Kirstin Zeyer (= Nikolaus von Kues, Textauswahl in deutscher Übersetzung 7), Trier 2006, S. 23).

Ähnlichkeit mit dem höchsten göttlichen Wesen. Es ist kein Zufall, dass der Mensch mit Intellekt oder Geist ausgestattet ist, sondern es entspringt dem Plan Gottes, der ihn als sein Abbild geschaffen hat. Dabei handelt es sich keineswegs um einen genuin christlichen Gedanken, sondern um antik-neuplatonisches Gedankengut, das sich selbstverständlich optimal in den christlichen Kontext, genauerhin in die biblische Vorstellung der Gottebenbildlichkeit (Gen 1, 26) übertragen ließ. Unabhängig davon, ob mit Gott nun eine personale Vorstellung verbunden wurde oder ob es sich dabei um den Inbegriff des einen Intellekts, das reine Denken (gr. *nous*) schlechthin handelt: Es besteht eine Strukturähnlichkeit zwischen diesem Urbild und seinem Abbild Mensch, deren Ziel vornehmlich darin zu sehen ist, das Abbild mit einem Vermögen ausgestattet sein zu lassen, das es ihm erlaubt, sein Urbild und damit sein wahres Selbst zu erkennen.

Cusanus wird nicht müde zu betonen, dass Gott die Kreatur Mensch mit Intellekt und Freiheit ausgestattet hat, um seine Herrlichkeit einem Geschöpf kundzutun, das in der Lage ist, sie zu erkennen. Der Gedanke der *ostensio* oder *manifestatio gloriae* basiert auf neuplatonischem Denken und geht von der Vorstellung aus, dass die Schöpfervernunft (*conditor intellectus*), die Weltgrund und erster Ursprung ist, nicht wie ein der Naturnotwendigkeit unterworfenes, kausales Prinzip wirkt, sondern als sich selbst offenbarender Intellekt aus einem freien Mitteilungsbedürfnis heraus agiert.[6] Der mit Intellekt ausgestatteten menschlichen Kreatur kommt die besondere Rolle zu, diese Zusammenhänge begreifen zu können.

Wenn also eine Strukturähnlichkeit zwischen menschlichem und göttlichem Geist besteht – Augustinus bezeichnet den Menschen deshalb als das Wesen, das „gottfähig“ (*capax Dei*) sei[7] –, liegt es nahe, das Ziel menschlichen Daseins dahingehend zu bestimmen, in

6 Dieser Thematik ist vor allem die Schrift *De beryllo* gewidmet. Vgl. dazu Kurt Flasch, *Nicolaus Cusanus* (= Beck'sche Reihe Denker), München 2001; Isabelle Mandrella, De beryllo – Die richtige Brille gewährt Einblick in die Koinzidenz, in: *Litterae Cusanae. Informationen der Cusanus-Gesellschaft* 4.2 (2004), S. 67-78. Aus theologischer Sicht vgl. Klaus Reinhardt, Herrlichkeit als Grundwort cusanischer Theologie. Eine Analyse des *Sermo* CCIV, in: *Trierer Theologische Zeitschrift* 110 (2001), S. 308-318.

7 Augustinus, *De trinitate* XIV, 8.11.

der Erkenntnis seines wahren Selbst zu seinem Urbild zurückzukehren bzw. sich mit ihm zu vereinigen. Der Neuplatonismus spricht hier von Anähnlichung an Gott (gr. *homoiosis to theo*) und von Gottwerdung (gr. *theosis*, lat. *deificatio*). Cusanus präferiert (nicht zuletzt im Anschluss an Meister Eckhart und seine Lehre von der Gottesgeburt in der Seele[8]) die Begriffe „*filiatio*" (Gottessohnschaft) und „*deiformitas*" (Gottähnlichkeit). Jedoch zunächst: Worin besteht diese Gottwerdung, und wie geht sie vor sich?

Formal betrachtet handelt es sich um die Einswerdung mit dem Einen, das Urgrund und Prinzip allen Seins ist und das jegliche Viel- und Verschiedenheit in sich enthält. Im Erreichen der Gottwerdung – so schreibt Cusanus in seiner eigens dieser Thematik gewidmeten kleinen Schrift *De filiatione* – gelangt der Mensch „zur höchsten Vollendung des Intellekts [...], d. h. zum tatsächlichen Erfassen der Wahrheit, nicht wie die Wahrheit durch [...] verschiedene Andersheit in dieser sinnlichen Welt abgeschattet ist, sondern so wie sie in sich selbst auf rein geistige Weise sichtbar ist".[9] Um diese „Loslösung von aller Andersheit und Verschiedenheit und die Auflösung aller in das Eine" (*ablatio omnis alteritatis et diversitatis et resolutio omnium in unum*)[10] zu erreichen, bedarf es einer Wendung nach innen, die sich von den vielen Dingen abkehrt, weil diese als Hindernisgründe für die Konzentration auf das Eine angesehen werden müssen. „Tu alles weg!", „Lass ab von allem!" (*aphele panta*)[11] lautet die Aufforderung bei Plotin. Die sinnliche (in der Bedeutung von: sinnenhaft gebundene) Erfahrung zählt dazu, denn sie vermag

8 Vgl. dazu Klaus Reinhardt, Das Thema der Gottesgeburt und der Gotteskindschaft in den Predigten des Nikolaus von Kues, in: Ders. / Harald Schwaetzer (Hg.), *Nikolaus von Kues als Prediger*, Regensburg 2004, S. 61-78.

9 *De filiatione*, cap. 1, h IV, n. 53,1-8. (Nikolaus von Kues, *Über Gotteskindschaft*, übers. von Harald Schwaetzer (Nikolaus von Kues, Textauswahl in deutscher Übersetzung 5), Trier 2001, S. 8).

10 Ebd., cap. 3, n. 70,1-2. (Nikolaus von Kues, Textauswahl [wie Anm. 9], S. 19).

11 So die Übersetzung von Werner Beierwaltes, *Selbsterkenntnis und Erfahrung der Einheit. Plotins Enneade V 3. Text, Übersetzung, Interpretation, Erläuterungen*, Frankfurt a. M. 1991, S. 67; vgl. auch ebd., S. 250-253.

als untergeordnetes Seelenvermögen immer nur das Konfuse, Unsichere und Viele zu repräsentieren. Die Befreiung des Denkens von der Sinnlichkeit des Leibes stellt eine Reinigung (gr. *katharsis*, lat. *purgatio*) dar, die alle Tätigkeiten des Menschen umfasst. So wichtig die Rolle der Sinneswahrnehmung als den Erkenntnisprozess anstoßendes *movens* auch sein mag, für die Suche nach dem wahren Selbst und die Hinwendung zum Einen muss man sie hinter sich lassen. Emotionen und Leidenschaften als Aspekte körperlicher Affiziertheit fallen selbstverständlich ebenfalls unter das, von dem es sich freizumachen gilt.

Für Cusanus als christlichen Denker mag die Rede von der Vergottung des Menschen anstößig klingen, obwohl er selbst immer wieder auf diese Begrifflichkeit zurückgreift, etwa wenn er zur Verdeutlichung der Strukturähnlichkeit zwischen menschlichem und göttlichem Geist den Menschen als „zweiten", „anderen" oder „menschlichen Gott" (*secundus* bzw. *alius* bzw. *humanus Deus*) bezeichnet.[12] Was im christlichen Kontext auf jeden Fall zu einigen Akzentverschiebungen führt, ist zum einen die Vorstellung eines personalen Gottes, zum anderen die eminent wichtige Rolle des Gottmenschen Jesus Christus, der sich als das wahre (Spiegel-)Bild Gottes vermittelnd zwischen Urbild und Abbild einfügt[13] und damit die antik-neuplatonische Auffassung der Beziehung zwischen Mensch und Urgrund allen Seins komplexer, aber auch plastisch vorstellbarer macht. Denn die im Neuplatonismus offen bleibende Frage, inwiefern das eine höchste Prinzip in irgendeiner Weise auf die Kreatur Mensch angewiesen bzw. wie die Verbindung zwischen den Ebenen konkret zu denken sei, vermag der christliche Denker durch die Mittlerposition des Gottessohnes zu beantworten: Der in Jesus Christus Mensch gewordene, d. h. sich selbst in einem Menschen offenbarende Gott tritt bewusst in Kontakt zu seiner Kreatur, der mit dem menschlichen Vorbild Jesus eine Brücke gebaut wird, die Kluft zum Göttlichen leichter zu überwinden.

---

12 *De beryllo*, h ^{2}XI/1, n. 7,1-2: „*secundus Deus*"; Sermo CLXVIII, h XVIII, n. 8,2-4: „*alius Deus*"; *De coniecturis* II, cap. 14, h III, n. 144, 2-4: „*humanus Deus*".

13 Vgl. Isabelle Mandrella, Gott als Porträtmaler in Sermo CCLI, in: Inigo Bocken / Harald Schwaetzer (Hg.), *Spiegel und Porträt. Zur Bedeutung zweier zentraler Bilder im Denken des Nicolaus Cusanus*, Maastricht 2005, S. 133-145.

In diesem Sinne spricht Cusanus gern von *christiformitas* (Christusähnlichkeit) an Stelle von *deiformitas*.

Eine wichtige Einschränkung sollte in Bezug auf den Vorgang der *deificatio* noch hinzugefügt werden: Gemeint ist kein mystisches Erlebnis, in dem der Mensch durch die Konzentration auf sein Selbst in einen unserem Bewusstsein entzogenen Bereich entrissen wird, in dem völlige Identität mit Gott herrscht. Für Cusanus handelt es sich um einen intellektuellen Vorgang, um eine an Begrifflichkeit gebundene *visio intellectualis*, die als solche von einer *visio mystica* zu unterscheiden ist.[14] Damit wird bereits deutlich, dass der Mensch im Vorgang der Gottwerdung oder -anähnlichung auf seine körperliche Existenz angewiesen bleibt und sich ihr zu stellen hat – für unsere Frage nach der Rolle der Emotionen kein unwichtiges Detail.

Darüber hinaus handelt es sich – und dies stellt gerade Cusanus mit seiner Betonung des Menschen als eines lebendigen Bildes Gottes (*viva imago Dei*) sehr stark heraus – bei der Gottwerdung um einen freiwilligen und dynamischen Prozess, d. h. um eine sich ständig verbessernde Annäherung, deren Ende offen ist, nicht um das Erreichen eines statischen Zustandes. In *Predigt* CLXVIII fasst Cusanus sein eigenes neuplatonisches Programm in wenigen Sätzen prägnant zusammen:

> Gott aber erschuf eine Natur, die in größerem Maß an seiner Gutheit Anteil hat, nämlich die intellektuelle Natur, die darin, daß sie freien Willen hat, dem Schöpfer ähnlicher ist und gleichsam ein anderer Gott ist. In dieser Natur wollte Gott in größerem Maß die Reichtümer seiner Herrlichkeit zeigen. [...] Diese intellektuelle Natur ist aufnahmefähig für Gott, weil sie in unendlicher Möglichkeit steht; sie kann nämlich immer noch mehr einsehen. [...] Weil sie eine freie Potenz ist, kann sie besser werden. Keine andere Natur kann aus sich selbst besser werden [...]. Nur die intellektuelle Natur hat in sich Prinzipien, durch die sie besser werden kann und damit Gott ähnlicher und aufnahmefähiger für ihn.[15]

---

14 Vgl. Klaus Kremer, Der Begriff der *visio intellectualis* in den cusanischen Schriften, in: Ders. / Klaus Reinhardt (Hg.), *Die Sermones des Nikolaus von Kues. Merkmale und ihre Stellung innerhalb der mittelalterlichen Predigtkultur* (= MFCG 30), Trier 2005, S. 201-231.

15 Sermo CLXVIII, h XVIII, n. 8: „*Creavit autem Deus naturam magis suae bonitatis participem, scilicet intellectualem, quae in hoc, quod habet liberum arbitrium, est creatori similior et est quasi alius deus. In ista natura Deus voluit magis ostendere divitias gloriae suae. [...] Ista*

Halten wir fest: Hintergrund der Betonung des Intellekts für den Menschen ist die Vorstellung, dass es sich dabei um das für menschliches Dasein konstitutive Vermögen handelt, das der Mensch quasi mit Gott teilt und das es ihm erlaubt, zu seiner höchsten Vollendung, nämlich der Gottwerdung zu gelangen. Der Weg zu dieser Vollendung ist zum einen ein intellektueller und diesseitiger, zum anderen ein dynamisch gedachter, der immer wieder der frei gewollten Anstrengung bedarf, um in Gang gesetzt zu werden.

3. Emotionen als Begleitphänomene sinnlicher Wahrnehmung

Liest man die zu Beginn meiner Ausführungen zitierten Zeilen aus *De docta ignorantia,* legt sich angesichts der Formulierungen (etwa dass der Körper nur taugliches und dienendes Instrument für den Intellekt sein solle) die Vermutung nahe, dass Affekte, Emotionen und Leidenschaften in einem neuplatonischen Denkgerüst wie dem des Nicolaus Cusanus einfach keinen Platz – geschweige denn einen positiv besetzten – haben können. Dies wird zweifellos von einer ganzen Reihe ähnlicher Aussagen bestätigt.

Selbst die eben zitierte Predigt kommt schonungslos auf das Grundproblem zu sprechen, das der Anähnlichung des menschlichen Intellekts an Gott im Wege steht: Die Tatsache nämlich, dass die menschliche intellektuelle Natur an die Sinnenhaftigkeit gebunden ist (*iunctus sensualitati*), die dafür verantwortlich ist, dass der Mensch die aus seiner intellektbedingten Würde folgenden Aufgaben immer wieder vernachlässigt.[16] Dem entspricht die Einteilung in zwei Welten – eine ewige intellektuelle und eine sinnlich-animalische –, auf die der Neuplatonismus an vielen Stellen rekurriert und infolge derer die Frage nach Leibfeindlichkeit, Weltverachtung und

natura intellectualis capax est Dei, quia est in potentia infinita. Potest enim semper plus et plus intelligere. [...] Et quia est libera potentia, potest fieri melior. Nulla natura alia potest fieri melior ex se [...]. Sola intellectualis natura habet in se principia, per quae potest fieri melior, et ita Deo similior et capacior.“ (Nikolaus von Kues, *Predigten in deutscher Übersetzung,* Bd. 3, übers. und hg. von Walter Andreas Euler, Klaus Reinhardt und Harald Schwaetzer, Münster 2007, S. 264). Vgl. auch die Ausführungen in Epistula ad Nicolaum Bononiensem (wie Anm. 5), n. 3-9, S. 26-31.

16 Vgl. Sermo CLXVIII, n. 10.

Weltflucht in der neuplatonischen Forschung einen breiten Raum einnimmt.[17] Zweifellos kann die Wendung auf das Innere des Menschen, von Augustinus in den berühmten Worten „Geh nicht nach außen, zu dir selbst kehre zurück; im inneren Menschen wohnt die Wahrheit“ (*noli foras ire, in te ipsum redi; in interiore homine habitat veritas*)[18] angemahnt, nicht anders verstanden werden als eine Reinigung von allen irritierenden Momenten, die das Viele, Sinnenverhaftete, eben außen Liegende repräsentieren, das die Konzentration auf das innere Eine unmöglich macht. Wie die Lehre von der Gottebenbildlichkeit des Menschen gehört auch dieses antik-(neu) platonische von der Sinnenhaftigkeit her gedachte Leibverständnis zu den Theorieelementen, die im christlichen Kontext ohne größere Widersprüche eingegliedert zu werden vermochten. Hier wie dort geht es keinesfalls um eine Verteufelung des Leiblichen als solchem, aber in dem bisher vorgestellten intellektualistischen Modell ist es absolut kohärent, die Quelle für die fraglos vorhandene Verführbarkeit und Verwerflichkeit des Menschen in seiner sinnlichen, nicht in seiner intellektuellen, ihn mit Gott verbindenden Natur zu sehen.

In diesem Sinne spricht auch Cusanus von den zwei sich gegenüber stehenden Reichen des Intellektuellen und des Sinnlich-Irdischen. Plastisch beschreibt er in einer Predigt zum Namenstag des Heiligen Michael anhand von dessen Kampf mit dem Drachen den Streit, den der Mensch zwischen Vernunft und Sinnlichkeit in sich erfährt.[19] Gerade die Predigten thematisieren diesen Befund ausführlich, freilich ohne dass der Kontext der Gottwerdung jedes Mal explizit mitbenannt würde. Die Stoßrichtung ist jedoch klar: Um gott- und weisheitsfähig zu sein, muss der menschliche Geist – Cusanus verwendet für „*intellectus*“ auch oft die Synonyme „*mens*“ oder „*spiritus*“ – „von aller fremden [d. h. nicht zu seinem Inneren gehörenden] Begehrlichkeit ganz und gar frei und gereinigt sein“

---

17 Vgl. hierzu Werner Beierwaltes, Das Eine als Norm des Lebens. Zum metaphysischen Grund neuplatonischer Lebensform, in: Theo Kobusch / Michael Erler (Hg.), *Metaphysik und Religion. Zur Signatur des spätantiken Denkens,* Leipzig 2002, S. 121-151.

18 Augustinus, *De vera religione* XXXIX, 72.

19 Vgl. Sermo CCXLVI, h XIX, n. 9,8-11: „*Et haec est concertatio in nobis, quia experimur rationem et sensum quasi adversariis principibus subesse et bella indesinenter gerere.*“

(*ab omni concupiscentia aliena penitus liber et purgatus*).[20] Cusanus verdeutlicht dies mit dem klassischen Beispiel der Koinzidenz von reich und arm: Um reich zu sein, muss der Intellekt arm werden, d. h. sich von allen irdischen und fleischlichen Affiziertheiten frei machen.[21] Ziel ist eine nicht nur äußere, sondern „innere Ruhe von den Leidenschaften“ (*interior quies a passionibus*).[22] Denn die in Leidenschaft Verfangenen (*passionati*) sind nicht in der Lage, recht zu urteilen, „wie ja auch der Geschmack“ – so das cusanische Beispiel, das von gleichsam feinschmeckerischen Qualitäten spricht – „wenn er durch salziges Wasser verdorben ist, Süßes verkehrt beurteilt, nämlich für bitter hält“.[23] Von einem gewissen Humor zeugt dagegen das Beispiel des Liebenden, der die Geliebte „*non secundum verum iudicium intellectus, sed secundum affectum*“ betrachtet; für ihn gilt das lateinische Sprichwort: „*Si quis amat ranam, ranam putat esse Dianam*“, was sehr viel anschaulicher als unser heutiges „Liebe macht blind“ den gemeinten Sachverhalt verdeutlicht: Wenn jemand einen Frosch liebt, ist er davon überzeugt, dass es sich dabei um Diana handelt (die als Göttin der Liebe bekanntlich mit größter Schönheit gesegnet war)![24]

An anderer Stelle spricht Cusanus vom Frieden und gibt vielleicht den deutlichsten Hinweis darauf, wie er den Umgang mit Emotionen – ganz in neuplatonischer Manier – gesehen hat: Um den inneren Frieden zu erreichen, „muss man das Sinnenhafte wie ein [d. h. als] Nichts haben, und wenn man es [trotzdem] hat, muss man sich ihm gegenüber ohne Gefühl verhalten, damit man es hat und nicht von ihm gehabt wird“ (*oportet quod sensibilia pro nihilo habeat, et si habeat, sine affectione sit ad illa, ut habeat et non habeatur*).[25] Was in

20 Sermo CLXXXVII, h XVIII, n. 14,17-18.

21 Vgl. Sermo CXXXV, h XVIII, n. 9. Zu diesem Beispiel vgl. etwa auch Meister Eckhart, Sermo XXXVIII n. 384 (LW IV 329, S. 14-16): „*Nota quod pauper hoc modo, eo quod nihil habet, omnia habet, longe plus quam habentes quaevis temporalia, secundum illud: ‚nihil habentes et omnia possidentes‘.*“

22 Sermo VIII, h XVI, n. 9,19.

23 *De coniecturis* II, cap. 16, h III, n. 170,14-18.

24 Sermo CCXLI, h XIX, n. 12,10-21.

25 Sermo CCLXXXIII, h XIX, n. 3,11-13.

meiner Übersetzung holprig klingt, ist der Versuch, das cusanische Wortspiel mit den Begriffen „*habere*“ und „*haberi*“ – „haben“ und „gehabt werden“ – wiederzugeben.[26] Cusanus kritisiert hier nicht die Tatsache, dass es dem Menschen, mit sinnenhaften Dingen konfrontiert, kaum immer gelingt, diese als Nichts zu betrachten. Gefordert wird jedoch der richtige Umgang mit Affekten und Emotionen, die sich angesichts des Sinnenhaften einstellen, denn diese können dazu führen, dass der Mensch durch das Sinnenhafte beherrscht wird und von ihm sozusagen völlig besessen ist.

Eine ausgearbeitete Affektenlehre sucht man bei Cusanus freilich vergebens. Zu stark werden die Emotionen in der sinnlichen Natur des Menschen verortet, als dass sie eine eigene detaillierte Analyse wert wären. Dieses Offenlassen hat jedoch auch sein Gutes und ist von Cusanus vielleicht bewusst gewählt worden. Denn im Grunde diffamiert Cusanus damit nicht den Affekt als solchen, sondern betrachtet ihn als neutrales Begleitphänomen des Sinnenhaften. Für einen derartigen Befund spricht die genaue Analyse der für Emotionen stehenden Begriffe „*passio*“ oder „*affectio*“. Diese werden nämlich meist erst durch das dazugehörige Adjektiv – beispielsweise „*carnalis*“, „*terrena*“, „*corrupta*“ oder „*inordinata*“, aber auch „*amorosa*“, „*spiritualis*“, „*mentalis*“, „*tranquilla*“, „*pura*“ oder „*bona*“ – qualifiziert. Ihr ontologischer Status ist schöpfungstheologisch begründet: Gott hat den Menschen nicht nur mit Intellekt, sondern auch mit dem begehrenden und muthaften Seelenteil (*vis concupiscibilis et irascibilis*), dem klassischen Ort der Leidenschaften und Gefühle, ausgestattet.[27] Dies gilt im Übrigen auch für den Gottmenschen Jesus Christus, der angesichts des ihm bevorstehenden grausamen Todes am Kreuz in lähmende Todesfurcht (*agonia*) verfällt und Gott bittet, diesen Kelch an ihm vorübergehen zu lassen – „gemäß der Menschlichkeit seines Fleisches“ (*secundum humanitatem suae carnis*), so Cusanus, ein durchaus natürlicher Vorgang. Vorbildlich ist dann freilich die Art und Weise, wie Jesus diese extreme Emotion bewältigt.[28]

26 Vgl. auch Epistula ad Nicolaum Bononiensem (wie Anm. 5), n. 64, S. 54f.: „*omnia habet [sc. religiosus] quae desiderantur, sed ab illis non habetur neque possidetur*“.

27 Vgl. Sermo III, h XVI, n. 4,20-24.

28 Vgl. Sermo CCXCIII, h XIX, n. 19. Vgl. auch Epistula ad Nicolaum

Als rationales Wesen ist der Mensch also nicht nur in der Lage, sondern sogar dazu aufgefordert, seine eigenen Gefühle zu reflektieren und sich so zu ihnen zu verhalten, dass er ihnen nicht machtlos ausgeliefert ist; sie sind in die rechte Bahn – d. h. gemäß der antiken Tradition: zum rechten Maß – zu lenken. Es geht also keineswegs darum, Affektivität zu unterdrücken, sondern auf vernünftige Art und Weise mit ihr umzugehen. Die Vernunft wird so zu der Instanz, die „als Lenkerin der Leidenschaften des Begehrens" (*ratio [...] rectrix passionum desiderii*) diese mäßigt (*moderare*) und zum rechten Maß führt (*ad aequum reducere*).[29]

Aus moderner Sicht, nicht zuletzt unterstützt durch psychologische und neurologische Befunde, ist diese optimistisch-intellektualistische Sicht des Neuplatonismus sicher in Frage zu stellen. Denn es wird deutlich, dass der Mensch, wenn er denn nur will – und an dieser Stelle sei in der Tat noch einmal auf die Unverzichtbarkeit des freien Willens hingewiesen, ohne den der Prozess der Gottwerdung nicht beschritten werden kann –, seine Affekte unter vernunftgesteuerter Kontrolle halten kann. Als bloße Begleitphänomene sinnlicher Wahrnehmung fallen Emotionen unter die animalisch-körperliche Seite des Menschen und sind demnach wie diese auch grundsätzlich beherrschbar. Emotionale Erregung im Sinne eines durch Gefühle Beherrschtseins ist lediglich auf einen Mangel an Intellektualität zurückzuführen, der mit dem richtigen Willen immer zu beheben ist.

Und doch wäre es vorschnell, wollte man dem Neuplatonismus die leibfeindliche Missachtung der Emotionen vorwerfen. Im Gegenteil – bei näherem Hinsehen zeigt sich, dass der als intellektuelle Vervollkommnung gedachte Prozess der Gottwerdung ohne die Begleitung von positiven Emotionen gar nicht auskommt.

4. Affekt und Intellekt

Diese These des Angewiesenseins intellektueller Vervollkommnung auf Emotionen hat mit der grundsätzlichen Einstellung zu tun, die der Neuplatonismus mit dem Körperlich-Sinnlichen, d. h. mit der Leibverfasstheit des Menschen, zu dem auch seine Affektivität

---

Bononiensem (wie Anm. 5), n. 66-69, S. 54-57.

29 *De docta ignorantia* III, cap. 6, h I, S. 136,16-19 (n. 216).

gehört, verbindet. Wie bereits gesagt, ist einerseits offensichtlich, dass das Verwerfliche und Schlechte des Menschen nur von dieser Seite, nicht hingegen von der intellektuellen herrühren kann. Andererseits kann es für den Menschen nicht darum gehen, nach einer totalen Körperverachtung oder gar Weltflucht, für die der Selbstmord die einzige sinnvolle Option darstellt, zu streben. Denn dies würde die wichtige Rolle verkennen, die die Sinneserfahrung für die menschliche Erkenntnis spielt. „*Nihil est in intellectu, quod non prius fuit in sensu*“ – „Im Verstand findet sich nichts, das nicht vorher im Sinn bzw. in der Sinneswahrnehmung war“, so lautet ein im Mittelalter viel zitierter Grundsatz[30], der verdeutlichen möchte, wie sehr rationale Erkenntnis der sinnlichen Anregung bedarf, um in Gang gesetzt zu werden. Ein typisch (neu)platonisches Motiv ist die sinnlich wahrnehmbare Schönheit, die zur Erkenntnis der geistigen und höchsten Schönheit zu führen vermag. Ein Lieblingsbeispiel des Cusanus dafür ist die Rose[31], die mit sinnenfälligem Duft und Schönheit Geruchssinn und Auge anspricht und die höhere, geistige Dimension der absoluten Schönheit erahnen und schließlich durch die Rückführung des Abbildes auf sein Urbild erkennen lässt. Bei der sinnlich vermittelten Wahrnehmung der Rose haben wir es offensichtlich mit einer positiven Affiziertheit des Menschen zu tun, die zwar zweifellos im Dienste der intellektuellen Erkenntnis steht, aber doch deren Ausgangsbasis darstellt. Denn auch die Sinneswahrnehmung hat im Plan Gottes ihre eigene Dignität, insofern auch sie dazu führt, die Herrlichkeit Gottes und seiner Schöpfung zu bezeugen:

> Was will der Schöpfer, wenn er aus einem Dornbusch [...] eine so schöne und duftende sinnenfällige Rose hervorbringt? Was anderes kann geantwortet werden, als daß jene bewunderungswürdige Vernunft in diesem ihrem Wort sich kundzutun beabsichtigt, wie groß ihre Weisheit und ihr Verstand ist [...], wenn sie so leicht eine solche

30 Zum cusanischen Verständnis dieses Grundsatzes vgl. Klaus Kremer, Das kognitive und affektive Apriori bei der Erfassung des Sittlichen, in: Ders. / Klaus Reinhardt (Hg.), *Sein und Sollen. Die Ethik des Nikolaus von Kues* (= MFCG 26), Trier 2000, S. 101-138, hier S. 112-115.

31 Vgl. zur Schönheit allgemein Sermo CCXLIII, h XIX: „*Tota pulchra es, amica mea, et macula non est in te.*“ Die Rose wird kurz genannt in n. 18,20f., ausführlicher behandelt hingegen in Sermo CCLXXV, h XIX, n. 18-24; vgl. auch *De beryllo*, h ^{2}XI/1, n. 68.

> Schönheit, so prächtig im Ebenmaß, vermittelst eines sinnenfälligen kleinen Dinges in den erkenntnisfähigen Sinn legt mit der Bewegung der Freude und der süßesten Harmonie, welche die gesamte menschliche Natur aufheitert? [...] Der Mensch weiß aufgrund der Natur seiner Sinneserkenntnis, daß das Sinnenfällige um der Sinneserkenntnis willen ist, und mißt so das Sinnenfällige, um in sinnenfälliger Weise die Herrlichkeit der göttlichen Vernunft erfassen zu können.[32]

Der grundsätzlichen, nicht zuletzt schöpfungstheologisch verankerten Leibverfasstheit des Menschen trägt Cusanus Rechnung, indem er dem Begriff des Intellekts einen Begriff an die Seite stellt, von dem bisher in dieser Kombination noch keine Rede war: den des Affekts (*affectus*). Klaus Kremer hat den Affekt „fast ein[en] Zwillingsbruder des Intellekts" genannt, an dem sich „Cusanus als der überlegene Ganzheitsdenker [erweist], der die einzelnen Kräfte des Menschen glänzend zu diagnostizieren und zu analysieren versteht, aber niemals ihre Einheit aufsprengt und so jede Vereinseitigung meidet".[33] In der Tat nennt Cusanus *intellectus* und *affectus* sehr oft in einem Atemzug. Die wohl schönste Belegstelle findet sich in Predigt CLXXII, wo es heißt: „[D]er Geist erkennt nicht ohne Verlangen, und ohne Erkenntnis verlangt er nicht. Der Geist ist also das Prinzip von Intellekt und Affekt. Der Geist ist eine einfache, überaus edle Kraft, in der Erkennen und Lieben in eins fallen."[34] Es handelt sich also um zwei menschliche Fähigkeiten, die, sich gegenseitig ergänzend, eine Einheit bilden. Freilich wäre es vorschnell, den gemeinten Affekt unspezifisch mit Emotionalität gleichzusetzen. Man wird vielmehr annehmen müssen – ohne dass ich diesen Beweis im Detail hier leisten kann –, dass es sich dabei um eine bereits gereinigte, d. h. geordnete und in die rechte Bahn gebrachte Emotion handelt. Anders wäre kaum erklärlich, dass Gott nicht nur durch den

---

32 *De beryllo,* n. 68,4-12, sowie n. 69,4-6 (Nikolaus von Kues, *Über den Beryll,* übers. und hg. von Karl Bormann, Hamburg ^{4}2002, S. 85-87).

33 Kremer, Das kognitive und affektive Apriori (wie Anm. 30), S. 137.

34 Sermo CLXXII, h XVIII, n. 3, 21-25: „*Nam mens sine desiderio non intelligit et sine intellectu non desiderat. Mens igitur est principium intellectus et affectus. Mens est vis simplex nobilissima, in qua coincidunt intelligere et diligere.*" (Nikolaus von Kues, Predigten in deutscher Übersetzung (wie Anm. 15), S. 298-299). Für weitere Stellen vgl. Kremer, Das kognitive und affektive Apriori (wie Anm. 30), S. 133-136.

Intellekt, sondern auch durch den Affekt begriffen werden kann[35], womit bereits durch die Zielausrichtung die Qualität des Affektes gewährleistet ist. Hinter dieser Fragestellung – ob Gott intellektuell oder affektiv begriffen werden muss – versteckt sich freilich eine alte Kontroverse, die Cusanus eindeutig zugunsten des Intellekts entschieden hat.[36] Vor diesem Hintergrund muss man sich kritisch fragen, ob der *affectus* hier nicht wieder so intellektualisiert gedacht ist, dass er mit Emotionalität im eigentlichen Sinne nur noch wenig zu tun hat.

Nichtsdestotrotz: Der Affekt als ergänzende Kraft des Intellekts wird als eigenes menschliches Vermögen zur Sprache und zu eigenem Ansehen gebracht. Allerdings ist damit nicht gemeint, dass er für das Wirken des Intellekts unverzichtbar sei. Cusanus scheint eher der Meinung gewesen zu sein, dass sich der rechte Affekt gewissermaßen automatisch zur intellektuellen Tätigkeit gesellt. Wie haben wir das zu verstehen?

Cusanus ist bewegt von der Absicht, alle Vorteile der Suche nach der intellektuellen Vervollkommnung offenzulegen – ein Unterfangen, das offensichtlich schwerlich ohne emotionale Kategorien beschrieben zu werden vermag. Um seinen Leserinnen und Lesern die Gottwerdung im wahrsten Sinne des Wortes schmackhaft zu machen, bedient er sich ausgiebig sinnenhafter Beispiele aus dem gustativen Bereich. Eine besondere Rolle, die sich sowohl neuplato-

---

35 Vgl. Sermo XXXVII, h XVII, n. 16, 7-9: „*Solum rationalis seu intellectualis natura est sanctificabilis, quia solum capax est dei per intellectum et affectum.*" Vgl. auch *Idiota de sapientia* I, h ^{2}V, n. 12,1-10. Zu letzterer Stelle sei angemerkt: Wenn dort davon die Rede ist, dass die Süße Gottes „unschmeckbar geschmeckt wird durch das Gefühl" (*ingustabiliter gustatur per affectum*), ist dies nicht als Relativierung des Gefühlten im Sinne seiner Intellektualisierung zu verstehen, sondern entspricht dem Vorgehen auf der intellektuellen Seite. Der Intellekt begreift nämlich auf unbegreifliche Weise (*suavitas [...] incomprehensibiliter comprehenditur per intellectum*) – einen Gedanken, den Cusanus mit dem Begriff der belehrten Nichtwissenheit bzw. Unwissenheit (*docta ignorantia*) erstmals entfaltet.

36 Vgl. dazu (mit ausführlichem Literaturverzeichnis) Ulrike Treusch, Nicolaus Cusanus und Aspekte monastischer Theologie, in: Harald Schwaetzer (Hg.), *Nicolaus Cusanus. Perspektiven seiner Geistphilosophie,* Regensburg 2003, S. 131-148.

nischem als auch biblischem Traditionsgut verdankt[37], ist die Süße, *suavitas*, der Weisheit Gottes oder Christi, die es zu schmecken und zu verkosten gilt. Denn die Weisheit, *sapientia*, ist eine schmeckende, köstliche Wissenschaft, *sapida scientia* – so die traditionelle Etymologie.[38] Dem intellektuellen Wissen wird hier also ein affektives Schmecken an die Seite gestellt.

Auch aus diesem Befund sollte jedoch nicht vorschnell die Folgerung gezogen werden, hier fände sich doch das Emotionale, das wir bisher so lange vergeblich gesucht haben. Vielmehr haben wir hier zwei Nuancen der Interpretation zu unterscheiden. Die stärkere besagt, dass der Affekt von Cusanus aus einem anderen Interesse heraus ins Spiel gebracht wird, nämlich um die Frage zu beantworten, warum der menschliche Intellekt überhaupt nach Weisheit und Vervollkommnung strebt. Cusanus vertritt die These, dass sich in jedem Menschen ein angeborener Vorgeschmack der Weisheit findet, der ihn dazu motiviert, sich ihr intensiver zu widmen. Mit anderen Worten: Die Weisheit ist köstlich, weil sie den menschlichen Intellekt anzieht. Der Intellekt, der den Ruf der Weisheit verspürt hat, ist sozusagen auf den Geschmack gekommen, und wird nun alles daransetzen, mehr davon zu erhalten. Der Affekt dient an dieser Stelle also dem, was man an anderer Stelle als das Streben bezeichnet hat: ein Moment, das als solches weder der Vernunft entspringt noch ihr unterliegt, sondern die Kraft repräsentiert, die dem Erkennen in motivierender Funktion komplementär zugeordnet ist.

Die schwächere, aber durchaus berechtigte Lesart des Affektes betrifft nun das emotionale Moment. Die Anähnlichung an Gott, die vollkommenste Aufgabe des Intellektwesens Mensch, schmeckt und erfreut denjenigen, der sich ihr widmet. Wie anders sollte auch ein Zustand höchsten Glücks beschrieben werden, wenn nicht als Freude? Es wäre geradezu nicht menschlich, auf diese sinnliche emotionale Begleiterscheinung verzichten zu wollen. Denn der Mensch ist zwar

37 Vgl. dazu Hans Gerhard Senger, Griechisches und biblisch-patristisches Erbe im cusanischen Weisheitsbegriff, in: Rudolf Haubst / Klaus Kremer (Hg.), *Weisheit und Wissenschaft. Cusanus im Blick auf die Gegenwart* (= MFCG 20), Trier 1992, S. 147-176, hier S. 151.

38 Diese Etymologie von „*sapientia*" wird von Cusanus häufiger zitiert; zu den Quellen vgl. *De venatione sapientiae,* h XII, adnotatio 3 ad n. 1,19, S. 149f.

in erster Linie sein Intellekt, aber doch nicht ohne seinen emotional reagierenden Leib denkbar. Die ganzheitliche Beschreibung des spezifisch menschlichen Empfindens eines vollkommenen intellektuellen Zustands kann offensichtlich nicht darauf verzichten, auf emotionale Kategorien zurückzugreifen. Das Gefühl der Freude bleibt jedoch selbstverständlich als Begleiterscheinung ganz auf das Intellektuelle ausgerichtet.[39] Cusanus spricht in diesem Zusammenhang vom *gaudium intellectuale* und vom *gaudium filiationis*, von den *deliciae intellectuales*, von der *suavitas* bzw. *dulcedo intellectualis* und davon, dass der Intellekt in erfreuender Art und Weise tätig ist.[40]

Aber ist es nicht widersprüchlich, die Emotionen einerseits in den zu beherrschenden animalischen Teil des Menschen einzuordnen, andererseits jedoch als selbstverständliche Begleiterscheinung der intellektuellen Tätigkeit zu beschreiben? Nein, denn Emotionalität ist auch für den Neuplatonismus ein anthropologisches Grundfaktum. Der springende Punkt liegt im richtigen Umgang mit der Macht, die Emotionen – dessen war sich der Neuplatonismus bewusst – ausüben können. Es liegt an jedem Einzelnen, diesen Einflüssen zu widerstehen und den Blick auf das Eigentliche, d. h. auf das wahre Selbst, den gottfähigen Intellekt, nicht zu verlieren.[41]

---

39 Vgl. Klaus Kremer, Weisheit als Voraussetzung und Erfüllung der Sehnsucht des menschlichen Geistes, in: Haubst / Kremer (Hg.), Weisheit und Wissenschaft (wie Anm. 37), S. 105-141, hier S. 128: „Es ist jeweils der *ganze* Mensch, der vom Sog der anziehenden ewigen Weisheit erfaßt wird, wenn dieses Anziehen sich auch sozusagen über die Leitstelle des Intellektes vollzieht."

40 *De coniecturis* II, cap. 6, h III, n. 105,9-15; *De filiatione,* cap. 3, h IV, n. 64; Sermo CCLVII, h XIX, n. 9: „*gaudium intellectuale*". *De filiatione,* cap. 2, h IV, n. 55,1f.; Sermo CCLXXXIII, h XIX, n. 29: „*gaudium filiationis*". Sermo CCLXXVIII, h XIX, n. 11: „*deliciae intellectuales*". *Idiota de sapientia* I, h ²V, n. 26: „*suavitas intellectualis*". *De coniecturis* I, cap. 6, h III, n. 26: „*dulcedo intellectualis*". Sermo CLXXVI, h XVIII, n. 3,11-13; Sermo CCLXXXIII, h XIX, n. 2: „*intellectus deliciatur*". *De venatione sapientiae,* cap. 12, h XII, n. 33,5-8; ebd., cap. 16, n. 46,3-5: „*intellectus gaudet*". Sermo CLIV, h XVIII, n. 21,1-8 u. ö.: „*intellectus se communicat cum gaudio*".

41 Zu dieser cusanischen Grundthematik vgl. Isabelle Mandrella, *Viva imago. Die praktische Philosophie des Nicolaus Cusanus* (= Buchreihe der Cusanus-Gesellschaft 19), Münster 2012.

Homo solus intellectus? – Ist der Mensch also allein sein Intellekt? Eigentlich schon, aber freuen darf und sollte man sich trotzdem darüber.

III.

Hans Hecker

Emotionen und Politik – Gefühlsmenschen auf dem Thron

> Nichts möchte der politisch interessierte Zeitgenosse lieber wissen, als was in den Köpfen derer, die die Macht haben und ihn regieren, eigentlich vorgeht. Er hat den nicht unberechtigten Verdacht, dass sich dies nicht unbedingt mit dem deckt, was sie ihm mitteilen.[1]

Was allgemein als ‚Emotion' bezeichnet wird, die Äußerung eines gesteigerten, erregten Gefühls, gehört von der Entstehung her in die Privatsphäre, ja in den intimen Lebensbereich des Menschen. Es scheint paradox zu sein, dass die Intimität einer Gefühlsregung unauflöslich mit ihrer Äußerung verbunden ist, d. h. mit der Möglichkeit, sie nach außen dringen und für andere erkennbar werden zu lassen. Es gehört zum psychologischen Allgemeinwissen[2], dass es ‚ungesund' ist, Gefühle zu unterdrücken und sie nicht dadurch zu ‚verarbeiten', dass man sie nach außen hin in Erscheinung treten lässt und mit entsprechender Einwirkung auf die Mitmenschen abreagiert. Ziel ist es dabei, die Anderen an den Wallungen des eigenen Gefühlslebens teilhaben zu lassen, sie dadurch zu Mitfühlenden zu machen und sich so Bestätigung, Unterstützung oder zumindest einen Beitrag zur eigenen Stabilisierung zu verschaffen. Zugleich reagieren diese Mitmenschen mit Abwehr bis hin zu massiver Zurückweisung oder Gegenaktion, wenn sie sich über Gebühr als Opfer solchen Abreagierens fühlen. Das beginnt schon bei der nicht abzustellenden ‚Heulsuse' und reicht bis zur Gewalttat des Jähzornigen. Wer jedoch seine Gefühle verschlossen hält, sich emotional beherrscht, gilt schnell als kühl, trocken, undurchschaubar, schließlich sogar als unmenschlich, was zu Aggressionen seitens der anderen führen kann. Es ist also nicht immer ganz einfach, den richtigen

---

1 Günther Stökl, *Testament und Siegel Ivans IV.*, Opladen 1972 (Abhandlungen der Rheinisch-Westfälischen Akademie der Wissenschaften, Bd. 48), S. 9.

2 Aus der Fülle der Literatur zur Emotionspsychologie sei hier lediglich verwiesen auf Dieter Ulich / Philipp Mayring, *Psychologie der Emotionen,* Stuttgart ²2003.

Weg zu finden. Dafür gibt es auch keine objektiven Maßstäbe, sondern das Ganze ist eine Frage der individuellen Persönlichkeitsentwicklung.

Noch schwieriger ist dieses Problem, wenn es sich um Persönlichkeiten des öffentlichen Lebens handelt, insbesondere um Politiker. Auf jeden Fall wird von Politikern erwartet, dass sie sich durch Gelassenheit und Beherrschtheit als rational und zielgerichtet handelnde Führungspersönlichkeiten die für ihr Amt erforderliche Autorität erwerben. Zugleich sollen die Politiker als Menschen wie du und ich erkennbar sein, d. h. sie sollen durch ein gewisses Maß an geäußerter Emotion ein menschliches Antlitz zeigen und so Zutrauen und die für ihre Arbeit notwendige Zustimmung erwerben. Es gibt Stimmen, die behaupten, eine politische Karriere könne sowohl an der Verweigerung als auch an einem Zuviel öffentlich geäußerter Emotionen scheitern.[3] Hier ist der richtige Weg noch viel schwerer zu finden, zumal sich das Publikum der Politiker, ganz gleich, was sie tun, stets fragt: Ist das nun echt? Oder tut er bzw. sie nur so? Haben wir den ‚Staatsschauspieler' vor uns? Was im Scheinwerferlicht der politischen Öffentlichkeit ist wirklich authentisch?

Viele haben noch in Erinnerung, wie der russische Staatspräsident Jelzin mehrfach in aller Öffentlichkeit seinen Emotionen freien Lauf ließ: bei seiner Rede auf den Barrikaden gegen den Putsch vom August 1991; dann, als er in demütigender Weise den noch amtierenden sowjetischen Staatspräsidenten Gorbatschow zwang, eine von ihm, Jelzin, verfasste Erklärung vor dem Parlament zu verlesen; oder als er beim Abzug seiner Truppen aus Deutschland den Taktstock ergriff und voll Überschwang die Militärkapelle dirigierte. Ein gutes Stück weiter zurück liegt die Szene ‚Chruschtschow vor der UNO-Vollversammlung', als der damalige sowjetische Partei- und Staatsführer dort eine emotionsgeladene Rede hielt und schließlich voller Wut einen seiner Schuhe auszog und damit auf das Rednerpult einprügelte. Die Welt erstarrte, man war über diesen Führer der Sowjetunion mehr als irritiert, man hielt ihn für unberechenbar, hitzköpfig, aggressiv – und man fragte sich, wozu er wohl fähig sein würde.

---

3 Exemplarisch genannt sei hier der Aufsatz von Markus Decker, Im Scheinwerferlicht ist nichts authentisch. Über die Emotion in der Politik, in: *Kölner Stadt-Anzeiger* v. 25./26. April 2009, S. 30.

Man könnte vielleicht schon annehmen, russische Politiker seien emotionaler als andere. Aber Vorsicht! Erstens finden wir auch anderswo genügend Politiker, die Emotionen zeigen und mit ihnen spielen, man denke nur an den amerikanischen Wahlkampf des Jahres 2008, in dem Barack Obama mit einer Emotionalisierungskampagne sondergleichen, die weit über die Grenzen der USA hinaus wirkte, den Sieg errang. Zweitens sollte man sich gerade bei Politikern nicht den klaren Blick durch deren Tränen oder Schweiß vernebeln lassen, sondern immer nach dem ersten Eindruck fragen: Was tut er, was tut sie *danach*? Was folgt auf die öffentlich zu beobachtende emotionale Bewegung? Von den Gefühlsregungen ‚im stillen Kämmerlein' soll hier nicht die Rede sein, das ist ein anderes Kapitel. Gewiss, auch Politiker sind Menschen und haben menschliche Regungen, aber sie sind eben Politiker, und das heißt, schon von der Bedeutung des Wortes her, dass sie *öffentliche* Dinge tun, *für* die Öffentlichkeit und *in* der Öffentlichkeit wirken. Sie müssen schon deswegen in der Öffentlichkeit agieren, damit sie – so hoffen es die Politiker wenigstens – dort zur Kenntnis genommen werden und die gewünschte Wirkung erzielen. Wir können die Vermutung, öffentlich gezeigte Emotionen der Politiker seien auf die Öffentlichkeit hin berechnet, niemals von vornherein ausschließen. Daher ist es unbedingt erforderlich zu fragen: Was führt der Politiker, der sich dort emotional äußert, im Schilde? Welche Ziele und Absichten verfolgt er? Was will er signalisieren? Welche Stimmung will er erzeugen? Wozu soll diese Stimmung dienen? Es ist also letztlich die Frage nach dem Kalkül, das man bei öffentlich gezeigten Emotionen von Politikern vermuten kann und sollte, nach ihren Motiven und Zielsetzungen. Chruschtschow wollte nichts anderes als die Gegner im Westen einschüchtern und den Rest der Welt beeindrucken. Jelzins Aktionen zielten darauf ab, die Moskauer Bevölkerung gegen die Putschisten zu mobilisieren, Gorbatschow sowie die Sowjetunion endgültig zu demontieren und schließlich der deutschen Öffentlichkeit das neue, freundschaftlich-fröhliche Russland durch unbekümmerte Ausgelassenheit zu demonstrieren. Obama wollte die Präsidentschaftswahlen gewinnen und sich sowohl von seinem Vorgänger als auch von den Konkurrenten erkennbar unterscheiden.

Bis hierhin erschien der Begriff „Emotion" undifferenziert im Sinne von „Gefühlsäußerung", „Gefühlsausbruch", „Stimmung", „Affekt", „Affekthandlung". Sieht man in Georges' *Handwörterbuch* unter „*emotio*" nach, dann findet man „das Fortbewegen", also die wörtliche Übersetzung. Beim Verb „*emoveo*“ sind die Angaben vielfältiger: Es beginnt mit „herausbewegen, wegschaffen“, geht über „verrenken“ und „ausrenken“ (etwa durch Folter) zu der Partizipialform „verrückt, unsinnig“ (*mens emota*), die bezeichnet, dass jemand seinen Verstand verloren oder zumindest ausgeschaltet hat, und schließlich zu „von unten bis oben- / um u. um in Bewegung setzen, -bewegen, emporheben, emporwühlen, erschüttern“, aber auch „umgraben“ und „aus den Angeln heben“.[4]

Im Folgenden werden als Emotionen ganz allgemein an regierenden Politikern zu beobachtende Handlungen und Verhaltensweisen betrachtet, die den Eindruck erwecken, als gingen sie stärker vom Gefühl aus, als dass sie vom kontrollierten und kontrollierenden Verstand gesteuert seien. Es ist sicher kein Zufall, dass in jüngster Zeit der Zusammenhang und die Wechselwirkung zwischen öffentlich geäußerter Emotion und der Öffentlichkeit, namentlich in der Politik, über die Psychologie hinaus zum Thema kulturwissenschaftlicher bzw. historischer Untersuchungen geworden sind.[5] Offensichtlich rückt hier der Mensch mit seinen für ihn kennzeichnenden Verhaltensweisen unter dem Aspekt in den Blickpunkt der Forschung, dass er nun deutlicher als emotional bestimmtes Wesen erkannt wird. Er ist eben nicht nur ein soziales Strukturelement, auch nicht die ‚Geschichte machende‘ Persönlichkeit oder so etwas wie der rational gehandhabte oder agierende belebte Gegenstand in einer rein sachlich-objektivierenden Geschichtsbetrachtung, sondern dasjenige Wesen, das mit dem Privileg der Freiheit und der daraus resultierenden Unberechenbarkeit ausgestattet ist. Und dazu

---

4 Karl Ernst Georges, *Ausführliches Lateinisch-Deutsches Handwörterbuch.* Aus den Quellen zusammengetragen und mit besonderer Bezugnahme auf Synonymik und Antiquitäten unter Berücksichtigung der besten Hilfsmittel ausgearbeitet von Karl Ernst Georges. Nachdruck der achten verbesserten und vermehrten Auflage von Heinrich Georges, 2 Bde., Darmstadt 1951, Bd. 1, Sp. 2411f.

5 Hier seien nur einige Beispiele genannt: der Forschungsbereich „Geschichte der Gefühle“ an der Freien Universität Berlin, dazu http://hsozkult.geschichte.hu-berlin.de/termine/id=10044 [28.10.2008]; http://hsozkult.geschichte.hu-berlin.de/Termine/id=13160 [02.02.2010]; Birgit Aschmann (Hg.), *Gefühl und Kalkül. Der Einfluss von Emotionen auf die Politik des 19. und 20. Jahrhunderts,* Stuttgart 2005 (Historische Mitteilungen, Beiheft 62).

gehören das Wechselspiel und die Wechselwirkung zwischen *ratio* und *emotio*, die Fähigkeit, beides gezielt einzusetzen oder auf deren Einsatz zu reagieren.

Am Beispiel der im Folgenden exemplarisch behandelten Herrscher des mittelalterlich-frühneuzeitlichen Osteuropa soll gezeigt werden, dass beides nicht oder nur sehr schwer von einander zu trennen ist. Damit kann die Frage, ob es sich bei diesen Herrscherpersönlichkeiten um Gefühlsmenschen oder kühl kalkulierende Politiker auf dem Thron handelt, nicht so eindeutig beantwortet werden, wie manche sich das möglicherweise wünschen.

Zuerst soll es um die Kiever Fürstin Ol'ga gehen.[6] Ihr Geburtsdatum ist nicht bekannt, sie starb 969. Ihr Ehemann Igor', der erste historisch gesicherte Vertreter der Rjurikidendynastie, führte ab 912 von Kiev aus eine kriegerische Tributherrschaft. Gleich zu Beginn seiner Herrschaft schlug er einen Aufstand der Derevljanen, eines ostslavischen Stammes, nieder und bestrafte sie, indem er einen erhöhten Tribut verhängte. Als er 945, von seiner Gefolgschaft unter Druck gesetzt, von ihnen mehr als den vereinbarten Tribut auf ziemlich perfide Weise einforderte, erschlugen sie ihn. Die Witwe Ol'ga übernahm für ihren minderjährigen Sohn die Regentschaft. Sie kann für die stärkste, schönste und fürchterlichste Emotion stehen, deren ein Mensch fähig ist: für die Liebe, und zwar in dreifacher Hinsicht: als Gattenliebe, Mutterliebe und Gottesliebe. Die älteste russische Chronik, die *Erzählung von den vergangenen Jahren* oder *Nestorchronik*[7], berichtet über das, was auf die Ermordung Igor's folgte:

> Und man berichtete der Ol'ga: Derevljanen sind gekommen. Und Ol'ga lud sie zu sich und sagte zu ihnen: Gut sind Gäste gekommen.[8] Und die

6 Vgl. allgemein dazu Hartmut Rüss, Das Reich von Kiev, in: Manfred Hellmann (Hg.), *Handbuch der Geschichte Russlands,* Bd. 1, Stuttgart 1981, S. 292ff.

7 Hier wird die jüngste, philologisch exakteste Übersetzung herangezogen: *Die Nestorchronik.* Die altrussische Chronik, zugeschrieben dem Mönch des Kiever Höhlenklosters Nestor, in der Redaktion des Abtes Sil'vestr aus dem Jahre 1116, rekonstruiert nach den Handschriften Lavrent'evskaja, Radzivilovskaja, Akademičeskaja, Troickaja, Ipat'evskaja und Chlebnikovskaja und ins Deutsche übersetzt von Ludolf Müller, München 2001 (Forum Slavicum, Bd. 56), S. 68ff.

8 Zu dieser Formulierung vgl. ebd., S. 68, Anm. 3.

Derevljanen sagten: Ja, Fürstin, wir sind gekommen. Und Ol´ga sagte zu ihnen: So sprecht nun: Weswegen seid ihr hierher gekommen? Die Derevljanen sagten: Das Derevljanen-Land hat uns gesandt und lässt also sagen: Deinen Mann haben wir erschlagen; denn dein Mann war wie ein Wolf: raubend und plündernd; unsere Fürsten aber sind gut, die das Derevljanen-Land geweidet haben. Und nun heirate unseren Fürsten, den Mal! Denn so hieß er, der Fürst der Derevljanen: Mal. Ol´ga aber sagte zu ihnen: Lieb ist mir eure Rede. Meinen Mann kann ich ja nicht mehr auferwecken. Aber ich will euch morgen Ehre erweisen vor meinen Leuten. Nun aber geht in euer Boot und legt euch hochgemut nieder in eurem Boote. Morgen werde ich nach euch senden; ihr aber sagt dann: Wir reiten nicht auf Pferden, noch gehen wir zu Fuß; sondern tragt uns im Boot! Und sie werden euch im Boot hinauftragen. Und sie entließ sie in ihr Boot. Ol´ga aber befahl, auf dem Hof des Palastes außerhalb der Stadt eine große und tiefe Grube zu graben. Und am anderen Morgen saß Ol´ga im Palast und sandte nach den Gästen. Und sie [die Boten] kamen zu ihnen und sprachen: Ol´ga lädt euch zu großer Ehre. Sie aber sagten: Wir reiten nicht auf Pferden, noch fahren wir auf Wagen, noch gehen wir zu Fuß; tragt uns vielmehr im Boot! Die Kiever aber sagten: uns bleibt nichts anderes übrig: Unser Fürst ist erschlagen, und unsere Fürstin will euren Fürsten heiraten. Und sie trugen sie im Boot; die aber saßen stolz in ihrem Boot, sich brüstend in ihren großen Brustspangen. Und man trug sie auf den Hof zu Ol´ga. Und als man sie dorthin gebracht hatte, warf man sie in die Grube, mit dem Boot. Und Ol´ga beugte sich hinab und sagte zu ihnen: Ist sie gut, die Ehre, die ich euch erwiesen habe? Die aber sagten: Sie ist uns schlimmer als der Tod Igor´s! Und sie befahl, sie lebendig zuzuschütten, und man schüttete sie ein. Und Ol´ga sandte zu den Derevljanen und ließ ihnen sagen: Wenn ihr in Wahrheit um mich freit, dann sendet mir edle Männer, damit ich mit großem Ehrengeleit komme, euren Fürsten zu heiraten; sonst lassen mich die Leute von Kiev nicht ziehen. Als die Derevljanen dies hörten, wählten sie vornehme Männer, die das Derevljanen-Land innehatten, aus und sandten, sie zu holen. Als die Derevljanen aber angekommen waren, befahl Ol´ga ihnen, eine Waschung zu vollziehen, indem sie so sagen ließ: Wenn ihr euch gewaschen habt, kommt zu mir! Und man überheizte das Badehaus, und die Derevljanen gingen hinein und begannen, sich zu waschen; und man verschloss hinter ihnen das Badehaus; und sie befahl, sie von der Tür her anzuzünden, und da verbrannten sie alle. Und sie sandte zu den Derevljanen und ließ also sagen: Siehe jetzt komme ich zu euch. So bereitet viel Met in der Stadt, wo ihr meinen Mann erschlagen habt, dass ich Totenklage halte über seinem Grab und meinem Mann eine Totenfeier veranstalte. Jene aber, da sie das hörten, fuhren sehr viel Honig

> zusammen und kochten ihn. Ol´ga aber nahm eine kleine Gefolgschaft und zog im Eilmarsch und kam zu seinem Grab und hielt Totenklage über ihren Mann. Und sie befahl ihren Leuten, einen großen Grabhügel aufzuschütten; und als sie ihn aufgeschüttet hatten, befahl sie, eine Totenfeier zu veranstalten. Danach setzten sich die Derevljanen nieder, zu trinken; und Ol´ga befahl ihren Jungmannen, vor ihnen zu dienen. Und die Derevljanen sagten zu Ol´ga: Wo sind die anderen von uns, die wir gesandt haben, dich zu holen? Sie aber sagte: Sie kommen mir nach mit der Gefolgschaft meines Mannes. Und als die Derevljanen schon angetrunken waren, befahl sie ihren Jungmannen, gegen sie zu trinken. Sie selbst aber ging beiseite und befahl ihren Jungmannen, die Derevljanen niederzuhauen. Und sie schlugen ihrer 5.000 nieder. Ol´ga aber kehrte zurück nach Kiev und stellte Krieger auf gegen die, die übrig geblieben waren von ihnen.

Ol´ga nahm die fürchterliche Rache an den Mördern ihres Mannes, wie sie eine liebende Frau nur nehmen kann. Der Chronikbericht macht deutlich, dass sie ihre Emotionen erst einmal nicht durch Tränen und laute Klage zeigte, sondern durch ein äußerstes Maß an kalter Beherrschtheit. Ihre Emotionalität tobte sie durch ihre Rache aus. Sie trieb es bis zur völligen Vernichtung und Unterwerfung der Derevljanen. So ließ sie ihr Land besetzen und ihre Städte belagern. Als die Derevljanen schon zu ihr sagten

> Gern würden wir in Tributzahlung einwilligen, aber du willst ja deinen Mann rächen[9],

antwortete sie, sie habe ihren Mann schon dreifach gerächt, jetzt wolle sie nur noch einen minimalen Tribut, von jedem Hof je drei Tauben und drei Sperlinge. Dies war allerdings eine List, denn sie ließ an alle Vögel Schwefelsäckchen anbinden, die Vögel in ihre Nester zurückfliegen und auf diese Weise die Höfe und Städte niederbrennen.

Gattenliebe, Trauer um den ermordeten Gatten und Rache gehen hier eine von kalter Emotion bestimmte Verbindung ein. Darüber sollte man jedoch nicht das für eine Politikerin, die etwas von Macht verstand, letztlich entscheidende Moment übersehen, das sich in der Erzählung ausdrückt, ohne direkt ausgesprochen zu werden: Diese Frau statuierte ein Exempel, um den aufsässigen Derevljanen

9 Ebd., S. 71, dort auch zum Folgenden.

wie auch allen anderen, die möglicherweise ‚Morgenluft wittern', unzweideutig zu demonstrieren, dass sie die Zügel in der Hand behielt und die Politik ihres Mannes fortzusetzen entschlossen war.

Auch heute ist es oft schwer zu erkennen, inwieweit die öffentlich gezeigte Mutterliebe prominenter Personen echt ist oder zur Schau gestellt wird. Im Falle Ol´gas verhielt es sich so, dass sie nach ihrem Übertritt zum Christentum versuchte, ihren Sohn Svjatoslav zu demselben Schritt zu überreden. Er aber lehnte dieses Ansinnen, das eine Modernisierung und Stabilisierung des Herrschaftssystems bedeutete, vehement ab. Wie sich später herausstellte, hielt er an der Herrschaftsform des Kriegerfürsten fest und überließ die Innenpolitik erst seiner Mutter und dann seinen Söhnen. Weiter berichtet die Chronik, trotz des schweren Leides, das er dadurch seiner Mutter zufügte:

> Ol´ga aber liebte ihren Sohn Svjatoslav noch viel mehr, indem sie sagte: Der Wille Gottes geschehe![10]

Und dann, so heißt es, betete sie für den Sohn und das Russische Land und zog ihren Sohn mit Liebe und Sorgfalt weiter auf. Dass Mutterliebe so eindringlich geschildert wird, kommt sonst in der Chronik so gut wie nie vor. Man kann gewiss annehmen, dass diese Gespräche zwischen Mutter und Sohn nicht ‚im stillen Kämmerlein' geführt wurden, sondern, in Anbetracht der Bedeutung der Angelegenheit, vor den fürstlichen Gefolgschaften, also der damals relevanten Öffentlichkeit. Mutterliebe, sicher eine der fundamentalen Regungen menschlicher Emotion, ist auch hier von den politischen Überlegungen der klugen und weitsichtigen Fürstin nicht zu trennen.

Schließlich die Gottesliebe. Ol´ga nahm das Christentum an. Im Jahr 955 zog sie nach Konstantinopel (russisch: Zargrad) und ließ sich vom Patriarchen und vom Kaiser taufen. Nach der Taufe zeigte sie sich emotional bewegt. Die Chronik berichtet:

> Da sie aber erleuchtet war, freute sie sich an Seele und Leib.[11]

Auch hier dürfen wir annehmen, dass es eine öffentliche Äußerung von Freude war, denn die Taufe der heidnischen Fürstin durch

10 Ebd., S. 78.

11 Ebd., S. 74.

Kaiser und Patriarch wurde mit großem Gepränge vollzogen. Ihre Liebe zum christlichen Gott äußerte sie mehrfach, und sie wurde darin vom Patriarchen wiederholt bestätigt. Der Kaiser hingegen, überwältigt von ihrer Schönheit und Klugheit, zeigte sich – der Chronik zufolge – mehr als Gefühlsmensch als die fürstliche Frau, indem er ihr nach einer Liebeserklärung und erfolgter Taufe einen Heiratsantrag machte. Ol´ga, nunmehr nach der großen christlichen Kaiserin auf den Namen Helena getauft, wies ihn nämlich darauf hin, dass er sie nicht hätte taufen dürfen, wenn er sie heiraten wolle:

> Wie willst du mich [zur Frau] nehmen, nachdem du mich selbst getauft und mich Tochter genannt hast? Unter Christen gibt es doch dieses Gesetz nicht, und du weißt das.

Und der verdutzte Kaiser Konstantinos konnte nur noch antworten:

> Du hast mich überlistet, Ol´ga![12]

Spätestens hier wird klar, dass diese Frau zwar Emotionen zeigte und abreagierte, sie aber auch beherrschte und gezielt einsetzte. Alles deutet darauf hin, dass Ol´ga gern als Nachfolgerin ihres Mannes den Kiever Thron bestiegen hätte. Das Zeug dazu hätte sie wohl gehabt. Sie betrieb eine energische und zukunftweisende Reformpolitik, die darauf abzielte, die Kiever Rus´, dieses lose Konglomerat zum Teil einander befehdender Teilfürstentümer, straff zusammenzufassen und an die christliche Welt heranzuführen. Aber sie vermochte nicht über die Regentschaft für Svjatoslav hinaus eine eigenständige Herrschaft zu erreichen. Alle drei emotionsbeladenen Aktionen waren von ihr jedoch im Sinne ihrer Ambitionen genau berechnete Demonstrationen:

(i) Unterwerfung der aufständischen Derevljanen und exemplarische Bestrafung als Warnung an alle; zugleich Klarstellung, wer nach dem Tode ihres Mannes das Sagen hat.

(ii) Nachdrücklich herausgestellte, liebevolle Einigkeit mit ihrem Sohn, der als künftiger Herrscher ihr zumindest für die Dauer ihrer Regentschaft den Zugang zur Macht sichert.

(iii) Offensives Bekenntnis zum Christentum als Versuch, mit Hilfe der christlichen Kirche und ihrer Missionare eine eigene Machtbasis in der Rus´ zu schaffen; zugleich Propagierung ihrer dynastischen

12 Ebd., S. 74f.

Ebenbürtigkeit mit dem Kaiser der Griechen, da er sie heiraten will, und ihrer intellektuellen Überlegenheit, da sie ihn zu überlisten vermag.

Emotionalität in der Politik heißt hier: gezieltes Einsetzen von Gefühlselementen zur Förderung des eigenen politischen Machtstrebens. Ol´ga und Emotionen, das ist nicht die fürstliche ‚Heulsuse', sondern die kluge, kühl berechnende, listenreiche, ihre Mittel voll ausschöpfende Politikerin.

Es versteht sich, dass Chronisten und Dichter ihren fürstlichen Helden intensive Gefühlsäußerungen zuschreiben, deren politische Wirksamkeit keineswegs verborgen bleibt. Als Beispiel mag der Moskauer Großfürst Dmitrij Ivanovič dienen, er herrschte 1350-1389. Ihm gelang der erste große Sieg über die mongolisch-tatarischen Oberherren, 1380 auf dem Kulikovo pole, dem Schnepfenfeld am Don; daher seine Ruhmesbezeichnung Dmitrij „Donskoj".[13] Bald nach seinem Tod schrieb ein unbekannter Autor seine Vita, die er mit allen Attributen der damals üblichen Heiligenvita ausstattete.[14] Da wird geschildert, wie der gottlose, heimtückische und bösartige Khan Mamai ins Russische Land gegen Dmitrij zieht und ihm prahlerisch droht. Daraufhin richtet der Großfürst aus tiefster Gefühlsbewegung heraus zuerst zu Gott und zur Gottesmutter ein Gebet und hält dann eine Rede an die Großen seines Reiches, die ihm wiederum tief bewegt antworten.

---

13 Peter Nitsche, Die Mongolenzeit und der Aufstieg Moskaus, in: Hellmann (Hg.), Handbuch (wie Anm. 6), S. 594ff. Zum 600. Jahrestag der im Folgenden behandelten Schlacht von 1380 ist 1980 in der Sowjetunion eine Fülle von Literatur erschienen; daraus sei hier exemplarisch genannt *Pole Kulikovo. Skazanija o bitve na Donu* [Schnepfenfeld. Erzählungen von der Schlacht am Don], Moskva 1980.

14 O žitii i o prestavlenii velikogo knjazja Dmitrija Ivanoviča, carja Rus´kago, in: *Sofijskija letopisi*, Sanktpeterburg 1853 (= Polnoe sobranie russkich letopisej, tom šestoj) [Vom Leben und Sterben des Großfürsten und russischen Zaren Dmitrij Ivanovič, in: Sophienchronik, Sanktpeterburg 1853 (= Vollständige Sammlung der russischen Chroniken, Bd. 6)], S. 104-111. Hier folge ich der deutschen Übersetzung von Waldtraut Förster in: Helmut Graßhoff / Klaus Müller / Gottfried Sturm (Hg.), *O Bojan, du Nachtigall der alten Zeit. Sieben Jahrhunderte altrussischer Literatur,* Berlin 1965, S. 126-139.

„O du heilige Jungfrau und Gottesmutter, Herrin, Beschützerin und Helferin der ganzen Welt! Bitte bei deinem Sohn für mich Sünder, dass ich würdig sein möge, mein Haupt und mein Leben in deinem und deines Sohnes Namen hinzugeben. Eine andere Beschützerin als dich, o Herrin, habe ich nicht! Die mich zu Unrecht befeinden, sollen nicht frohlocken! Die Heiden sollen nicht rufen: `Wo ist ihr Gott, auf den sie vertrauen?´ Alle, die deine Knechte sind, wie ich dein Diener und der Sohn deiner Magd bin, sollen sich des Bösen schämen. Erbitte für mich, Herrin, von der heiligen Heimstätte deines Sohnes und meines Gottes Kraft und Hilfe gegen meinen bösen Gegner und ehrlosen Feind! Errichte mir, o Herrin, eine Säule der Standhaftigkeit vor dem Angesicht des Feindes, erhöhe den christlichen Namen über den heidnischen Muselmanen und bringe jenen stets Schande!"

Und er rief seine Würdenträger und alle Fürsten des Russischen Reiches, das unter seiner Herrschaft stand, zusammen und sprach zu ihnen:

„Es geziemt sich, Brüder, dass wir unsere Leben für den rechten christlichen Glauben einsetzen, damit unsere Städte nicht von den Heiden erobert werden, Gottes heilige Kirchen nicht veröden und wir nicht über alle Länder verstreut werden, damit unsere Frauen und Kinder nicht in die Gefangenschaft weggeführt und wir nicht für alle Zeiten von den Heiden gequält werden. Für uns bittet nämlich auch die reine Gottesmutter bei ihrem Sohn, unserem Gott!"

Die russischen Fürsten und seine Würdenträger antworteten ihm darauf:

„O Herrscher, russischer Zar! Wir haben versprochen, dir zu dienen und unser Leben für dich einzusetzen, und jetzt werden wir unser Blut für dich vergießen und durch unser Blut die zweite Taufe empfangen."

Nach einem Gebet ward ihm die Standhaftigkeit eines Abraham gegeben, und er hatte den großen heiligen Metropoliten und Wundertäter Pjotr zum Helfer, den Fürbitter für das Russische Reich. Und er zog gegen den Gottlosen […].[15]

Was hier vermittelt werden soll, ist klar: die Bedeutung des christlichen Großfürstentums Moskau, seine Überlegenheit gegenüber den heidnischen, feindlichen Muselmanen. Dazu gehört es, dass der Großfürst und seine Gefolgsleute als tief gläubige Christen dargestellt und ihnen entsprechende Worte in dem Mund gelegt werden. Da es sich bei diesem Text um eine Vita Dmitrij Donskojs nach dem

15 Ebd., S. 129.

Vorbild von Heiligenviten handelt (er ist allerdings niemals heilig gesprochen worden), schildert sie ihn noch mit vielen Ausschmückungen als vorbildlichen, reinen Christenmenschen. Als er krank wird und seinen Tod nahen fühlt, hält er mehrere Ansprachen an seine Frau, seine Kinder und schließlich an die Bojaren. Aus dieser Rede sei hier zitiert:

> „Versammelt euch um mich, damit ich euch sage, was ich in meinem Leben getan habe: Ihr kennt mein Wesen und meinen Charakter. Ich wurde unter euch geboren und bin bei euch aufgewachsen. Gemeinsam mit euch habe ich regiert und neunundzwanzig Jahre über das Russische Reich geherrscht. Ich bin vierzig Jahre alt. Kühn stritt ich zusammen mit euch in vielen Ländern, und schrecklich war ich für den Gegner in den Schlachten. Mit Gottes Hilfe habe ich die Heiden unterworfen, die Feinde bezwungen und mein Fürstentum allseits gefestigt. Frieden und Ruhe habe ich für das Russische Reich errungen, habe mein väterliches Erbe, das mir von Gott und meinen Eltern übergeben ward, mit euch gehütet. Ich habe euch Ehre und Liebe erwiesen, habe eure Städte und große Gebiete regiert. Eure Kinder habe ich geliebt, niemandem habe ich Böses getan, habe weder mit Gewalt etwas genommen noch Ärgernis verursacht, habe weder beleidigt noch geraubt und geschändet, sondern alle geliebt und in Ehren gehalten. Ich habe mich mit euch gefreut und mit euch getrauert. Ihr, die Bojaren, habt mir niemals Vorwürfe gemacht, und auch die Fürsten des Landes nicht. Erinnert euch heute an meine und auch an eure Worte, die ihr einst zu mir gesprochen habt: ‚Wir geloben, im Dienst für dich und deine Kinder unser Leben einzusetzen.' Trachtet danach, meiner Fürstin und meinen Kindern von ganzem Herzen treu zu dienen. Freut euch mit ihnen in der Freude und verlasst sie nicht im Leid, damit sich euer Leid in Freude verwandle. Der Gott dieser Welt wird mit euch sein."[16]

Es sei noch einmal darauf hingewiesen: Die Emotionen werden hier offen ausgesprochen. Von Liebe ist die Rede, von gemeinsamer Freude und gemeinsamer Trauer. Auch wenn es sich um Rhetorik, um ‚Literatur', handelt, ist sie doch nicht ohne Absicht geschrieben, und diese Absicht entspricht den Intentionen der mutmaßlichen Moskauer Auftraggeber der Vita: Die Vita entstand um 1400[17], wie auch die *Zadonščina*, das große, noch viel gefühlsbetontere

16 Ebd., S. 133.

17 Vgl. ebd., S. 126.

Heldenlied über den russischen Sieg am Don.[18] In dieser schwierigen Zeit hatte Moskau noch gegen starke russische Rivalen wie Tver′ oder Rjazan′ zu kämpfen und innerhalb des Großfürstentums schwere Konflikte auszufechten. Es galt, die Einheit und den Zusammenhalt der Rus′ unter Moskauer Führung zu beschwören und vor allem die Bojaren, den alten, grundbesitzenden Adel, der seine Freiheit im Festhalten an seiner regionalistischen Orientierung und den damit verbundenen Rechten sah, nachdrücklich auf die Moskauer Zentralmacht zu verpflichten. So bleibt auch diese ‚Literatur' nicht ohne politische Bedeutung.

Im mittelalterlichen Polen und Böhmen sind zwei zwar zeitlich auseinander liegende, aber für unser Thema vergleichbare Fälle zu finden: Jedes Mal geht es um den in seiner Wut maßlosen Herrscher, in Polen Bolesław II. und in Böhmen Wenzel IV.

Bolesław II. „Śmiały" (Boleslaus II. „der Kühne", auch mit dem Beinamen „Szczodry", „der Freigebige", bei Gallus Anonymus weniger freundlich „der Verschwender") herrschte in Polen als Herzog ab 1058, als König 1076-1079, zwei Jahre später starb er außer Landes unter nicht geklärten Umständen.[19] Im Zuge eines Konfliktes mit dem Krakauer Bischof Stanislaus von Szczepanów (Stanisław ze Szczepanowa, * um 1035, † 11.IV.1079)[20] ließ er diesen durch Abhacken der Gliedmaßen ermorden. Eindrucksvolle Schilderungen und Bilder suggerieren sogar, der König selbst habe voller Wut Stanislaus während der Messe bestialisch ermordet. Ob dieser ‚Mord im Dom' zu Recht mit dem Schicksal Thomas Becketts verglichen werden kann, mag dahin gestellt bleiben.[21]

18 Zadonščina. Drevnerusskij tekst i perevod. Podgotovka drevnerusskogo teksta i perevod D.A. Lichačeva [Was am Don geschah. Altrussischer Text und Übersetzung. Bearbeitung des altrussischen Textes und Übersetzung von D.A. Lichačev], in: Pole Kulikovo (wie Anm.13), S. 17-48.

19 Vgl. zum auch Folgenden Bolesław II Szczodry (Śmiały) in: *Piastowie. Leksykon Biograficzny,* Kraków 1999, S. 57-63.

20 Vgl. zu diesem Konflikt Karl Völker, *Kirchengeschichte Polens,* Berlin / Leipzig 1930 (Grundriß der slavischen Philologie und Kulturgeschichte), S. 30ff., sowie die folgende Fußnote.

21 Tadeusz Grudziński, *Bolesław Śmiały Szczodry i biskup Stanisław,* Warszawa 1982, S. 10.

Ein König, der höchstselbst vor Wut einen Bischof umbringt? So viel Emotionalität auf dem Herrscherthron ist selten. Der Herrscher macht sich gewöhnlich nicht selbst die Hände blutig. Die Geschichte wird dadurch noch merkwürdiger, dass der Ermordete sehr bald als Märtyrer verehrt, 174 Jahre später heilig gesprochen und damit offiziell einer der zentralen heiligen Patrone Polens wurde. Für eine kritische Überprüfung kann es ein nicht unwichtiger Hinweis sein, dass Stanislaus zu der Zeit zum Nationalheiligen erhoben wurde, als die katholische Kirche in einer Phase des Zerfalls Polens die politische und territoriale Einheit des Staates und der Nation propagierte. Es bleibt jedoch das Problem, dass man über den Konflikt zwischen König und Bischof und über die Gründe für die Tötung Stanislaus' nichts Genaues weiß. Die Quellen sind hier sehr verschwiegen.

Es ist bekannt, dass es gegen Bolesław II. Widerstände gab, die nach Stanislaus' Tod zu einem Aufstand führten. Bolesław II. musste außer Landes gehen, floh nach Ungarn und starb wahrscheinlich – wie oben erwähnt, unter ungeklärten Umständen – in Ossiach (Kärnten). Wenn er Stanislaus vernichten wollte, hatte er dadurch, dass er ihm zu einem äußerst prominenten Status als Heiliger verhalf, im Endeffekt das Gegenteil von dem bewirkt, was er eigentlich erreichen wollte. Dabei wissen wir bis heute nicht genau, worum der Streit ging. Vermutlich wehrte sich der Adel gegen die zentralisierende Innenpolitik des Königs und dessen massives Eingreifen in den benachbarten Ländern, das zahlreiche große Feldzüge mit sich brachte. Beides belastete das Land, auch den Adel, der dabei nichts weiter für sich gewann, aber den ständigen Machtzuwachs der Zentralmacht spürte und fürchtete. Stanislaus stand wahrscheinlich in Verbindung mit dem oppositionellen Adel, aus dem er stammte. Weiterhin vertrat er wohl seine Krakauer Interessen gegen eine zentralisierende Kirchenpolitik, die vom Gnesener Metropoliten betrieben wurde. Es dürfte, wie meistens in solchen Fällen, im Kern eine politische Auseinandersetzung gewesen sein, die zu diesem Mord führte. Die Legenden, die sich darum herum – ebenfalls wie in solchen Fällen üblich – entwickelten, berichten meistens von einer Strafpredigt Stanislaus´ gegen den König wegen dessen liederlichen Lebenswandels; dieser sei daraufhin in Wut geraten und habe den Bischof umgebracht. Die Grausamkeit, an der man nicht unbedingt zu zweifeln braucht, ist wohl eher darauf zurückzuführen, dass der König gegenüber der Opposition ein warnendes Exempel statuieren wollte. Allerdings dürfte in diesem Zusammenhang die

Beobachtung nicht unbedeutend sein, dass sich der Stanislaus-Kult ab der Mitte des 12. Jahrhunderts von Krakau aus entwickelte. Der Heilige spielte als Patron Polens – neben der Gottesmutter und dem hl. Adalbert – eine Rolle vor allem in der Propagierung der Einheit Polens (13./14. Jh.), wobei die abgehackten Gliedmaßen als Symbol für die abgetrennten polnischen Territorien galten. Diese Einheitspolitik ging wesentlich vom kleinpolnischen Adel aus, der dadurch seine Rechte und seinen Einfluss sicherte.

Gefühle, Emotionen werden hier dem polnischen König im Übermaß zugeschrieben, ein neuer Nationalheiliger wird kreiert – und wir stoßen, bei aller Vorsicht der Interpretation der vorhandenen Nachrichten, wieder bei allen Beteiligten, beim König, beim Adel, beim Bischof und beim Metropoliten, letztlich auf Politik. Die Erzählung von der Wut des Königs diente demnach dazu, die wahren Interessen und Gründe des Konfliktes zu verdecken. Sollte jedoch das Übermaß an Emotionen seine Ursache in einer psychischen Erkrankung des Königs gehabt haben, wie auch vermutet wurde[22], dann rückte die medizinische Frage nach dem Zustand der Nerven dieses Herrschers und dessen Belastbarkeit in den Vordergrund. Es schlösse sich freilich die weitere Frage an, wie er denn, ein schlechter Zustand vorausgesetzt, seine vielen und weitreichenden Feldzüge bewerkstelligt und durchgestanden haben kann.

In mancherlei Hinsicht ähnlich wie der Fall des Krakauer Bischofs Stanislaus liegt der Fall des Johannes von Nepomuk in Böhmen. Die Geschichte des vor allem als Brückenheiliger bekannten Priesters spielte sich rund drei Jahrhunderte später ab, gleichwohl weist sie ähnliche Grundbedingungen, Kontinuitäten und Konsequenzen im politischen Handeln der Beteiligten wie auch im Umgang der Nachwelt mit ihr auf.[23]

22 Bolesław Kumor, Zdzisław Obertyński (Red.), *Historia Kościoła w Polsce,* 2 Bde., Poznań. Warszawa 1974-1979, Bd. 1, Teil 1, S. 76; vgl. ebd., S. 74ff., auch insgesamt zu Leben und Heiligsprechung Stanislaus'.

23 Vgl. zum Folgenden insgesamt Ferdinand Seibt (Hg.), *Bohemia Sacra. Das Christentum in Böhmen 973-1973,* Düsseldorf 1974, S. 312ff. *et passim*; Karl Bosl (Hg.), *Handbuch der Geschichte der böhmischen Länder,* 4 Bde., Stuttgart 1967-1970, Bd. 1, S. 481ff. *et passim.* Zu Johannes von Nepomuk als Heiligem vgl. Peter Manns (Hg.),

Johannes von Nepomuk (* vor 1350 in Nepomuk, Südwestböhmen, † 20.III.1393 in Prag) war Theologe und Jurist. Er begann seine Karriere an der erzbischöflichen Kanzlei in Prag, nach der Priesterweihe 1380 wirkte er kurze Zeit als Pfarrer, setzte 1381 sein Jurastudium in Prag und Padua fort, das er 1387 als Doktor des Kirchenrechtes abschloss. Danach kehrte er wieder an den erzbischöflichen Hof zurück, wo er binnen zwei Jahren zum Generalvikar (1389) aufstieg. Johannes von Nepomuk war also ein hochgebildeter, erfahrener Mann und hervorragend ausgebildeter Spezialist für das Kirchenrecht. Diese Karriere brachte ihn mit dem Prager Erzbischofs Johannes von Jentzenstein (oder Jenstein) in Verbindung, der aus hohem böhmischem Adel stammte und nach seinem Studium an allen bedeutenden Universitäten Europas Hofkanzler König Wenzels IV.[24] und drei Jahre später Erzbischof von Prag wurde. Als er sich zum Kritiker Wenzels entwickelte, entstand ein scharfer Gegensatz zwischen dem königlichen und dem erzbischöflichen Hof.

Nun gründet sich der Ruf Johannes von Nepomuks als populärer Heiliger darauf, dass er auf König Wenzels Befehl auf der Karlsbrücke schwer gefoltert und in die Moldau geworfen wurde, in der er ertrank. Dieser vom böhmischen und deutschen König veranlassten Mordtat ging ein schwerer Konflikt voraus. Zu den Gründen für den Konflikt des Königs mit Erzbischof Jentzenstein und vor allem mit Johannes von Nepomuk gibt es viele Berichte überwiegend legendenhaften Charakters. Darin ist von geistlicher Kritik an Wenzels wenig asketischem Lebensstil die Rede, sehr häufig von der Forderung Wenzels an Johannes von Nepomuk, den Beichtvater seiner Ehefrau, ihm die Beichte seiner Frau zu verraten, was dieser jedoch verweigerte. Demnach wäre die ganz persönliche Eifersucht des Ehemannes der Grund für dessen Wutausbruch und den Mord an dem Priester gewesen. Auf der königlichen Ebene bedeutete das wiederum: Der gefühlsmäßig haltlose, labile Herrscher hatte seine

---

Die Heiligen. Alle Biographien zum Regionalkalender für das deutsche Sprachgebiet, Mainz 1975, S. 419ff.

24 Wenzel IV. * 1361, 1363 König von Böhmen, 1376-1400 deutscher König, † 1419; für einen Überblick und weiterführende Literatur vgl. *Lexikon des Mittelalters*, 9 Bde., München / Zürich 1977-1998, Bd. 8, Sp. 2190ff.

Emotionen nicht unter Kontrolle, und seine Machtposition erlaubte es ihm, sie hemmungslos auszuleben.

Dies ist aber ein zu häufiges Motiv in derartigen Fällen, wie wir am Beispiel Bolesławs II. gesehen haben, um wirklich glaubhaft zu sein. Sicherlich lassen sich die Durchsetzung kirchlicher Gebote und seelsorgerischer Mahnungen sowie entsprechende kontroverse Gespräche zwischen dem Priester und dem König als sündigendem Christenmenschen keineswegs ausschließen, zumal in Anbetracht der doch recht sinnenfrohen Lebensweise an vielen Höfen; aber ob dies wirklich der ausschlaggebende Grund war, darf doch bezweifelt werden. In unserem böhmischen Beispiel rückt wieder, wie in dem polnischen Fall, das spannungsreiche Verhältnis zwischen König und Adel ins Bild. Auch in Böhmen gewann der Adel der königlichen Zentralgewalt zunehmend Macht ab. So war schon Karl IV. Mitte des 14. Jahrhunderts mit seinem Gesetzbuch *Maiestas Carolina* am Widerstand des Adels gescheitert, wenngleich es sich in der folgenden Zeit auch faktisch durchsetzte. Der böhmische Adel erreichte es, zusammen mit dem König als ‚Corona regni Bohemiae', als Landesherr, aufzutreten. Wenzel IV. versuchte, hierzu ein machtpolitisches Gegengewicht aufzubauen, wobei er sich auf den niederen Adel sowie die Städte und deren Bürgertum stützte. Später überließ er die Ausübung der Regierungsgeschäfte immer mehr seinen Bevollmächtigten aus dem böhmischen Kleinadel. Im gleichen Sinne förderte er auch Jan Hus und die Volkskirchenbewegung (Kuttenberger Dekret 1409). Dies war an sich eine aus der Perspektive zentraler Königsherrschaft geschickte und plausible Politik. Aber damit provozierte Wenzel IV. die Gegnerschaft des Hochadels, mit dem der Prager Erzbischof Jentzenstein und mit diesem auch Nepomuk als gebildete, geschickte Wortführer engstens verbunden waren. Aus Wenzels Sicht waren sie jedoch Verräter, zumal er sie beide in ihre Ämter gebracht hatte.

In dem Machtkampf plante der König, die Macht des Prager Erzbistums und damit Jentzensteins durch die Gründung eines neuen westböhmischen Bistums Kladrau (Kladubry) zu schwächen. Dessen Finanzierung wollte er durch die Einkünfte der sehr reichen Abtei Kladrau sicherstellen. Dazu wartete Wenzel nur noch den Tod des amtierenden Abtes ab, um dann die Umorganisation vorzunehmen. Die erzbischöflichen Räte unter Führung des Generalvikars Johannes von Nepomuk verhinderten jedoch diesen Coup, indem sie unverzüglich einen neuen Abt wählen ließen. Damit war Wenzels Plan vereitelt und sein Hass auf den flinken Gegner erklärlich, allerdings aus einem ganz anderen Zusammenhang heraus.

Ob Johannes von Nepomuk einem aus persönlicher Eifersucht resultierenden Wutausbruch des Königs zum Opfer gefallen ist, unterliegt also erheblichem Zweifel. Betrachtet man die Dinge realistisch, so ging es auch hier tatsächlich um Interessen, um Politik, um Macht. Alles andere ist Legende, bestenfalls schmückendes Beiwerk. Der Eindruck ungehemmter Emotionalität eines aktiven Politikers in führender Position bleibt in jedem Fall.

Das Thema bietet noch eine Fülle von Beispielen; eines soll aber auf jeden Fall noch abschließend erwähnt werden: Ivan IV., der ‚Schreckliche', der weithin als Inbegriff eines Gefühlsmenschen auf dem Thron gilt. Der erste gekrönte Moskauer Zar (Regierungszeit 1547-1584)[25] erscheint seit seiner Lebenszeit in vielfältiger Weise als Ausbund des unumschränkten Herrschers, der seine Leidenschaften und Ausschweifungen, vor allem seine Lust, die Menschen zu quälen, in exzessiver Weise ausgelebt habe. Nun waren auch anderswo Damen und Herren auf Herrscherthronen in der Wahrnehmung ihrer sexuellen Gelüste in sämtlichen Richtungen nicht zurückhaltend. Und was die Zahl der Todesopfer dieses Herrschers angeht, so liegt sie mit insgesamt etwa 8 000 deutlich unter der Zahl, die man beispielsweise allein in Paris nur während der Bartholomäusnacht erreichte. Aber es war das Fremde bis Exotische dieses Moskauer Reiches, das dem schrecklichen Ruf Ivans IV. Vorschub leistete. Besonders auffällig war die zeitweilige Einrichtung der „Opričnina", eines Staates im Staate, den Ivan mit einer Leibtruppe gleichen Namens terrorisierte. Heute ist sich die Forschung einig darin, dass er damit versucht hat, einen Reformkern zu schaffen, von dem aus das ganze Zartum Moskau modernisiert werden sollte. Das Unternehmen scheiterte aus Gründen, die hier nicht weiter zu erörtern sind. Wie die „Opričnina" als Inbegriff des Ivanschen Terrors im Ausland dargestellt wurde, davon eine Kostprobe aus der Schilderung des deutschen Zeitgenossen Albert Schlichting:

---

25 Allgemein zu Ivan IV. und seiner Zeit vgl. Frank Kämpfer, Ivan (IV.) der Schreckliche 1533-1584, in: Hans-Joachim Torke (Hg.), *Die russischen Zaren 1547-1917,* München ³2005, S. 27-49; Ruslan G. Skrynnikow, *Iwan der Schreckliche und seine Zeit,* München 1992.

Wenn er einem würdigen Senator oder Krieger befiehlt, zu ihm zu kommen, so verabschiedet sich jener, bevor er zum Tyrannen geht, von seiner Frau, seinen Kindern und Freunden, als rechne er damit, sie niemals wiederzusehen. Er ist überzeugt, dass er entweder durch Schläge oder durch das Beil umkommen wird, obwohl er weiss, dass er in keiner Weise schuldig ist. Den Moskovitern ist ein(e) Art Missgünstigkeit angeboren, auf Grund derer es bei ihnen Gewohnheit ist, einander vor dem Tyrannen heimlich zu beschuldigen, zu verleumden und aufeinander neidisch zu sein, so dass sie sich wegen leerer Verleumdungen töten. Aber dem Tyrannen sagt dies alles zu, und er hört niemanden lieber an als Denunzianten und Verleumder, ohne sich darum zu kümmern, ob sie lügen oder die Wahrheit sage, nur um geeigneten Anlass zum Töten von Menschen zu haben. Dabei sind vielen die gegen sie vorgebrachten Beschuldigungen nicht einmal in den Kopf gekommen. An seinem Hofe ist es nicht ungefährlich, mit irgend jemandem zu sprechen. Ob man mit heller oder dunkler Stimme spricht, ob man murmelt, ob man lacht oder sich ärgert, bald wird man vom Tyrannen gefragt, warum man lache, sich freue, sich ärgere, fröhlich oder traurig sei. Sogleich wird man beschuldigt, mit seinen Feinden zu fühlen oder auf ein Verbrechen gegen ihn zu sinnen. Aber niemand kann sich rechtfertigen: sofort ruft er seine Mörder, die Opričniki, damit sie jenen ergreifen und ihn vor seinen Augen entweder in Stücke zerreis(s)en, ihm den Kopf abhauen, ihn ertränken oder den Hunden oder Bären zum Frasse vorwerfen.

Nachdem er seinen Palast so aufgebaut hatte, begann er dort mit einer zahlreichen Bande seiner Opričniki oder Mörder zu leben, die er aus Räuberbanden zusammenholte. Bemerkte er irgendwo einen hervorstechend frechen und verbrecherischen Menschen, zog er ihn sofort in seine Gemeinschaft und machte ihn zum Diener seiner Tyrannei und Grausamkeit. Sobald er sich durch diesen Schutz genügend stark fühlte, begann er von neuem, über die Vernichtung bedeutender Männer, namentlich Angehöriger alter Geschlechter, nachzudenken [...]. Zu allen Heerführern, die bei ihm im Lager waren, sandte er berittene Opričniki oder Mörder, damit sie unter dem Vorwand der Freundschaft bei ihnen blieben und lebten, um eine günstige Zeit abzuwarten, wo diese sich in Begleitung nur weniger Diener in der Kirche, im Haus oder wo es ihnen sonst gut erschiene, befanden, um sie dann zu ergreifen, zu töten und in Stücke zu reissen. Nach dem Mord an einem solchen Manne befahl der Tyrann, dessen Freunde, Verwandte und Nahestehende zu töten, falls er welche hätte, ob sie am Hofe lebten oder nicht. Und er trug den Mördern auf, einen Anschlag auf sie zu verüben, wenn sie sich auf dem Wege zum Hof befänden, sie anzufallen und zu töten. Danach suchte er nach den Tätern des Mordes, als wenn er nichts

> davon wüsste, aber gewöhnlich entdeckte und bestrafte er niemanden. Mit solcher Mordart vernichtete er und vernichtet noch heute sehr viele aus berühmten Familien und vergisst Tugend und Menschlichkeit vollkommen.[26]

Es ist eine ausgesprochen gefühlsbestimmte Grausamkeit, die hier geschildert wird: Ivan IV. erscheint als unberechenbar, spontan, misstrauisch, nachtragend. Eine der unglücklichsten Formen von Emotionalität ist der Jähzorn. In einer blitzartigen Reaktion zerstört man etwas, was kaum oder gar nicht mehr repariert werden kann. Wenn es der Fuß eines auswärtigen Gesandten war, den der schreckliche Ivan wegen der Unerfreulichkeit der überbrachten Nachricht mit seinem Eisenstab durchbohrte, mochte es noch hingehen. Von dramatischer Nachhaltigkeit war jedoch ein anderer Ausbruch des Ivanschen Jähzorns: Als er mit seiner Schwiegertochter eine Diskussion gehabt hatte und deswegen von seinem Sohn zur Rede gestellt wurde, erschlug er ihn mit demselben massiven Stab – wohl aus Versehen, was häufig beim Jähzorn passiert. Aber tot war tot, und es gab keinen Thronfolger mehr. In der Folge stürzte der Moskauer Staat in eine seiner schwersten Krisen, die ‚Zeit der Wirren'.

Ivan IV. ist der seltene Fall eines Herrschers, der authentische Zeugnisse seiner Emotionalität und einer Erklärung für diese Emotionalität hinterlassen hat. Der große Publizist auf dem Zarenthron verfasste viele Sendschreiben, berühmt ist sein Briefwechsel mit dem Fürsten Andrej Kurbskij, einem früheren eng vertrauten Mitarbeiter, der zum Feind übergelaufen war. Über große Strecken hinweg argumentiert der Zar theologisch, so zum Beispiel:

> Warum hast du den Apostel Paulus missachtet, der da sagt: „Jedermann sei untertan der Obrigkeit, die Gewalt über ihn hat. Denn es ist keine Obrigkeit ohne von Gott; wo aber Obrigkeit ist, die ist von Gott verordnet. Wer sich nun der Obrigkeit widersetzt, der widerstrebt

26 Albert Schlichting, Kurze Erzählung vom Charakter und der grausamen Herrschaft des Moskovitischen Tyrannen Vasilij [d. h. Ivan IV., H. H.] (1570/71), abgedruckt in: Mechthild Keller (Hg.), *Russen und Rußland aus deutscher Sicht 9.-17. Jahrhundert,* München 1985 (West-östliche Spiegelungen. Russen und Rußland aus deutscher Sicht und Deutsche und Deutschland aus russischer Sicht von den Anfängen bis zur Gegenwart. Wuppertaler Projekt zur Erforschung der Geschichte deutsch-russischer Fremdbilder unter der Leitung von Lew Kopelew, Reihe A, Bd. 1), S.196-198, hier: S. 197f.

> Gottes Ordnung." Bedenke das und überlege es Dir: sich der Obrigkeit widersetzen heißt Gott widerstreben, wer aber Gott widerstrebt, ist ein Abtrünniger, und das ist die größte Sünde. Und das gilt für jegliche Obrigkeit, selbst wenn sie durch Blut und Kampf zur Macht gekommen ist. [...] ich aber habe das Reich nicht durch Raub erlangt.[27]

Diese Rechtfertigung der orthodoxen Autokratie, die Ungehorsam als Häresie betrachtete und bestrafte, wird immer wieder durch emotionale Ausbrüche, regelrechte Schimpfkanonaden, unterbrochen:

> [...] du hast verräterisch wie ein Hund den Kreuzesschwur gebrochen und Dich mit den Feinden der Christenheit verbündet; überdies sprichst Du, ohne Dir Deiner Bosheit bewusst zu sein, derart schwachsinniges und ungereimtes Zeug wie einer, der einen Stein in die Höhe wirft [...].
>
> Was schreibst Du da und jammerst, Du Hund, wo Du doch eine so üble Tat begangen hast? Was soll Dein Rat, der übler als Kot stinkt?[28]

So geht es immer weiter. Dann aber fängt Ivan an, die Ursachen für seinen Hass auf die Bojarengesellschaft zu erklären. Hierbei geht er in seine Kindheit zurück. Sein Vater, Vasilij III., war gestorben, als Ivan drei Jahre alt war. Danach hatte seine Mutter unter der Arroganz der Bojaren zu leiden. Als diese fünf Jahre später starb, brach das Unglück über den kleinen Ivan und seinen jüngeren Bruder herein. Ivan berichtet, sie hätten die Anhänger seiner Familie verfolgt und ermordet.

> Sie eigneten sich die Höfe, Dörfer und Besitzungen unserer Verwandten an und ließen sich dort nieder. Den Schatz unserer Mutter verleibten sie dem Staatsschatz ein, wobei sie sich wie rasend mit den Füßen stießen und mit den Spitzstöcken aufeinander einstachen [...].[29]

Sie hätten sich der Herrschaft bemächtigt, gegen die Kirche aufgelehnt und ihn, Ivan, und seinen Bruder gedemütigt und misshandelt:

> Wie dürftig war ich damals gekleidet, und wie sehr musste ich hungern. All dies tat man wider meinen Willen [...] und ohne Rücksicht auf meine Jugend. An eines erinnere ich mich noch deutlich: Einmal [...]

---

27 Der Briefwechsel des Fürsten Andrej Kurbski mit Iwan Grosny, in: Graßhoff / Müller / Sturm (Hg.), O Bojan (wie Anm. 14), S. 362-378, hier S. 368.

28 Ebd., S. 369f.

29 Ebd., S. 371.

> spielten wir Kinderspiele, und der Fürst Iwan Wassiljewitsch Schuiski saß dabei auf einer Bank, stützte sich auf das Bett unseres Vaters und legte den Fuß auf einen Stuhl. Er begegnete uns weder väterlich noch wie ein Gebieter und schon gar nicht untertänig. Wer könnte solchen Hochmut ertragen? Wer könnte all das schwere Leid aufzählen, das ich in meiner Jugend erlitt! Oftmals musste ich, wider meinen Willen, spät essen.[30]

Und so beklagte er noch lange sein Schicksal. Es waren der Verlust der Eltern im frühen Kindesalter und die zahlreichen, schweren Kränkungen, die Ivan hier voller Selbstmitleid anführte, um sein Verhalten zu erklären. Gewiss musste er solche Traumatisierungen mit den entsprechenden Folgen erleiden. Sie wurden aber durch etwas anderes verstärkt: Ivan litt unter dem Zwiespalt, als Herrscher Härte zeigen und aus politischen Gründen Maßnahmen durchsetzen und Mittel anwenden zu müssen, die die christliche Lehre verbot. Der orthodoxe Theologe und der Herrscher eines von außen und innen bedrohten Staates lagen in ihm im Widerstreit – ein Konflikt, der den so klugen wie sensiblen Mann immer tiefer in die seelische Erkrankung trieb.[31] Vielleicht war Ivan der Schreckliche einer der wenigen wirklichen Gefühlsmenschen auf dem Herrscherthron.

Emotionen zu zeigen, ja geradezu zu demonstrieren, so kann ein kurzes Fazit lauten, ist eine beliebte Methode von Politikern, ihre Ziele durchzusetzen. Überall und zu allen Zeiten wird die Äußerung von Emotionen – meistens rhetorisch – gezielt in der Politik eingesetzt. So lange Emotionen beherrschbar bleiben und beherrscht werden, ist diese Methode sicherlich akzeptabel. Da man aber dessen oft nicht sicher sein kann, müssen Gefühlsäußerungen von Politikern stets auf die eigentliche politische Absicht hin befragt werden. Die historische Erfahrung zeigt, dass der gegenteilige Fall zur Katastrophe führen kann.

30 Ebd., S. 372.

31 Vgl. dazu ausführlicher Hans Hecker, Kranksein im Zwiespalt der Macht. Ivan IV. als kranker Herrscher, in: Peter Wunderli (Hg.), *Der kranke Mensch in Mittelalter und Renaissance,* Düsseldorf 1986 (Studia Humaniora, Bd. 5), S. 79-98.

Achim Landwehr

Ehen vor Gericht. Zur Kontrolle der Emotionen in der Frühen Neuzeit

1. Einleitung

Michel de Montaigne, der große Philosoph und Essayist des späten 16. Jahrhunderts, erfreut sich bis zum heutigen Tag nicht nur wegen seiner scharfsinnigen und immer wieder überraschenden Einsichten großer Beliebtheit, sondern – für die Geschichtswissenschaften von besonderem Interesse – auch aufgrund der Tatsache, dass er ein genauer Beobachter seiner eigenen Gegenwart war, weshalb es kaum einen Themenbereich gibt, zu dem er sich nicht geäußert hat. Blättert man ein wenig in seinen umfangreichen *Essays*, wird man auch mit Blick auf das Thema Emotion fündig. Über Gefühle in der Ehe hat sich Montaigne in einer Art und Weise geäußert, die beim heutigen Leser zunächst Befremden hervorrufen mag. Was Montaigne nämlich in seinem Essay mit dem Titel „Über einige Verse des Vergil" über das Gefühlsleben in der Ehe zu sagen hat, klingt wahrlich wenig verlockend. Er hält die Liebe für ein „vernunftgeleitetes Geschäft", in dem die sinnlichen Begierden nicht wild, sondern „abgestumpft und eher trübselig" seien. Die Ehe werde nicht um der Liebe willen eingegangen, sondern vor allem um der Familienbande und des Vermögens willen.

> Man heiratet nicht für sich, was immer man sagen mag, sondern in gleichem, wenn nicht stärkerem Maße für seine Nachkommen, für seine Familie. Der Brauch der Eheschließung nutzt weit über uns hinaus unserm ganzen Geschlecht. Daher gefällt mir die Gepflogenheit, eine Heirat eher durch Dritte als durch das Paar selbst ausrichten zu lassen und sie auf das Urteil andrer statt aufs eigene zu gründen. Wie entgegengesetzt ist das alles zu den Liebeshändeln! Deshalb finde ich es eine Art Unzucht […], wenn man sich im so verehrungswürdigen und geheiligten Ehebund den maßlosen Ausschweifungen der Sinnenbrunst hingibt. […] Ich kenne keine Ehen, die schneller in Schwierigkeiten geraten als jene, die sich auf Schönheit und Liebesverlangen gründen. Es bedarf hierzu festrer und dauerhafterer Fundamente sowie

> eines stets umsichtigen Vorgehens – überschäumendes Ungestüm ist da fehl am Platz.[1]

Und Montaigne hält noch andere überraschende Einsichten bereit. So mache sich eine gute Ehe, die etwas auf sich halte, nicht mit der Liebe gemein. Leider gebe es eben viel zu selten gute Ehen, die dem Vorbild der Freundschaft nachfolgten, und dies sei umso bedauerlicher, als es eigentlich doch keine trefflichere Einrichtung in der Gesellschaft gebe. So wird die Ehe einem Vogelkäfig gleich: „Die Vögel, die draußen sind, suchen verzweifelt hineinzukommen, und ebenso verzweifelt wollen jene, die drinnen sind, hinaus." Und weiter: „Die Ehe ist eine Zweckgemeinschaft, auf die dieses Wort genau zutrifft: Der Mensch ist dem Menschen entweder ein Gott oder ein Wolf."[2]

Nun könnte man einwenden, dass Montaigne entweder als bekennender Neostoiker mit seinen Ansichten eine etwas exotische Ausnahmestellung unter seinen Zeitgenossen einnahm, oder dass er möglicherweise selbst keine glückliche Ehe führte und seine Frustrationen in seine Ausführungen einfließen ließ. Doch wie wir noch sehen werden, war dem keineswegs so. Vielmehr bieten Montaignes Ausführungen die Gelegenheit, ein wenig genauer nach der Rolle von Emotionen in der frühneuzeitlichen Ehe zu fragen, um möglicherweise festzustellen, dass er mit seiner Auffassung keineswegs Absonderlichkeiten verbreitete. Es würde sich also eher die Frage stellen, warum Auffassungen über das Gefühlsleben sich so gestalteten, wie wir das hier bei Montaigne beobachten können.

Dabei stellen sich dem Interessierten mindestens zwei Hürden in den Weg, nämlich erstens das Problem, wie sich Gefühle überhaupt zum wissenschaftlichen und insbesondere historischen Gegenstand machen lassen. Das vermeintliche oder tatsächliche Verstehen und insbesondere das Missverstehen der eigenen Gefühle wie der Gefühle anderer ist schon unter Anwesenden eine diffizile Angelegenheit. Es ergibt sich von selbst, dass sich dieses Problem um ein Vielfaches potenziert, wenn man es mit vergangenen Gesellschaften zu tun hat, die uns über ihre Gefühle nur in vermittelter Form Mitteilung

---

1 Michel de Montaigne, *Essais,* übers. von Hans Stilett, Frankfurt a. M. 1998, S. 425.

2 Montaigne, Essais (wie Anm. 1), S. 426.

machen können und die unter Umständen auch ein gänzlich anderes Verständnis von Emotionen hatten.

Wie die Schwierigkeiten gelagert sein können, die im Umgang mit fremden Gesellschaften auftauchen können, lehrt ein Blick in die ethnologische Erforschung von Emotionalität: Die im Süden der indonesischen Insel Sulawesi beheimateten islamischen Makassar kennzeichnen sich in ihrem Gesellschaftsaufbau durch eine strenge Geschlechtssegregation. Die männlichen und die weiblichen Lebens- und Arbeitssphären sind streng voneinander getrennt. Männer und Frauen finden sich allerdings nicht in einem hierarchischen Verhältnis, sondern übernehmen differente, aber gleichwertige Rollen in der Gesellschaft. Bei den Makassar werden Ehen idealerweise durch Familien arrangiert und nicht auf der Basis persönlicher Neigung geschlossen. Diese Praxis wird dadurch unterstützt, dass es eine strikte Tabuisierung des Kontakts zwischen heiratsfähigen Männern und Frauen gibt. Es ist daher auch nicht verwunderlich, dass es kein spezifisches Verliebtheitsmodell bei den Makasser gibt. Das kulturelle Konzept des emotionalen Verhältnisses eines Ehepaares geht davon aus, dass am Anfang der Ehe keine gefühlsmäßige Bindung besteht, sondern dass diese sich erst allmählich herausbildet. Dies erscheint durchaus folgerichtig in einer Gesellschaft, in der Ehen aus ökonomischen und gesellschaftspolitischen Gründen geschlossen werden. Bedeutet das aber, dass sich junge Menschen bei den Makasser nicht verlieben, ja möglicherweise nicht verlieben können, weil dieses Gefühl nicht existiert? Die Antwort auf diese Frage muss paradox ausfallen. Selbstverständlich kennt man auch in dieser Gesellschaft das Gefühl, dass sich ein Mensch zu einem anderen stark hingezogen fühlt, typischerweise gefolgt von Phänomenen wie Appetitlosigkeit, Unkonzentriertheit, abwechselnden Phasen exaltierter Freude und tiefer Niedergeschlagenheit, Schlafstörungen, Unruhe und Rastlosigkeit – mit einem Wort: das, was westliche Gesellschaften gemeinhin als Verliebtheit bezeichnen. Diese Phänomene existieren also bei den Makasser, jedoch gibt es kein Konzept von Verliebtheit. Vielmehr gibt es „garring lolo“, wörtlich übersetzt „die Krankheit junger Menschen“. Bei den Makasser wird demnach das pathologisiert, was westliche Gesellschaften romantisieren.

Junge Menschen verlieben sich nicht, sondern werden von einer Krankheit befallen, die ausgelöst wird durch Magie und die bezeichnenderweise vornehmlich Jugendliche zwischen 12 und 16 Jahren befällt.[3]

Die zweite Hürde, die wir überwinden müssen, betrifft die konkrete empirische historische Arbeit: Wie kann man der Emotionen vergangener Gesellschaften habhaft werden? Wo ist das historische Material, in dem solche Gefühle zum Vorschein kommen? Nun wurden in den vergangenen Jahren und Jahrzehnten bereits viele Wege erfolgreich beschritten, um Emotionen in ihrer historischen Situiertheit sichtbar zu machen, vor allem über den Pfad von Selbstzeugnissen.

Ich möchte im Folgenden einen etwas anderen Weg einschlagen, indem ich sowohl die Überlegungen Montaignes wie auch die Praktiken der Makassar im Umgang mit Emotionen zum Ausgangspunkt nehme. Denn wenn wir es in diesen Fällen mit Exempeln zu tun haben, in denen beispielsweise Verliebtheit keineswegs unumschränkt positiv gesehen wird, ja in denen ein Zuviel an Emotionalität in der Ehe sogar als gefährlich eingestuft werden konnte, dann lohnt es sich möglicherweise, genau an dieser Stelle einzuhaken.

Nun ist weder das Misstrauen gegenüber Emotionen noch das Bemühen, diese zu kontrollieren, eine Erfindung der Frühen Neuzeit. Jedoch haben wir es seit dem Spätmittelalter und insbesondere seit dem 16. Jahrhundert mit neuen administrativen Möglichkeiten zu tun, hier auch obrigkeitlich intensiver tätig zu werden. Ich werde daher im Folgenden einige Schlaglichter auf die Versuche zur Kontrolle von Emotionalität in der Ehe werfen, wobei ich mich einerseits auf obrigkeitliche Normierungen aus dem frühneuzeitlichen Herzogtum Württemberg, andererseits auf Gerichtsprotokolle aus der schwäbischen Kleinstadt Leonberg beziehen werde.

3 Vgl. Birgitt Röttger-Rössler, Emotion und Kultur. Einige Grundfragen, in: *Zeitschrift für Ethnologie* 127 (2002), S. 147-162, hier S. 153-155.

2. Württembergische Ehegesetzgebung

Dass die Regelung der Bereiche Ehe und Familie den Landesherren – neben anderen – ganz besonders am Herzen lag, machen die zahlreichen Eheordnungen deutlich, die seit dem 16. Jahrhundert veröffentlicht wurden.[4] So war Ehegesetzgebung Bestandteil einer umfassenderen politischen Idealvorstellung, die auf den Namen ‚gute Policey' hörte.[5] Diese ‚gute Policey' hatte (fast) nichts mit unserem Polizeibegriff zu tun, bezeichnete also nicht eine bestimmte Institution, die mit der Wahrung der inneren Sicherheit betraut war, sondern meinte vielmehr die umfassende und möglichst perfekte Ordnung eines Gemeinwesens in seiner Gesamtheit. Betroffen waren nicht nur rechtliche, gesellschaftliche oder wirtschaftliche Belange, sondern auch die Regelung moralischer Grundvorstellungen sowie der Eingriff in Bereiche, die wir heute als privat rubrizieren würden. Daher erschien es auch nur konsequent, wenn eben diese Eheord-

---

4 Vgl. hierzu auch Uwe Sibeth, *Eherecht und Staatsbildung. Ehegesetzgebung und Eherechtsprechung in der Landgrafschaft Hessen(-Kassel) in der frühen Neuzeit,* Darmstadt / Marburg 1994; Maike Günther, Ehe als gesellschaftliches Ordnungsmodell. Die Dresdner Eheordnung von 1556 im historischen Kontext, in: Klaus Tanner (Hg.), *„Liebe" im Wandel der Zeiten. Kulturwissenschaftliche Perspektiven,* Leipzig 2005, S. 95-105.

5 Zu Policey und Policeyordnungen in der Frühen Neuzeit vgl. Franz-Ludwig Knemeyer, Polizei, in: Otto Brunner / Werner Conze / Reinhart Koselleck (Hg.), *Geschichtliche Grundbegriffe. Historisches Lexikon zur politisch-sozialen Sprache in Deutschland,* 8 Bde., Stuttgart 1978, Bd. 4, S. 875-897; Hans Maier, *Die ältere deutsche Staats- und Verwaltungslehre (Polizeiwissenschaft). Ein Beitrag zur Geschichte der politischen Wissenschaft in Deutschland,* Neuwied / Berlin 1966; Peter Nitschke, Von der Politeia zur Polizei. Ein Beitrag zur Entwicklungsgeschichte des Polizei-Begriffs und seiner herrschaftspolitischen Dimensionen von der Antike bis ins 19. Jahrhundert, in: *Zeitschrift für Historische Forschung* 19 (1992), S. 1-27; Karl Härter, Entwicklung und Funktion der Policeygesetzgebung des Heiligen Römischen Reiches Deutscher Nation im 16. Jahrhundert, in: *Ius Commune* 20 (1993), S. 61-141; Michael Stolleis (Hg.), *Policey im Europa der Frühen Neuzeit,* Frankfurt a. M. 1996. Zur Policey im Herzogtum Württemberg: Julius Jungel, *Der Begriff der Polizei im württembergischen Recht,* Diss. Tübingen 1912; Heinz Schmucker, *Das Policeywesen im Herzogtum Württemberg,* Diss. Tübingen 1958.

nungen sich keineswegs damit begnügten, Rahmenbedingungen zu formulieren, die diesen privaten Bereich schützen sollten, sondern detaillierte Vorschriften über das Eheleben machten.

Möglich und nötig war dies aus Sicht der Obrigkeiten, weil die Ehe die Keimzelle frühneuzeitlicher Gesellschaft bildete. Auf ihr hatte eine ideal gedachte Gesellschaftsordnung aufzubauen, wie man sie sich nach zeitgenössischem Verständnis gemäß göttlicher Ordnung vorstellte.[6] Vor diesem Hintergrund lassen sich vier Merkmale ausmachen, welche die frühneuzeitliche Ehe ihrem wesentlichen Inhalt nach bestimmten: Sie bildete den alleinigen Ort legitimer Sexualität; sie allein legitimierte die Zeugung von Kindern, wie umgekehrt in ihrer Folge die Zeugung von Kindern selbstverständlich erwartet wurde; sie begründete eine auf Besitz und Arbeit und weniger auf emotionaler Zuneigung basierende Lebensgemeinschaft; und sie begründete eine lebenslange Vereinbarung, die im Prinzip nicht auflösbar war.[7] Dadurch wurde in der Institution ‚Ehe' ein Zusammenhang geschaffen zwischen Besitzdenken, ökonomischem Überlebenswillen, soziopolitischen Ordnungsaufgaben und gegenseitiger emotionaler Zuneigung, die für unser heutiges Denken in dieser Form nur schwer miteinander zu vereinbaren sind.[8]

---

6 Vgl. Paul Mikat, Ehe, in: Adalbert Erler / Ekkehard Kaufmann (Hg.), *Handwörterbuch zur deutschen Rechtsgeschichte,* 5 Bde., Berlin 1971, Bd. 1, Sp. 809-833. Zum Forschungsstand vgl. Winfried Freitag, Haushalt und Familie in traditionalen Gesellschaften. Konzepte, Probleme und Perspektiven der Forschung, in: *Geschichte und Gesellschaft* 14 (1988), S. 5-37.

7 Vgl. Richard van Dülmen, *Kultur und Alltag in der Frühen Neuzeit,* Bd. 1, München 1992, S. 158; ferner auch Christian Simon, *Untertanenverhalten und obrigkeitliche Moralpolitik. Studien zum Verhältnis zwischen Stadt und Land im ausgehenden 18. Jahrhundert am Beispiel Basels,* Basel / Frankfurt a. M. 1981, S. 148-151.

8 Vgl. Richard van Dülmen, Fest der Liebe. Heirat und Ehe in der frühen Neuzeit, in: Ders. (Hg.), *Armut, Liebe, Ehre. Studien zur historischen Kulturforschung,* Frankfurt a. M. 1988, S. 67-106, hier S. 67; Hans Medick / David Sabean (Hg.), *Emotionen und materielle Interessen. Sozialanthropologische und historische Beiträge zur Familienforschung,* Göttingen 1984; Daniela Hacke, „Aus Liebe und aus Not". Eine Geschichte des Gefühls anhand frühneuzeitlicher Liebeszauberprozesse in Venedig, in: *Zeitschrift für Historische Forschung* 29 (2000),

Man kann also durchaus sagen, dass die Ehe alles andere als ein Privatvergnügen war. Sie war sowohl für die Ehepartner wie auch für die Obrigkeit eine überlebenswichtige Institution, die sowohl das Auskommen des Einzelnen wie auch den Bestand der Gesellschaft sicherte. Zudem war die Heirat in der Frühen Neuzeit kein privater, individueller Akt zweier sich liebender Menschen, sondern mögliche emotionale Zuneigungen – die keineswegs von vornherein ausgeschlossen werden können – wurden durch familiäre, nachbarschaftliche und lokale Interessen überdeckt. Es war nicht primär der Faktor ‚Liebe', der zu einer Eheschließung führte, sondern als gute und christliche Heirat wurde diejenige verstanden, die in den gesellschaftlichen Kontext einer Dorfgemeinschaft, einer Nachbarschaft oder eines zünftisch organisierten Berufsstandes passte und damit auch den wirtschaftlichen Ansprüchen entsprach.[9] Es wurde in zeitgenössischen Überlegungen zur Ehe auch dazu geraten, keine allzu hohen Ansprüche an diese Lebensform zu stellen, da sie nicht dazu da sei, dem Menschen zu größerem Glück zu verhelfen. Schließlich war dieses Institut bereits durch den Sündenfall verdorben worden. Ehepartner sollten sich vor allem darum bemühen, die Mühsal, die eine Ehe unweigerlich mit sich brachte, in einem erträglichen Rahmen zu halten. Oder wie es der württembergische Geistliche Johann Adam Lederer Mitte des 18. Jahrhunderts zum Ausdruck brachte: „Wer das Joch nicht tragen will, soll nicht heiraten." Und er ging sogar noch weiter, indem er ausführte, dass eine Ehe, in der beide Partner gute Christen und damit gute Menschen waren und sich möglicherweise auch in emotionaler Hinsicht verstanden, für den Staat eine Ressourcenverschwendung sei. Aus staatlicher Perspektive schien es demnach günstiger, dass nur einer der Partner fest im Christentum verankert sei; wenn ein guter mit einem schlechten Christen zusammenlebe, dann habe „der gute unzählig böse Stunden, aber er sei nahe zu Gott". Außerdem hätten solche Ehen einen großen erzieherischen Effekt für die Kinder, denn schließlich stünden diesen immer das gute und das böse Beispiel vor Augen. Für unseren Zusammenhang wichtiger ist jedoch der Umstand, dass Lederer als wichtige Voraussetzung für eine „vergnügliche" Ehe die Affektkontrolle ansah.[10]

S. 359-382, hier S. 360.

9 Vgl. van Dülmen, Fest der Liebe (wie Anm. 8), S. 67.

10 Johann Adam Lederer, 1748-1759 Spezialsuperintendent in Vaihingen,

Daher verwundert es nicht, wenn das Eheleben einer ausführlichen Reglementierung unterworfen wurde. Um die Reichweite dieser Normierung zumindest ansatzweise vor Augen zu führen, möchte ich im Folgenden beispielhaft auf die frühneuzeitliche Ehenormierung des Herzogtums Württemberg eingehen.[11]

Sich auf Württemberg zu beziehen, erscheint auch deswegen gerechtfertigt, weil die erste württembergische Eheordnung von 1534 weit über das eigentliche Territorium hinaus einen Vorbildcharakter insofern gewann, als es sich um die erste gedruckte Ordnung dieser Art eines protestantischen Territoriums handelte.[12] Bereits anhand dieser ersten großen Verordnung lassen sich die wichtigsten Prinzipien ablesen, denen die Eheschließung seitens der Obrigkeit unterworfen werden sollte. Neben Bestimmungen über die Verwandtschaftsgrade, innerhalb derer nicht geheiratet werden durfte, sowie über das Verbot heimlicher Verheiratungen findet sich hier beispielsweise prominent der Aspekt der Kontrolle von Eheschließungen vertreten. Verlobungen und Hochzeiten durften nicht stattfinden, ohne dass die Eltern der Brautleute einwilligten.[13] Auch die

---

zit. nach Helga Schnabel-Schüle, *Überwachen und Strafen im Territorialstaat. Bedingungen und Auswirkungen des Systems strafrechtlicher Sanktionen im frühneuzeitlichen Württemberg,* Köln / Weimar / Wien 1997, S. 181.

11 Vgl. dazu auch Achim Landwehr, *Policey im Alltag. Die Implementation frühneuzeitlicher Policeyordnungen in Leonberg,* Frankfurt a. M. 2000.

12 Vgl. Clausdieter Schott (Hg.), *Ordnung in Ehesachen. Die erste württembergische Eheordnung in Faksimile,* Frankfurt a. M. 1987.

13 Vgl. August Ludwig Reyscher (Hg.), *Vollständige, historisch und kritisch bearbeitete Sammlung der württembergischen Gesetze,* 19 Bde., Stuttgart / Tübingen 1828-1851, Bd. 4, S. 66-69. Zum rechtshistorischen Hintergrund dieser Regelungen vgl. Schott, Ordnung in Ehesachen (wie Anm. 12), S. 34-41. Vgl. ferner Walther Köhler, *Zürcher Ehegericht und Genfer Konsistorium,* Bd. 2: *Das Ehe- und Sittengericht in den süddeutschen Reichsstädten, dem Herzogtum Württemberg und in Genf,* Leipzig 1942, S. 233-268; Gerhard Dilcher, Ehescheidung und Säkularisation, in: Ders. / Luigi Lombardi Vallauri (Hg.), *Cristianesimo, secolarizzazione e diritto moderno,* Baden-Baden / Milano 1981, S. 1037-1046; Sibeth, Eherecht und Staatsbildung (wie Anm. 4); Stephan Buchholz, Ehe und Herrschaft. Geschlechterbezie-

Möglichkeit der Ehescheidung, die seit der Reformation durchaus vorgesehen war, wurde zentral durch die württembergische Obrigkeit kontrolliert. Zugelassen war die Ehescheidung nur im Falle des Ehebruchs oder des Verlassens eines Ehepartners, der sogenannten ‚Desertion'. Solche Scheidungsverfahren mussten aber zwingend vor das herzogliche Ehegericht gebracht werden, das ausschließlich für derlei Fälle zuständig war.[14]

Wie bei solchen frühneuzeitlichen Normwerken nicht selten, lässt sich auch im Fall der Bestimmungen dieser württembergischen Eheordnung eine ganze Genealogie an Nachfolgeregelungen nachweisen, in welche die Bestimmungen dieser Eheordnung entweder sinngemäß oder wortwörtlich inkorporiert wurden. Auch die sogenannte ‚Große Kirchenordnung' von 1559 macht da keine Ausnahme, wiederholt vielmehr die Bestimmungen der ersten Eheordnung. In dieser ‚Großen Kirchenordnung' wurde nochmals die Bedeutung der Ehe innerhalb eines religiös fundierten Weltbildes hervorgehoben und auf die Pflichten hingewiesen, die dem Landesherrn bei der Aufrechterhaltung christlicher Ordnung zukamen:

> Und wir aber darneben auch befunden, das die notdurfft erfordern will, inn den Ee, als hochwichtigen sachen, auch GOTT dem allmechtigen, zu lob und preiß, deßgleichen zu fürderung des gemeynen nutzes, Christenliche, rechtmessige, und billiche fürsehung zuthun, darmit der heilig von GOTT dem Herrn, selbs eingesetzter Eestand, sovil müglich, und an Uns ist, Christenlich, auch wie sich gebürt, angefangen und erhalten, auch darzu allerley ungöttlichem, unnd unerbarem wesen gewert werde.[15]

Um zu klären, welchen Stellenwert die Ehe im gesellschaftlichen Kontext einnahm und welche Rolle Emotionen in Paarbeziehungen spielten, lohnt sich vor allem ein Blick auf die Begründungen, die solchen Verordnungen im Verlauf der Frühen Neuzeit immer

---

hungen in den Rechtsquellen des 17. und 18. Jahrhunderts, in: Erich Donnert (Hg.), *Europa in der Frühen Neuzeit. Festschrift für Günter Mühlpfordt,* Bd. 4: *Deutsche Aufklärung*, Weimar / Köln / Wien 1997, S. 1-19.

14 Vgl. Reyscher, Württembergische Gesetze (wie Anm. 13), S. 68f.; Günther Erbe, Das Ehescheidungsrecht im Herzogtum Württemberg seit der Reformation, in: *Zeitschrift für Württembergische Landesgeschichte* 14 (1955), S. 95-144; Mikat, Ehe (wie Anm. 6), Sp. 826f.

15 Reyscher, Württembergische Gesetze (wie Anm. 13), S. 85.

häufiger beigegeben wurden und die auch immer ausführlicher ausfielen. So wurde in der ‚Großen Kirchenordnung' beispielsweise der Bestimmung über die vorgeschriebene Einwilligung der Eltern bei Eheschließung ihrer Kinder vorangestellt, es sei

> mäniglich Christenlichs und sonst erbars verstands, kund und offenbar, das die Ehrembietung und gehorsam der Kinder, gegen irn Eltern, anfenglich menschlicher Natur, als ein Natürlich Ewig, unnd unwandelbar recht eingebildet, und hernach, in das Göttlich wort auch andere rechtgeschaffne schrifften außtruckenlich verfast, und verkündigt [ist].[16]

Auf die hierarchischen und selbstredend auch patriarchalischen Formen des Familienlebens, die hier in aller Deutlichkeit zum Vorschein kommen, muss man kaum hinweisen.

Höhepunkt und weitgehender inhaltlicher Abschluss der Ehegesetzgebung im Herzogtum Württemberg war die dritte Eheordnung von 1687, die wesentlich ausführlicher ausfiel als die beiden vorhergehenden, und die in späteren Jahren wiederholt neu aufgelegt wurde. Ähnlich wie andere große Verordnungswerke des Herzogtums galt auch die Eheordnung bis weit in das 19. Jahrhundert hinein und wurde erst durch das *BGB* am 1. Januar 1900 definitiv außer Kraft gesetzt.[17] Neben einem ersten Teil, der im Wesentlichen identisch ist mit den vorhergehenden Normwerken, weist diese Eheordnung von 1687 noch drei weitere Teile auf, in denen Formen und Aufgaben des württembergischen Ehegerichts normiert, Aufgaben der Amtleute und der Pfarrer in Ehesachen beschrieben und die Form des Eheprozesses näher dargelegt wurden.[18]

Zeigen demnach diese normativen Regelungen an, wie sehr frühneuzeitliche Obrigkeiten darum bemüht waren, Ehe und Familie einer gesteigerten Kontrolle zu unterwerfen, so machen die Argumentationen und Begründungsformen, in welche man jene Anweisungen fasste, darüber hinaus deutlich, mit welchen weitreichenden Implikationen die genannten Lebensformen beladen wurden. Es ist nämlich alles andere als eingeübte Rhetorik, wenn beispielsweise ein

16 Ebd., S. 86.

17 Vgl. Erbe, Ehescheidungsrecht (wie Anm. 14), S. 138.

18 Vgl. Reyscher, Württembergische Gesetze (wie Anm. 13), Bd. 6, S. 85-165.

direkter Zusammenhang zwischen der ‚Sünde' des Ehebruchs und Seuchen, schlechten Ernten oder anderen Plagen im Land hergestellt wurde. Vielmehr kommt hier eine Kosmologie zum Vorschein, die einen untrennbaren Zusammenhang zwischen Gott, dem Landesherrn und den einzelnen Familien beziehungsweise den Familienoberhäuptern herstellte. In diesem Sinne konnte es daher 1586 in einer Policeyordnung heißen:

> nachdem Wir ein gute Zeit hero leider, erfahren, daß an vilen orten Unsers Fürstenthumbs, das grewlich hochsträflich Laster des Ehebruchs, Hurerey und anderer unzucht, bey meniglich allzuvil uberhand genommen, unnd dermassen gemein worden, daß die in Unserer Landtsordnung darauff gesetzte, und sonsten bis anhero gebrauchte Straffen, in schlechter achtung gehalten, und man solch unzüchtig wesen, schier für keine, oder ja geringe Sünd ansehen will, Dannenhero uber die allgereit im Werck erfolgte, und täglichs vor Augen schwebende vätterliche züchtigungen, noch beschwerlichere allgemein durchgehende Landstraffen, von Gott dem HERrn, seinem gerechten zorn nach, endtlich zugewarten.[19]

Diese Zusammenhänge, die zwischen individueller Handlung und göttlicher Allmacht konstruiert wurden, werden noch deutlicher anhand der Zeremonie, die Ehebrecher über sich ergehen lassen mussten, falls sie entdeckt wurden. An drei aufeinanderfolgenden Sonntagen mussten sie vor der versammelten Gemeinde Buße tun. Der Pfarrer hatte ihr Vergehen zu verkünden und hervorzuheben, gegen welche göttlichen Gebote sie verstoßen hatten, um sich schließlich mit folgenden Worten an die Gemeinde zu wenden:

> Dessen aber allen unangesehen, haben N. und N. welche ir allhie bey dem Altar zugegen sehen, sich mit diser abscheulichen Sünd des Ehebruchs vergriffen, die eheliche trew gebrochen, darmit Gott im Himmel höchlich erzürnt, unnd bey einer ganze Christlichen Gemein, groß ergernuß angerichtet: Wiewol sie nun hierumb von der weltlichen Obrigkeit, ihr gebürende Straff empfangen und außgestanden, jedoch seind sie mit solcher zeitlichen Straff, gegen unserm HErrn Gott, und seiner Christlichen Kirchen, noch nicht ausgesönet, sondern wofern sie die verschüttete gnad Gottes, wider erlangen sollen, und für Glieder

19 Ebd., Bd. 4, S. 443. Allgemein zum Ehebruch in Württemberg vgl. Helga Schnabel-Schüle, Überwachen und Strafen (wie Anm. 10), S. 294-303.

> diser Christlichen Kirchen [...] fürterhin auch erkennt werden wöllen, seind sie schuldig zuvorderst gegen Gott, ir großes Unrecht, mit herzlicher rew zuerkennen.[20]

Im Zusammenhang einer solchen Argumentation wird bereits überdeutlich, wie sehr man auf unterschiedlichen Ebenen darum bemüht war, das überbordende Walten von Emotionen zu kontrollieren. Denn die weitreichenden und alle Glieder der Gesellschaft betreffenden negativen Konsequenzen, die aus einem solchen unüberlegten und allein der Lust folgenden Handeln resultierten, standen allen vor Augen und wurden in entsprechenden Begründungszusammenhängen immer wieder bemüht. Da das individuelle Verhalten also in einem Sinne gedacht wurde, dass es durchaus allgemeine, das Gemeinwesen in seiner Gesamtheit betreffende Auswirkungen zeitigen konnte, waren Gefühle alles andere als eine Privatsache. Emotionen konnten vor dem Hintergrund einer solchen Version sozialer Wirklichkeit zu einem gesellschaftlichen und auch politischen Faktor werden.

Vor diesem Hintergrund zeigen die Regelungen frühneuzeitlicher Verordnungen zur Ehe sowohl einen gesellschaftlichen als auch einen politischen Charakter. In sozialer Hinsicht konnte eine Person überhaupt nicht getrennt vom Kontext des ‚Ganzen Hauses' und der Familie gedacht werden. Sie war vielmehr Teil der intensiven Rivalität verflochtener Verwandtschaftsnetze, und das individuelle Interesse war auf die Dynamik des Familienlebens ausgerichtet. Auf der politischen Ebene drang seit dem 16. Jahrhundert der Territorialstaat – wie anhand der württembergischen Policeynormierung deutlich wird – genau an diesem Punkt in das Leben der Untertanen ein. Obrigkeiten versuchten, in diesem Bereich des Ehe- und Familienlebens für einheitliche und vor allem auch obrigkeitlich fassbare Verhältnisse zu sorgen.[21]

20 Reyscher, Württembergische Gesetze (wie Anm. 13), Bd. 8, S. 288f.

21 Vgl. David W. Sabean, *Das zweischneidige Schwert. Herrschaft und Widerspruch im Württemberg der frühen Neuzeit,* Frankfurt a. M. 1990, S. 161f.; Heinrich Richard Schmidt, Männergewalt und Staatsgewalt. Frühneuzeitliche Ehekonflikte vor Gericht in vergleichender regionalgeschichtlicher Perspektive, in: *L'Homme* 14 (2003), S. 35-54.

Mit der Anwendung derartiger Normen waren vor Ort zunächst die lokalen weltlichen und geistlichen Amtsträger betraut. Im frühneuzeitlichen Württemberg waren dies im Kontext der Ehenormierung die Pfarrer in den einzelnen Orten sowie in Kooperation mit jenen die Schultheißen in den Dörfern und die Vögte in den Amtsstädten. Auch deren Aufgaben wurden in den entsprechenden Verordnungen geregelt. Bei schwerwiegenden Ehekonflikten und insbesondere bei Scheidungsanträgen durften die Fälle nicht mehr von den dörflichen Amtsträgern behandelt werden, sondern waren an die übergeordnete Verwaltungseinheit des Amtes und deren Spitzen weiterzuleiten.[22] Der Vogt und der Spezialsuperintendent waren ausschließlich für derlei Angelegenheiten zuständig.

Es ist keineswegs übertrieben zu sagen, dass die Eheschließung und Eheführung seitens der Obrigkeit einer peniblen Überwachung unterworfen werden sollte. Dies sollte in den einzelnen Orten vor allem mittels einiger formaler Hürden bewerkstelligt werden, die der Gründung eines Familienstandes vorgeschaltet wurden.[23] Die zukünftigen Ehepaare hatten sich vor der Trauung nicht nur einer Anhörung durch den Geistlichen zu stellen, sondern ihre bevorstehende Eheschließung musste auch in der Kirche proklamiert werden. Noch vor der Proklamation hatte der Pfarrer allerdings Nachforschungen

22 Das Amt Leonberg, das im Folgenden genauer betrachtet werden soll, bestand beispielsweise aus der Amtsstadt Leonberg und 19 weiteren Orten. Vgl. Württembergisches Statistisches Landesamt (Hg.), *Beschreibung des Oberamts Leonberg*, 2 Bde., Stuttgart 1930, Bd. 1, S. 273-275; Wilfried Setzler u. a., *Leonberg. Eine altwürttembergische Stadt und ihre Gemeinden im Wandel der Geschichte,* Stuttgart 1992. Allgemein: Karl S. Bader, *Der deutsche Südwesten in seiner territorialstaatlichen Entwicklung,* Sigmaringen 1978, S. 95-105; Elmar Blessing, Einteilung Württembergs in Ämter um 1525, in: Kommission für Geschichtliche Landeskunde in Baden-Württemberg (Hg.), *Historischer Atlas von Baden-Württemberg. Erläuterungen VI 10,* Stuttgart 1972; Michael Klein, Herrschaftsgebiete und Ämtergliederung in Südwestdeutschland 1790. in: Kommission für Geschichtliche Landeskunde in Baden-Württemberg (Hg.), *Historischer Atlas von Baden-Württemberg. Erläuterungen VI 13,* Stuttgart 1988; Walter Grube, *Vogteien, Ämter, Landkreise in Baden-Württemberg,* Bd. 1: *Geschichtliche Grundlagen,* Stuttgart 1975.

23 Allgemeiner zum Vorgang der Eheschließung: van Dülmen, Fest der Liebe (wie Anm. 8).

über die näheren Umstände des Paares anzustellen: ob die Einwilligung der Eltern vorlag, ob zu enge Verwandtschaftsgrade existierten oder ob die Braut bereits vor der Eheschließung schwanger geworden war. Ein wichtiger Punkt war die Proklamation, durch die jede Ehe an drei aufeinanderfolgenden Sonntagen im Rahmen des Gottesdienstes der Gemeinde angekündigt werden sollte. Auf diesem Weg konnte die bevorstehende Ehe der sozialen Kontrolle durch die Gemeinde unterworfen werden, die explizit aufgefordert war, eventuelle Einwände gegen die Eheschließung vorzubringen. Auch bei Ehestreitigkeiten mussten die Amtsträger aktiv werden, die Eheleute verhören, die Ursachen der Streitigkeit ergründen und nach Möglichkeit zu einer Beilegung des Konflikts beitragen.[24] Dabei wurde ausdrücklich bestimmt, dass diese von „Geist- und Weltlichen BeAmten zugleich unterhanden genommen, und conjunctim expedirt, von keinem Theil aber allein separatim und ohne Communication angenommen, untersucht, berichtet, vielweniger decidirt und erörtert werden sollen."[25] Diese Bestimmung wurde insbesondere für die Untersuchung von Ehekonflikten hervorgehoben: „Sonderlich auch soll kein Special ohne den Weltlichen Amt-Mann, oder dieser ohne den Special in Ehe-Sachen, sondern beede zugleich, keiner ohne den andern, Berichten."[26]

24 Eingehende Studien zu Ehekonflikten finden sich bei Rainer Beck, Frauen in der Krise. Eheleben und Ehescheidung in der ländlichen Gesellschaft Bayerns während des Ancien régime, in: Richard van Dülmen (Hg.), *Dynamik der Tradition. Studien zur historischen Kulturforschung IV,* Frankfurt a. M. 1992, S. 137-212; Alexandra Lutz, *Ehepaare vor Gericht. Konflikte und Lebenswelt in der Frühen Neuzeit,* Frankfurt a. M. / New York 2006.

25 Reyscher, Württembergische Gesetze (wie Anm. 13), Bd. 6, S. 150f.

26 Ebd., S. 148. Weitere Verordnungen zur Ehe sind zahlreich vorhanden. Zum Ehebruch: Ebd., Bd. 12, S. 88-90 (1. Juni 1536), S. 848-850 (11. November 1621); Bd. 5, S. 408f. (18. Dezember 1630), S. 421-427 (29. Juli 1642), S. 440f. (1. November 1645), S. 454-456 (19. November 1652); Bd. 6, S. 240f. (13. März 1713). Allgemein zur Eheschließung: Ebd., Bd. 4, S. 435 (11. Dezember 1577), S. 452-455 (10. August 1588); Bd. 8, S. 302f. (12./14. Januar 1609), S. 303-305 (12. Januar 1613); Bd. 5, S. 394-397 (22. Januar 1627), S. 397f. (27. November 1628), S. 398f. (18. April 1629); Bd. 8, S. 542 (17. Juni 1710); Bd. 13, S. 1023-1025 (31. August 1714); Bd. 14, S. 2f. (17. Mai 1727), S. 78f. (3. Februar 1729), S. 1054f. (20. Juni 1789);

3. Die Anwendung württembergischer Ehegesetze – das Beispiel Leonberg

Emotionen in der Geschichte auf die Spur zu kommen, ist ein in doppelter Hinsicht ‚sensibler' Gegenstand. Man hat es nicht nur mit der Schwierigkeit zu tun, entsprechende Gefühle überhaupt in vorhandenen Quellen nennbar zu machen, sondern es gilt, die speziellen Entstehungskontexte solcher Quellen zu berücksichtigen. Beschäftigt man sich mit der Frage, wie versucht wurde, Emotionen insbesondere im Zusammenhang von Eheschließung und Eheführung durch frühneuzeitliche Obrigkeiten zu kontrollieren, stößt man auf diverse Protokolle, Urkunden und Gerichtsbücher. Kaum muss erwähnt werden, dass die Eindrücke, die diese Quellen vermitteln, mit großer Vorsicht zu genießen sind. Denn das Material entstammt nahezu ausnahmslos dem Bereich der in irgendeiner Form an der Herrschaft Partizipierenden, und die Beherrschten tauchen darin im Regelfall nur als Objekte, nicht aber als Subjekte auf. Problematik und Nutzen von Gerichtsprotokollen sowie ähnlichen Quellen wurden häufig diskutiert, insbesondere hinsichtlich der Frage, inwieweit sich hier Meinungen und Ansichten der Befragten herausfiltern lassen.[27] Dass solche Quellen primär die Sicht des Schreibenden und damit einen herrschaftlichen Blickwinkel wiedergeben, ist wohl unbestritten. Jedoch lässt sich bei der Untersuchung derartigen Materials feststellen, dass es keineswegs gleichförmig erstellt wurde, sondern manchmal mehr, manchmal weniger Aufmerksamkeit für die Motive und Erklärungen der Beklagten zeigt. Mit Blick auf die Erforschung von Emotionen lassen solche Quellen jedoch zwei Möglichkeiten zu: Vor allem in diachroner Perspektive können Vermutungen über die diskursiven Verschiebungen des Stellenwerts von Gefühlen angestellt werden. Welche Emotionen werden überhaupt wahrgenommen, wie werden sie eingesetzt und welche

---

Bd. 8, S. 590 (10. Januar 1732), S. 636f. (20. Oktober 1741), S. 661f. (1. April 1754), S. 668f. (25. Januar 1762), S. 693 (11. Mai 1780); Bd. 6, S. 715-768 (24. März 1798); Bd. 10, S. 15 (26. Februar 1803); Bd. 9, S. 21f. (28. Januar 1804), S. 41 (26. November 1804). Vgl. auch Achim Landwehr / Thomas Simon (Hg.), *Repertorium der Policeyordnungen der Frühen Neuzeit,* Bd. 4: *Baden und Württemberg,* Frankfurt a. M. 2001.

27 Vgl. zu dieser Diskussion Winfried Schulze (Hg.), *Ego-Dokumente. Annäherung an den Menschen in der Geschichte,* Berlin 1996.

Relevanz wird ihnen beigemessen? Sodann kann man sich auch in diesem Kontext dem schwierigen Geschäft der unbeabsichtigt übermittelten Informationen widmen, das heißt ein besonderes Augenmerk könnte auf Emotionen gerichtet werden, die eher nebenher erwähnt oder möglicherweise auch in auffälliger Weise unterdrückt wurden.

Um entsprechende Möglichkeiten auszuloten, möchte ich mich einem lokalen Beispiel zuwenden, nämlich der württembergischen, in der Nähe von Stuttgart gelegenen Kleinstadt Leonberg. Zu den ältesten Quellen, in denen beispielsweise Ehebruchsdelikte überliefert sind, gehören die Urfehden. Dabei handelte es sich um die schriftliche Zusage der zu einer Strafe verurteilten Person, das Urteil anzuerkennen und keine Vergeltung gegenüber dem Richter oder der Obrigkeit zu üben. Üblicherweise wurden die Urfehden ausgestellt, nachdem die Haft beendet oder die Folter erlitten war.[28] Abgesehen von dieser Versicherung wurden in den genannten Urkunden auch Ausführungen zu dem begangenen Verbrechen gemacht. Dass es sich bei den Urfehden jedoch um Unterwerfungsgesten mit einem stark formalisierten Charakter handelte, die höchstens ansatzweise Aussagen über die Normanwendung zulassen, können einige Beispiele verdeutlichen.

1537 mussten Manng Premeter, Barthlin Viseheußer und Hans Kauffman aus Renningen Urfehde schwören, da sie wegen Ehebruchs gemäß württembergischer Landesordnung im Gefängnis gewesen waren und nach ihrer Entlassung „ain leyplichen ayd zu Got dem Allmechtigen geschworn“, sich weder am Herzog noch an seinen Räten oder seinen Amtleuten – „sie seyen geistlich oder weltlich“ – zu rächen.[29]

28 Zu den Urfehden vgl. Stefan Chr. Saar, Urfehde, in: Adalbert Erler / Ekkehard Kaufmann / Dieter Werkmüller (Hg.), *Handwörterbuch zur deutschen Rechtsgeschichte,* 5 Bde., Berlin 1998, Bd. 5, Sp. 562-570; Christine Bührlen-Grabinger (Bearb.), *Urfehden im Ermstal. Von Stadt und Amt Urach, von außeramtlichen Orten und vom Forst aus den Jahren 1440 bis 1584,* Metzingen 1991, S. 29-56; Robert W. Scribner, Police and the territorial state in sixteenth-century Württemberg, in: Errki Ilmari Kouri / Tom Scott (Hg.), *Politics and Society in Reformation Europe. Essays for Sir Geoffry Elton on his Sixty-Fifth Birthday,* Houndmills / London 1987, S. 103-120.

29 Hauptstaatsarchiv Stuttgart (= HStAS), A 44 U 2791 (5. April 1537).

Ein Jahr später wurde eine Urfehde ausgestellt, in der Appolonia Bernerin aus Rutesheim bekannte, dass sie ihres

> gnedigen Fürsten unnd Herrn Landsordnung laider ubergangen hab nemblich dess Ehebruchs halb, dardurch Ich In seiner Fürstlichen gnaden Vengknus zu Leonberg komen, Wiewol aber laut der Landsordnung Ich straffbar, hat sein Fürstlichen gnaden, uff sonder fürbitt meines vatters unnd meiner gutten freunde, unnd gönnder [...] mich gnediglich wider uß gefengknus gelassen.

Danach wurde der Eid festgehalten, mit dem sie schwor, nichts gegen die Regierung oder die Richter des Landes zu unternehmen und sich des begangenen Verbrechens nicht mehr schuldig zu machen. Als Strafe zahlte sie 5 Pfund Heller.[30]

Weitgehende Übereinstimmung mit diesen Urkunden, die bis in einzelne Formulierungen hineinreicht, weist auch die Urfehde von Hans Sewer aus Rutesheim auf. Er bekannte, durch seinen Ehebruch die herzogliche Landesordnung verletzt zu haben. Allerdings wurde er auf Bitten seiner Frau und seiner Kinder wieder aus dem Gefängnis entlassen, in dem er nach seinem Vergehen einsaß. Selbstverständlich schwor auch er Urfehde, versichernd, dass er

> gegen hochgemelten meinen gnedigen herren, dero hofmaister, Räthen, diennern, amptleuttenn, zugehörigen, der sach verwanndten, sie seien wer sie wollen, Ir aller erben und nachkomen, mein leben lang, durch mich [...] weder Atzen, anden, Rechen, noch anziehen [werde], weder haimlich noch offentlich, In kain weiß noch weg.

Er zahlte 5 Pfund Heller Strafe und versicherte, sich unter Androhung einer entsprechend härteren Strafe dieses Verbrechens nicht mehr schuldig zu machen.[31]

Auch andere Urfehden, die das Verbrechen des Ehebruchs zum Inhalt hatten, waren inhaltlich und argumentativ nach diesem Muster aufgebaut.[32] Hinsichtlich der Normenimplementierung müssen hier drei Aspekte auffallen. Zunächst ist es die große Bedeutung

---

Die Landesordnung vom 1. Juni 1536 ist abgedruckt bei Reyscher, Württembergische Gesetze (wie Anm. 13), Bd. 12, S. 84-122.

30 Ebd., A 44 U 2801 (8. Oktober 1538).

31 Ebd., A 44 U 2800 (3. August 1538).

32 Vgl. ebd., A 44 U 2726 (1507), U 2723 (9. April 1544).

des Eides als Herrschaftsmittel, die Untertanen an die Anforderungen der Obrigkeit zu binden. Ähnlich wie bei den Policeyordnungen wurde also auch hier die kosmologische Ordnung herangezogen, um durch die Androhung göttlicher Strafen, die man bei Verletzung gegen den Eid gewissermaßen automatisch auf sich zog, Gehorsam zu erlangen.[33] Zweitens fällt die hier nur andeutungsweise hervortretende Bedeutung auf, die Bitten und Eingaben der Familie oder auch eines weiteren sozialen Umfeldes auf den Verlauf und den Ausgang eines solchen Verfahrens haben konnten. Als schriftliches Äquivalent wären die Supplikationen zu erwähnen, die nicht nur als Ausdruck von Untertänigkeit zu werten sind, sondern den Beherrschten durchaus eine Einflussmöglichkeit auf den Herrschaftsprozess gaben. Drittens sticht schließlich die regelmäßige Bezugnahme auf die württembergische Landesordnung als normative Grundlage ins Auge. Dies verdient vor allem deswegen Beachtung, weil noch wenige Jahrzehnte zuvor eine solche normative Grundlage noch nicht einmal als Idee existiert hatte. Doch bereits kurze Zeit nachdem 1495 die erste württembergische Landesordnung erlassen worden war[34], scheint der Rückbezug auf eine solche gesetzliche Autorität, die nicht nur in ihrer konkreten Form, sondern auch in ihrem grundsätzlichen Anspruch auf territorialer Ebene eine Neuigkeit darstellte, selbstverständlich geworden zu sein.

Keinerlei Auskunft geben die Urfehden jedoch über die Erfahrungen der Normadressaten. Um deren Perspektive einbeziehen zu können, muss auf ausführlichere Gerichtsprotokolle zurückgegriffen werden, die vielfach erst ab der zweiten Hälfte des 16. Jahrhunderts vorliegen. Auf kommunaler Ebene sind in Württemberg in diesem Zusammenhang die Ruggerichts- und die Kirchenkonventsprotokolle prinzipiell zwar von großer Bedeutung, jedoch finden sich darin nur sehr selten Verhandlungen, die sich mit Fragen des Ehebruchs,

---

33 Vgl. André Holenstein, *Die Huldigung der Untertanen. Rechtskultur und Herrschaftsordnung 800-1800,* Stuttgart / New York 1991; Paolo Prodi (Hg.), *Glaube und Eid. Treueformeln, Glaubensbekenntnisse und Sozialdisziplinierung zwischen Mittelalter und Neuzeit,* München 1993; Peter Blickle (Hg.), *Der Fluch und der Eid. Die metaphysische Begründung gesellschaftlichen Zusammenlebens und politischer Ordnung in der ständischen Gesellschaft,* Berlin 1993.

34 Vgl. Reyscher, Württembergische Gesetze (wie Anm. 13), Bd. 12, S. 5-15.

der Kindstötung, der unehelichen Schwangerschaft und anderer Vergehen aus dem moralisch-sexuellen Bereich beschäftigen. Dies hat sowohl einen rechtlichen als auch einen sozialen Grund.

Rechtlich gesehen waren derartige Fälle zwar Teil der Policeygesetzgebung, aber die vorliegenden Quellen verdeutlichen, dass solche Angelegenheiten nicht mehr dem Zuständigkeitsbereich von Kirchenkonvent und Ruggericht zugerechnet wurden, sondern einer höheren Instanz bedurften. Ruggericht und Kirchenkonvent konnten nur geringe Geldstrafen und Haftstrafen von bis zu vier Tagen verhängen.[35] Da aber beispielsweise ein Ehebruch mit wesentlich längeren Haftstrafen belegt wurde, war die Zuständigkeit der Gerichte in diesen Fällen deutlich überschritten. Sie wurden entweder im Leonberger Stadtgericht, das hier die peinliche Gerichtsbarkeit innehatte, oder in einem der herzoglichen Gerichte in Stuttgart, wie dem Ehegericht, verhandelt.

Dadurch ist allerdings die nahezu völlige Abwesenheit entsprechender Anzeigen in den lokalen Gerichtsprotokollen noch nicht hinreichend erklärt. Denn Ruggericht und Kirchenkonvent waren im Prinzip durchaus Institutionen, in denen man solche Vergehen

---

35 Zu Kirchenkonvent und Ruggericht vgl. Landwehr / Simon, Repertorium (wie Anm. 26); Schnabel-Schüle, Überwachen und Strafen (wie Anm. 10), S. 46-51, 111-117; Holenstein, Die Huldigung der Untertanen (wie Anm. 33), S. 234-237; Helga Schnabel-Schüle, Calvinistische Kirchenzucht in Württemberg? Zur Theorie und Praxis der württembergischen Kirchenkonvente, in: *Zeitschrift für Württembergische Landesgeschichte* 49 (1990), S. 169-223; Friedrich Heinz Schmidt-Ebhausen, Kirchenkonvents-Protokolle als volkskundliche Quelle, in: *Württembergisches Jahrbuch für Volkskunde* 1955, S. 49-65; Friedrich Heinz Schmidt-Ebhause, Kirchenkonvents-Protokolle und ihre Auswertung für die Ortsgeschichte, in: *Württembergisches Jahrbuch für Volkskunde* 1965/69, S. 94-98; Friedrich Christian Ludwig Geisheimer, *Ueber die zweckmäßige Haltung der Vogtruggerichte in Württemberg,* Stuttgart 1814; Wilhelm Heinrich Posselt, *Ueber Vogt- und Rügegericht in allgemeiner Hinsicht auf die jetzigen Zeitumstände und insbesondere als vorzügliches Mittel: das Glück der Regenten und Völker durch inneren Wohlstand und Anhänglichkeit dauerhaft zu gründen und zu befördern,* Leipzig 1801, S. 18-22; Theodor Knapp, *Neue Beiträge zur Rechts- und Wirtschaftsgeschichte des württembergischen Bauernstandes,* Bd. 1, Tübingen 1919, S. 48f.

vorbringen konnte, was dann zuweilen auch geschah.[36] Die Antwort auf die Frage, warum sich nicht mehr Anzeigen in diese Richtung finden, wird man kaum in der moralischen Integrität der Bevölkerung zu suchen haben, sondern vielmehr in der Solidarität der dörflichen Gemeinschaft. Da man um die schwerwiegenden rechtlichen, finanziellen und sozialen Folgen wusste, die mit einer solchen Anzeige verbunden waren und die Existenz bedrohende Ausmaße annehmen konnten, war man eher zögerlich, solche Anschuldigungen vorzubringen.

Da Ruggericht und Kirchenkonvent also kaum weitere Aufschlüsse über die Anwendung von Normen zum Ehebruch zulassen, treten für die Untersuchung entsprechender Delikte neben die Urfehden als zweite Quellengruppe die Akten des Leonberger Amtsgerichts, das für schwerwiegendere Vergehen zuständig war und unter der Leitung des Vogts respektive Untervogts tagte.

Am 17. Februar 1615 wurde dort beispielsweise der Fall von Barbara, der Witwe von Bastian Schweitzer aus Gerlingen, verhandelt. Vier Jahre vor der Verhandlung hatte sie zusammen mit Conrad Maisch aus Gerlingen, mit dem sie gemeinsam des Ehebruchs beschuldigt worden war, das Herzogtum verlassen – sie waren „außgetretten". Als man kurze Zeit nach dieser Flucht in einem Kuhstall ein „verwesen khündt" gefunden hatte, verdächtigte man sie zusätzlich der Kindstötung. Nachdem sie vier Jahre außerhalb des Landes verbracht hatte, kehrte sie 1615 wieder nach Gerlingen zurück, wurde dort festgenommen und durch den Leonberger Untervogt Luther Einhorn und einige Gerichtsverwandte verhört. Barbara Schweitzer berichtete, wie Conrad Maisch, obwohl damals schon ein verheirateter Mann, „ein unzimblichen lusst unndt Liebe zue Ihr" hatte, die damals ein Mädchen von 14 oder 15 Jahren war. Er machte ihr Geschenke, brachte ihr Samtgürtel und Tücher, so „das sie Ihme auch nit feindt sein könden". Solches zog sich – ohne weiteren intimen Kontakt – bis zu ihrer Hochzeit mit Bastian Schweitzer hin. Als dieser als Soldat nach Ungarn ging, wurde Barbara von Conrad Maisch noch intensiver bedrängt und musste ihm sogar versprechen, „keinen andern Mann mehr zuenemmen, so lang er lebe". Sie begingen

36 So wurde beispielsweise Michael Stoll 1600 vor dem Ruggericht beschuldigt, seine Magd geschwängert zu haben. Stadtarchiv Leonberg (= STAL), Gerichtsprotokoll Nr. 4: 1574-1644 (22. November 1600).

den Ehebruch, Barbara wurde schwanger und bekam das Kind, das kurz nach der Geburt starb. Als Barbaras Vater für seine Tochter, nach dem Tod ihres ersten Mannes, eine neue Ehe arrangiert hatte, die in der Kirche auch schon verkündet worden war, sagte Conrad Maisch zu ihr, es sei ihm unmöglich, zuzusehen, wie sie eine neue Ehe eingehe. Sie solle lieber mit ihm fortziehen. Bei dieser Unterredung wurden sie jedoch entdeckt, die Angelegenheit daraufhin im Dorf bekannt, und beide mussten getrennt außer Landes fliehen. Seit diesem Zeitpunkt hatten sie sich auch nicht mehr gesehen. Um ihr Gewissen zu befreien, war Barbara Schweitzer nach vier Jahren wieder nach Gerlingen gekommen und wollte sich dem Urteil des Herzogs beugen, das leider nicht überliefert ist.[37]

Dieser Fall ist zumindest zu einem gewissen Grad geeignet, die Situation zu verdeutlichen, die zu einem Ehebruch führen konnte. Ausgehend von der Annahme, dass Barbara Schweitzer in ihrer Aussage die Wahrheit berichtete – eine Annahme, gegen die nichts spricht, denn schließlich kehrte sie freiwillig nach Gerlingen zurück, um die ihr drohende Strafe wissend –, müssen vor allem die intensiven Gefühle überraschen, die hier eine gewichtige Rolle spielten. Über Jahre hinweg entwickelte sich offensichtlich eine Liebe, die mit Geschenken begann und mit dem Versprechen endete, keinem anderen Mann zu gehören und lieber zu fliehen (und damit Familie, Eigentum und Ehre zu verlieren), als eine neue Ehe einzugehen. Solche emotionalen Aspekte zu berücksichtigen, war den Policeyordnungen selbstverständlich unmöglich. Ganz im Gegenteil wollten sie ja gerade Unwägbarkeiten und soziale Zerrüttungen, die sich aus solchen und ähnlichen Situationen ergaben, unterbinden. Ihr Ziel war es, für ‚geordnete Verhältnisse' und ein streng geregeltes Ehe-, Familien- und Sozialleben zu sorgen, in dem es eben nicht zu Ehebruch, Ehr- und Eigentumsverlust oder Familienauflösungen kam. Liest man jedoch solche Protokolle, ahnt man, wie hoffnungslos ein solches Unterfangen mitunter sein musste und wie sehr die Policeyordnungen aufgrund ihres spezifischen Entstehungszusammenhangs und ihrer ideengeschichtlichen Grundlagen zumindest partiell an der Realität vorbeigingen. Außerdem können solche Beschreibungen intensiver Emotionen ein bedeutsames Korrektiv zu der – insgesamt fraglos zutreffenden – These darstellen, dass Ehen in der Frühen Neuzeit nur in Ausnahmefällen von gegenseitiger Zuneigung

37 Vgl. HStAS, A 309 Bü 172 (17. Februar 1615).

geprägt waren. Sicherlich waren Eheschließungen häufig von anderen Interessen geleitet, wie die durch den Vater arrangierte zweite Ehe verdeutlicht, aber dies kann kaum zu dem Umkehrschluss führen, dass Emotionen keine Rolle spielten.[38]

Dass sich ein solcher Fall von Ehebruch und Kindstötung aus dem obrigkeitlichen Blickwinkel gänzlich anders darstellt, verdeutlicht die Verhandlung gegen Elisabeth von Maur, die Witwe Hans von Maurs aus Höfingen. In dem Protokoll, das am 19. September 1627 wiederum unter der Federführung des Untervogtes Luther Einhorn – der in solchen Verhandlungen als herzoglicher Ankläger auftrat – erstellt wurde, findet sich Elisabeths Motivation nicht mit einem Wort erwähnt. Schon in sprachlicher Hinsicht ergeben sich hier große Unterschiede zum Verhör der Barbara Schweitzer, denn es wurde nicht versucht, nach Beweggründen für das Handeln der Beklagten zu fragen (eine Möglichkeit, die man Barbara Schweitzer zubilligte), sondern man beschränkte sich im Protokoll darauf, die Vergehen aufzulisten, derer man sie beschuldigte. So hatte Elisabeth von Maur 16 Jahre vor dem Verhör ein uneheliches Kind zur Welt gebracht, mit ihrem späteren Mann Hans von Maur den vorehelichen Beischlaf vollzogen, mit einem Fuhrknecht Ehebruch begangen und das Kind, das aus diesem Ehebruch resultierte, getötet. Ein halbes Jahr vor dem Verhör hatte sie sich ein weiteres Mal der Unzucht mit dem Knecht Michael Rossnagel schuldig gemacht und ein weiteres uneheliches Kind bekommen.

In der darauffolgenden Entscheidung wurden ausführliche Erörterungen wiedergegeben, aufgrund welcher normativen Grundlage die Beklagte zu bestrafen sei. Im Einzelnen aufgeführt wurden die Artikel 120 und 133 der Carolina[39] sowie die württembergische Verordnung gegen „Hurerey und Ehebruch“ vom 21. Mai 1586[40], die auch in der Landesordnung von 1621 enthalten war. Gemäß diesen Gesetzen waren für Ehebruch mehrwöchige Haftstrafen vorgesehen, während Delikte wie Vergewaltigung oder Inzest mit der Todesstrafe

38 Vgl. auch van Dülmen, Fest der Liebe (wie Anm. 8), S. 69f.

39 *Constitutio Criminalis Carolina. Peinliche Gerichtsordnung Kaiser Karls V.*, Faksimiledruck der Ausgabe Augsburg 1533, Osnabrück 1973, fol. 25v, 28v.

40 Reyscher, Württembergische Gesetze (wie Anm. 13), Bd. 4, S. 443-450.

geahndet werden sollten. Elisabeth von Maur wurde ob der ihr zur Last gelegten Verbrechen des Landes verwiesen. Über die Gefühlswelt Elisabeth von Maurs könnte man in diesem Zusammenhang nur Vermutungen anstellen. Dass Emotionen unterschiedlicher Art hier eine Rolle gespielt haben dürften, versteht sich von selbst. Bevor man sich jedoch auf fragwürdige Spekulationen verlässt, sollte man sich eher auf das Greifbare beschränken und zunächst festhalten, dass ein solcher Begründungszusammenhang für das Gericht in diesem Fall offensichtlich keine Rolle spielte. Es war ganz auf die Exekution obrigkeitlicher Normen und der damit in Zusammenhang stehenden Ziele konzentriert. Bestandteil dieses Ziels war es unter anderem, Gefühlen jedweder Art gerade keinen übermäßigen Stellenwert zukommen zu lassen, da man um ihre potentiell destruktive Wirkung zu wissen meinte. Und jeder neue derartige Fall schien diese Grundannahme nur zu bestätigen.

Wie beispielsweise auch derjenige Barbara Müllers. Das Verhör der aus Hemmingen stammenden Frau im Jahr 1628 förderte zutage, dass ihr Mann nicht nur wegen wiederholten Diebstahls des Landes verwiesen worden war, sondern sie ihn bei seinen Diebstählen unterstützt und sich seit seiner Abwesenheit mehrfach des Ehebruchs schuldig gemacht hatte, unter anderem mit ihrem eigenen Schwager und einem Georg Kremer aus Schwieberdingen.[41]

Aus Sicht des Leonberger Stadtgerichts stand das begangene Verbrechen des Ehebruchs in einem eindeutigen größeren Zusammenhang, der es – gemäß zeitgenössischem Verständnis – aus einer rein persönlichen Angelegenheit heraushob und in einen gesamtgesellschaftlichen Kontext stellte. Demgemäß konnte das Verhalten dieser „schandtmenschen" nur verurteilt werden, da sie

> weder Gott Im Himmel, noch ihren neben menschen geförchtet, sondern die ohnzucht allso offenntlich getriben, darinnen Sie, wider Gott, seine Heilige gebott, auch Gaist- unnd welltlich recht, und alle andere erbarkheit hochsträflich gehanndellt

haben.[42] Der Ehebruch stellte diesbezüglich gleich eine mehrfache Verletzung bestehender Ordnung(en) dar. Zunächst natürlich eine Verletzung göttlicher Ordnung und göttlichen Rechts, die besonders

41 Vgl. HStAS: A 309 Bü 174 (30. August 1628).

42 Ebd.

schwerwiegend sein musste, da jeder derartige Verstoß als Auslöser für eine Strafe Gottes gedacht wurde, die wiederum in Form von Hungersnöten, Epidemien oder Missernten auf die Gesamtgesellschaft zurückfiel. In mehr oder weniger direktem Zusammenhang damit stand die Verletzung weltlichen Rechts, das seine Legitimation aus dem (gedachten) Einklang mit der göttlichen Ordnung zog. Schließlich bedeutete die Öffentlichkeit, mit der der Ehebruch vollzogen worden war, einen Affront gegen die lokale Gesellschaft, die durch ihr Mitwissen nahezu mitschuldig gemacht wurde, ohne dies zu wollen.

Auch in einem zweiten Verhör kam die Motivation der Angeklagten nicht zur Sprache, vielmehr wurde zwischen ihrem Anwalt und dem Untervogt diskutiert, ob sie dem Georg Kremer ein Eheversprechen gegeben und sich damit der Bigamie schuldig gemacht hatte oder nicht.[43] Über sie selbst oder gar von ihr erfährt man nichts. Ein Aspekt, der beispielsweise im Protokoll nicht zur Sprache kommt, aber in anderen, ähnlichen Zusammenhängen eine erhebliche Rolle spielt, ist die ökonomische Situation der Barbara Müller. Ihr Mann befand sich außer Landes, sie hatte Kinder zu versorgen und war auf einen Ernährer für die ‚unvollständige' Familie angewiesen. Dies wird durch die Tatsache gestützt, dass sie beim Ehegericht den Antrag auf Scheidung von ihrem Mann gestellt hatte, um wieder heiraten zu können.[44] Eine solche Motivation hätte demnach wenig mit einem ‚unchristlichen Verhalten' oder ‚sündigen Leben' zu tun, sondern mit der schlichten Notwendigkeit, das eigene Überleben zu sichern. In Betracht gezogen wurde dieser Umstand vom Leonberger Stadtgericht jedoch nicht – vielmehr wurde Barbara Müller auf Lebenszeit des Landes verwiesen.[45]

Auch in der peinlichen Anklage gegen Georg Ringelin aus Gerlingen und Magdalena Strigel aus Schöckingen wurden seitens des klagenden Untervogts Samuel Schmid der Verstoß gegen christliche und weltliche Normen zur Grundlage seiner Argumentation gemacht:

---

43 Vgl. ebd., A 309 Bü 174 (17. September 1628).

44 Vgl. ebd.

45 Vgl. ebd., A 309 Bü 174 (4. Oktober 1628).

> Obwohlen in Haylig Göttlicher Schrifft: in gemeinen, auch in Lanndrechten, LandtsOrdnung und andern heilßamen constitutionen, bey hohen leibs: und lebens straffen, daß keiner sein Eheweib deferiren und verlaßen, weniger sich an Ein andere henckhen, Ein concubin halten, mit deren vortziehen unnd alßwan es sein Eheweib were, beywohnen solle, versehen, haben doch beede P[einlich] Beklagte, sich hoch darwider vergriffen.[46]

Georg Ringelin und Magdalena Strigel hatten zuvor neun Jahre lang wie ein Ehepaar zusammengelebt, obwohl anderweitig Ringelin verheiratet war. Sie waren in die Reichsstadt Heilbronn geflohen und konnten dort wohl mehr oder weniger unbehelligt leben, hatten auch zwei gemeinsame Kinder.

Zu ihrer Rechtfertigung gaben beide an, dass Ringelin mit seiner Frau „ob impotentiam nicht länger habe ehelich beywohnen könnden“. In den vier Jahren, die der Trennung vorangegangen waren, habe Ursula, die Ehefrau Ringelins,

> wann Er, an Sie sein Eheweib Ursulam Cohabitation unnd eheliche bejwohnung gesuecht, Sie gleich zue weinen angefangen, ihne ab: und weeg gewißen, unnd darneben vermeldet, das Sie ihme nimmer zue willen werden khönne[47],

weshalb sie ihm schließlich erlaubt habe, Beziehungen zu anderen Frauen zu unterhalten. Impotenz, dies muss hinzugefügt werden, war einer der wenigen Gründe, der es im Herzogtum Württemberg erlaubte, die Scheidung einzureichen.[48] Die interne Abmachung zwischen den Eheleuten in dem vorliegenden Fall konnte von den Vertretern der Herrschaft jedoch nicht anerkannt werden, da der offizielle Weg über das württembergische Ehegericht hätte beschritten werden müssen. In derartigen Angelegenheiten, die das soziale Leben des herzoglichen Herrschaftsbereichs determinierten, strebte man eine möglichst umfassende Kontrolle an, die ein wie auch immer geartetes Einvernehmen der Ehepartner an den entsprechenden Instanzen vorbei nicht tolerieren konnte. Deshalb wurde Ringelin

---

46 Ebd., A 309 Bü 176 (1655).

47 Ebd.

48 Vgl. *Des Herzogthums Wirtemberg Erneuerte Ehe- und Ehe-Gerichts-Ordnung samt Cynosura Ecclesiastica*, Stuttgart 1687, S. 91-96; Reyscher, Württembergische Gesetze, Bd. 6, S. 121f.

auch vorgehalten, dass „Er darum noch gar nicht entschuldigt ist, sonndern hete Er, billich in gedult stehen, oder doch in andrer weeg ein khommen, unnd clagen mögen“.[49] An diesem Beispiel wird einmal mehr deutlich, wie weit der obrigkeitliche Anspruch auf Kontrolle familiärer und damit indirekt auch immer emotionaler Verhältnisse ging und keineswegs vor Bereichen Halt machte, die man heutigentags als privat deklarieren würde.

Georg Ringelin und Magdalena Strigel hatten sich wohl in der Schlussphase des Dreißigjährigen Krieges kennen gelernt, denn Magdalena gab beim Verhör an, dass „Sie damahlen noch in dem Kriegsweesen, in der flucht zue Leonberg gewesen“ sei.[50] In diesen in jeglicher Hinsicht unsicheren Zeiten[51] könnte ihr möglicherweise die erste sich bietende Gelegenheit, eine zumindest wirtschaftlich – wenn auch nicht rechtlich oder moralisch – gesicherte Position zu erlangen, entgegen gekommen sein, weshalb sie sich auf das nicht ganz alltägliche Arrangement mit Ringelin einließ. In diesem Sinne betonte sie auch in dem Verhör, dass sie abgesehen von diesem „leidigen Unfall“ – wie die Formulierung im Protokoll lautet – sich in ihrem Leben nichts hat zuschulden kommen lassen. Welches Urteil gegen die beiden schließlich erging, ist leider nicht überliefert.

Eine weitere Institution, die Einblicke in den Zusammenhang von obrigkeitlichem Willen zur Kontrolle, eherechtlichen Verordnungen sowie den Nöten und Gefühlen von Untertanen vermitteln kann, ist das württembergische Ehegericht. Das Ehegericht war Bestandteil des württembergischen Oberrats, somit ein Organ der Zentralregierung, und wurde im Zuge der Reformation im Herzogtum eingeführt. Das exakte Datum seiner Etablierung ist unbekannt; da jedoch 1535 ein Ehegerichtssekretär bestellt wurde, wird man

49 HStAS: A 309 Bü 176 (1655).

50 Ebd.

51 Das Herzogtum Württemberg verlor im Dreißigjährigen Krieg z. B. bis zu 75 % seiner Bevölkerung. Vgl. Wolfgang v. Hippel., Bevölkerung und Wirtschaft im Zeitalter des Dreißigjährigen Krieges. Das Beispiel Württemberg, in: *Zeitschrift für Historische Forschung* 5 (1978), S. 413-448; Ute Mocker, Quellen zur historischen Statistik des Herzogtums Württemberg vom 15./16. bis zum 18./19. Jahrhundert, in: *Grundlagen der historischen Statistik von Deutschland,* Opladen 1991, S. 126-144.

seine Entstehung mit diesem Datum in Zusammenhang bringen dürfen.[52] Das Ehegericht wurde in der Regel nur auf Anruf einer Partei tätig, es herrschte also der Grundsatz der Privatklage. Üblicherweise sollten sich die Parteien zunächst an den Pfarrer und den Amtmann ihres Ortes wenden, die einen Versöhnungsversuch zu unternehmen hatten. Die hauptsächlich vor dem Kirchenkonvent stattfindenden Verhandlungen, die im vorigen Abschnitt behandelt wurden, sind vor diesem Hintergrund zu sehen. Erst wenn ein solcher Versöhnungsversuch fehlschlug, konnte der Fall mit einem Protokoll des Pfarrers an das Ehegericht weitergeleitet werden, wie dies beispielsweise im Fall von Georg und Regina Haller geschah.[53]

Die Quellensituation des Ehegerichts weist zwei – nicht unbedingt erfreuliche – Besonderheiten auf. Zum einen sind für das 16. Jahrhundert nur zwei Urteilsbücher erhalten, die den Zeitraum von 1541 bis 1590 abdecken, wobei hier mit hoher Wahrscheinlichkeit nicht alle Fälle überliefert sind. Zum anderen wurden zahlreiche ältere Akten aus dem 17. und 18. Jahrhundert vernichtet, als man 1876 das alte Obertribunal zum Oberlandesgericht umbildete.[54]

Günter Erbe hat in seiner Untersuchung des württembergischen Ehescheidungsrechts die Verfahren vor dem Ehegericht im 16. Jahrhundert untersucht. Für insgesamt 3.885 Verfahren aus den Zeiträumen 1544-1547 und 1567-1590 ergibt sich folgende Aufstellung: 54 % der Fälle befassten sich mit Sponsalienstreitigkeiten, das heißt mit Auseinandersetzungen um ein Verlöbnis, das entweder aufgelöst werden sollte oder in dem die Parteien zur Eingehung einer Ehe verpflichtet wurden; 28 % der Fälle waren Scheidungsprozesse, 16 % Dispense, das heißt Bescheide über Eingaben, die Eheschließung

52 Vgl. Walter Bernhardt, *Die Zentralbehörden des Herzogtums Württemberg und ihre Beamten 1520-1629,* Stuttgart 1972, Bd.1, S. 21f.

53 Vgl. Erbe, Ehescheidungsrecht (wie Anm. 14), S. 112-115. Die Bestimmungen zum württembergischen Ehegericht finden sich bei Reyscher, Württembergische Gesetze (wie Anm. 13), Bd. 6, S. 98-134 (30. April 1687).

54 Zur Quellensituation vgl. Erbe, Ehescheidungsrecht (wie Anm. 14), S. 108f.; *Übersicht über die Bestände des Hauptstaatsarchivs Stuttgart.* Altwürttembergisches Archiv (A-Bestände), bearb. von Hans-Martin Maurer, Stuttgart 1975, S. 88.

(beispielsweise von Minderjährigen) zu erlauben, und 2 % Ehenichtigkeitsfälle. Die Entscheidungen in den Ehescheidungsverfahren setzen sich folgendermaßen zusammen: 70,7 % der Fälle wurden infolge einer Desertion eines Ehepartners angestrengt, 21,1 % wegen Ehebruchs, in 5,6 % der Fälle wurde die Scheidungsklage abgewiesen, bei 2 % wurde kein Scheidungsgrund angegeben und in 0,6 % kam es zu einer zeitlich begrenzten Trennung von Tisch und Bett.[55]

Für die vorliegende Fragestellung erweisen sich die beiden Urteilsbücher aus dem 16. Jahrhundert jedoch als wenig ergiebig, da in ihnen in aller Kürze nur die Entscheidungen festgehalten wurden, die für eine inhaltliche Interpretation leider nur spärliches Material hergeben. Einige Fälle aus dem ersten Urteilsbuch (1541-1571), die sich auf Stadt und Amt Leonberg beziehen, mögen diesen Umstand veranschaulichen. Margaretha Degin aus Gerlingen wurde 1546 erlaubt, sich wieder zu verheiraten, da ihr Mann – nach allen Nachrichten, die man eingeholt hatte – für tot gelten musste.[56] Bläsin Börwarten aus Leonberg wurde im gleichen Jahr dazu verurteilt, die versprochene Ehe mit Maria, der Tochter von Veit Custer von Gärtringen, zu vollziehen, wie es sich nach der christlichen Ordnung gebühre.[57] Am 1. März 1557 wurde Jakob Blosen aus Leonberg von seiner Frau Elisabeth, der Tochter von Silvester Steinmetz, wegen ihres begangenen Ehebruchs geschieden.[58] Zehn Jahre später wurde Stoffel Löffler und Barbara Borgusser aus Warmbronn durch das Ehegericht verboten, miteinander die Ehe einzugehen, wie sie es erbeten hatten.[59] Es existieren zahlreiche Entscheidungen zu ‚Desertionen', d. h. zu Fällen, in denen der Mann oder die Frau den Ehepartner verlassen hat und durch den Zurückgebliebenen beim Ehegericht um die Erlaubnis gebeten wurde, wieder heiraten zu dürfen. So wurde Margaretha, der Frau Martin Essichs aus Heimsheim, erlaubt, sich wieder zu verheiraten, nachdem ihr Mann „hingeloffen" war.[60]

55 Vgl. Erbe, Ehescheidungsrecht (wie Anm. 14), S. 115f.

56 HStAS: A 238 a, Bd. 1, fol. 93r (27. Februar 1546).

57 Ebd., A 238 a, Bd. 1, fol. 120r (21. August 1546).

58 Ebd., A 238 a, Bd. 1, fol. 211r (1. März 1557).

59 Ebd., A 238 a, Bd. 1, fol. 248v (6. März 1567).

60 Ebd., A 238 a, Bd. 1, fol. 345v (31. August 1570).

Nachdem Peter Marstaller aus Leonberg seine Frau Barbara verlassen hatte, wurde ihr erlaubt, eine neue Ehe einzugehen.[61]

Zahlreiche Fragen ergeben sich im Anschluss an die genannten Beispiele, die jedoch aufgrund der Knappheit der Informationen unbeantwortet bleiben müssen. Antworten werden erst möglich im Zusammenhang der Untersuchungen des Ehegerichts aus dem 17. und 18. Jahrhundert, da hier – soweit erhalten – ausführliche Protokolle überliefert sind. In einer Supplikation an das württembergische Ehegericht beschrieb Anna Schoferin in Kürze ihren bisherigen Lebenslauf. Ihre erste Heirat lag 1754, als sie die Supplikation abschickte, bereits 37 Jahre zurück. Mit ihrem ersten Mann Michael Boleyen führte sie nach eigener Aussage „eine friedlich und vergnügte Ehe“, aus der auch sieben Kinder hervorgingen. Nach Boleyens Tod heiratete sie 1736 den Witwer Friedrich Schofer „in der guten und zuversüchtlichen Hoffnung ich würde dardurch mein weniges Vermögen conserviren, und mit meinen Kindern durch Ihne wohl versorget werden“. Diese Hoffnung war jedoch trügerisch, denn Schofer entpuppte sich als schlechter Haushalter, der sich, nachdem das Vermögen verbraucht war, als Soldat anwerben ließ. Anna Schoferin zog eine Zeit lang mit ihm, „sogar biß in das Welschland“, in der Hoffnung, dass er sich bessern würde. Diese Situation konnte sie auf Dauer jedoch nicht ertragen, weshalb sie sich schließlich von ihm „absentirte“ und mit dem Kind, das sie gemeinsam mit Schofer hatte, in ihren Geburtsort Renningen zurückkehrte. Schofer desertierte später von seinem Regiment, trat aber bei der Miliz in Philippsburg wieder in Diensten. Dort heiratete er die Magd einer Marketenderin, womit er sich der Bigamie schuldig machte. Aus diesem Grund bat Anna Schoferin in ihrer Supplikation den württembergischen Herzog Carl Eugen, die Scheidung zu bewilligen, damit sie eine neue Ehe eingehen könne, „worzu ich würklich gute gelegenheit hätte“.[62]

In einem Begleitschreiben zu dieser Supplikation hoben der Spezial und der Vogt von Leonberg hervor, dass Anna Schoferin „mit ihren Männern unglücklich gewesen“ sei, da der erste verschuldet und früh gestorben, der zweite hingegen ein schlechter Haushalter gewesen war. Ebenfalls konnten sie eine Kopie aus dem Protokollbuch

61 Ebd., A 238 a, Bd. 1, fol. 346v (7. September 1570).

62 Ebd., A 238a Bü 73 (25. Februar 1754).

beifügen, in dem die bereits 1746 erfolgte zweite Heirat von Friedrich Schofer mit Christina Margaretha Stollerin verzeichnet war.[63]

Denn nachdem Anna Schoferin Gerüchte über die zweite Heirat ihres Mannes vernommen hatte – so sagte sie in einem Verhör gegenüber dem Vogt und dem Spezial von Leonberg aus –, war sie selbst nach Philippsburg gefahren und hatte mit dem dortigen Garnisonspfarrer gesprochen, der ihr die Heirat bestätigte und dem „die Augen übergegangen" waren, als er erfuhr, dass Schofer bereits verheiratet war. Da Schofer bereits abmarschiert war, hatte der Garnisonspfarrer „Sie gefragt, Ob Er an das regiment schreiben solle, dann werde Er gleich gehenckt, Sie Ihme aber in Antwortt ertheilt, Sie wolle Ihre Hände nicht in diesem Bluth waschen."[64] Möglicherweise wäre dieser Befehl auch zu spät gekommen, denn Schofer fiel auf diesem Feldzug in Galizien. Seine zweite Frau Christina Margaretha Stollerin kehrte mit dem entsprechenden Totenschein nach Württemberg zurück und hoffte, „daß Sie noch etwas von demselben erblich antreffen werde".[65] Anna Schoferin sah sich vier Jahre nach ihrer ersten Bittschrift dazu genötigt, eine weitere Supplikation an den Herzog zu schicken, da sich eine weitere Wendung in ihrem Leben vollzogen hatte. Das erste Verfahren hatte sie nicht deswegen ruhen lassen, weil es sich mit dem Tod ihres Mannes ohnehin erledigt hatte, sondern weil sich die damalige Gelegenheit zur Heirat wieder zerschlagen hatte. „Jetzt eraignet sich wieder eine vor mich und meine Kinder gar favorable Gelegenheit zu einer anderwärten Ehe schreiten zu können". Dieser standen jedoch das nicht zu Ende geführte erste Verfahren entgegen, das nach dem Tod des Mannes zu keinem Abschluss gekommen war, und der fehlende Totenschein, der sich bei der zweiten Frau befand, weshalb Anna Schoferin von Vogt und Spezial geraten worden war, sich per Supplikation an den Herzog zu wenden.[66] Die weitere Entscheidung dieses Falls ist bei den Akten nicht überliefert, jedoch sprachen alle Umstände für Anna Schoferin, so dass man davon ausgehen kann, dass ihr die Erlaubnis zu einer neuen Ehe erteilt wurde – soweit sich diese Gelegenheit nicht wieder zerschlug.

63 Ebd.

64 Ebd., A 238a Bü 73 (8. März 1754).

65 Ebd., A 238a Bü 73 (19. Februar 1758).

66 Ebd.

Ein anderes Problem in Zusammenhang mit der Eheführung, bei dem es sich zwar nicht um einen Ehebruch im eigentlichen Sinn, aber um ein gebrochenes Eheversprechen handelte, schildert eine als „Underthenigstes Höchstflehentliches Bitten" betitelte Supplikation des Leonberger Zimmergesellen Johann Conrad Orthlein.[67] Orthlein war im Sommer 1660 nach Feuchtwangen gezogen, in der Hoffnung dort Arbeit zu finden. Was ihm auf seinem Weg widerfuhr, soll aufgrund der Eindrücklichkeit der Erzählung in extenso wiedergegeben werden:

> bin ich von darauß den Zimmergesellen nach, aber ganz müth und madt, nacher Dürnhoff gangen, alda die gesellen danzendt angetroffen, hab ich mich wegen müthigkeit uff den boden nidergelegt, dem tanz zu geschauet, underdeßen ist ein dürne kommen, mich frembten menschen zum danzen uffgezogen, und mit ihren glatten wortten und geberdten, dermaßen sich an mich gemacht, daß ich von ihr zu demgedachten dürnhoff: uff dem ruckhweg nach feüchtwang, noch in der Statt darinnen, nit hab kommen können, ungeachtet ich sie zu mehr besagtem dürnhoff, und under wegs, von mir zu gehen, treülich vermahnet, mit dem anfang, ich brauche kein weib, dörffte keine nehmen, und müste meinem handtwerckh nach zihen, und da ich mich mit ihr vergriffen, solle sie wißen, daß ich sie einem, alß den andern weg nit nehme, allein, meine wort haben nichts verfangen, sondern ich hab der dürne ihren willen, ohne versprechen, und lohn, erfüllen müßen, worvon sie ihrem vorgeben nach, da ich mich doch nur einmahl mit ihr vergriffen, schwanger worden sein solle, derohalben sie mich zu feüchtwang mit beystandt ihrer freundt umb die ehelichung angeclagt.

Laut der darauf folgenden Entscheidung des Ehegerichts sollte Orthlein bis zur Geburt des Kindes abwarten. Dies tat er und wandte sich, nachdem das Kind 35 Wochen nach seiner ersten Begegnung mit der Frau – deren Name nirgends genannt wird – zur Welt kam, mit der Bitte an die württembergische Regierung, ihn von der Pflicht zur Eheschließung zu entbinden, da das Kind zu früh zur Welt gekommen sei, um seines zu sein. Zum Beweis führte er Zeugenaussagen an, die belegen sollten, dass die Frau bereits zuvor häufig Kontakt mit anderen Männern gehabt hatte. Er behauptete in seiner Bittschrift, er sei von der Frau in „leichtfertiger weiß zu einem deckel ihrer schon lang getrebenen Unzucht" missbraucht worden.

67 Zum Folgenden: Ebd., A 202 Bü 1002 (3. Mai 1661).

4. Fazit

Welche Erkenntnisse lassen sich aus diesen Beobachtungen ziehen? Es wäre sowohl persönlich wie auch wissenschaftlich eher unbefriedigend, mit dem Eindruck zu schließen, dass frühneuzeitliche Ehen im Großen und Ganzen recht unerfreuliche Angelegenheiten waren. Unbefriedigend nicht nur, weil sich natürlich mehr als genug Gegenbeispiele durchaus glücklicher Ehen finden lassen – die aber konsequenterweise nicht in Gerichtsakten ihren Niederschlag gefunden haben –, sondern unbefriedigend auch, weil wir eigentlich keine ernsthaften Aussagen darüber treffen können, wie die Menschen der Frühen Neuzeit tatsächlich gefühlt haben. Dies hängt nicht nur mit der spezifischen Quellensituation zusammen, sondern generell mit den wissenschaftlichen Möglichkeiten, die einer Geschichte der Gefühle zur Verfügung stehen. In historischer Perspektive können nicht ernsthaft physiologische Fragen beantwortet werden. Was sich jedoch zeigen lässt und was eine historische Betrachtung von Emotionen überhaupt erst interessant, sinnvoll und tragfähig macht, ist die spezifische kulturelle Einbettung, die das Phänomen jeweils erfuhr. Nichts anderes lehren uns die Aussagen Montaignes, die Vorstellungen der indonesischen Makassar und die Verhandlungen vor Leonberger Gerichten: dass wir zwar relativ sicher von biologisch basierten Gefühlen ausgehen können, dass diese Gefühle aber auf eine sehr komplexe Art und Weise mit kulturellen Konzeptionen amalgamieren, sodass sich das eine nie vom anderen separieren lässt.[68] In historischer Perspektive können wir uns Gefühlen ausschließlich von ihrer kulturellen Seite nähern. Und dann gilt es eben nicht nur zu fragen, auf welche Weise bestimmte Gefühle kulturell konzeptualisiert werden, sondern das Problem tritt in den Vordergrund, warum sich Gesellschaften dazu entschließen, Emotionen in eben der Weise zu verstehen und zu beurteilen, wie sie das tun.[69] Dann lässt sich nämlich auch deutlich machen, dass die

---

68 Vgl. Röttger-Rössler, Emotion (wie Anm. 3), S. 147f., S. 158f.; Anne-Charlott Trepp, Gefühle oder kulturelle Konstruktion? Überlegungen zur Geschichte der Emotionen, in: *Querelles* 7 (2002), S. 86-103, hier S. 87f.

69 Vgl. Ute Frevert, Angst vor Gefühlen? Die Geschichtsmächtigkeit von Emotionen im 20. Jahrhundert, in: Paul Nolte u. a. (Hg.), *Perspektiven der Gesellschaftsgeschichte,* München 2000, S. 95-111, hier S. 99f.; Peter N. Stearns / Carol Z. Stearns, Emotionology. Clarifying the

Erforschung von Gefühlen kein Zeitvertreib zartbesaiteter und gefühlsduseliger Wissenschaftler ist – so zumindest der implizite Vorwurf von denjenigen, die sich mit den vermeintlich ‚harten Themen' der Politik, der Wirtschaft oder des Rechts befassen.[70] Nein, eine Geschichte der Emotionen führt dann nicht von den Problemen der Gesellschaft weg, sondern eröffnet vielmehr einen herausragenden Weg, um zu verstehen, was Gesellschaften im Innersten zusammenhält.[71]

History of Emotions and Emotional Standards, in: *American Historical Review* 90 (1985), S. 813-836.

70 Vgl. Trepp, Gefühle (wie Anm. 68), S. 91f.

71 Vgl. Lucien Febvre, *Das Gewissen des Historikers*, Berlin 1988, S. 91-107.

Hans Körner

Emotion und Dekoration. Die grotesken Satyrn und die *Ignudi* Michelangelos

1. Satyrn und Feuerböcke

Wer einen offenen Kamin besitzt und den auch nutzt, der weiß, was ein Feuerbock ist. Da aber die Wenigsten (der Verfasser eingeschlossen) an kalten Winterabenden die Füße am eigenen Kaminfeuer wärmen dürfen, ist es wohl nicht überflüssig zu erläutern, wozu ein Feuerbock, auch Brennbock, Kaminbock, Feuerross oder Feuerhund genannt, tauglich ist. Feuerböcke sind Gestelle im Kamin, auf die man der besseren Luftzufuhr wegen die Holzscheite aufbocken kann. Das Brennmaterial liegt schräg auf, falls man nur einen Feuerbock besitzt, und kann insgesamt höher gelegt werden, wenn man das Gerät paarweise benutzt.[1]

François de Malherbe, dem großen französischen Dichter und Dichtungstheoretiker des späten 16. und frühen 17. Jahrhunderts, bot das Hantieren mit diesen Geräten (vermutlich im Pariser Hôtel seines Freundes Bellegarde[2]) Gelegenheit zu einer launigen Bemerkung, die Tallemant des Réaux überlieferte. „Einmal zog er die Feuerböcke aus dem Kaminfeuer. Es waren Feuerböcke, die derbe bärtige Satyrn darstellten: ‚Mortdieu!‘ sagt er, ‚diese groben Kerle wärmen sich nach Belieben, während ich vor Kälte sterbe.‘“[3] Es gilt als

1 Vgl. Paul Benoit, *Die Bezeichnungen für Feuerbock und Feuerkette im Französischen, Italienischen und Rätoromanischen mit besonderer Berücksichtigung des Alpengebietes,* Halle 1925, S. 3ff., Heimo Schinnerl / Günter Biermann, *Feuerbock, Fleischwolf und Röster. Herd- und Küchengeräte aus 3 Jahrhunderten* (= Ehrentaler Museumsschriften, Bd. 10, Begleitbroschüre zur gleichnamigen Ausstellung), Ehrental 2003, S. 11.

2 Vgl. Louis Arnould, *Anecdotes inédites sur Malherbe. Supplément de la vie de Malherbe par Racan [...],* Paris 1893, S. 71.

3 „Une fois il osta les chesnets du feu. C'estoient des chesnets qui représentoient de gros satyres barbus: ‚Mortdieu!!‘ dit-il, ‚ces gros bougres se chauffent tout à leur aise, tandis que je meurs de froid.‘“ Gédéon Tallemant des Réaux, *Historiettes,* I, Paris 1960, S. 115f.

Zeichen von Humorlosigkeit, wenn man geistreiche Bemerkungen umständlich zu erklären sucht. Ich nehme den Vorwurf der Humorlosigkeit auf mich, da von Malherbes Scherz ein Weg mitten in das Thema dieses Beitrags führt. Der Witz gründet in der besonderen Realität dieser Satyrn. Die Feuerböcke „stellten" Satyrn „dar", doch gegenüber einer bildlichen Darstellung von sich am Feuer wärmenden Satyrn wurden die Satyrn der Feuerböcke Malherbes faktisch erhitzt, was nichts mit der – gäbe es sie – wärmebedürftigen Natur dieser Wesen zu tun hatte, sondern mit ihrem Sein als Ziermotiv eines zur Unterhaltung des Kaminfeuers dienenden Gebrauchsgegenstandes. Stellte Malherbe also einen Handlungszusammenhang her – Sich-Wärmen – und implizierte er eine entsprechende Empfindung, dann war das witzig, weil Feuerböcke und mit ihnen alles, was an figürlichen und nichtfigürlichen Zierelementen bei ihnen sein kann, nur materiell, aber nicht inhaltlich dem Kaminfeuer verbunden ist. In einer von Arnould 1893 zuerst publizierten Variante der Anekdote wird die Empfindungslosigkeit der dekorativen Satyrn von Malherbe auch explizit gemacht: „Mort d., weshalb müssen diese alten Kerle, die keine Empfindung haben, sich wärmen und den Platz der ehrenwerten Leute einnehmen, welche sie so daran hindern, sich zu wärmen!"[4]

Mit Empfindungen von Figuren im Realitätsbereich des Schmucks, der Dekoration im Allgemeinen, hat es also eine besondere Bewandtnis. Im Folgenden wird der Versuch unternommen, Möglichkeiten der Darstellung von Leiden im Raum des Dekorativen zu beschreiben. Zu zeigen wird sein, dass der dekorative Kontext einerseits Empfindung neutralisiert. Andererseits kann das Ornamentale Steigerungsformen von Empfindung erzeugen. Der vorliegende Beitrag setzte mit Satyrn an, mit der Inkompatibilität von Zierde und im Witz suggerierter wohliger Wärmeempfindung. Ich will vorläufig bei diesen Geschöpfen auch bleiben, bei dem, was man ihnen in der Dekoration antun kann, ihren Empfindungen und dem Verhältnis von Empfindung und Dekoration.

---

4 „Mort d. pourquoi faut-il que ces vieux b. qui n'ont point de sentiment, se chauffent et tiennent la place d'honnestes gens qu'ils empeschent de se chauffer!" Arnould, Anecdotes (wie Anm. 2), S. 71.

Abb. 1: Androuet Ducerceau, Jacques, Kaminentwurf aus dem 2. Band des *Livre d'Architecture*, 1561

Zunächst die naheliegende Frage nach dem Aussehen der nicht mehr erhaltenen Feuerböcke, auf die sich die Malherbe-Anekdote bezieht. Welchen Teil der Geräte dekorierten die Satyrn? Entsprechend der von Arnould publizierten Variante der Anekdote fungierten sie als Knäufe und ersetzten die üblichen Metallkugeln.[5] Das französische 16. Jahrhundert kennt eine zweite Anbringungsmöglichkeit von Satyrn an Feuerböcken. Sie konnten auch paarweise als Stützfiguren fungieren. Für diese Weise der Anbringung gibt es eine druckgraphische Vorlage.

Jacques Androuet Du Cerceau hinterließ ein enormes graphisches Œuvre. Antike Architektur, neuere Architektur und Gartenanlagen dokumentierte und rekonstruierte er im Stich. Er schuf graphische Vorlagenblätter für Grabmäler, Möbel, Gefäße, Kamine, Schlosserarbeiten, Schmuck, Triumphbögen usw. In seinen Ornamentgrotesken mischen sich eigene Inventionen mit Kopien nach älteren italienischen Vorlagen. Kartuschenfolgen bieten Nachbildungen und Varianten des Rollwerkstils von Fontainebleau. Einer seiner zwanzig Kaminentwürfe aus dem zweiten Band des *Livre d'Architecture* zeigt Feuerböcke in Form von weiblichen Termen, denen eine abstrakte Terme mit bekrönendem Knauf auf den Kopf gestellt ist. Am Fuß von jedem der Feuerböcke lagern zwei Satyrn, die jeweils einen Arm in eine Volute eingehängt haben, wohl von der Volute gefesselt werden (Abb. 1).

Die Satyrn, die Gegenstand von Malherbes Scherz waren, haben „keine Empfindung" (Malherbe). Wie aber, wenn Satyrn an Feuerböcken Empfindungen zeigen, beispielsweise, wenn sie in der unglücklichen Lage sind, gefesselt zu sein, wie – vermutlich – im zuletzt genannten Beispiel? Bei diesen dekorativ leidenden Satyrn handelt sich keineswegs um ein beiläufiges Motiv. Es ist, genau besehen, ein Leitmotiv der abendländischen Kunstgeschichte, und noch genauer besehen: es ist ein Wurzelmotiv der neuzeitlichen dekorativen Ausdrucksfigur. In Ornamentstichen, in gemalten Dekorationen, in plastischen Dekorationen und an kunstgewerblichen Gegenständen ist jenes dekorative Motiv seit dem späten 15. Jahrhundert außerordentlich häufig. Diese Behauptung soll im Folgenden zunächst mit wenigen Beispielen belegt werden, begleitet jeweils

5 Vgl. ebd. Vgl. auch Stéphane Castelluccio, *Le style Louis XIII,* Paris 2002, S. 117.

von der Frage, wie sich das Leiden der Satyrn mit ihrer dekorativen Funktion verträgt.

2. Grundloses Leiden und dekorativer Kontext

Für die Grabeskirche des hl. Antonius in Padua schuf Andrea Riccio einen fast vier Meter hohen Osterleuchter. Der große Bronzekandelaber ist mit Reliefs aus der griechischen Mythologie, aus dem Leben Christi, Allegorien sowie musizierenden und tanzenden Putten besetzt. Das komplexe Bilderprogramm wird auf jeder Stufe von Eckfiguren begleitet: Sphingen, Greifen, Putten, Kentauren. Auf dem Gesims der zweiten Stufe kauern vier gefesselte Satyrn (Abb. 2, 3).[6] An den Sockel eines Räuchergefäßes, ebenfalls in Padua in der ersten Hälfte des 16. Jahrhundert entstanden, sind zwei Satyrn angekettet. Sie flankieren Reliefs mit Szenen aus dem Herkules-Mythos (Abb. 4).

Zu den gezeigten Gegenständen gibt es ikonographische Analysen, die jeweils auch die Satyrn einbeziehen. Diesbezüglich sei kurz und nur auf das formal und inhaltlich schlichtere der beiden Objekte, auf Desiderio da Firenzes Räuchergefäß, eingegangen. Die drei Herkulestaten der Sockelreliefs stehen dem Katalogtext der Ausstellung *Natur und Antike in der Renaissance* (1985) zufolge für den „Sieg über Riesen und andere Ungeheuer“, damit allgemein für den Sieg über unzivilisierte Gewalt. Diese Bedeutung trügen die Satyrn mit: „Gebändigte Natur symbolisieren auch die gefesselten Satyrn“.[7] Ihr

6 Zur Ikonographie des Osterleuchters: Dieter Blume, Antike und Christentum, in: *Natur und Antike in der Renaissance. Katalog der Ausstellung,* Frankfurt, Liebieghaus – Museum alter Plastik, 1985/1986, Frankfurt 1985, S. 84-129, hier S. 100ff. Der Versuch, die Eckfiguren insgesamt ikonographisch stimmig zu interpretieren und in das Gesamtprogramm zu integrieren, überzeugt nicht. Wenn, wie ausgeführt, die Eckfiguren den Aufstieg zum Göttlichen miterzählen, eine Erzählung, in der Putten und Satyrn als Entgegensetzungen – bacchische Ekstase gegen ungebändigte Naturkräfte – interpretiert werden, dann wird es schwer, den ‚höhergestellten‘ Kentauren ihren entsprechenden ikonographischen Ort zu geben.

7 Natur und Antike (wie Anm. 6), S. 516.

Abb. 2: Riccio, Andrea, Osterleuchter, Padua, S. Antonio, 1507-16

Leiden und ihr Aufbegehren, sichtbar in der gequälten Körperhaltung und im physiognomischen Ausdruck, wären insofern inhaltlich begründet und ließen sich im heutigen Zustand mit der Figur des Kriegsgottes Mars auf dem Deckel der Räucherkammer zusammenbringen. Oben und unten, olympischer Gott und rohe Natur, Sieg und Fesselung, in diesen Entgegensetzungen wäre also eine den Herkulesgeschichten der Bildreliefs verwandte Aussage gegeben.

Nun macht aber ebenfalls der Frankfurter Ausstellungskatalog auf den Umstand aufmerksam, dass die Mars-Statuette eine spätere Ergänzung ist. Der Stich in Bernard de Montfaucons *Antiquité expliquée et représentée en figures* von 1719 bildet den Gott nicht ab. Montfaucon erwähnte stattdessen, dass ein in einer unschicklichen Handlung begriffenes Satyrpaar das Räuchergefäß bekröne. Vermutlich befindet sich der ursprüngliche Deckel heute im Louvre (Abb. 5). Auch in dieser Konstellation machen den Autoren des Katalogeintrags zufolge die gefesselten Satyrn Sinn: „Das bekrönende Satyrpaar vertritt dann in bezeichnender Weise die Befreiung aus diesen Fesseln in eine arkadisch verstandene Sinnlichkeit, die sich der Bändigung selbst durch herkulische Tugend entzieht.“[8]

Der Kulturbringer Herkules wäre also zugleich positiv und negativ konnotiert. Und das Leid der gefesselten Satyrn müsste einerseits unsere Billigung finden, da uns an der Unterdrückung von roher Triebhaftigkeit gelegen sein muss, andererseits aber unser Mitgefühl erregen, freilich mit der befriedigenden Aussicht, dass die den Trieben angelegten Fesseln, etwas weiter oben am Gefäß, bald gesprengt sein werden. Die zitierte Interpretation ist widersprüchlich und unplausibel. Es ist mir kein Anliegen, in diesem Beitrag gegen den verdienstvollen Katalog der Frankfurter Ausstellung von 1985 zu polemisieren. Wenn ich insistiere, dann deshalb, weil die dort gegebene Interpretation das verfehlte Ziel deutlich werden lässt. Zuerst und zunächst sollte sich jede Interpretation des banalen Faktums bewusst sein, dass die Satyrn, ihre Fesselung und ihr Leiden daran, nicht Teil einer Erzählung sind. Sie sind an die Basis eines Räuchergefäßes gebunden, und unter diesem Zustand leiden sie. Zu weit darf man den Ursachen des Leidens deshalb nicht nachspüren. Dass man leidet, weil man gefesselt ist, ist existenziell nachvollziehbar, dass man leidet, weil man an eine Kandelaberkante wie in Riccios

8 Ebd.

Osterleuchter oder an den Fuß eines Räuchergefäßes gekettet ist, ist existenziell nicht nachvollziehbar. Das Leid bleibt als selbstbezügliche Emotion in den Figuren.

Sie sind deshalb nicht notwendig ausdrucksschwächer als Figuren, deren Leiden in einen Handlungszusammenhang eingebunden ist und durch diesen begründet wird. Wachheit, Aufgeregtsein, vitales Aufbegehren wird im angespannten Sitzen, in der Kopfwendung, im Blicken der jüngeren Satyrn des Räuchergefäßes überzeugend dargestellt; ähnlich überzeugend, wie Andrea Riccio Resignation und stilles Klagen oder Murren – mit Tendenz zu stumpfsinniger Ergebung oder dumpfem Grimm – im Sich-Vorbeugen und im gegenstandslosen Starren seiner gealterten Satyrn ausdrücklich macht.

Abb. 3: Riccio, Andrea, Osterleuchter (Detail), Padua, S. Antonio, 1507-16

Abb. 4: Desiderio da Firenze?, Räuchergefäß, Padua, 1. Hälfte. 16. Jh., Amsterdam, Rijksmuseum

Ein narrativer Begründungszusammenhang hätte kein überzeugenderes Ergebnis für die von Desiderio da Firenze und Andrea Riccio sichtbar gemachten Empfindungen erbracht.

Ein Handlungszusammenhang macht Empfindungen einerseits auffälliger, andererseits unauffälliger als der dekorative Zusammenhang. Einerseits werden Motive in einem dekorativen Zusammenhang gewöhnlich nur mit abgeblendeter Aufmerksamkeit wahrgenommen.[9] Dekoration appelliert an eine im Wortsinne oberflächliche und auf die Gesamtwirkung gerichtete Aufmerksamkeit. Diesem Gesamteindruck bleiben die dekorativen Einzelmotive – ob figürlich oder nichtfigürlich – subordiniert. Das ist die eine Seite. Auf der anderen Seite stößt die künstlerische Freistellung von Expression im dekorativen Kontext das auch wieder ab, was Empfindungen als Resultat eines Handlungszusammenhangs relativiert.[10] In einem Handlungszusammenhang sind Empfindungen bedingte, abhängige Reaktionen; in der Dekoration sind ausgedrückte Empfindungen unabhängig und unbedingt. Es ist also eine Frage der Intention des Künstlers oder der Blickeinstellung des Betrachters, ob das Dekorative Empfindung verunklärt und so verharmlost oder ob die Verinselung von Empfindung als Weise der Steigerung von Ausdruck erfahren wird.

3. Die Satyrn der antiken Ornamentgroteske

Zahlreiche Beispiele für gefesselte und ungefesselte Satyrpaare finden sich im Corpus der ornamentalen Vorlageblätter. Stellvertretend für viele seien zunächst einige Ornamentgrotesken des Nicoletto Rosex da Modena genannt und beschrieben. Von diesem, wie der Name nahe legt, aus Oberitalien stammenden Graphiker haben sich Ornamentstiche aus dem Zeitraum vom späten 15. bis zum dritten

9 Dazu Ernst H. Gombrich, *Ornament und Kunst. Schmucktrieb und Ordnungssinn in der Psychologie des dekorativen Schaffens,* (1979 engl.) Stuttgart 1982, S. 115, 128ff.

10 Vgl. Hans Körner, Randfiguren der Kunst. Figur und ornamentaler ‚Kunst-Stoff‘ in Rahmendekorationen des 16. Jahrhunderts, in: Hans Körner / Karl Möseneder (Hg.), *Format und Rahmen. Vom Mittelalter bis zur Neuzeit,* Berlin 2008, S. 69-94, hier S. 85ff.

Abb. 5: Desiderio da Firenze?, Satyrpaar, Padua, 1. Hälfte. 16. Jh., Paris, Musée du Louvre

Jahrzehnt des 16. Jahrhunderts erhalten[11], Ornamentstiche, die frühe Beispiele für die druckgraphische Popularisierung der wenig vorher wiederentdeckten antiken Ornament-Groteske sind.

In Nicoletto da Modenas Stich *BE II, 217*[12] (Abb. 6) steigt die im Groteskenornament beliebte kandelaberähnliche Grundform von Delphinen über einen geflügelten Putto bis hin zu dem bekrönenden Adler auf. Unterhalb des Adlers sind zwei Satyrn an den Kandelaberschaft gekettet.

11 Spätester datierter Kupferstich des Nicoletto da Modena ist eine Darstellung des hl. Rochus. Vgl. Mark J. Zucker, Nicoletto da Modena's Late Works Reconsidered, in: *Print Quarterly,* vol. VIII, no. 1, 1991 (März), S. 29-31, hier S. 30f.

12 Soweit sie in die von Gerhard Egger in erweiterter Form neu herausgegebenen „Ornamentale(n) Vorlagenblätter" Rudolf Berliners aufgenommen sind, werden die hier und im Folgenden genannten Graphiken mit ihren Katalognummern in Rudolf Berliner / Gerhart Egger, *Ornamentale Vorlageblätter des 15. bis 19. Jahrhunderts,* Bd. II, München 1981 (2. wesentlich erweiterte Aufl.) angeführt.

Im Blatt *BE II, 219* (Abb. 7) ist der Kandelaber nicht mehr, wie in älteren italienischen Ornamentstichen – auch Nicolettos *BE II, 217* – einem extremen Hochformat eingeschrieben, sondern in die Breite gezogen, sodass er jetzt ein normal proportioniertes hochrechteckiges Blatt füllt. Für den italienischen Ornamentstich war damit ein wichtiger Schritt getan. Durch die Verbreiterung konnte Platz für eine Erweiterung des grotesken Personals und der grotesken Dingwelt geschaffen und zudem der Anspruch auf Bildhaftigkeit reklamiert werden.[13] Ort des Nichtfigürlichen und des Figürlichen

Abb. 6: Nicoletto Rosex da Modena, Ornamentstich (BE II, 217), 1500-10

13 Zur Bildwerdungstendenz als Voraussetzung der Ornamentgroteske: Friedrich Piel, *Die Ornament-Grotteske in der italienischen Renaissance. Zu ihrer kategorialen Struktur und Entstehung* (= Neue Münchner Beiträge zur Kunstgeschichte, hg. vom Kunsthistorischen Seminar der Universität München unter der Leitung von Hans Sedlmayr, Bd. 3), Berlin 1962, passim.

Abb. 7: Nicoletto Rosex da Modena, Ornamentstich (BE II, 219), um 1510

ist jedoch auch in dieser ‚bildhaften' Graphik nicht ein der Bildlogik entsprechender Handlungsraum, sondern, wie Friedrich Piel dargelegt hat, eine gitterhafte Struktur, die sich vor dem flachen, dunkel schraffierten Blattgrund abzeichnet.[14] Mit der Verzerrung in die Blattfläche und der vom erzählenden Bild her gesehen alogischen Kombination der Motive korrespondiert die Verzerrung und das Hybride, will heißen: das Monströse einzelner Motive. Bereits die Kandelaberfüße sind monströse Bildungen: Raubtiertatzen, die von Tiermäulern aufgefressen werden, die wiederum aus Blättern herauswachsen. Monströs per se ist die Blattmaske, ein in der Antike bekanntes Motiv, das schon das frühe Mittelalter wieder aufgriff. Doppelt monströs erscheint hier aber die Mischform des aus Blättern sich herausbildenden Gesichtes dadurch, dass diese Blätter sich in Delphine fortsetzen und – auf dem Weg zu den Delphinköpfen – sich zudem noch zu grotesken Köpfen mit Hörnern und gebleckter Zunge aufrollen.

Vor einem Bild dürfen und sollen wir nach dem narrativen Sinn von Motiven fragen. In der Ornamentgroteske Nicolettos aber gibt es keine Bilderzählung, die begründen könnte, weshalb die monströsen Köpfe das fressen, von dem gerade noch die Raubtierbeine sichtbar sind. Es ist nicht einmal ein veritabler Vorgang des Fressens, der gezeigt wäre. Die Stelle, an der das Fressmotiv anschaulich wird, ist die Stelle, an der der Kandelaberfuß umknickt. Das Fressen und Gefressenwerden ist also zuerst und zunächst ein Vorgang der Begegnung von ornamentalen Teilen eines Gerätes, und da die Begegnung eine groteske Begegnung ist, manifestiert sie sich auf diese unvertraute Weise. Und nur weil dem so ist, weil selbst solche gewalttätigen oder gewaltsamen Konfrontationen Weisen der ornamentalen Näherung sind, waren sie dekorativ im Kunsthandwerk einsetzbar. Der Schreiner eines Tisches im Genfer Musée d'Art et d'Histoire (Abb. 8) hat sich offensichtlich von Nicoletto da Modenas Stich anregen lassen. Der gewalttätige Ausdruck des Fressers ist auch hier verstellt insofern, als er sich als Dekoration ausweist. Im gleichen Maße leistet dieser ornamentale Verknüpfungsmodus bei geänderter Blickeinstellung die Hervorhebung des Brutalen, weil es nicht mehr narrativ begründet, nicht mehr narrativ eingebunden, nicht länger sinnvoll ist.

14 Zum ‚Gittrigen' der Groteske vgl. ebd., S. 67f.

Abb. 8: Genf, Musée d'Art et d'Histoire, Tisch aus dem Château du Châtelard sur Clarens, Mitte 16. Jh.

Entsprechend gibt uns keine Bilderzählung Auskunft darüber, warum annähernd in der Mitte des Blattes *BE II, 219* die beiden Satyrn an den Kandelaberschaft gefesselt sind und wie und weshalb sie in diese betrübliche Situation gerieten. Gleich dem Motiv des Fressens und Gefressenwerdens ist die Fesselung der Satyrn zuerst und zunächst ein Modus der ornamentalen Verknüpfung. Der ornamentale Verknüpfungsmodus ist keine abgeschwächte Form der Bilderzählung, sondern Konkurrent der Bilderzählung, eine Konkurrenz, die asymmetrisch ist. Die dekorative bzw. ornamentale Verknüpfung ist in der Praxis die bei Weitem häufigere; die narrative Verknüpfung hat demgegenüber die Theorie für sich. Seit Leon Battista Albertis Malereitraktat (1435) gibt es nicht nur eine Theorie der Historienmalerei, sondern eben auch eine Hierarchie der Bilder, innerhalb derer die Bilderzählung (eingeschränkt auf die Erzählung bedeutender Geschichten) an oberster Stelle steht. Die dekorative bzw. ornamentale Verknüpfung hat im hierarchischen Stufenbau der Bilder keinen Platz. Es sind somit nicht die Geschichte und die Theorie der Historienmalerei, sondern die Struktur des Dekorativen und die Ornamentgeschichte, die das Motiv begründen und erklären:

Wir wissen wenig vom Leben dieses Nicoletto Rosex da Modena. Gewiss ist, dass er sich im Jahr 1507 in Rom aufgehalten hat. Zu den

Unarten von reisenden Kunstliebhabern gehört es, ihren Namen an irgendeiner Stelle des besichtigten Ortes in die Wand einzuritzen. In diesem Fall aber verdanken wir dieser Unart wichtige Dokumente. Unter den Graffiti, die sich im Goldenen Haus Neros *(Domus Aurea Neronis)* zuhauf gefunden haben, ist auch die Signatur Nicolettos („Nicholeto da Modena Ferrara 1507").[15] In diesem Goldenen Haus Neros haben alle genannten gefesselten Satyrn der Neuzeit und die vielen hier nicht genannten ihren Ursprung.

Um 1480 begannen die ersten Neugierigen, auch und vor allem die ersten neugierigen Künstler, an der Stelle unter die Erde zu steigen, wo vormals der Palast Kaiser Neros, die *Domus Aurea Neronis*, gestanden hatte. Der Palast war nach dem großen Brand von Rom (64) erbaut, schon von Neros Nachfolgern verkleinert und nach einem Brand des Jahres 104 soweit zerstört worden, dass Trajan die Reste mit Bauschutt auffüllte und als Fundament für seine Thermenbauten nutzen konnte. Deshalb rechneten die Römer die wenigen noch zugänglichen Teile zu den Grotten. Bis 1506 konnten größere Teile der Anlage ausgegraben und freigelegt werden. Eine frühklassizistische Graphik Ludovico Mirris vermittelt einen Eindruck, wie man sich das Gelände vorzustellen hat. Wir sehen die Ruinen der Thermenanlagen. Von links her nähern sich Touristen. Unter ihnen ein höher gestelltes Paar, das von einer Reihe von Dienern begleitet wird. Dieses elegante Paar, zu dem die übrigen Touristen geziemenden Abstand halten, geht auf einen Eingang in die Ruinen zu, wo bereits zwei Führer mit Fackeln auf sie warten. Von da stieg man in das verschüttete Goldene Haus Neros hinab. Schon den ersten Entdeckern der unterirdischen Räume, die man, wie erwähnt, fälschlicherweise zuerst für ‚Grotten' hielt, fielen dekorative Malereien an Wänden und Decken auf. Nachweislich bereits zwischen 1496 und 1498 bezeichnete ein anonymer Mailänder Maler derartige ornamentale Malereien deshalb als ‚Grotesken'.[16] In diesen Wand- und Deckendekorationen waren die Architekturmotive, die abstrakten Ornamentmotive und die Bildmotive in freier Weise und mannigfaltig, eben, wie man später sagen wird, in ‚grotesker' Weise, gemischt.

15 M. M. Licht, A Book of Drawings by Nicoletto da Modena, in: *Master Drawings,* vol. VIII, no. 4, 1970, S. 379-387, hier S. 379.

16 Vgl. Alessandra Zamperini, *Les grotesques,* (2007 ital.) Paris 2007, S. 9.

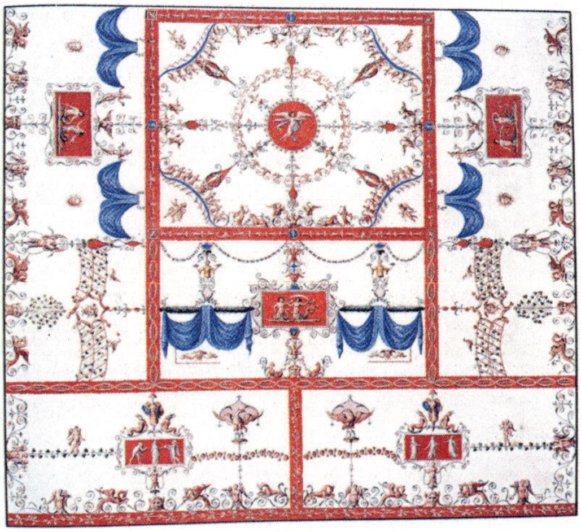

Abb. 9: Mirri, Ludovico, kolorierter Stich, nach 1774, Paris, Musée du Louvre: Rom, Domus Aurea, 64 ff., Volta gialla

Die Naturgeschichte des älteren Plinius nennt den für die gesamte Dekorationsmalerei in der *Domus Aurea Neronis* verantwortlichen Künstler und charakterisiert ihn:

> Kürzlich lebte auch noch der würdige und ernste und gleichwohl sehr lebhafte Maler Famulus. Von ihm stammt eine Minerva, die den Beschauer, von welcher Seite er auch hinsah, anblickte. Er malte nur wenige Stunden am Tag, auch dies nur mit Feierlichkeit, weil er stets, sogar bei seinen Staffeleien, eine Toga trug. Das Gefängnis seiner Kunst ist das Goldene Haus gewesen, und daher gibt es keine anderen Beispiele von ihm.[17]

17 „*Fuit et nuper gravis ac severus idemque floridissimus pictor Famulus. huius erat Minerva spectantem spectans, quacumque aspiceretur. paucis diei horis pingebat, id quoque cum gravitate, quod semper togatus, quamquam in machinis. carcer eius artis Domus Aurea fuit, et ideo non exstant exempla alia.*" Plinius Secundus d. Ä., *Naturalis historiae libri XXXVII. Liber XXXV / Naturkunde. Lateinisch-Deutsch, Buch XXXV. Farben, Malerei, Plastik* (Hg. u. übers. v. Roderich König in Zusammenarbeit mit Gerhard Winkler), Bd. XXXV, 1978, S. 88f.

Abb. 10: Mirri, Ludovico, kolorierter Stich (Detail), nach 1774, Paris, Musée du Louvre: Rom, Domus Aurea, 64 ff., Volta gialla

Die Geschichte der Minerva-Figur, „die den Beschauer, von welcher Seite er auch hinsah, anblickte“, muss hier nicht vertieft werden. Diesen gestalterischen Kunstgriff wandten Maler über die Jahrhunderte hinweg an, und seine Wirkung gehört heute noch zu den Phänomenen, über die Schloss- und Burgführer bevorzugt sprechen. Wichtiger in unserem Zusammenhang ist die Information des Plinius, das Goldene Haus Neros sei für Famulus das „Gefängnis seiner Kunst“ gewesen. Gemeint sein kann damit nur, dass dieser kaiserliche Auftrag so umfangreich gewesen war, dass Famulus zu keiner anderen Arbeit mehr Zeit gelassen wurde. Dass dies von ihm als Problem empfunden wurde, deutete Plinius mit seiner Charakterisierung des Habitus an, den Famulus beim Malen an den Tag legte. Der betont würdevolle Habitus, der den handwerklichen Charakter der Kunst der Malerei verleugnet, wird von Plinius in Kontrast gesetzt mit dem, was Famulus im „Gefängnis seiner Kunst“ auszuführen hatte. Dekorationsmalereien nämlich, von Vitruv sogar bezeichnet als der Würde der Kunst abträglich angesehene Dekorationsmalereien.[18]

Mit den Dekorationen der *Domus Aurea*, vor allem den Deckendekorationen, da die Wandmalereien zu größeren Teilen noch im Boden steckten, besaß man die bedeutendste anschauliche Entsprechung zu dem Dekorationssystem, das Vitruv in seinen *Zehn Büchern über die Architektur* beschrieben und verworfen hatte[19]: Statt sich dem eigentlichen Geschäft der Malerei, der „Nachbildung von wirklichen Dingen“, zu widmen, male man „lieber Ungeheuerlichkeiten“.

> An Stelle von Säulen setzt man kannelierte Rohrstengel, an Stelle von Dachgiebeln appagineculi (geriefelte Häklein[20]) mit gekräuselten Blättern und Voluten, ferner Lampenständer (candelabra), die die Gebilde kleiner Tempel tragen, über deren Giebel sich zarte Blumen

18 Zur philologischen Interpretation der Plinius-Stelle: Nicole Dacos, *La découverte de la Domus aurea et la formation des grotesques à la Renaissance,* London / Leiden 1969, S. 8.

19 Zu der Frage, ob Dekorationen im pompejanischen Stil schon vor Auffindung der Malereien in der *Domus Aurea* bekannt gewesen sein konnten vgl. ebd., S. 4.

20 Übers. n. André Chastel, *Die Groteske. Streifzug durch eine zügellose Malerei* (frz. 1988), Berlin 1997, S. 33.

aus Wurzeln mit Voluten erheben, auf denen sinnlos kleine Figuren sitzen, ferner Pflanzenstengel mit Halbfiguren, von denen die einen Menschen-, andere Tierköpfe haben. So etwas aber gibt es nicht, kann es nicht geben, hat es nicht gegeben. Wie kann nämlich ein Rohr, ein Dach oder ein Lampenständer den Schmuck eines Giebels oder ein so zarter und biegsamer Stengel ein darauf sitzendes Figürchen tragen, oder wie können aus Wurzeln und Stengeln bald Blumen, bald Halbfiguren hervorsprießen?[21]

In der Tat sind die Prinzipien der bildlichen Darstellung in den dekorativen Malereien des Famulus ebenso wie in denen, die dem im letzten Drittel des 1. Jahrhunderts v. Chr. tätigen Architekturtheoretiker Vitruv vor Augen standen, außer Kraft gesetzt. Solche Bildprinzipien sind die Wahrscheinlichkeit der Existenz eines Dargestellten und die tektonische Stimmigkeit. Beides hat in einem solchen Dekorationssystem, in dem alles sich mit allem vermischen, alles alles tragen kann, auch wenn ersteres eine zarte Ranke und letzteres ein gewichtiges Lebewesen sein kann, keine Gültigkeit mehr. Von Vitruvs Kritik wird die Rezeption und Produktion dieser Malereien in der Kunst der Neuzeit immer überschattet sein. Lebendig blieb seine Kritik (wie die des Horaz[22]), doch gerade die von beiden antiken Autoritäten angeprangerte Unwirklichkeit der Verbindung von heterogenen Teilen zu (monströs) gemischten Wesen und die Unwirklichkeit der Verknüpfung der Teile zum Ganzen eines Dekorationssystems kam einerseits einem frühneuzeitlichen Künstlerbegriff entgegen, dem die Erschaffung von „Dingen, die keine Wirklichkeit

21 „*Nam pinguntur tectoriis monstra potius quam ex rebus finitis imagines certae: pro columnis enim struuntur calami striati, pro fastigiis appagineculi cum crispis foliis et volutis, item candelabra aedicularum sustinentia figuras, supra fastigia eorum surgentes ex radicibus cum volutis teneri flores habentes in se sine ratione sedentia sigilla, non minus coliculi dimidiata habentes sigilla alia humanis, alia bestiarum capitibus. Haec autem nec sunt nec fieri possunt nec fuerunt. Quemadmodum enim potest calamus vere sustinere tectum aut candelabrum ornamenta fastigii, seu coliculus tam tenuis et mollis sustinere sedens sigillum, aut de radicibus et coliculis ex parte flores dimidiataque sigilla procreari?*“ Vitruv, *De architectura libri decem / Zehn Bücher über Architektur,* übers. u. m. Anm. v. Curt Fensterbusch, (1964) Darmstadt 1976, S. 332-335.

22 Horaz, *Sämtliche Werke. Lateinisch und Deutsch,* München / Zürich 1985, S. 538f.

Abb. 11: Nach Ghirlandaio, Domenico, Zeichnung, Escorial, Codex Escurialensis, 1493-94

außerhalb des Geistes" haben (Gregorio Comanini)[23], Ausweis der die Naturnachahmung übersteigenden, nur der Fantasie verdankten, künstlerischen Kreativität war.[24] Andererseits lieferte die von Leon Battista Alberti 1435 für die Historienmalerei zuerst entwickelte Theorie der „Komposition der Körper"[25] keine Hilfestellung dafür,

23 „[…] cose che non hanno l'essere fuor della mente". Gregorio Comanini. Zit. n. Giancarlo Maiorino, *The Portrait of Eccentricity. Arcimboldo and the Mannerist Grotesque,* Pennsylvania State University / London 1991, S. 43. Vgl. auch Roland Kanz, *Die Kunst des Capriccio. Kreativer Eigensinn in Renaissance und Barock,* München / Berlin 2002, S. 212.

24 Dazu vor allem Roland Kanz, Capriccio und Grotteske, in: Ekkehard Mai / Joachim Rees (Hg.), *Kunstform Capriccio. Von der Groteske zur Spieltheorie der Moderne* (= Kunstwissenschaftliche Bibliothek, hg. v. Christian Posthofen, Bd. 6), Köln 1998, S. 13-32; Kanz, Capriccio (wie Anm. 23).

25 Vgl. Hans Körner, *Auf der Suche nach der ‚wahren Einheit'. Ganzheitsvorstellungen in der französischen Malerei und Kunstliteratur vom mittleren 17. bis zum mittleren 19. Jahrhundert,*

Abb. 12: Botticelli, Sandro, Zeichnung, Florenz, Uffizien, 1481-82

wie Figuren und Gegenstände zu verknüpfen sind, wenn ihr ‚Grund' nicht eine Bildfläche ist, sondern z. B. ein zu schmückender Gebrauchsgegenstand oder eine dekorativ zu musternde Fläche. Die um 1480 entdeckten so genannten ‚Grotesken' in der *Domus Aurea Neronis* lieferten beides: Ein umfangreiches Kompendium an fantastischen Schöpfungen und eine Syntax des Dekorativen.

Besonderen Eindruck muss auf die ersten Künstler, die in die ‚Grotten' der *Domus Aurea* hinab stiegen, eine Deckendekoration gemacht haben, die man ihres gelben Grundes wegen als *Volta*

München 1988, S. 14ff.

gialla („gelbes Gewölbe‘) bezeichnete (Abb. 9). Die 1999 abgeschlossene Restaurierung hat die ursprüngliche Farbigkeit wieder erahnen lassen.[26] In der östlichen Rahmenzone dieser Deckendekoration hatten Famulus und seine Mitarbeiter das Dekorationsmotiv (zweimal) eingesetzt: Rote Bildtafeln, eingefasst von Ranken, über den Bildtafeln jeweils ein Trophäenbaum und Rücken an Rücken auf die Ranken gelagert zwei nackte Figuren (Abb. 10). Den besten Gesamteindruck von dieser Deckendekoration vermittelt immer noch der in den 1770er Jahren entstandene kolorierte Stich Ludovico Mirris.[27] Deutlicher sehen wir hier den Trophäenbaum; deutlich sehen wir auch, dass die zu Füßen der Trophäe lagernden Nackten Satyrn sind; dass diese gefesselt sind, ist nicht auszumachen, doch das wiederum bezeugen frühe Zeichnungen nach selbigem Motiv. Dokumentiert sind die gefesselten Satyrn in einer Zeichnung aus einem im Escorial aufbewahrten Codex (Abb. 11), von dem man annimmt, dass die Blätter in der Werkstatt Ghirlandaios nach verlorenen Zeichnungen des Meisters kopiert wurden. Das entsprechende Motiv kehrt wieder in einer Zeichnung der Florentiner Uffizien (Abb. 12), die in diesem Beitrag vorläufig noch ohne Begründung dem zeichnerischen Œuvre Sandro Botticellis zugeschrieben wird. Botticelli und Ghirlandaio waren mit ihren Künstlerkollegen und -konkurrenten Pietro Perugino und Cosimo Rosselli im Sommer 1481 nach Rom gereist, um auf Einladung des Papstes Sixtus IV. in der später nach diesem benannten Sixtinischen Kapelle einen Freskenzyklus mit typologisch aufeinander bezogenen Darstellungen aus dem Leben Jesu und aus dem Leben des Moses, sowie – über den Historien – eine Folge mit Papstbildnissen zu malen. Während ihres römischen Aufenthalts (Oktober 1482 waren Botticelli und Ghirlandaio wieder zurück in Florenz) müssen die Maler die neuentdeckten Dekorationen in den ‚Grotten‘ der *Domus Aurea Neronis* gesehen haben.

26 Dazu Irene Iacopi, *Domus Aurea,* Rom 1999, S. 143f.

27 Vgl. Marie-Noëlle Pinot de Villechenon, *Domus Aurea, La decorazione pittorica del palazzo neroniano nell'album delle „Terme di Tito" conservato al Louvre,* Mailand 1998, S. Xf.

4. Die Rezeption der Satyrn der antiken Ornamentgroteske im 16. Jahrhundert

Botticellis und Ghirlandaios frühe Wiedergaben des Motivs der gefangenen Satyrn sind ein deutliches Indiz dafür, dass schon die ersten Entdecker der antiken Groteskendekorationen davon beeindruckt waren.[28] Nicoletto da Modena, der, wie sein Graffito verrät, die antiken Grotesken 1507 in Augenschein genommen hat, war nicht minder beeindruckt und fügte das Motiv deshalb wiederholt seinen Stichen ein. Hier, im Gelben Gewölbe des Goldenen Hauses Neros, begegnen uns die Ahnen der dekorativ leidenden Satyrn. Ihre Nachkommenschaft ist kaum überschaubar. Wenige weitere Beispiele müssen genügen: Bernardino Pintoricchios Ausmalung der Hieronymus-Kapelle in der römischen Kirche S. Maria del Popolo reproduziert die gefesselten Satyrn der *Volta gialla*, setzt ihnen aber einen grotesken Hut auf (Abb. 13). Sie zieren das kandelaberförmige Groteskenornament eines fingierten Pilasters. In dieser Funktion – als Teil der Kandelaberdekoration eines gemalten Pilasters – setzte Pintoricchio das Motiv auch in der Capella Baglioni von S. Maria Maggiore in Spello ein. Künstlerisch schlichter, mit Körpern, die an stilisierte Stengeln erinnern, finden wir die antiken gefesselten Satyrn in ein Gaudenzio Ferrari verdankten Gewölbeausmalung einer Kapelle in Varallo. Gelegentlich ist das antike Vorbild leicht abgewandelt. Bereits Pintoricchio verjüngte die gefesselten Satyrn zu Putten mit Bocksfüßen (Abb. 14). In Giulio Romanos Entwurf eines Feuerbockes für einen der Kamine der Gonzaga in Mantua[29] hat der bärtige Satyr eine schöne Satyresse zum Gegenüber bekommen. Während Nicoletto Rosex da Modena in seinem Ornamentstich *BE*

28 Dacos, La découverte (wie Anm. 18), S. 38. Den Abbildungen in der Publikation von Dacos sind auch einige der im Folgenden genannten Beispiele verdankt. Zu den frühen Rezeptionen des Motivs in ausgeführten Dekorationen Pinturicchios vgl. ferner: Robin Leigh O'Bryan, *The Grotesque in Medici Taste and Patronage,* Ann Arbor 2003, S. 133.

29 Dazu Peter Thornton, *L'Epoque et son style. La renaissance italienne 1400-1600* (engl. 1991), Paris 1991, S. 25; Peta Motture, The Production of Firedogs in Renaissance Venice, in: Dies. (Hg.), *Large Bronzes in the Renaissance. Studies in the History of Art* 64, Center for Advanced Study in the Visual Arts, Symposium Papers XLI, 2003, S. 277-307, hier S. 277.

Abb. 13: Pintoricchio, Bernardo, Rom, S. Maria del Popolo, *Hieronymus-Kapelle* (Detail), 1488-90

II, 217 die Satyrn der *Volta gialla* beinahe wörtlich übernahm, modifizierte (und dynamisierte) er das Paar in *BE II, 219*, indem er einen der beiden Satyrn den Kopf nach hinten wenden ließ.

In dieser Variante – seitenverkehrt gegenüber dem Stich Nicolettos – erscheint das Satyrpaar beispielsweise auch in einer Deckenausmalung des Casinos Pius IV. (Abb. 15). Das Motiv im Casino Pius IV. ist sogar näher noch an den Satyrn der *Volta gialla,* insofern als die Satyrn auch hier auf Ranken lagern und weil auch zwischen ihnen ein Trophäenstamm aufsteigt. Umso bemerkenswerter ist, dass die Satyrn zwar ihre Arme wie gefesselt nach hinten gestreckt haben, die zu erwartenden Fesseln aber fehlen. Die Sitzhaltung und die hier wieder einträchtig nach vorne gewendeten Köpfe weisen auch die paarweise angeordneten Satyrn eines weiteren Stichs von Nicoletto da Modena *(BE II, 223)* (Abb. 16) als unmittelbar abkünftig von den Satyrn der *Volta gialla* aus. Doch die Satyrn dieses Stichs des norditalienischen Ornamenterfinders bleiben nicht nur ungefesselt, sie sind unbeschwert und musizieren. Im Fragment eines gemalten Gebälks der Briziuskapelle des Doms von Orvieto, das bei der letzten Restaurierung der Kapelle an der altarseitigen Wand gefunden wurde, stößt ein Satyr mit dem Dreizack auf einen Hund herab. Sein fast spiegelbildliches Gegenüber fasst

Abb. 14: Pintoricchio, Bernardo, Spello, S. Maria Maggiore, *Capella Baglioni* (Detail), 1500-01

an den Rahmen eines runden Bildes mit einer Kampfszene zwischen Monstren. Beide Satyrn sitzen in der Haltung der Satyrn der *Volta gialla* auf dem Rand eines Gefäßes, ihre Sitzhaltung motivierte Signorelli aber zu unterschiedlichen Handlungen.

Wie es die vielen Beispiele von ungefesselten, gleichwohl nach dem antiken grotesken Vorbild paarweise angeordneten Satyrn nahe legen, scheint die Darstellung einer Fesselung nicht die notwendige Voraussetzung für die Rezeption des Satyrpaars der *Volta gialla* gewesen zu sein. Das hat weniger mit Beliebigkeit zu tun, als damit, dass – wie schon notiert – Fesselung nur eine Möglichkeit der ornamentalen Verknüpfung ist. Eingesperrtsein, paarweise Anordnung (häufig um die Symmetrieachse des Kandelaberschafts), aber eben auch Hybridbildungen und Motive des Verschlingens sind weitere Möglichkeiten, die je nach Künstlerlaune oder den Anforderungen des Dekorums gewählt werden. Dementsprechend reduziert sich beispielsweise die Fesselung der Satyrn in einem der von einem Motiv der Vatikanischen Loggia inspirierten Ornamentstiche des Cornelis Bos auf das Band, das den jeweils linken und rechten Arm der beiden Satyrn mit dem dünnen Kandelaberschaft verbindet. Unübersehbar bildet sich in dieser Variante des Loggienornaments die Fesselung als dekorative Bindung ab.

Gelegentlich wird die Fesselung nur angedeutet im Motiv der verschränkten Arme der Rücken an Rücken lagernden Satyrn: Bei einem der Hauptvertreter der frühen druckgraphischen Ornamentgroteske, bei Agostino Veneziano, tragen zwei Satyrn mit jeweils einer Hand den den Balusteraufbau bekrönenden Rundbau, eine Aufgabe, die sie aber, wie die Erektion beweist, wenig belastet (Abb. 17). Auch diese Satyrn leiden nicht mehr unter Fesseln, doch ihre Arme sind verschränkt und die Hände fassen ineinander – Zeichen der Vertrautheit der beiden Geschöpfe und Metamorphose der Fesselung der Satyrn der *Volta gialla*.

Ein Satyrpaar auf der Decke des Kleinen Rittersaals in Schloss Dillingen ist aus zweierlei Gründen als interessante Transformation der gefesselten Satyrn der *Volta gialla* zu nennen: Die für diese Geschöpfe charakteristischen Bocksbeine sind verschwunden, aber in der Zuspitzung bei der Verwandlung des Unterleibs in Vegetabiles anschaulich aufgehoben.[30] Verschwunden ist auch die Fesselung der

Abb. 15: Rom, Vatikan, Casino Pius IV., Groteskenornament (Detail)

30 Das kann auch eine dem Erhaltungszustand geschuldete Wahrnehmung sein: In Ludovico Mirris Reproduktion verwachsen die Unterleiber der Satyrn in Pflanzliches. In den Nachzeichnungen des Codex Escurialensis und Botticellis sind die Bocksfüße der Satyrn aber noch deutlich von den Ranken, auf denen die Satyrn lagern, unterschieden. Zu den Grotesken in der Holzdecke des Dillinger Schlosses: Carsten-Peter Warncke, Die ornamentale Groteske in Deutschland 1500-1650, Bd. I, Berlin 1979, S. 62.

Abb. 16: Nicoletto Rosex da Modena, Ornamentstich (BE II, 223), um 1510

Abb. 17: Agostino Veneziano, Ornamentstich

antiken Satyrn; doch gleich einem Armreif schlingt sich eine dünne Ranke um das Handgelenk des rechten Satyrn.

Mit der genannten Dillinger Deckendekoration hat eine Ornamentgroteske des Jacques Androuet Du Cerceau gemeinsam, dass beide Satyrköpfe im Profil wiedergegeben sind und nach außen blicken. Androuet Du Cerceau ließ die einander Rücken an Rücken Lagernden mit den Ellenbogen einander berühren – auch dies eine Transformation der Fesselung und allgemeiner: eine Weise der ornamentalen Verknüpfung. Bemerkenswert ist diese Ornamentgroteske des Jacques Androuet Du Cerceau darüber hinaus, weil sie eine Brücke zwischen den dekorativen Satyrn der *Volta gialla* und Werken Michelangelos schlägt, die man nicht selbstverständlich mit solchen Dekorationsmotiven zusammenbringt. Indem er das Sitzen der Figuren in eine Liegehaltung übergehen ließ, näherte er seine

Abb. 18: Rom, Museo di Roma, Münze

grotesken Satyrn auffällig den Tageszeiten der Medici-Grabmäler. Dass eine Brücke von den Satyrn der *Volta gialla* auch zu anderen Figurenerfindungen Michelangelos führt, wird an späterer Stelle zu thematisieren sein.

Die Erben der gefesselten Satyrn der *Volta gialla* mussten nicht notwendig Satyrn sein. Die Zuordnung und die Wendung der Köpfe weist die gefesselten Sphingen, mit denen Araldi das Gewölbefeld von S. Paolo in Parma schmückte, als abkünftig von den Satyrn der *Volta gialla* aus. Der so genannte ‚Meister mit dem Würfel' band die Leiber der beiden Sphingen in vergleichbarer Weise zusammen, entfernte sich vom Vorbild der antiken Grotesken aber in der Wiedergabe der Sphingenköpfe im Profil. Größere Nähe zum antiken Vorbild wahrte der ‚Meister mit dem Würfel' andererseits insofern wieder, als er seinen Monstren die Physiognomie und die spitzen Ohren von Satyrn verlieh.

Selbst wenn Künstler des 16. Jahrhunderts in der Rezeption des Groteskenornaments sowohl das Satyrsein als auch das Fesselungsmotiv hinter sich ließen, ist gelegentlich die Herkunft von der antiken Groteske immer noch unübersehbar. Das ist der Fall bei den als nackter (weißer) Mann und als nackte (dunkelhäutige) Frau erscheinenden Allegorien von Tag und Nacht im Kandelaberornament auf einer der Bordüren von Raffaels Sixtinischen Teppichen.[31] Und wenn Sharon Fermor Recht hat, dass sich im Groteskenornament der Bordüren der Apostelteppiche Nachfolger und Konkurrenten von Michelangelos *Ignudi* der Sixtinischen Decke aufhalten, wenn schließlich Karla Langedijk Recht hat, dass die Tageszeiten der einen Teppichbordüre ihrerseits wieder Michelangelos Allegorien der Nacht und des Tags am Grabmal Giuliano de' Medici in der Medici-Kapelle beeinflussten, dann wird nicht nur die Weite des Rezeptionsfeldes, sondern vor allem auch das künstlerische Anspruchsniveau deutlich, auf dem die Auseinandersetzung mit dem im Wortsinne marginalen Dekorationsmotiv der *Volta gialla* stattfand.[32]

5. Sklaven und Trophäen. Die antike Tradition und ihre groteske Brechung

Im gerafften Überblick über die Rezeption der gefesselten Satyrn der *Volta gialla* blieb eine Variante unerwähnt, weil sie sich zumindest nicht selbstverständlich in die Nachfolge der grotesken Satyrn einordnen lässt, sondern doch eher ihre ikonographische Wurzel ist: das Motiv der paarweise gefesselten Sklaven, gewöhnlich in Verbindung mit Trophäen.

Die gefesselten Satyrn der *Volta gialla* sind einem Trophäenstamm zugeordnet. In dieser Form, allerdings mit gefangenen Feinden, nicht mit gefesselten Satyrn, hat das Motiv seinen festen Platz in antiken Triumphdarstellungen. Griechenland hatte die Vorgaben geliefert: Frühestes bekanntes Beispiel dafür, dass zu den an einem Baumstamm oder Pfahl aufgehängten Beutewaffen Darstellungen von Besiegten kommen, dürfte die von Vitruv erwähnte Trophäe sein, die Artemisia von Karien im Jahr 351 nach ihrem Sieg auf dem Marktplatz von Rhodos aufrichtete. Der Trophäe waren zwei Bronzebildwerke zugeordnet, von denen eines Artemisia selbst darstellte, wie sie der Personifikation der unterworfenen Stadt Rhodos ein Schandmal einbrennt.[33] Ein persischer Gefangener

31 Vgl. O'Bryan, Grotesque (wie Anm. 28), S. 132f.

32 Vgl. Sharon Fermor, The Raphnel Tapestry Cartoons. Narrative – Decoration – Design, Sondon, 1996, S. 72; dazu zusammenfassend O'Bryan, Grotesque (wie Anm. 28), S. 131ff.

33 Vitruv, De architectura (wie Anm. 21), S. 112f. Vgl. auch Gilbert

Abb. 19: Rom, Kapitolinische Museen, *Triumphzug im Fries des Apollo-Sosianus-Tempels* (Detail)

gehörte zum marmornen Tropaion, das zum Gedächtnis der Schlacht von Marathon geschaffen wurde.[34] In römischer Zeit begegnen uns dann an Triumphbögen, an Basen, auf Friesen, auf Rüstungen, auf Sarkophagen und in Münzbildern Barbaren zu Füßen der Trophäe (Abb. 18, 19).[35] Insbesondere die begrenzte Bildfläche, die Münzen bereitstellten, förderte die Ausgrenzung des narrativen (triumphalen) Zusammenhangs. Die Abschneidung von lebensweltlichen Zusammenhängen entspricht dem üblichen Verfahren der Verallgemeinerung – hier des Sieges. Das im Symbol aufgehobene Leid der Gefangenen wirkt dementsprechend verallgemeinert, exemplarisch.

Charles Picard, *Les trophées romains. Contribution à l'histoire de la religion et de l'art triomphal de Rome* (= Bibliothèque des écoles françaises d'Athènes et de Rome. Fascicule 187), Paris 1957, S. 43.

34 Vgl. Pausanias, *Beschreibung Griechenlands* I, (1967) München 1979, S. 90. Dazu und zur Datierungsproblematik Picard, Les trophées (wie Anm. 33), S. 49f.

35 Vgl. Jean Adhémar, *Influences antiques dans l'art du moyen âge français. Recherches sur les sources et les thèmes d'inspiration* (= Studies of the Warburg Institute, No. 7, hg. v. Fritz Saxl), London 1939 (Repr. Nendeln 1976), Pl. XIII, Fig. 44; Annalina Caló Levy, *Barbarians on Roman Imperial Coins and Sculpture* (= Numismatic Notes and Monographs), New York 1952, S. 4, 10f., 41f.; vgl. auch Dacos, La découverte (wie Anm. 18), S. 37; Picard, Les trophées (wie Anm. 33), S. 81f.

Vereinzelt scheint das Motiv der gefesselten Sklaven in der italienischen Frührenaissance wieder auf. In den petrarkistischen Trionfi wird gelegentlich die überwältigende Macht der triumphierenden Allegorie auch durch einen oder mehrere Besiegte veranschaulicht. Im Palazzo Schifanoia zu Ferrara hat die Macht der Liebe den stärksten Mann niedergezwungen. Angekettet kniet Mars vor Venus. Auf einem Geburtsteller des Apollonio di Giovanni triumphiert dagegen – entsprechend dem erwünschten Verhalten der Gattin – die Keuschheit. Der Feind – der geflügelte Amor – kniet vor der aufrecht auf dem Triumphwagen stehenden Allegorie. Da Ehe und Gebären aber doch auch mit Liebe zu tun haben, erscheint in einem zweiten Geburtsteller des Apollonio di Giovanni der Gott der Liebe als Sieger. Jung und Alt sind der Macht dieses Gottes unterworfen, und

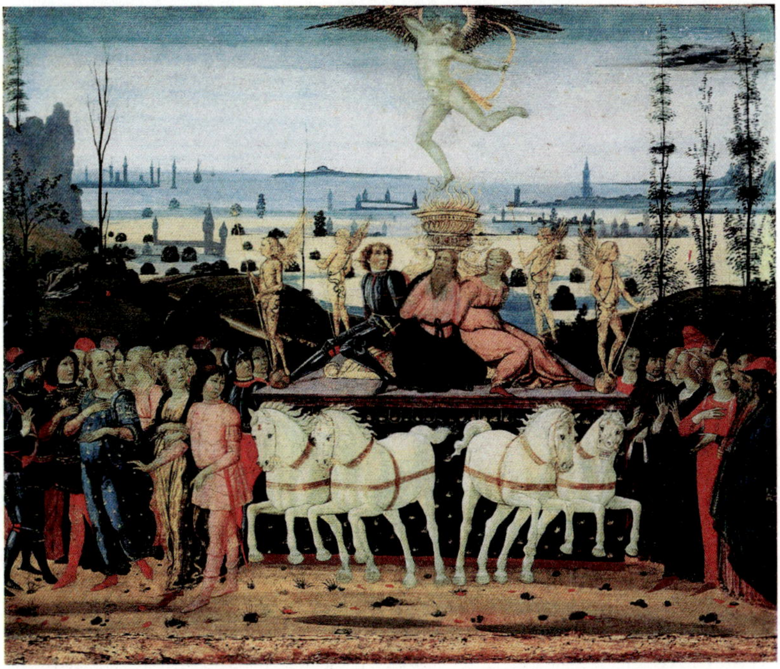

Abb. 20: Sellaio, Jacopo del, *Triumph der Liebe,* um 1480, Fiesole, Museo Bandini

Abb. 21: Mantegna, Andrea, *Triumphzug Cäsars, Cäsar auf dem Triumphwagen* (Detail), 1484 – um 1495

dementsprechend sitzen zwei gefesselte Männer, ein junger, ein alter, zu Füßen Amors. Ähnlich, jetzt noch durch eine junge Frau zur Dreiergruppe ergänzt, kauern auch in Jacopo del Sellaios *Triumph der Liebe* gefesselte Sklaven der Liebe auf dem Triumphwagen unter dem bogenspannenden Amor (Abb. 20).

Zu der antiken Tradition halten diese Gefesselten Abstand. Entsprechend dem archäologischen Anspruch des Künstlers wird dann bei Andrea Mantegna das antike Triumphmotiv seine Renaissance erleben. Im für Francesco II. Gonzaga gemalten *Triumphzug Julius Caesars* ist der Triumphbogen, der auf dem – den Zyklus abschließenden – Leinwandbild hinter dem Triumphwagen Caesars aufragt, von einem Trophäenstamm mit angeketteten Kriegsgefangenen bekrönt (Abb. 21). Das antike Triumphmotiv war wieder unverstellt präsent, doch wenige Jahre, bevor Mantegna sich mit der Konzeption dieses Bildzyklus zu befassen begann, waren auch die grotesken Brüder der antiken Kriegsgefangenen wieder sichtbar geworden, und neben diesen oder mit diesen – in welchem ‚Mischungsverhältnis' auch immer – begleiteten jene den weiteren Verlauf der neuzeitlichen Kunstgeschichte.

Abb. 22: Rom, Museo delle Terme, Relief

Dass aus den Gefesselten zu Füßen des Trophäenstammes, die in der römischen Kunst in der Regel deutlich als Barbaren ausgewiesen sind (Abb. 22), in der *Domus Aurea Neronis* Satyrn werden konnten, mag von der noch in der Renaissance unterstellten Wesensverwandtschaft zwischen Satyrn und ‚primitiven' Menschen mitmotiviert sein[36], zuerst und zunächst aber entspricht dies der Transformation in ein dekoratives Motiv, und diese Transformation hatte, wie gesehen, Folgen. Dekorativ gebrochen leiden die Satyrn im Rahmenbereich des Gelben Gewölbes der *Domus Aurea.*

Die Frage, die sich daran anschließen muss, ist, was geschieht, wenn das über die grotesken Satyrn gebrochene Motiv wieder sinnvoll, sinnvoll in Hinblick auf eine Triumphikonographie, rekontextualisiert wird. In den beiden äußeren Epitaphien in der Fugger-Kapelle von St. Anna in Augsburg (Abb. 23) kauern unter den Linienwappen, zwischen antikisch gerüsteten Kriegern und über Trophäen, jeweils gefesselte Kriegsgefangene. Erstmals in der neuzeitlichen

36 Zum Satyr als ‚edlem Wilden' in der Renaissance: Lynn Frier Kaufmann, *The Noble Savage. Satyrs and Satyr Families in Renaissance Art* (= Studies in Renaissance Art History, No. 2, hg. v. Ann Sutherland Harris), Ann Arbor 1984.

Abb. 23: Augsburg, St. Anna, *Fuggerkapelle, Epitaph des Jakob Fugger,* 1518

Abb. 24: Nicoletto Rosex da Modena, Ornamentstich (BE II, 221), um 1510

Abb. 25: Androuet Ducerceau, Jacques, Ornamentstich aus: *Petites Grotesques,* 1550/62

Großplastik zeigen diese Epitaphien der Fugger-Kapelle das Triumphmotiv der Sklaven paarweise, kauernd und gefesselt, so also, wie das Motiv später zu einer festen Formel werden wird.[37] Umso bemerkenswerter ist, dass in Augsburg der Verweis auf die antike Triumphikonographie den Umweg über das ornamentale Vorlagenblatt geht. Justus Brinckmann bereits deckte den Zusammenhang auf:

> Diese Gefesselten stammen von Nicoletto da Modena und zwar liegt bei jenem Relief, wo die beiden Lilien innerhalb einer Schildform angebracht sind, eine direkte Kopie nach Nicoletto da Modena *B. 55* (= *BE 221,* Abb. 24) vor. Nur die Kopfhaltung und Barttracht des Mannes rechts auf dem Relief ist gegenüber dem Stich verändert, sonst ist alles Zug um Zug kopiert, die Beinstellungen, die Rücken-

37 Vgl. Hermann Voß, Andreas Schlüters Reiterdenkmal des großen Kurfürsten und die Beziehungen des Meisters zur italienischen und französischen Kunst, in: *Jahrbuch der königlich preußischen Kunstsammlungen,* Bd. 29, Berlin 1908, S. 150.

ansicht des Mannes links, die sich um das rechte Bein des Mannes rechts windende Schlange und die Bekleidung beider Männer mit kurzen Hosen bei sonst nacktem Leib.[38]

In der von Brinckmann angeführten Ornamentgroteske des Nicoletto da Modena handelt es sich, wie die Bekleidung, des Weiteren Haar- und Barttracht des rechten Gefesselten deutlich zu erkennen geben, um gefesselte Barbaren. Nun könnte man mutmaßen, dass – wenn schon der Bildhauer in Augsburg sich vom Ornamentstich anregen ließ – doch zumindest der Ornamenterfinder sich in diesem Fall unter Umgehung der Vorbilder in der *Domus Aurea* direkt auf antik-römische Triumphdarstellungen und / oder Trophäen bezogen habe.[39] Tatsächlich dominiert in dieser Ornamenterfindung das Kriegerische: Am oberen Blattrand wird Mars als Gott der Schlachten benannt – „M(ars) PR(o)ELIORUM DEVS“, so die Auflösung der abgekürzten Inschrift.[40] Der gerüstete Kriegsgott sitzt denn auch mit vom symmetrischen Aufbau erzwungener Breitbeinigkeit oben auf. Pferdebändigergruppen sind zu seinen Füßen angebracht, und sowohl im Fries über den gefesselten Barbaren als auch im Bildfeld, das den Kandelabersockel ziert, sind Kampfszenen dargestellt. Zu allem dem stehen die gefesselten Barbaren in Beziehung, nicht in einer narrativen Beziehung, sondern in einer vom Dekorum vorgegebenen; die Barbaren sind zum Ganzen der martialischen Dekoration stimmiger Schmuck.

Schon allein deshalb, weil die Triumphikonographie hier Motiv in einer Ornamentgroteske ist, liegt die Vermutung nahe, Nicoletto da Modena habe auch bei der Invention der gefesselten Barbaren seines Kupferstiches *(BE II, 221)* den Umweg über das Dekorationsmotiv der *Volta gialla* genommen. Der Zusammenhang ist in der Tat offensichtlich, denn seitenverkehrt wiederholen die gefesselten

---

38 Albert Brinckmann, *Die praktische Bedeutung der Ornamentstiche für die deutsche Frührenaissance,* Straßburg 1907, S. 16.

39 Eine unmittelbare Abhängigkeit dieses Blattes vom antiken Tropaion-Motiv mit Sklaven nimmt Mack-Andrick an; vgl. Jessica Mack-Andrick, *Pietro Tacca, Hofbildhauer der Medici (1577-1640). Politische Funktion und Ikonographie des frühabsolutistischen Herrscherdenkmals unter den Großherzögen Ferdinando I., Cosimo II. und Ferdinando II.,* Weimar 2005, S. 145f.

40 Vgl. Berliner / Egger, Vorlageblätter (wie Anm. 12), Bd. I, S. 42.

Abb. 26: Nicoletto Rosex da Modena, Ornamentstich (BE II, 222), um 1510

Barbaren von *BE II, 221* die gefesselten Satyrn des bereits beschriebenen grotesken Vorlagenblattes von Nicoletto da Modena (*BE II, 219,* Abb. 7), und diese wiederum wiederholen, wie ausgeführt, die gefesselten Satyrn der *Domus Aurea* (Abb. 10) mit der Variante des einen blatteinwärts gedrehten Satyrkopfes. Erwähnenswert ist in diesem Zusammenhang auch, dass im Aufstieg des Kandelaberornaments auf *BE II, 221* die gefesselten Barbaren vorbereitet sind durch Satyrn, deren Rücken sich dem Kandelabersockel anschmiegen und die auf Monstren reiten. Eine nachträgliche Bestätigung liefert ein Kupferstich aus den *Petites Grotesques* des Jacques Androuet Du Cerceau, von denen die erste Auflage 1550 und die zweite 1562 erschien. Die Stichfolge besteht zum überwiegenden Teil aus in der Regel nur geringfügig veränderten Kopien nach italienischen Ornamentstichen. Auch das ornamentale Vorlagenblatt *BE II, 221* des Nicoletto da Modena reproduzierte Du Cerceau (Abb. 25), verwandelte aber in der Wiederholung die gefesselten Barbaren zurück in gefesselte Satyrn.[41] Androuet Du Cerceau erkannte somit ohne weiteres die Familiengeschichte von Nicoletto da Modenas gefesselten Barbaren; er erkannte, dass sie nicht unmittelbar von der antiken Sklavenikonographie kommen, sondern in ihre Bildrealität den Zwischenschritt der grotesken gefesselten Satyrn aufgenommen haben.

6. Die *Ignudi* der Sixtinischen Decke und die Satyrn der *Domus Aurea Neronis*

In Nicoletto da Modenas Ornamentstich *BE II, 222* (Abb. 26, 27) sind die Unterworfenen wieder an einen Trophäenstamm gebunden, sind ganz nackt, und, was auffällt, sie sind weder als Satyrn gezeigt, noch als Barbaren charakterisiert, sondern erscheinen als durchaus attraktive und entsprechend attraktiv leidende junge Männer. Die Genese dieses Motivs ist noch komplizierter. Zwischen dem antiken Motiv der an den Trophäenstamm gebundenen Kriegsgefangenen und jener Darstellung des Nicoletto da Modena stehen nicht allein die Satyrn des Gelben Gewölbes der *Domus Aurea*, sondern seinerseits von diesen grotesken Satyrn beeinflusste Darstellungen, die Nicoletto da Modena fraglos gekannt hat und die uns nun künstlerisch auf ein sehr anderes, unvergleichlich höheres Niveau führen.

Neben den Satyrpaaren in der *Domus Aurea* müssen Nicoletto die Paare nackter Jünglinge vor dem geistigen Auge gestanden haben, die Michelangelo seinen mittleren Freskenbildern der Sixtinischen Decke als Rahmenschmuck mitgab. Die übliche Bezeichnung dieser Figuren als *Ignudi* (Nackte) ist von größtmöglicher Unbestimmtheit. Eben deshalb ist sie auch die präziseste. Die Anregung für das effektvoll über den Kopf nach vorn fallende Haar des linken Gefesselten wird vermutlich der *Ignudo* Michelangelos geliefert haben, der in der fingierten Rahmenarchitektur zwischen dem Fresko, das die Scheidung von Erde und Wasser, und dem, das die Erschaffung der Gestirne erzählt, sitzt (Abb. 28). Bei dem sich vornüberbeugenden rechten Gefesselten, dessen Kopf heftig umgewendet ist, muss Nicoletto an einen der nackten Jünglinge um die Schöpfungserzählung von der Scheidung von Licht und Finsternis (Abb. 29) oder an den

41 Vgl. Brigitte Wagner, Zum Problem der „französischen Groteske" in Vorlagen des 16. Jahrhunderts. Das Groteskenbuch des J. A. Ducerceau (1550/62), in: *Jahrbuch des Kunsthistorischen Institutes der Universität Graz,* 9/10 (1974/75), S. 123-183, hier S. 155.

Abb. 27: Nicoletto Rosex da Modena, Ornamentstich (BE II, 222), (Detail), um 1510

zu Häupten des die Gestirne erschaffenden Schöpfergottes gedacht haben (Abb. 30), vielleicht an beide.

Letzterer verdient, in unserem Zusammenhang genauer betrachtet zu werden. Seine Körperhaltung verrät höchstes Angespanntsein, seine Kopfwendung und sein Blick Erregtsein. Eine äußere Begründung für Anspannung und Erregung gibt es nicht. Seine Aufgabe, gemeinsam mit seinem nackten Gegenüber das Medaillon an Stoffbändern zu halten, ist keine zureichende Motivation. Die Unverhältnismäßigkeit von anschaulich gemachter Emotion und Handlung wird im Gegenüber sogar noch augenfälliger (Abb. 31). Die in den angespannten Muskeln, dem hochgeschwungenen linken Bein und den hochgerissenen Armen auch mimisch ausdrückliche, höchste emotionale und physische Kraftanstrengung ist hinsichtlich der dieser Figur abgeforderten Aufgabe unnötig. Das Medaillon ruht sicher auf dem Gesims auf. Nicht einmal das Stoffband ist straff angezogen, es hängt locker durch.[42] Körperlicher und emotionaler

42 Karl Möseneder, Werke Michelangelos als Movens ikonographi-

Abb. 28: Michelangelo, Rom, Vatikan, Sixtinische Decke, 1508-12, *Ignudo*

Ausdruck hat in solchen Figuren den äußeren Gegenstand verloren. Doch obwohl sie nicht Mitwirkende in einer Bilderzählung, sondern dekorative Bestandteile eines dekorativen Ensembles und als solche dem Dekorum, nicht der Erzähllogik verpflichtet sind, führt dies bei Michelangelo keineswegs zu einer emotionalen Beruhigung, sondern sogar zu einer eminenten Ausdruckssteigerung.

Robin Leigh O'Bryan trug die Hinweise zusammen, die den Schluss unabweisbar machen, dass Michelangelo keineswegs nur

scher Erfindung, in: *Mitteilungen des Kunsthistorischen Institutes in Florenz,* Bd. XXIX, 1985, Heft 2/3 (1985), S. 347-384, hier S. 363ff. Wichtig zur Selbstbezüglichkeit und Selbstgenügsamkeit der *Ignudi*: Reinhard Steiner, *Prometheus. Ikonologische und anthropologische Aspekte der bildenden Kunst vom 14. bis zum 17. Jahrhundert* (= Reihe Forschungen, Bd. 2), München 1991, 297ff.; Kanz, Capriccio (wie Anm. 23), S. 128ff.; Hans Körner, Mythos als Verkleidung. Aspekte der Mythenrezeption in der Kunst der Spätrenaissance, in: *Mythos, no. 1: Mythen in der Kunst,* hg. v. Peter Tepe u. a., Würzburg 2004, S. 10-24, hier S. 14f.

Abb. 29: Michelangelo, Rom, Vatikan, Sixtinische Decke, 1508-12, *Ignudo*

aus zweiter Hand Kenntnis von der Groteskendekoration der *Domus Aurea* hatte.[43] Die Zusammenhänge von Michelangelos Dekorationssystem der Sixtinischen Decke mit den Groteskendekorationen sind in der neueren Forschung denn auch wiederholt thematisiert worden. Philipp Fehl beispielsweise erkannte in der Sixtinischen Decke eine komplexe Kombination von Historienmalerei und Ornament.[44]

43 O'Bryen, Grotesque (wie Anm. 28), S. 216ff. In Hinblick auf die Jahreszeitenallegorien der Medici-Gräber brachte Carl Justi sehr früh bereits Michelangelos ‚Ornamentmenschen' mit dem Groteskenornament in Zusammenhang: Carl Justi, *Michelangelo. Beiträge zur Erklärung seiner Werke und des Menschen,* Berlin 1922 (2. Aufl.), S. 178f. Vgl. auch Andreas Prater, *Michelangelos Medici-Kapelle. Architektur und Ornament* (= Schriften aus dem Atheaion der klassischen Archäologie Salzburg, hg. v. Hans Walter), Waldsassen 1979, S. 28.

44 Philipp Fehl, Michelangelos Decke der Sixtinischen Kapelle als Ornament. Rahmen und Inhalt, in: Isabella Frank / Freia Hartung (Hg.), *Die Rhetorik des Ornaments,* München 2001, S. 35-37. Ausführlich zu den Zusammenhängen zwischen den antiken Grotesken und dem Dekorationssystem der Sixtinischen Decke: Wiebke Fastenrath, *„Finto*

Abb. 30: Michelangelo, Rom, Vatikan, Sixtinische Decke, 1508-12, *Ignudo*

Abb. 31: Michelangelo, Rom, Vatikan, Sixtinische Decke, 1508-12, *Ignudi*

In der grotesken Unmöglichkeit des von Michelangelo imaginierten statischen Aufbaus des Dekorationssystems fand er die von Vitruv kritisierten statischen „Ungeheuerlichkeiten" der antiken Groteske wieder.[45] Als monumentale Ornamente charakterisierte Philipp Fehl die *Ignudi*[46], ihre Emotionalität meinte er freilich nur als Reaktion auf das Schöpfungsgeschehen in den Historienbildern erklären zu können. Aus ihrer „eigenen ornamentalen Welt" blickten „einige

e favoloso". Dekorationssysteme des 16. Jahrhunderts in Florenz und Rom, Hildesheim 1995, S. 12f., 24ff., 86ff.; dies., Terribilità – Bizzarria – Capriccio. Zum Dekorationssystem der Sixtinischen Decke, in: Michael Rohlmann / Andreas Thielemann (Hg.), *Michelangelo. Neue Beiträge. Akten des Michelangelo-Kolloquiums veranstaltet vom Kunsthistorischen Institut der Universität zu Köln im Italienischen Kulturinstitut Köln, 7. – 8. November 1996,* München / Berlin 2000, S. 151-179, hier S. 161ff.; Kanz, Capriccio (wie Anm. 23), S. 126ff.

45 Fehl, Michelangelos Decke (wie Anm. 44), S. 49.

46 Ebd., S. 52.

von ihnen in die Welt der ihnen benachbarten Historiengemälde hinein […].“ Auf das, was sie sehen, reagieren sie „mit Erstaunen und Ehrfurcht“; und weiter: „Sie vermitteln uns ihre Empfindungen und übertragen sie aus ihrer Welt in unsere.“[47] Selbst Philipp Fehl hatte also Probleme damit, diesen figürlichen Ornamenten ihren Platz in ihrer „eigenen ornamentalen Welt“ ganz zuzugestehen. Die Mehrzahl dieser nackten Jünglinge wendet den Blick zum Gegenüber oder zum Betrachter. Und diejenigen, bei denen man vermuten darf, dass ihr Blick auf die von ihnen gerahmten Bilder fällt, sind die am wenigsten bewegten und am wenigsten erregten. Der Bezug von emotionaler Erregung und Erzählung kann auch in diesem Fall nur – doch was heißt ‚nur‘ – als ein dekorativer beschrieben werden.[48]

Dass sich über einen allgemeinen Zusammenhang des Dekorationssystems der Sixtinischen Decke mit der Groteskendekoration ein konkreter Zusammenhang der *Ignudi* mit den gefesselten Sklaven der *Volta gialla* herstellen lässt, dafür gibt es Indizien. Ein Indiz ist die Rezeption durch Nicoletta da Modena, der seine Inspirationsquellen – die Satyrn der *Domus Aurea* und die *Ignudi* Michelangelos – vermutlich nicht gemischt haben würde, wenn Michelangelos *Ignudi* sich nicht selbst für diese Mischung angeboten hätten. Es gibt einen weiteren Hinweis: Weshalb greift der beim Bild der Erschaffung der Gestirne und oberhalb des Propheten Daniel dargestellte *Ignudo* (der den *rebellierenden Sklaven* für das Juliusgrabmal vorbereitete[49]) (Abb. 30) so angestrengt und so verquält nach hinten? Um mit dem Zeigefinger die gelbe Draperie zu fassen? Diese Beschreibung trifft zu und widerlegt sich selbst. Der *Ignudo* ist gefesselt, gefesselt mit nicht sichtbaren Fesseln. Michelangelo nahm es ernst, dass Gefesseltsein nur ein möglicher Modus der dekorativen

47 Ebd.

48 Fehls Deutung der *Ignudi* als flügellose Engel ist ebenfalls ein Versuch, der beunruhigenden Dekorativität dieser Figuren auszuweichen. Fehl, Michelangelos Decke (wie Anm. 44), S. 52. Flügellose Engel sind die Ignudi auch für Patricia Emison, The Ignudo as Proto-Capriccio, in: *Word & Image* 14 (1998), S. 281-295, passim, mit Verweisen auf ältere, ähnlich gerichtete Interpretationsangebote.

49 Steinmann n. Salvatore Quasimodo / Ettore Camesasca, *L'opera completa di Michelangelo pittore* (= Classici dell'arte), Mailand 1977, S. 92.

Bindung ist. Die dekorative Einbindung kann die faktische Fesselung überflüssig machen, weil Dekoration für sich schon Bindung ist. Auch und gerade das vermag seit Michelangelo zu bewegen und zu erregen.*

* In erweiterter Fassung ist dieser Beitrag 2009 als Buch erschienen: Hans Körner, Dekorative Fesseln. Die grotesken Satyrn und ihre Nachkommen (= Düsseldorfer Kunsthistorische Schriften, Bd. 9), Düsseldorf 2009.

Abbildungsnachweis:

Archiv des Autors, Abb. 20, 21, 28, 29, 30, 31

Berliner, Rudolf, / Egger, Gerhart, Ornamentale Vorlageblätter des 15. bis 19. Jahrhunderts, Bd. 2, München 1981 (2. wesentlich erweiterte Aufl.), 1981, Abb. 6, 7, 16, 24, 26, 27

Brinckmann, Albert, Die praktische Bedeutung der Ornamentstiche für die deutsche Frührenaissance, Straßburg 1907, Abb. 23

Caló Levy, Annalina, Barbarians on Roman Imperial Coins and Sculpture, New York 1952, Abb. 18, 22

Dacos, Nicole, La découverte de la Domus aurea et la formation des grotesques à la Renaissance, London / Leiden 1969, Abb. 11, 12, 13, 14

Iacopi, Irene, Domus Aurea, Rom 1999, Abb. 9

Mack-Andrick, Jessica, Pietro Tacca, Hofbildhauer der Medici (1577-1640). Politische Funktion und Ikonographie des frühabsolutistischen Herrscherdenkmals unter den Großherzögen Ferdinando I., Cosimo II. und Ferdinando II., Weimar 2005, Abb. 19

Meister, Peter M. / Jedding, Hermann, Das schöne Möbel im Lauf der Jahrhunderte, München 1966, Abb. 8

Morel, Philippe, Les Grotesques. Les figures de l'imaginaire dans la peinture italienne de la fin de la Renaissance, Paris 1997, Abb. 15

Natur und Antike in der Renaissance, Katalog der Ausstellung, Frankfurt, Liebieghaus – Museum alter Plastik, Frankfurt 1985, Abb. 2, 3, 4, 5

Pinot de Villechenon, Marie-Noëlle, Domus aurea, La decorazione pittorica del palazzo neroniano nell'album delle „Terme di Tito" conservato al Louvre, Mailand 1998, Abb. 10

Unverfehrt, Gerd (Hg.), Fantastische Formen. Ornamente von Dürer bis Boucher, Göttingen 1992, Abb. 1

Wagner, Brigitte, Zum Problem der „französischen Groteske" in Vorlagen des 16. Jahrhunderts. Das Groteskenbuch des J. A. Ducerceau (1550/62), in: Jahrbuch des Kunsthistorischen Institutes der Universität Graz, 9/10, 1974/75, S. 107-183, Abb. 25

Warncke, Carsten-Peter, Die ornamentale Groteske in Deutschland 1500-1650, Bd. 1: Text und Bilddokumentation, Berlin 1979, Abb. 17

IV.

Barbara Haupt

Zorn, Trauer und Scham. Beobachtungen zur Emotionswelt der höfischen Kultur

Die Schlacht zwischen den Heeren tobt, Staubwolken wirbeln auf, viele Helden fallen. Auf der einen Seite kämpft Herzog Mennes für den Perserkönig Darius, auf der anderen Seite Alexander mit seinen tapferen Griechen. Im wütenden Kampf gegen Mennes wird Alexander vorübergehend handlungsunfähig, ein Krieger namens Jubal, der auf persischer Seite kämpft, sieht seine Chance und will Alexander töten, doch Daclym, ein Gefolgsmann Alexanders, kommt Jubal zuvor, er spaltet ihn von den Zähnen bis zu den Lenden und macht zwei halbe Männer aus ihm. Daclym ruft Alexander zu, er möge sich auf seine Kraft besinnen und die Kampfgefährten anspornen. Sogleich wird Alexander von starkem *zorn* ergriffen: Sein Gebaren ist furchtbar, seine Augen blicken wild und furchterregend, er schwingt sich auf sein Pferd Bucifal, sagt Daclym Dank und stürzt sich unter die Feinde, die er wie Gras niedermäht.

So wird in einem Alexanderroman vom Ende des 12. Jahrhunderts, im sogenannten *Straßburger Alexander*, erzählt.[1] Wir befinden uns hier am Beginn der Entfaltung höfischer Kultur in Deutschland.

Zorn (lat. *ira*) – im Mittelhochdeutschen stehen dafür die Lexeme „*zorn*“, „*nît*“ und „*haz*“, auch „*grim*“, zur Verfügung[2] – gehört mit Hochmut (*superbia*), Habsucht, Genusssucht bzw. Unzucht, Neid, Gefräßigkeit und Trägheit bzw. Trübsinn zu den sieben Todsünden, die ein Kernstück der kirchlichen Moraltheologie bilden.[3] Aus

---

1 *Lamprechts Alexander*. Nach den drei Texten mit dem Fragment des Alberic von Besançon und den lateinischen Quellen herausgegeben und erklärt von Karl Kinzel, Halle a. d. Saale 1884; V. 1756ff.

2 Vgl. Klaus Grubmüller, Historische Semantik und Diskursgeschichte: *zorn, nît* und *haz*, in: C. Stephen Jaeger / Ingrid Kasten (Hg.), *Codierungen von Emotionen im Mittelalter / Emotions and Sensibilities in the Middle Ages,* Berlin / New York 2003, S. 47-69, hier S. 49.

3 Siehe Wolfgang Hempel, *übermuot diu alte .... Der superbia-Gedanke und seine Rolle in der deutschen Literatur des Mittelalters,* Bonn 1970, bes. S. 15-26.

geistlicher Sicht, auch in der geistlich geprägten volkssprachigen Erzählliteratur, wird der Zorn stets mit Entschiedenheit als Sünde verdammt.[4]

Anders hier im *Straßburger Alexander*: Die breit ausgestaltete Szene verdeutlicht, dass der *zorn* des Helden als eine zum Überleben im Kampf unbedingt notwendige Energie aufzufassen ist.[5] Der traditionell dem Alexander zugeschriebene Zorn wird im mittelalterlichen Roman zu einem spezifischen Identifikationsangebot an ein kriegerisches, feudaladliges Publikum.

Klaus Grubmüller hat dargelegt, dass die unterschiedlichen Bewertungen von *zorn* sich aus unterschiedlichen Redetraditionen begründen.[6] So wird der *zorn* im heldenepischen Kontext durchaus positiv bewertet, denn er befähigt als eine vitale Triebkraft den Helden zu höchster Anstrengung und kämpferischer Leistung. Das in der Weltliteratur verbreitete Motiv vom Zorn des Helden hat seine erste großartige Ausprägung bekanntermaßen bei Homer gefunden: Der Zorn des Achill wird „überall dort wieder aufgerufen, wo von den Kämpfen vor Troja erzählt wird, also auch im deutschen Mittelalter".[7] Herbort von Fritzlar stellt im *Liet von Troie* seinen griechischen Helden Achill mit den Worten vor:

> *swenne im sin zorn ane quam*
> *als ein grimmer ber er bram.*
> (*Liet von Troie* V. 2989f.)[8]

‚Wenn ihn der Zorn überkam, brüllte er wie ein grimmiger Bär.'

---

4 Siehe Grubmüller, Historische Semantik (wie Anm. 2), S. 59f. (mit einzelnen Belegen) u. S. 66.

5 Siehe Barbara Haupt, Alexander, die Blumenmädchen und Eneas, in: *Zeitschrift für deutsche Philologie* 112 (1993), S. 1-36, hier S. 5.

6 Siehe Grubmüller, Historische Semantik (wie Anm. 2), S. 67.

7 Ebd., S. 51.

8 Ausgabe: *Herbort's von Fritslâr Liet von Troie,* hg. v. Georg Karl Frommann, Quedlinburg / Leipzig 1837 (Bibliothek der gesammten deutschen National-Literatur von der ältesten bis auf die neuere Zeit, Bd. 5).

Findet der Zorn Alexanders Ausdruck in Körperzeichen, visualisiert mit den wild blickenden Augen, so äußert sich auch Achills Zorn in – hier: akustischen – Körperzeichen.

Aber der zornige Held ist nicht nur an die literarische Troja- und Alexandertradition gebunden, sondern ist gattungsübergreifend präsent. Der Held der Chanson-de-geste-Dichtung, wie etwa der Roland im *Rolandslied* des Pfaffen Konrad, bezieht seinen Kampfeswillen ebenso aus seinem Zorn[9] wie der Ritter Erec im Artusroman[10], und im Gralroman Wolframs von Eschenbach agiert Parzival „geradezu als Verkörperung von Kampfeszorn".[11] Zorn ist die Emotion, die unmittelbar und unkontrolliert aus dem „Schmerz über einen Verlust oder eine Ehrverletzung" resultiert und diesen Schmerz „in Handlung übersetzt"[12]: Erec, der Held eines Artusromans Hartmanns von Aue, wird vor den Augen seiner Königin von dem Zwerg des Ritters Iders mit einer Peitsche geschlagen, und das bedeutet Ehrverlust und Schande, die er tief empfindet. Kopflos, denn er ist ohne Waffen, zieht er los, um seine *êre* wiederherzustellen. Durch glückliche Umstände kommt er dann doch zu Rüstung und Waffen und vermag so den Ritter Iders, von *zorn* gesteuert[13], im Zweikampf zu besiegen. Der zornige Held ist häufig „der kopflose, aber auch der erfolgreiche und der gerechte Held".[14]

---

9 Belege bei Grubmüller, Historische Semantik (wie Anm. 2), S. 52f. Zu *zorn* im *Rolandslied* siehe auch Klaus Ridder, Emotion und Reflexion in erzählender Literatur des Mittelalters, in: Jaeger / Kasten (Hg.), Codierungen von Emotionen (wie Anm. 2), S. 203-221, hier S. 212ff.

10 *[Erec] gap ze beiden henden / daz swert mit grimmen muote / und vaht sam er wuote* (V. 857ff.); *Erec durch sînen grimmen muot [...] stach in von dem rosse tôt* (V. 3221ff.). Ausgabe: Hartmann von Aue, *Erec.* Mittelhochdeutscher Text und Übertragung von Thomas Cramer, Frankfurt a. M. 1972 u. ö. (Fischer Taschenbuch 6017). Weitere Beispiele aus dem *Erec* bei Grubmüller, Historische Semantik (wie Anm. 2), S. 53.

11 Ridder, Emotion und Reflexion (wie Anm. 9), S. 219.

12 Grubmüller, Historische Semantik (wie Anm. 2), S. 51.

13 Hartmann von Aue, Erec (wie Anm. 10): *mit grimmen muote* V. 858, *mit grimme* V. 872.

14 Grubmüller, Historische Semantik (wie Anm. 2), S. 54.

Doch nicht immer darf der in seiner Ehre verletzte Held seinen Zorn ausleben. Zwar bleibt der von Zorn beflügelte und deshalb erfolgreich kämpfende Held bis ins Spätmittelalter eine konstante epische Figur[15], aber schon im 12. Jahrhundert treten konkurrierende Verhaltensmuster in Erscheinung.

So wird der Zorn Alexanders im *Straßburger Alexander* nicht durchweg positiv konnotiert: Im Verlauf seiner Orientfahrt trifft Alexander auf die äthiopische Königin Candacis und versucht zunächst, sie unter falschem Namen kennenzulernen. Candacis aber hatte sich heimlich ein Porträt Alexanders beschafft, so dass sie ihn trotz seines Inkognitos identifizieren kann und ihn somit überlistet. Als sie Alexander das Bild als Beweisstück vorzeigt und ihm auch noch erklärt, er, der siegreiche Alexander, sei dennoch kampflos von einer Frau bezwungen worden, fühlt sich der Held zutiefst in seiner männlichen Ehre verletzt und reagiert voller Zorn: Hätte er nur ein Schwert, so droht er, würde er sie auf der Stelle töten. Candacis aber sichert ihm ihre Verschwiegenheit zu, die Schande wird also nicht öffentlich gemacht, aber Alexander muss sich die Lehre gefallen lassen:

> *du ne salt den frowen*
> *neheine wîs drowen*
> *noh slân noh schelten.*
> (*Str. Al.* V. 6217ff.)

> ‚Du sollst höfischen Damen in keiner Weise drohen oder sie schlagen oder schelten!‘

Diese Lehre ist ohne Zweifel an die Adresse eines feudalhöfischen Publikums gerichtet, denn die zahlreichen Beispiele von körperlicher Züchtigung von Frauen in der höfischen Literatur kommen wohl kaum von ungefähr, und zumeist werden sie in den Texten letztlich negativ bewertet.[16] Der „fast unbeschränkte[n] Verfügungsgewalt“ des Mannes über die Frau[17] sollte durch didaktische

15 Siehe ebd., S. 52.

16 Beispiele bei Joachim Bumke, *Höfische Kultur. Literatur und Gesellschaft im hohen Mittelalter,* 2 Bde., München 1986 u. ö. (dtv-Taschenbuch Nr. 4442), Bd. 2, S. 464ff. (mit zum Teil anderer Beurteilung).

17 Ebd., S. 465.

Strategien in den Erzählungen Einhalt geboten werden. Im *Straßburger Alexander* wird die Didaxe auf der Handlungsebene noch einmal bestätigt, denn es erweist sich, dass Alexander die Lehre der Candacis offenbar beherzigt hat, als er sich später, bei der Begegnung mit den kampftüchtigen Amazonen, *fridelîche* (V. 6505) auf einen diplomatischen Austausch einlässt.

Der Krieger ist im Kampf angewiesen auf sein emotionales Potential an Zorn. Im gesellschaftlichen Umgang am Hofe aber, vor allem im Umgang mit Damen, wird der zornige Held domestiziert. Das erfährt auch der Herzog Orilus von Lalander im *Parzival* Wolframs von Eschenbach: Orilus hatte seine Dame Jeschute – ohne deren Schuld – gedemütigt, indem er sie mit zerrissenen Kleidern, halbnackt, auf einem armseligen Pferd hinter sich her reiten ließ. Der Held Parzival, voller Mitleid mit Jeschute, für deren Bestrafung er im Übrigen selbst den Grund geliefert hatte, fordert Orilus zum Kampf heraus und besiegt ihn – als Vergeltung dafür, dass Orilus seine Dame so unter seinem *zorn* (264,1) hat leiden lassen.[18]

Im *Straßburger Alexander* wird der Zorn des Helden auch in anderer Hinsicht negativ konnotiert. Auf Alexanders Kriegszug gegen den Perserkönig stellen sich ihm die Bewohner der reichen Stadt Tyrus entgegen, die dem Perserkönig Darius die Treue halten. Die Pracht dieser Stadt, ihre strategisch günstige Lage, ihre Ausdehnung, ihre Befestigung mit den drei Mauern und nicht zuletzt die verschwenderische Verzierung der Türme mit Gold werden ausgiebig geschildert (V. 703-720), und die Beschreibung gipfelt in der Klage des Erzählers, die zugleich eine epische Vorausdeutung ist – einer Klage darüber, dass Alexander doch großen Schaden anrichtete, indem er sie zerstörte (V. 721ff.).

Die unmittelbar zornige Reaktion auf den Widerstand der Tyrer, den Alexander als Kränkung empfindet – *von zorne begunder roten* (V. 996), ‚vor Zorn errötete er' –, wird bereits im Vorfeld relativiert durch den Kommentar des Erzählers, Alexander könnte den Tyrern nichts anderes vorwerfen, als dass sie dem König Darius huldigten. Der deutliche Hinweis auf das Recht auch der Gegenseite ist als

18 Ausgabe: Wolfram von Eschenbach, *Parzival.* Studienausgabe. Mittelhochdeutscher Text nach der sechsten Ausgabe von Karl Lachmann. Übersetzung von Peter Knecht, Einführung zum Text von Bernd Schirok, Berlin / New York 1998. Siehe ebd., 265,20ff.

Aufforderung des Textes an die Adressaten zu werten, über die Emotion des Zorns und die zugrundeliegenden Sachverhalte nachzudenken.[19]

Als die Tyrer dann allerdings Alexanders Boten umbringen, *gewan der helt gût / eines zurnigen lewen mût* (1031f.), ‚gewann der tüchtige Krieger den Mut eines zornigen Löwen', er belagert die Stadt, nimmt sie ein, tötet unzählige Menschen und lässt die Türme schleifen aus Rache für den Tod seiner Boten. Der Kommentar des Erzählers lautet:

> *des siges, des er dâr nam,*
> *wêre er ein wol bedâht man,*
> *er ne wurdis niemer frô.*
> (*Str. Al.* V. 1394ff.)

> ‚wäre er ein besonnener Mann gewesen, so hätte er dieses Sieges niemals froh werden können.'

Alexanders immer wieder aufflammender Zorn[20] wird vom Erzähler als durchaus gerechter Zorn dargestellt, jedenfalls was die Reaktion auf die Tötung der Boten durch die Tyrer betrifft. Dennoch wird hier mit dem Erzählerkommentar nun ganz ausdrücklich dem Kampfeszorn das Korrektiv der Reflexion gegenübergestellt – Reflexion über die möglichen Auswirkungen des Zorns, wie hier über den großen Verlust an Menschen auch unter den eigenen Gefolgsleuten und den Verlust nicht zuletzt an zivilisatorischen Errungenschaften, welche die Stadt Tyrus repräsentiert.

In ähnlicher Weise, wenn auch ohne das Motiv des Zorns ausdrücklich zu nennen, sollte sich wenige Zeit später Heinrich von Veldeke in seinem *Eneasroman* bedauernd äußern anlässlich der Vernichtung Trojas mit seinen Bewohnern, die doch gerne noch gelebt hätten (V. 22), und mit seinen festen Häusern und Marmorbauten.[21] Die Dichter der höfischen Kultur setzen sich immer

19 Vgl. Ridder, Emotion und Reflexion (wie Anm. 9), S. 208.

20 Vgl. V. 996, 1031f., 1336.

21 Heinrich von Veldeke, *Eneasroman*. Mittelhochdeutsch / Neuhochdeutsch. Nach dem Text von Ludwig Ettmüller ins Neuhochdeutsche übersetzt, mit einem Stellenkommentar und einem Nachwort von Dieter Kartschoke, Stuttgart 1989 (Reclam-UB Nr. 8303), V. 1ff.

wieder ein für den Schutz von Menschenleben und für den Schutz von Sachgütern, deren Wert sie in zahllosen Beschreibungen von Burgen und Festsälen, von Bädern, von Wandteppichen und Wandmalereien, von Zelten und von Kleidern so eindringlich hervorheben.[22]

Die höfischen Epen präsentieren unentwegt, im Sinne eines neuen Kulturkonzepts, vorbildhafte Szenarien, in denen der Zorn gemäßigt bzw. durch Reflexion eingedämmt wird oder eingedämmt werden sollte. Der *Straßburger Alexander* ist ein frühes Beispiel dafür. Zorn und Gewalt gegen Frauen werden sowohl auf der Handlungsebene als auch auf Erzählerebene als töricht und unklug gebrandmarkt. So auch im *Erec*, wo der Held im Verlauf der Handlung seine „von Zorn, Angstverdrängung und Gewaltbereitschaft bestimmte Haltung" überwindet und damit auch die aggressiven Reaktionen seiner Frau gegenüber, denn er hatte ihr bei Todesstrafe ein striktes Redeverbot auferlegt und sie zu erniedrigendem Pferdedienst gezwungen. Wie Erec aber seinen Zorn überwindet, überwindet Erecs Frau Enite das ihr zunächst zugeschriebene traditionelle Verhaltensmuster der Furcht.[23] Als Enite später, als vermeintliche Witwe, das Heiratsangebot des Grafen Oringles zurückweist, schlägt dieser sie voller *zorn* (V. 6518), beschimpft sie und wird dafür von seinen Leuten heimlich und offen getadelt (V. 6529ff.). Zudem hält der Erzähler mit Kritik nicht zurück: Torheit (*tôrheit* V. 6519), d. h. Mangel an reflektiertem Verhalten, wird ebenso gerügt wie schlechtes Benehmen (*grôz ungevuoc* V. 6520).

Auch die Tötung des Gegners ist, so propagieren es die Romane der Zeit, tunlichst zu vermeiden: Der Ritter Erec empfängt von seinem besiegten Gegner Iders *sicherheit*, das meint das Untertä-

22 Siehe etwa das *sicherheit*-Geben und -Nehmen im *Erec*, z. B. V. 1018, 4447, 9378, 9387. Ganz radikal formuliert Wolfram von Eschenbach in seinem *Willehalm* V. 306,28: *schonet der gotes hantgetat*; Wolfram von Eschenbach, *Willehalm*. Mittelhochdeutscher Text und Übersetzung. Text der Ausgabe von Werner Schröder. Völlig neubearbeitete Übersetzung, Vorwort und Register von Dieter Kartschoke, Berlin / New York 1989. – Zur Sachkultur in der höfischen Literatur siehe Bumke, Höfische Kultur (wie Anm. 16), S. 137ff. Vgl. allerdings weiter unten Anm. 24.

23 Siehe Ridder, Emotion und Reflexion (wie Anm. 9), S. 215f. (Zitat von S. 215).

nigkeitsgelübde des Unterlegenen, schickt ihn an den Artushof, wo Iders dann Zeugnis ablegt von Erecs Sieg und damit Erecs *êre* garantiert: die Anerkennung durch die Artusgesellschaft.[24] Dem Gegner im Kampf soll Schonung gewährt werden, so lautet entsprechend die Lehre, die der Ritter Gurnemanz dem unerfahrenen Parzival gibt – es sei denn, der Gegner hätte dem Ritter ein solches Leid angetan, das ganz tief in das Herz eingedrungen ist, *ern hab iu sölhiu leit / getân diu herzen kumber wesn* (*Parz.* 171,27 ff.) – wir werden darauf zurückkommen.

Der zornige Heros wird zwar mittels literarischer Erzählung gezähmt[25], aber die Zähmung betrifft nur bestimmte Situationen: einem Gegner gegenüber, der *sicherheit* gelobt, oder dann, wenn der durch Aggression angerichtete Schaden hinter dem Nutzen zurückbleibt, und nicht zuletzt den Damen gegenüber. Denn solange es ritterlichen Kampf gibt, bleibt *zorn* als eine zum Kampf befähigende und zum Überleben notwendige Emotion in Geltung.

Zorn ist eine angemessene aktive Reaktion auf Leid, während *trûren*, was formal nhd. ‚Trauer' entspricht, als passive Reaktion auf Leid ebenso angemessen ist, „wobei der passive Zustand in den aktiven umschlagen kann und umgekehrt".[26] Mhd. *trûren* ist allerdings in seiner Semantik weiter gefasst als nhd. ‚Trauer': Es kann einmal seelischen Schmerz im Sinne von Trauer um den Verlust eines geliebten Menschen meinen, aber auch Schmerz aufgrund einer tiefen seelischen Verletzung durch Schuld eines anderen.[27] Im

---

24 Wie wenig allerdings die Einschränkung der Gegnertötung oft auch im Roman funktioniert, zeigt Christoph Huber, Ritterideologie und Gegnertötung. Überlegungen zu den ‚Erec'-Romanen Chrétiens und Hartmanns und zum ‚Prosa-Lancelot', in: *Spannungen und Konflikte menschlichen Zusammenlebens in der deutschen Literatur des Mittelalters,* hg. v. Kurt Gärtner / Ingrid Kasten / Frank Shaw (Bristoler Colloquium 1993), Tübingen 1996, S. 59-73.

25 Siehe Udo Friedrich, Die Zähmung des Heros. Der Diskurs der Gewalt und Gewaltregulierung im 12. Jahrhundert, in: Jan-Dirk Müller / Horst Wenzel (Hg.), *Mittelalter. Neue Wege durch einen alten Kontinent,* Stuttgart / Leipzig 1999, S. 149-179, bes. S. 170ff.

26 Jan-Dirk Müller, *Spielregeln für den Untergang. Die Welt des Nibelungenliedes,* Tübingen 1998, S. 208.

27 Siehe ebd.

Nibelungenlied findet sich eine Reihe von Beispielen für *trûren* in diesem zweiten Sinn[28]; nur eines sei hier angeführt: Rüdiger von Bechelarn wird von einem Hunnen beleidigt und wird dadurch in *trûrige[n] muot* versetzt (2141,1).[29] „*trûren* zeigt den Defekt der *êre* an, *trûren* hat Zeichencharakter“[30], und die passive Reaktion auf das *leit*, die Beleidigung, schlägt dann in *zorn* um: Rüdiger nimmt Rache für das erfahrene *leit* und erschlägt den Hunnen. „*trûren* ist der Moment, der der Tat (*zorn*) vorausgeht.“[31]

Hängt *trûren* eng mit *leit* zusammen, so auch mit *jâmer*, ‚Herzeleid‘; andrerseits kann *jâmer* auch für Trauer stehen, als Ausdruck von erlittenem Herzeleid.[32] Die Übergänge sind fließend. Auf jeden Fall ist *jâmer* erfahrenes Leid, das sich dann aktiv Bahn brechen kann in Worten der Klage und Gesten der Trauer.

Im *Willehalm* Wolframs von Eschenbach, der von zwei großen Schlachten zwischen Christen und Heiden auf dem Feld von Alischanz in der Provence erzählt, wird der junge, strahlende Held Vivianz, ein Neffe Willehalms, in der ersten Schlacht tödlich verwundet. Willehalm findet den Sterbenden, und bei dessen Anblick schwindet aus seinem Herzen jegliches Glück, das er je empfunden hat, seine Augen füllen sich mit Tränen vor Leid, und in einer langen Klagerede verschafft er diesem Leid Ausdruck. Die Klagerede bietet zugleich auch einen Rückblick auf das kurze Leben des hervorragenden Helden Vivianz. Willehalm bettet den Sterbenden in seinen Schoß, und er leistet ihm Beistand, indem er ihm die Beichte abnimmt und ihm das Viaticum, eine geweihte Hostie als Wegzehr, reicht.[33] Als Vivianz stirbt, neigt sich Willehalm über ihn, bis sein

28 Siehe Müller, Spielregeln (wie Anm. 26), S. 209ff.

29 Ausgabe: *Das Nibelungenlied. Nach der Ausgabe von Karl Bartsch*, hg. v. Helmut de Boor, Mannheim [22]1988 (Deutsche Klassiker des Mittelalters).

30 Müller, Spielregeln (wie Anm. 26), S. 209.

31 Ebd.

32 Siehe Kartschokes Übersetzung von *Willehalm* (wie Anm. 22), 73,27f.: *wie sprach sin eppitafium, / daz was ze jamers siten vrum*, ‚wie sein Grabspruch lautete, der seiner großen Trauer Ausdruck gab.‘

33 Siehe dazu Arnold Angenendt, *Geschichte der Religiosität im Mittelalter,* Darmstadt 1997, S. 664 u. S. 668.

Herz ganz ausgetrocknet ist und seine Augen ohne Nass. Über Nacht hält er die Totenwache, doch am Morgen muss er sich wieder in die Schlacht stürzen. – Im Kampf mit dem heidnischen König Arofel muss Willehalm an den Tod seines Neffen Vivianz denken, und die Last seines Leids, *sin[es] jamers bürde* (79,30), schlägt dann um in *zorn* (80,16). Als der verwundete und kampfunfähige Arofel ihm ein Angebot von Lösegeld macht, nimmt Willehalm dies nicht an, er schlägt Arofel den Kopf ab und lässt ihn damit das Herzeleid büßen, das der Tod des Vivianz und anderer Verwandter ihm bereitet hat (80,16ff.).

Willehalms Racheverlangen (79,28f., 80,25f.), das aus seiner Trauer resultiert, hat der Forschung Schwierigkeiten bereitet – Werner Schröder hat gar von der „Hinrichtung Arofels" gesprochen[34] –, aber vor dem Hintergrund der Ritterlehre des Gurnemanz erscheint die Rache Willehalms, die er an Arofel nimmt, gerechtfertigt: Tiefes Herzeleid lässt ausdrücklich die Zurückweisung von *sicherheit* (*Parz.* 171,27) und die Tötung des Gegners zu. „Heldenzorn, der auch vor Grausamkeiten gegenüber wehrlosen Feinden nicht halt macht", wurde im Mittelalter als gerechtfertigt eingeschätzt, wenn er „zur Abwehr und Bestrafung von Unrecht eingesetzt wurde".[35] Und Rache für Vivianz wird dann im *Willehalm* zu einem wichtigen Motiv der Christen, als sie sich zur zweiten Schlacht von Alischanz anschicken. Der Rachegedanke ist „konstitutiv für das christliche Kampfethos" in diesem Kampf gegen die Heiden[36] – eine im Hochmittelalter durchaus legitime Einstellung. Denn Vivianz war als Märtyrer gestorben, und aus der Apokalypse des Johannes weiß man, dass sogar die Märtyrer im Himmel nach Rache schreien: „Und sie schrieen mit großer Stimme und sprachen:

34 Siehe Joachim Bumke, *Wolfram von Eschenbach,* 8., völlig neu bearbeitete Auflage, Stuttgart / Weimar 2004 (Sammlung Metzler, Bd. 36), S. 285f., Werner Schröder, Die Hinrichtung Arofels, in: ders. (Hg.), *Wolfram-Studien II*, Berlin 1974, S. 219-240. Zur Forschungsdiskussion siehe auch John Greenfield / Lydia Miklautsch, *Der ‚Willehalm' Wolframs von Eschenbach. Eine Einführung,* Berlin / New York 1998, S. 82ff.

35 Bumke, Wolfram von Eschenbach (wie Anm. 34), S. 285.

36 Ders., *Wolframs Willehalm. Studien zur Epenstruktur und zum Heiligkeitsbegriff der ausgehenden Blütezeit,* Heidelberg 1959, S. 63.

Herr, du Heiliger und Wahrhaftiger, wie lange richtest du nicht und rächest unser Blut an denen, die auf der Erde wohnen?"[37]

Gemessen an diesem Racheethos erscheint es dann umso bemerkenswerter, wenn Willehalm, der als militärischer Sieger aus der zweiten Schlacht von Alischanz hervorgeht, den besiegten Gegnern Schonung gewährt. Das jedoch ist mehr als die Großmut des Siegers, denn Willehalm verzichtet nicht nur auf jegliches Lösegeld und auf die Möglichkeit, Gefangene auszulösen; vielmehr bietet er dem heidnischen König Matribleiz an, er möge die gefallenen heidnischen Könige in ihre Heimat überführen und sie dort nach ihrem heidnischen Ritus bestatten lassen. Diese Geste der Toleranz, verbunden mit der Schonung des Gegners, ist in ihrer vollen Bedeutung nur zu verstehen, wenn man sich vergegenwärtigt, dass Willehalm in jener zweiten Schlacht eines Glaubenskrieges seinen Schützling, den jungen Rennewart, verloren hat, was ihn in tiefes Leid gestürzt und zu einer großen Klagerede veranlasst hat. Erst die Mahnung Bernarts von Brubant vermochte es, Willehalm von seiner Klage abzubringen und ihn an seine Pflichten als Heerführer und Herrscher zu erinnern.[38]

Das Trauerverhalten wird für die weibliche Rolle anders definiert als für die Rolle des Mannes.[39] Das soll am Beispiel der Enite-Figur im *Erec* Hartmanns von Aue erläutert werden: Als Enite ihren geliebten Mann Erec für tot halten muss, wendet sich ihr Leid nicht

---

37 Zitiert nach der Lutherübersetzung. Apoc. 6,10: *et clamabant voce magna, dicentes: Usquequo, Domine (sanctus et verus), non iudicas, et non vindicas sanguinem nostrum de iis qui habitant in terra?* Siehe dazu Bumke, Wolframs Willehalm (wie Anm. 36), S. 63f.

38 Siehe dazu Urban Küsters, Klagefiguren. Vom höfischen Umgang mit der Trauer, in: Gert Kaiser (Hg.), *An den Grenzen höfischer Kultur. Anfechtungen der Lebensordnung in der deutschen Erzähldichtung des hohen Mittelalters,* München 1991 (Forschungen zur Geschichte der Älteren Deutschen Literatur, Bd. 12), S. 9-75, bes. S. 25ff.

39 Siehe auch John Greenfield, Frau, Tod und Trauer im *Nibelungenlied*: Überlegungen zu Kriemhilt, in: ders. (Hg.), *Das Nibelungenlied (Actas do Simpósio Internacional 27 de Outubro de 2000),* Porto 2001, S. 95-114, hier S. 106, der darüber hinaus darauf hinweist, dass auch die epische Gattung ausschlaggebend sein kann für unterschiedliches Trauerverhalten.

in Rachewillen und Tat nach außen, sondern die Rache wendet sich gewissermaßen gegen sie selbst[40]:

diu guote, nû viel sî
über in unde kusten.
dar nâch sluoc si sich zen brusten
und kuste in aber unde schrê.
ir ander wort was ,wê ouwê'.
daz hâr si vaste ûz brach,
an ir lîbe si sich rach
nâch wîplîchem site,
wan hie rechent si sich mite.
swaz in ze leide geschiht,
dâ wider entuont die guoten niht,
wan daz siz phlegent enblanden
ougen unde handen
mit trehenen und mit hantslegen,
wan si anders niht enmegen.
(*Erec* V. 5755 ff.)

‚Die Vortreffliche, sie warf sich über ihn und küßte ihn. Danach schlug sie sich an die Brust, küßte ihn wieder und schrie. Jedes zweite Wort war: 'Ach und Weh.' Sie raufte sich die Haare, sie mißhandelte ihren Körper, nach Art der Frauen, denn das ist ihre Art der Rache. Was immer ihnen an Leid geschieht, die Guten wehren sich nicht dagegen, sondern sie beschäftigen Augen und Hände mit Tränen und Schlägen. Denn anders können sie nicht.'[41]

Die Klagegebärde der Enite mag wie ein „heftiger, spontaner Gefühlausbruch" wirken, doch es handelt sich hier, wie Urban Küsters herausgearbeitet hat, um einen „ausgefeilten, in Rechtstexten festgelegten Gebärdenkodex".[42] So findet sich im *Sachsenspiegel* des Eike von Repgow im frühen 13. Jahrhundert die Vorschrift: *Es sey gleich ein weib oder magd, ob sie uber dergleichen ding klaget, die sollen ire schleier, stirnbande, hauben oders anders so sie haben, von irem haupt reißen und ir haar reuffen und ire*

40 Siehe Küsters, Klagefiguren (wie Anm. 38), S. 54.

41 Übersetzung nach Cramer (wie Anm. 10), mit Modifikationen an mir wichtigen Stellen.

42 Küsters, Klagefiguren (wie Anm. 38), S. 35.

hende winden.[43] Auch die Laudine im *Iwein* Hartmanns von Aue äußert ihre Trauer um ihren Mann, den sie erschlagen auffindet, in derartigen Klagegebärden.[44] Im *Erec*-Roman kommentiert Hartmann solches Verhalten der Frauen – allerdings nicht, wie John Greenfield es sieht, weil er ein stereotypes Verhaltensmuster kritisieren will[45], sondern weil die Frauen sich mit solchem Verhalten schaden. Hartmann nämlich lässt den Erzähler erklären:

> *dâ von müeze er unsaelic sîn*
> *(des wünschet im der wille mîn)*
> *swer den wîben leide tuot,*
> *wan ez enist manlîch noch guot.*
> (*Erec* V. 5770ff.)

> ‚Deshalb sei verflucht (das wünsche ich ihm), wer Frauen Leid zufügt, denn das ist weder männlich noch gut.'[46]

Im Kontext der Romanerzählung, wo trauernde Frauen stets deshalb leiden, weil jemand ihrem Ritter lebensbedrohlichen Schaden zugefügt oder ihn gar im Kampf getötet hat – so die *âmîe* des Ritters Cadoc oder die achtzig Witwen zu Brandigan –, ist dieses Statement wohl zu werten als ein indirektes Plädoyer gegen die Gegnertötung bzw. für die Schonung des Gegners und entspricht damit dem didaktischen Programm des Romans.

Enites Trauer äußert sich jedoch nicht allein in ihren Klagegebärden, deren Schilderung einen vergleichsweise geringen Raum einnimmt. Vielmehr werden bald „die dramatischen Akzente nicht mehr durch Affekte und Emotionen gesetzt, sondern durch scharfsinnige Wort- und Gedankenführungen."[47] Enites große Klagerede ist, anders als Willehalms Klage um Vivianz, nicht auf den geliebten Toten, auf das Lob von dessen Leben und Taten gerichtet – vielmehr

43 Nach Karl von Amira, *Die Handgebärden in den Bilderhandschriften des Sachsenspiegels,* München 1905 (Abh. der Philosophisch-philologischen Klasse der Kgl. Bayrischen Akademie der Wissenschaften 23), S. 234.

44 Näheres dazu bei Küsters, Klagefiguren (wie Anm. 38), S. 63ff.

45 Siehe Greenfield, Frau, Tod und Trauer (wie Anm. 39), S. 105.

46 Übersetzung nach Cramer (wie Anm. 10).

47 Küsters, Klagefiguren (wie Anm. 38), S. 54.

stilisiert Hartmann Enites Klage im Sinne ihrer eigenen, radikal negativ gedeuteten Biographie, und sie ist getragen von Enites leidenschaftlichem Todeswunsch. Die ganze Komplexität dieser Klage, die zugleich eine „hochtheoretische [...] Auseinandersetzung um grundlegende weltanschauliche Positionen und Kulturideen des höfischen Zeitalters" darstellt, hat Urban Küsters aufgezeigt, worauf ich hier nur hinweisen kann.[48] Enites Klagerede mündet schließlich in eine selbstbewusste Tat, indem sie das Schwert ihres Mannes nicht als Werkzeug ihrer Rache nach außen, sondern gegen sich selbst richtet. Der versuchte Selbstmord wird dann zum Glück verhindert durch den Grafen Oringles, der als *deus ex machina* auf der Bildfläche erscheint. Hartmanns narratives Arrangement leitet somit den Fortgang der Erzählung ein (in dem sich herausstellt, dass Erec nur scheintot war) und ermöglicht letztlich das Happy-End des Artusromans.

Ein schreckliches Ende hingegen nimmt bekanntermaßen die Handlung des *Nibelungenliedes*, und die tiefere Ursache für das Inferno am Hunnenhof ist Kriemhilds Leid, das ihr mit dem Mord an Siegfried zugefügt wurde.

Kriemhild findet den blutigen Leichnam des ermordeten Siegfried vor ihrer Kemenate, als sie noch vor Tagesanbruch zur Frühmette gehen will. Ohnmächtig sinkt sie bei dem grausigen Anblick zur Erde, bald darauf findet der Ausbruch ihres Schmerzes keine Grenzen mehr, sie schreit so laut auf, dass die ganze Kemenate davon widerhallt. Und sie weiß auch sogleich, was geschehen ist: Hagen hat es getan (1010,4). – Die weitere Schilderung von Kriemhilds Klage hat zwei Aspekte: Einerseits ist die Klage eingebettet in eine repräsentative höfische Trauerliturgie mit choreographisch festgelegtem Ablauf (Aufbahrung, öffentliche Beklagung, Einsargung und Begräbnis), andrerseits richtet der Dichter immer wieder sein Augenmerk auf das Drama der trauernden Kriemhild.[49] Es gibt keine Klagerede, eine verbale Komponente fehlt ebenso wie die rituellen Gesten des Haare-Raufens und Sich-an-die-Brust-Schlagens, dafür äußert sich ihr Leid in ungewöhnlichen Körperzeichen[50]:

48 Siehe ebd., S. 53-59 (Zitat von S. 53).

49 Siehe ebd., S. 59.

50 Siehe ebd., S. 59, und Greenfield, Frau, Tod und Trauer (wie Anm. 39), S. 109.

Vor Schmerz schießt ihr Blut aus dem Mund (1010,2), sie lässt den Sarg noch einmal aufbrechen, um das Haupt des geliebten Toten zu heben und ihn zu küssen (1068, 1069), schließlich weint sie Tränen aus Blut (1069,4).

Auch das Rachemotiv kommt bald ins Spiel (1024), allerdings noch nicht zum tätigen Ausbruch. Die Handlung vollzieht sich hier vor dem Hintergrund der feudalen Rechtspraxis, wonach die Familienangehörigen des Getöteten zur Blutrache verpflichtet waren.[51] Ungewöhnlich ist es allerdings, dass die Rache hier einer Frau überlassen wird, und ungewöhnlich ist es auch, dass die Blutrache nicht, wie es sein sollte, unverzüglich erfolgt; Kriemhilds Rache hat nämlich ‚einen langen Atem', und bei der Durchführung ihrer Rache geht Kriemhild, wie Küsters gezeigt hat, ganz zweckrational und strategisch vor.[52] Nachdem man ihr den Hort geraubt hat, mittels dessen sie Helfer für ihre Rache hätte anwerben können, gewinnt sie schließlich in Rüdiger von Bechelarn einen Garanten ihres Racheplans, denn wohlüberlegt lässt sie ihn schwören, der erste sein zu wollen, der ein ihr angetanes Leid rächen würde (1257,2ff.) – und dies wird sie später einklagen. Neue Handlungsspielräume eröffnen sich für Kriemhild durch die Zweckehe mit dem Hunnenkönig Etzel, und schließlich führt Kriemhilds Racheverlangen zum Untergang der Burgunden am Hunnenhof:

Z'einen sunewenden der grôze mort geschach,
daz diu vrouwe Kriemhilt ir herzeleit errach
an ir naehsten mâgen unde ander manigem man,
dâ von der künec Etzel vreude nimmer mêr gewan.
(*NL* 2086)

‚Zur Zeit der Sonnenwende geschah das große Morden, durch das die Herrin Kriemhild ihr tiefes Leid an ihren nächsten Verwandten und vielen anderen Männern rächte, so daß der König Etzel niemals wieder froh wurde.'

Die Rache als Rechtshandeln wird im *Nibelungenlied* in starkem Maße emotionalisiert – *herzeleit* ist das Stichwort –, und dies wird besonders eindringlich durch eine Szene vermittelt, als die Burgunden

51 Siehe Ursula Schulze, *Das Nibelungenlied,* Stuttgart 1997 (Reclam UB Nr. 17604), S. 235f.

52 Siehe ebd., S. 237; Küsters, Klagefiguren (wie Anm. 38), S. 59.

bereits am Etzelhof angelangt sind: Kriemhild, Etzels Gemahlin und Königin am Hunnenhof, schreitet Hagen und Volker entgegen – die Begegnung ist stumm, aber die Gesten sagen alles. Hagen bleibt vor der Königin sitzen, das Schwert Balmung, Siegfrieds goldgeschmücktes Schwert, hat er sich auf die Knie gelegt (1781,4; 1783). Kriemhild steht vor ihm, so dicht, dass sie ihn fast berührt (1786), und im Glitzern des Schwertes verdichtet sich die lautlose Spannung. Marianne Wynn ist dem Symbolgehalt der Schwertgeste nachgegangen: Sie hat eine ursprünglich rechtshistorische Bedeutung, meint richterliche Gewalt über Leben und Tod, und wer die Schwertgeste ausführt, bekundet seinen Anspruch auf Gewaltausübung; Hagens Geste ist Provokation und tödliche Bedrohung.[53] Die rituelle Geste, ausgeführt auch noch mit Siegfrieds Schwert, das Kriemhild sofort erkennt, ist zugleich auch Hagens Bekenntnis zu dem Mord an Siegfried, und Kriemhilds tiefes Leid bricht bei diesem Anblick sofort wieder auf:

Dô si daz swert erkande, dô gie ir trûrens nôt.
sîn gehilze daz was guldîn, diu scheide ein porte rôt.
ez mante si ir leide: weinen si began.
ich waene, ez hete dar umbe der küene Hagene getân.
(*NL* 1784).

‚Als sie das Schwert erkannte, überkam sie ein tiefer Schmerz. Der Griff des Schwertes war golden, die Scheide war mit einer roten Borte verziert. Es erinnerte sie an ihr altes Leid. Sie begann zu weinen. Ich glaube [so sagt der Erzähler] gerade deshalb hatte der kühne Hagen es getan.‘

Am Ende lässt Kriemhild ihren Bruder Gunther töten, Hagen, den Mörder Siegfrieds, tötet sie selbst mit eben diesem Schwert, das Siegfried einst gehörte. Während sie dem gefesselten Hagen noch gegenübersteht, der das Schwert an seiner Seite trägt, zieht sie es aus der Scheide und erinnert sich:

„sô wil ich doch behalten daz Sîfrides swert.
daz truoc mîn holder vriedel, dô ich in jungest sach,
an dem mir herzeleide von iuwern schulden geschach.“
(*NL* 2372, 2-4)

53 Siehe Marianne Wynn, Hagen's Defiance of Kriemhilt, in: *Mediaeval German Studies. Presented to Frederick Norman,* London 1965, S. 104-114, hier S. 106 u. S. 109.

‚So bleibt mir nichts mehr als Siegfrieds Schwert. Das trug mein Geliebter, als ich ihn zum letzten Mal sah, um den ich durch Eure Schuld tiefes Leid trage.'

Die „emotionalisierte Überleitung auf das Schwert als einziges, was Kriemhild von ihrem geliebten Mann geblieben sei"[54], führt unmittelbar zu der Rachetat: Kriemhild schlägt Hagen den Kopf ab.

Sofort und in tiefer Entrüstung kommentiert König Etzel die Tat: Ein Held wie Hagen, auch wenn er ein Feind war, hätte nicht von der Hand einer Frau erschlagen werden dürfen (2374) – das Schwert zu führen ist Vorrecht des adligen Mannes. Und die Bestrafung Kriemhilds für den Tabubruch folgt auf dem Fuße: Hildebrand, der Waffenmeister Dietrichs von Bern, schlägt voller Zorn (*mit zorne* 2376,1) die edle Frau in Stücke: *ze stücken was gehouwen dô daz edele wîp* (2377,2). Eine Frau in Trauer und tiefem Leid darf Blutrache in Gang setzen, sie darf sie aber nicht eigenhändig ausführen.

So sehr sich der Erzähler bemüht hat, Kriemhilds Racheverlangen emotional zu motivieren, siegt am Ende doch der Gerechtigkeitssinn des Erzählers, der gerechte Heldenzorn ereilt die *vâlandinne* (2371,4), die ‚Teufelin', die das grauenvolle Gemetzel am Hunnenhof verursacht und letztlich alle Grenzen überschritten hatte.

Im *Iwein* Hartmanns von Aue wird König Artus vorgestellt als ein *exemplum* dafür, wie man Ansehen, *êre*, erwirbt und behält. Das Gegenteil von *êre* ist *schande*, Verlust der *êre*, und auf den Verlust von *êre* wird emotional mit *schame*, ‚Scham', reagiert.[55]

Swer an rehte güete
wendet sîn gemüete,
dem volget saelde und êre.
des gît gewisse lêre

54 Schulze, Das Nibelungenlied (wie Anm. 51), S. 234.

55 Zum Zusammenhang von Scham und Ehre in der höfischen Literatur siehe Harald Haferland, *Höfische Interaktion. Interpretationen zur höfischen Epik und Didaktik um 1200,* München 1988 (Forschungen zur Geschichte der Älteren Deutschen Literatur, Bd. 10), bes. S. 241-249. Zu einem Zusammenhang von Scham, Körperlichkeit und Ehre siehe Klaus Schreiner, Adams und Evas Griff nach dem Apfel – Sündenfall oder Glücksfall?, in: Peter von Moos (Hg.), *Der Fehltritt. Vergehen und Versehen in der Vormoderne,* Köln / Weimar / Wien 2001 (Norm und Struktur, Bd. 15), S. 151-175, bes. S. 159.

künec Artûs der guote,
der mit rîters muote
nâch lobe kunde strîten.
er hât bî sînen zîten
gelebet alsô schône
daz er der êren krône
dô truoc und noch sîn name treit.
[...]
er ist lasterlîcher schame
iemer vil gar erwert,
der noch nâch sînem site vert.
(*Iwein* V. 1ff.)

,Wer nach dem wahrhaft Guten von ganzem Herzen strebt, dem wird Ansehen vor Gott und den Menschen als sicherer Lohn zuteil. Ein Beweis dafür ist der edle König Artus, der mit ritterlichem Geist es wohl verstand, Ruhm zu erringen. Zu seiner Zeit hat er ein so vorbildliches Leben geführt, daß er damals den Kranz der Ehren trug, wie auch jetzt noch sein Name damit geschmückt ist. [...] Der wird sich niemals einer Schandtat schämen müssen, der heute noch nach seinem Vorbild handelt.'[56]

Als der Ritter Erec vor den Augen der Königin den Peitschenschlag erhielt, war seine unmittelbare Reaktion darauf tiefe Scham:

als im der geiselslac geschach,
mit grôzer schame er wider reit.
alsô klagete er sîn leit
(schamvar wart er under ougen)
(*Erec* V. 109ff.)

,Als er den Hieb mit der Peitsche erhalten hatte, ritt er in großer Beschämung zurück. Er klagte sein Leid – schamrot waren seine Wangen.'[57]

Erecs Erröten zeigt an, dass es sich bei *schame* zunächst um eine unwillkürliche Reaktion handelt: Man errötet nicht, weil man es

56 Hartmann von Aue, *Iwein*. Text nach der siebenten Ausgabe von Georg Friedrich Benecke / Karl Lachmann / Ludwig Wolff. Übersetzung u. Anmerkungen v. Thomas Cramer, Berlin 1968. – Cramers Übersetzung, die ich hier und im Folgenden übernehme, wurde von mir leicht modifiziert.

57 Übersetzung nach Cramer (wie Anm. 10).

will.[58] Erröten gehört, gemäß Augustinus' Unterscheidung von natürlichen Zeichen (*signa naturalia*) und vereinbarten bzw. gegebenen Zeichen (*signa data*), zu den natürlichen Zeichen, denn sie kommen *sine voluntate* zustande, während gegebene Zeichen solche sind, die sich Lebewesen willentlich geben, d. h. verbale oder nonverbale Kommunikationsmittel.[59] Am Beispiel Erecs erweist sich Scham als die unwillkürliche emotionale Empfindung, die durch das Bewusstsein von Versagen vor einer Idealnorm (*êre*) ausgelöst wird: In seiner Rede an die Königin, die Erecs Reflexion auf das Erlebte anzeigt, erklärt er, dass er sich aus dem Blickfeld der Königin entfernen müsse, bis er die Schande wiedergutgemacht hat. Er erlebt das Versagen offenbar als Minderwertigkeit der eigenen Person, Minderwertigkeit in dem Sinne, dass er sich nicht mehr für hoffähig hält. Erst mit seinem Erfolg in der *âventiure* des Sperberkampfes gewinnt er sein Ansehen vor der Gesellschaft (*êre*) und damit auch seine eigene Integrität zurück.

Scham lässt sich mit Haferland in gewisser Weise als Komplement zur Ehre auffassen, insofern jedenfalls, als sie die innere Entsprechung ist zur äußerlich realisierten Schande, für die das Mittelhochdeutsche die Termini „*schaden*", „*schande*" oder „*laster*" bereithält.[60] Aber darin erschöpft sich die Bedeutung von „*schame*" nicht, denn die Erfahrung von Scham befähigt den Ritter auch, die Scham eines anderen nachzuempfinden, verleiht ihm Taktgefühl.

In einer späteren *âventiure*, nachdem er einmal selbst Ehrverlust erfahren und dennoch seine Integrität wiederhergestellt hatte, wird Erec den Ritter Cadoc aus der Gewalt von Riesen befreien, die Cadoc bis aufs Blut gepeinigt haben. Den von Peitschenhieben gezeich-

---

58 Siehe Haferland, Höfische Interaktion (wie Anm. 56), S. 247.

59 Siehe Joachim Bumke, *Die Blutstropfen im Schnee. Über Wahrnehmung und Erkenntnis im „Parzival" Wolframs von Eschenbach,* Tübingen 2001 (Hermaea. Germanistische Forschungen, NF, Bd. 94), S. 57. Vgl. Hennig Brinkmann, Die Zeichenhaftigkeit der Sprache, des Schrifttums und der Welt im Mittelalter, in: *Zeitschrift für deutsche Philologie* 93 (1974), S. 1-11, hier S. 2. Siehe Sancti Aurelii Augustini, *De doctrina christiana, cura et studio Joseph Martin* (= Opera 4,1), Turnhout 1962 (Corpus Christianorum. Series Latina 32,4,1), S. 1-167, hier S. 33.

60 Vgl. Haferland, Höfische Interaktion (wie Anm. 56), S. 241.

neten Cadoc führt Erec zu dessen Dame zurück, die, wie es heißt, nicht gewohnt war, ihren Ritter so gezüchtigt zu sehen. Hier nun erweist sich Erec als höfischer Ritter, indem er Cadoc die Scham wegen der unehrenhaften Peinigung bewältigen hilft: Erec erklärt, dass es keinem Ritter, der nach tapferen Taten strebt, erspart bleibt, dass er sich einmal schämen müsse – es werde später wieder besser, und ihm selbst sei es oft schon schlechter ergangen:

„jâ enwirt es niemen erlân
swer sô manheit üeben wil,
in enbringe geschiht ûf daz zil
daz er sich schamen lîhte muoz:
dar nâch wirt im es buoz.
wie dicke ich wirs gehandelt bin!“
(*Erec* V. 5669ff.)

Mit dem Hinweis auf mögliche Besserung ist gemeint, dass tapfere Taten (*manheit*) die Schande wieder abwaschen können, wobei den Hörern in Erinnerung sein muss, dass sich Erec hier auf seine eigene Demütigung durch einen Peitschenhieb bezieht und auf deren Wiedergutmachung. Der Artusritter Erec identifiziert sich mit Cadoc und behandelt ihn damit als seinesgleichen, als gleichrangig.[61]

Dem Nächsten – als einem Angehörigen der höfischen Gesellschaft – erniedrigende Scham zu ersparen, wird als vorbildhaftes Verhalten dargestellt, und das gilt nicht nur für den höfischen Ritter, sondern auch für die Dame. In Hartmanns von Aue zweitem Artusroman ist der Held Iwein über den Verlust von *êre* und *minne* wahnsinnig geworden:

er lief nû nacket beider
der sinne und der cleider,
unz daz in zeinen stunden
slâfende vunden
drî vrouwen dâ er lac
(*Iwein* V. 3359ff.)

61 Siehe auch Andreas Kraß, Die Mitleidfähigkeit des Helden. Zum Motiv der *compassio* im höfischen Roman des 12. Jahrhunderts (‚Eneit‘ – ‚Erec‘ – ‚Iwein‘), in: *Wolfram-Studien XVI,* hg. v. Wolfgang Haubrichs / Eckart C. Lutz / Gisela Vollmann-Profe, Berlin 2000, S. 282-304, bes. S. 291.

> ‚Er war entblößt von Verstand wie von Kleidern, bis ihn eines Tages schlafend drei höfische Damen fanden, wo er lag.'

Eine der drei Damen – die Herrin von Narison und ihre Begleiterinnen – erkennt Iwein, und bald erkennen die Damen auch, dass seine Krankheit offenbar vom Gehirn ausgeht. Die Damen reiten fort, um die Wundersalbe der Feimorgan zu holen. Eine der drei *vrouwen* wird zu Iwein zurückgeschickt mit dem Auftrag, ihn mit der Salbe zu bestreichen, aber, wohlgemerkt, bei Todesstrafe nur am Kopf. Als das Mädchen Iwein so daliegen sieht, bestreicht sie ihn dann aber am ganzen Körper, *über houbet und über vüeze* (3476f.), ‚vom Kopf bis zu den Füßen', mit der kostbaren Salbe, bis nichts mehr in der Büchse zurückbleibt. – Drei Frauen, die Salbe – die Anspielung an die österliche Szene der drei Marien am Grabe deutet schon an, dass Iwein aus seinem Wahnsinn neu erstehen wird. Bevor Iwein erwacht und die von dem Mädchen mitgebrachten Kleider sowie ein Pferd finden kann, geht das Mädchen schnell beiseite und *barc sich durch ir höfschen muot* (3492), ‚verbarg sich aus höfischem Taktgefühl'.

> *sî gedâhte, ob daz geschiht*
> *daz er kumt ze sinnen,*
> *und wirt er danne innen*
> *daz ich in nacket hân gesehen,*
> *sô ist mir übele geschehen:*
> *wan des schamt er sich sô sêre*
> *daz er mich nimmer mêre*
> *willeclîchen an gesiht.'*
> (*Iwein* V. 3494ff.)

> ‚Sie dachte: ‚Wenn es geschieht, daß er zur Besinnung kommt, und er dann merkt, daß ich ihn nackt gesehen habe, so wäre das schlecht für mich, denn er würde sich darüber so schämen, daß er mich nie mehr gern ansähe."

Abgesehen davon, dass die *juncvrouwe* nicht gänzlich uneigennützig handelt, zeigt ihre Reaktion doch, wie der Mensch, der sich schämt, wahrgenommen wird: Er grenzt sich aus seinen sozialen Beziehungen aus, und dies wird an seinem Verhalten – Vermeidung des Blicks – deutlich. Die junge Dame hat Iwein diese Peinlichkeit erspart.

schame wird in den epischen Szenarien als ein negativ konnotiertes Gefühl bewertet, denn sie bedeutet eine Verletzung des Selbstwertgefühls sowie den Verlust des Platzes in der Gesellschaft. Von daher verblüfft zunächst die Einschätzung von Scham in der bereits erwähnten Ritterlehre des Gurnemanz, die er dem jungen Parzival mit auf den Weg gibt. An oberster Stelle dieser Lehre heißt es:

> *sus heb ich an: lâts iuch gezemn.*
> *ir sult niemer iuch verschemn.*
> *verschampter lîp, waz touc der mêr?*
> *der wont in der mûze rêr,*
> *dâ im werdekeit entrîset*
> *unde in gein der helle wîset.*
> (*Parz.* V. 170, 15ff.)

> ‚So fange ich an, und Ihr sollt Euch das zu Herzen nehmen: Seid niemals ohne Scham – ein Leib, dem das Gefühl von Scham und Schande abgeht, was sollte der noch taugen? Der ist ein Habicht in der Mauser, mit dem geht es abwärts: Seine Würde und sein Ansehen fallen ihm aus, und das deutet ihm den Weg, den er zur Hölle nehmen wird.‘[62]

Scham wird hier – so interpretiere ich die Stelle – als eine Art Seismograph im Innern des Menschen verstanden, der den Einzelnen befähigt, seine Handlungen und Erfahrungen zu bewerten und zu beurteilen, ob sie einem gesellschaftlichen Ideal entsprechen oder nicht, und insofern ist höfische Identität mit der Scham eng verbunden.[63] Da Scham aber eine unwillkürliche Reaktion ist, wie am Beispiel des Erec zu erkennen war, kann die Lehre des Gurnemanz „nicht eigentlich ein Gebot zur Scham“, im Sinne eines moralischen Imperativs, meinen[64]; vielmehr zielen die Worte des Gurnemanz darauf, dass das höfische Ich die Empfindung von *schame* nicht verlieren soll – wie der Habicht in der Mauser seine Federn verliert.

Während der *zorn* sich unreflektiert nach außen wendet, als Kampfeszorn oder als Reaktion auf *trûren*, weckt *schame*, wie ein empfindlicher Seismograph, den Wunsch im Innern des Menschen nach Wiederherstellung der Integrität, was nur aufgrund von Reflexion geleistet werden kann. Scham unterliegt nicht dem Willen und

62 In der Übersetzung folge ich, mit Modifikation an mir wichtigen Stellen, Peter Knecht (wie Anm. 18).

63 Vgl. Haferland, Höfische Interaktion (wie Anm. 56), S. 241.

64 Siehe ebd., S. 247.

dem Verstand, und deshalb verbürgt sie „Echtheit des Ausdrucks“[65], jedoch übernimmt sie „eine wichtige Steuerfunktion für kognitive Prozesse“[66], indem sie einerseits Reflexion über sich selbst und über die eigenen Ziele und Idealvorstellungen in Gang setzt, andrerseits aber auch die Reflexion auf die mögliche Befindlichkeit des anderen bewirken kann. Damit besitzt *schame* eine wesentliche soziale Funktion in der höfischen Gesellschaft[67]: *scham ist ein slôz ob allen siten* (*Parz.* 3,5), ‚ohne Scham gibt es keinen Zugang zu den guten Sitten.‘ Diese Sentenz wird zwar im Zusammenhang einer Lehre für höfische Frauen artikuliert, und zwar eindeutig im Kontext von *prîs* und *êre*[68], doch im Zusammenhang mit der Lehre des Gurnemanz darf sie als allgemeingültig angesehen werden. Ohne Scham gibt es kein moralisch-ethisches Verhalten, und dennoch ist Scham noch nicht das moralische Verhalten selbst.

Die romanhaften Erzählungen der höfischen Epoche führen literarische Szenarien vor Augen, in denen Emotionen dargestellt, gedeutet und bewertet werden. Diese literarischen Inszenierungen von Gefühlen sind einerseits Teil einer historisch-aktuellen Kommunikation über Emotionen, andrerseits sind sie für uns „Speicher der Reflexion über Emotionen in historischer Sicht“.[69] Die hier angeführten Beispiele, so punktuell sie auch ausgewählt sein mögen, vermitteln dennoch einen Einblick in anthropologisch-moralische Grundstrukturen der höfischen Kultur: Der Zorn bleibt in einer kriegerisch lebenden Elitekaste prinzipiell positiv bewertet, was die Situation des Kampfes selbst anbetrifft, er wird aber eingedämmt und durch Reflexion gebändigt, wo es um gesellschaftliche Interaktion geht, etwa im Verhalten Frauen gegenüber, oder um gesellschaftlich akzeptierte Werte wie zivilisatorische Errungenschaften. Vor allem aber wird eine Gegensteuerung gegen den Kampfeszorn zum Schutz von Menschenleben angemahnt – das Leben im Diesseits hat in der höfischen Kultur einen eigenen Wert erhalten. Auch *trûren*, ‚Trauer‘ und tiefe Verletzung durch einen anderen, muss der höfische

65 Siehe ebd., S. 241.

66 Ridder, Emotion und Reflexion (wie Anm. 9), S. 208.

67 Siehe auch Haferland, Höfische Interaktion (wie Anm. 56), S. 241.

68 Siehe *Parz.* V. 2,28 und 3,6f.

69 Ridder, Emotion und Reflexion (wie Anm. 9), S. 209.

Mensch nicht einfach nur passiv aushalten, sondern *trûren* darf sich in gerechtem Zorn entladen. Die kriegerische Komponente der höfischen Gesellschaft bleibt somit stark ausgeprägt. Und dies umso mehr, als sie mit *schame* als durchaus verträglich dargestellt wird: Das Schamgefühl eines Ritters wegen eines objektiv gegebenen Verlusts an *êre* kann zur Wiederherstellung des Ansehens in der Gesellschaft zum Kampf motivieren. Darüber hinaus aber befähigt *schame* auch zu Taktgefühl und wird dadurch zu einem zentralen Wert gesellschaftlicher Interaktion.

Irmgard Rüsenberg[1]

Die Anerkennung des Begehrens. Erkenntnis und Heilung in Hartmanns von Aue *Armem Heinrich*

1. Einleitung

Der Handlungsverlauf von Hartmanns schmalem Legendenepos ist rasch erzählt[2]: Der Edelmann Heinrich, bislang vom Glück begünstigt und ein Vorbild seines Standes, erkrankt an Lepra. Auf der Suche nach Heilung gelangt er nach Salerno, wo ihm ein Arzt die Mitteilung macht, dass ihn allein das Herzblut einer *manbaeren* (225), also heiratsfähigen Jungfrau, die bereit sei, für ihn zu sterben, retten könne. Aller Hoffnung beraubt, zieht er sich daraufhin zurück auf den Hof eines Pächters, wo sich ihm eine von dessen Töchtern in hingebungsvoller Weise anschließt. Diese scheint seine Krankheit gar nicht wahrzunehmen, sie lässt sich bevorzugt zu seinen Füßen nieder, und er nennt sie sein *gemahel* (341). Wenige Jahre später wird das herangewachsene Mädchen Zeugin, wie Heinrich die Hoffnungslosigkeit seiner Heilungsaussichten beklagt, die an ein weibliches Blutopfer gebunden seien. Die Logik der Erzählung bringt es mit sich, dass sich das Mädchen, das im Übrigen namenlos bleibt, berufen fühlt, sein junges, noch unschuldiges Leben zu opfern, um auf diesem Wege desto schneller und sicherer ins Himmelreich zu gelangen. Seine widerstrebenden Eltern sowie einen zögerlichen Heinrich vermag es mit unnachgiebiger Entschlossenheit und erstaunlicher Eloquenz auf seine Seite zu ziehen. In Salerno weiß es schließlich auch den zweifelnden Arzt zu überzeugen. Dort besteht es darauf, sich eiligst auszuziehen, während Heinrich von außen, durch ein Loch in der Wand, gewahr wird, wie es schließlich nackt und gebunden auf einem Tisch liegt und der Arzt ein langes, breites Messer an einem Wetzstein schärft. Dieser Anblick bringt Heinrich zu der plötzlichen Einsicht, dass ihm das Leben dieses Mädchens

1 Bis 2010 hat Irmgard Rüsenberg ihre Arbeiten unter ihrem früheren Namen „Irmgard Gephart" publiziert.

2 Zitiert wird im Folgenden nach: Hartmann von Aue, *Gregorius, Der arme Heinrich, Iwein,* hg. u. übers. von Volker Mertens, Frankfurt a. M. 2004 (Bibliothek des Mittelalters 6).

mehr wert ist als sein Tod, und er bricht die ganze Prozedur – gegen dessen heftigen Widerstand – ab. Auf der Heimreise findet sich Heinrich dann unverhofft geheilt wieder, und er nimmt, auf den Meierhof zurückgekehrt, das Mädchen nun zur wirklichen Gemahlin.

Die Geschichte, die in eigenartiger Weise zwischen Volksglauben und christlichem Glauben changiert[3], befremdet den neuzeitlichen Leser in doppelter Weise. Sowohl das abergläubische Blutopfer wie eine exaltierte Religiosität nötigen ihn dazu, sich der historischen Distanz zu vergewissern, die zwischen ihm und diesem mittelalterlichen Text liegt. Ein plausibler Sinnhorizont scheint sich dabei vorrangig unter einem theologischen Blickwinkel, ausgehend von den Fragen nach Schuld, Sühne und Erlösung, zu eröffnen.[4] Dabei gerät das

3 Eine Dichotomie zwischen heidnischer und christlicher Motivik betont Winder McConnell, Sacrificium in Hartmann von Aue's „Der arme Heinrich", in: *Neuphilologische Mitteilungen* 84 (1983), S. 261-268. Die Geschichte basiere auf der Akzeptanz des Blutopfers als Heilungsweg durch den Leser und sei von daher primär als nicht-theologisches Werk zu lesen. Zur alternativen Deutung im Sinne einer christlichen Kritik an dem Blutopferschema vgl. Neil Thomas, Hartmann's ‚Der arme Heinrich', Narrative Model and Ethical Implication, in: *The Modern Language Review* 90 (1995), S. 935-943. Der Text führe, so Thomas, Heinrich als moralisch defizitär vor, wenn er die Möglichkeit des Mädchenopfers nicht von vornherein ablehne, er beinhalte eine Kritik magischen Denkens; Hartmanns Heilungsweg dokumentiere eine moralische Entwicklung.

4 Eine Schuld Heinrichs für die Zeit vor seiner Erkrankung existiert zwar nur in seiner Selbstdeutung, spätestens seine auffällige moralische Bedenkenlosigkeit in Bezug auf die Annahme des weiblichen Opfers dürfte ihm jedoch eine solche anlasten. Dass sein Abstehen von diesem Vorhaben dann seine Heilung als einen Gnadenakt Gottes mit sich bringt, fügt sich in einen christlichen Heilshorizont. Vor diesem Hintergrund gibt allenfalls die Bewertung der Tatsache, dass das Mädchen so heftig den eigenen Tod begehrt, ein Problem auf. Als eine neuere Auseinandersetzung mit der Rolle des Mädchens nenne ich exemplarisch: Carsten Kottmann, Amor und Caritas. Zur Rolle des Mädchens im ‚Armen Heinrich', in: *Leuvense bijdragen* 88 (1999), S. 305-322. Einen interessanten Vergleich der A- und B-Fassung bietet Hans-Jochen Schiewer, Acht oder Zwölf. Die Rolle der Meierstochter im ‚Armen Heinrich' Hartmanns von Aue, in: Matthias Meyer und Hans-Jochen Schiewer (Hg.) *Literarische Leben. Rollenentwürfe in der Literatur des Hoch- und Spätmittelalters.* Festschrift für Volker

nackte, gebundene Mädchen im Kontext christlich-heilsgeschichtlicher Deutungen vornehmlich als Allegorie der Unschuld in den Blick.[5]

Alternativ zu einem theologischen Ansatz richtet sich ein aktuelles kulturwissenschaftliches Forschungsinteresse in den vergangenen Jahren verstärkt auf die sexuelle Thematik des Textes, zumal in der provokativen Operationsszene. Deutungen, die unsere Aufmerksamkeit auf eine sadomasochistische Komponente[6], auf inzestuöse Konstellationen[7] und einen männlichen

---

Mertens zum 65. Geburtstag, Tübingen 2002, S. 649-665. Schiewer vertritt die These, dass die B-Fassung, die keine Hochzeit der Protagonisten kennt, die Meierstochter in Anlehnung an einen konventionellen Erwartungshorizont stärker als Semi-Religiöse profiliere.

5 So steht die Nacktheit des Mädchens für Reinheit und Unschuld etwa bei Kurt Ruh, Hartmanns ‚Armer Heinrich'. Erzählmodell und theologische Implikation (1971), in: Ders., *Kleine Schriften,* Bd. 1. Dichtung des Hoch- und Spätmittelalters, hg. von Volker Mertens, Berlin, New York 1984, S. 23-37, hier S. 33. Ein jüngeres Beispiel einer allegorischen Auslegung findet sich u. a. bei Albrecht Classen, Herz und Seele in Hartmanns von Aue ‚Der arme Heinrich'. Der mittelalterliche Dichter als Psychologe?, in: *Mediaevistik* 14 (2001), S. 7-30. Das nackte Mädchen steht bei Classen für die Nacktheit, Hilflosigkeit und Schutzbedürftigkeit der menschlichen Seele; ebd., S. 25.

6 Vgl. John Margetts, Observations on the Representation of Female Attractiveness in the Works of Hartmann von Aue with Special Reference to ‚Der arme Heinrich', in: Timothy McFarland und Silvia Ranawake (Hg.), *Hartmann von Aue. Changing Perspectives.* London Hartmann Symposium 1985, Göppingen 1988 (Göppinger Arbeiten zur Germanistik 486), S. 199-210. Margetts sucht nachzuweisen, dass männliches sexuelles Begehren im gesamten Werk Hartmanns immer wieder an eine ‚unterdrückte' Frau gekoppelt und in einer voyeuristischen, sadomasochistischen Atmosphäre angesiedelt wird. Er legt m. E. überzeugend dar, dass es sich bei der Operationsszene in Salerno um die Umschreibung eines Sexualaktes handelt; ebd., S. 201f.

7 Vgl. Stephen L. Wailes, Hartmann von Aue's Stories of Incest, in: *Journal of English and Germanic Philology* 91 (1992), S. 65-78, bes. S. 74-78. Wailes wartet mit der provozierenden These auf, dass nicht nur im *Gregorius*, sondern auch im *Armen Heinrich* ein Inzest abgehandelt wird, und zwar ein verdeckter Vater-Tochter-Inzest, wobei er auch schon im *Gregorius* hinter dem Geschwisterinzest einen verdeckten Inzestwunsch des Vaters wahrnimmt; ebd., S. 72f.

Voyeurismus[8] lenken, haben dem Text gleichsam seinen Nimbus der Unschuld genommen, ohne freilich einen schlüssigen neuen Sinnhorizont zu eröffnen. Sie vermitteln eher den Eindruck, einen bislang übersehenen Makel des Textes offenlegen zu wollen.

Ich möchte hier an die Einschätzung der Relevanz sexueller Bezüge im Text anknüpfen, allerdings mit dem Anspruch verbunden, diese in einen christlichen Horizont von Schuld und Sühne zu integrieren bzw. zurückzuführen.[9] Die Sünde im christlichen Sinn scheint mir in Hartmanns Legendenepos dabei in sehr viel konkreterer Gestalt aufzutreten, als bisher wahrgenommen. Als ein Instrumentarium, mittels dessen sich hintergründige Zusammenhänge von Schuld, Sexualität und Erlösung begreifen lassen, werden im Folgenden psychoanalytische Theorien, vor allem die Theorie des Ödipuskomplexes und die Theorie des Narzissmus, herangezogen. Es bleibt zu zeigen, dass die Sünde mangelnder Gottbezogenheit auch als eine defizitäre Position des Narzissmus beschrieben werden kann, während die Theorie des Ödipuskomplexes uns für inzestuöse Untertöne sensibilisieren mag.[10]

---

8 Vgl. Kerry Shea, The H(I)men Under the Kn(eye)fe: Erotic Violence in Hartmann's ‚Der arme Heinrich', in: *Exemplaria* 6 (1994), S. 385-403. Shea vertritt die These, dass Heinrich, durch seine Krankheit geschwächt, ‚feminisiert' und zum Objekt fremder Blicke gemacht, durch seinen besitzergreifenden, phallischen Blick auf das Mädchen, das damit seinerzeit zum Objekt erniedrigt werde, wieder Dominanz gewinne und damit eine patriarchale Ordnung wiederhergestellt werde. Eine Gegenthese vertritt Birgit A. Jensen, Transgressing the Body: Leper and Girl in Hartmann von Aue's ‚Armer Heinrich', in: *Amsterdamer Beiträge zur älteren Germanistik* 61 (2006), S. 103-126. Auch sie geht davon aus, dass die Lepra für Heinrich Statusverlust und ‚Verweiblichung' mit sich bringe. In der Beziehung zu dem Mädchen werde allerdings eine utopische Gleichheit zwischen Bauernmädchen und Ritter entworfen, die als Kritik an einer hergebrachten Hierarchie zu verstehen sei.

9 Vgl. hierzu richtungweisend Christoph Cormeau, *Hartmanns von Aue ‚Armer Heinrich' und ‚Gregorius'. Studien zur Interpretation mit dem Blick auf die Theologie zur Zeit Hartmanns,* München 1966.

10 Dass die Abhandlung des Inzestproblems in der mittelalterlichen Politik, Literatur und Philosophie ohne psychoanalytische Bezüge kaum angemessen zu verstehen ist, wurde zuletzt betont in Jutta Eming, Mediävistik und Psychoanalyse, in: C. Stephen Jaeger und Ingrid Kasten (Hg.), *Codierungen von Emotionen im Mittelalter / Emotions and Sen-*

Im Rahmen seiner Gedanken zum Ödipuskomplex, einem zumal in der Außenwahrnehmung zentralen Theorem der Psychoanalyse, hat Freud in erster Linie den kindlichen Inzestwunsch abgehandelt, demgemäß eine geforderte Unterwerfung unter das väterliche Verbot die Grundlage einer notwendigen Verinnerlichung desselben darstelle.[11] Der kindliche Inzestwunsch ist dabei auch als Begehren des in seinen Mitteln noch eingeschränkten Kindes zu verstehen, an der elterlichen Macht teilzuhaben. Wenn der kleine Junge die Mutter begehrt, setzt er sich an die Stelle des Vaters; wenn das kleine Mädchen den Vater will, sieht es sich die Stelle der Mutter einnehmen. Die Eltern wiederum sind aufgefordert, der inzestuösen Versuchung zu widerstehen, der sie aus der Position der Mächtigen heraus unterliegen. Dabei führt Freud den Inzestwunsch als ein ubiquitäres Phänomen, eine Art Ursünde ein, die mehr oder minder heftig zwischen allen Mitgliedern einer Kernfamilie zirkuliert. Der Trieb – so Freuds Botschaft – kennt keine Unterschiede; Unterscheidung und Verzicht sind vielmehr kulturelle Errungenschaften. Personale Reifung, gesellschaftliche Integration und kulturelle Tradierung vollziehen sich vor diesem Hintergrund wesentlich entlang der Inzestschranke und sollten im Regelfall in einer exogamen Partnerwahl, sowie der Errichtung von selbstkontrollierenden Über-Ich-Instanzen münden.[12] Das Inzestphänomen wird dergestalt in der freudianischen Psychoanalyse auf provozierende Weise normalisiert und gleichzeitig in seinem Tabucharakter entschieden

---

sibilities in the Middle Ages, Berlin, New York 2003 (Trends in Medieval Philology 1), S. 31-44, hier S. 33-36.

11 Im Werk Freuds findet sich keine systematische Abhandlung des Ödipuskomplexes. Als einschlägige Texte sind exemplarisch zu nennen: Sigmund Freud, Das Ich und das Es (1923): Kap. III, Das Ich und das Über-Ich, in: *GW XIII*, S. 256-267; Ders., Die Frage der Laienanalyse (1926), in: *GW XIV*, S. 207-296, bes. S. 241-243 und S. 253f. Vgl. auch Hans W. Loewald, Ich und Realität (1949), in: Ders., *Psychoanalyse* (Papers on Psychoanalysis, 1980). Aufsätze aus den Jahren 1951-1979, übers. von Hilde Weller, Stuttgart 1986, S. 15-34.

12 Vgl. Sigmund Freud, Der Untergang des Ödipuskomplexes (1924), in: *GW XIII,* S. 395-402; Hans W. Loewald, Das Dahinschwinden des Ödipuskomplexes (1978), in: Ders., Psychoanalyse (wie Anm. 11), S. 377-400.

bekräftigt. Die inzestuöse Begierde ist in der Psychoanalyse der primäre Ort, an dem Trieb und Gesetz miteinander in Konflikt treten.

Die psychoanalytische Narzissmustheorie, die im gegenwärtigen psychoanalytischen Diskurs verstärkt Beachtung findet, thematisiert das kardinale personale Problem von Grenzziehung und Reifung auf einer früheren Entwicklungsstufe.[13] Ihr Urbild ist die vorgeburtliche Einheit von Mutter und Kind, in der Subjekt und Objekt, Ich und Du, Bewusstes und Unbewusstes gleichsam noch ungeschieden sind. Dieses Urbild wird weiterhin allen frühkindlichen Beziehungen zugrunde gelegt, in denen eine narzisstische Glocke Geborgenheit und Sicherheit schenke. Darüber hinaus begleite es den Menschen bis an sein Lebensende und stelle in Zeiten der Bedrohung seiner Identität einen Raum der Regression und Wiederbelebung bereit. Als narzisstisch gestört wird eine psychische Struktur im psychoanalytischen Verständnis erst dann begriffen, wenn fällige Trennungsschritte nicht vollzogen werden, wenn die Erfahrung eigener Grenzen und Möglichkeiten in der Realität zugunsten eines regressiven Verharrens in phantasmatischer Vollkommenheit ausbleibt, weil die Angst vor der narzisstischen Katastrophe eines totalen Verlassenseins zu groß ist, als dass sie die notwendigen Schritte nach außen gestattete.[14] Für den solchermaßen narzisstisch Befangenen bleibt dann der andere hinter den eigenen Bedürfnissen, die seinen ganzen psychischen Raum besetzen, verborgen bzw. nicht erfahrbar. Er kann nicht lieben, weil er den anderen nicht eigentlich sehen kann, weil er nur nach Maßgabe einer narzisstischen Objektwahl[15], die seine

13 Vgl. u. a. Sigmund Freud, Zur Einführung des Narzißmus (1914), in: *GW X,* S. 137-170; Heinz Henseler, Die Theorie des Narzissmus, in: Dieter Eicke (Hg.), *Die Psychologie des 20. Jahrhunderts,* Bd. 2, Freud und die Folgen, Zürich 1976, S. 459-477.

14 Ausreichende ‚narzisstische Zufuhr' ist die Voraussetzung dafür, dass das Kind den Trennungsschritt wagt. Hat das Kind nicht primäre Erfahrungen seiner selbst in der intensiven Spiegelung durch eine Bezugsperson machen können, die einen inneren Raum der Sicherheit entstehen lassen, bleibt es auf das narzisstische Stadium fixiert.

15 Vgl. Freud, Zur Einführung des Narzißmus (wie Anm. 13). Zur narzisstischen Objektwahl zwischen narzisstischem Typus und Anlehnungstypus siehe bes. S. 153f.

Umgebung ausschließlich als Selbstobjekte[16] besetzt, auf ihn bezogen bleibt. Er lebt gleichsam noch ungeschieden im anderen und hat seine eigene Beziehungsfähigkeit noch nicht entdeckt.

Inwieweit sich in Hartmanns Legendenerzählung vom ‚armen Heinrich', der einen Weg der Erfahrung von Krankheit und Heilung zurücklegt, an Berührungsflächen von psychoanalytischer und religiöser Weltdeutung ein vertiefter Blick auf den Text eröffnet, soll im Folgenden dargestellt werden. Ich blicke noch einmal zurück auf den Beginn der Erzählung.

2. Krankheit als Kränkung

Hartmann stellt uns den Helden seiner Geschichte, den Ritter Heinrich, zunächst im strahlenden Glanz seiner Jugend vor, in der ihm nichts zu seinem Glück fehlte. Er war von hoher Geburt und verfügte über die erstrebenswerten Güter von Besitz, Tugend und Ehre im Überfluss. Seine idealische Existenz, so teilt uns der Text mit, spiegelte alle Freuden dieser Welt wider: *er was ein bluome der jugent, / der werltvreude ein spiegelglas*[17] (60f.). Auf eben dieser Höhe aber bringt Gott den Ritter mit einer schlimmen Krankheit zu Fall: *in ergreif diu miselsuht* (119). Diese seinen Körper entstellende Krankheit bringt es mit sich, dass man sich von ihm zurückzieht (127). Die Lepra erschüttert Heinrichs Hochgefühl (82) nachhaltig und nimmt der Welt gleichzeitig den Spiegel, der ihr nur Schönes zeigte: Wo diese in Heinrich bislang alle Freuden aufgehoben glaubte, hat sich nun das Antlitz des Todes seiner bemächtigt. In diese Abgründe will keiner mehr schauen.

Enthält sich der Text bis dahin einer Schuldzuweisung an Heinrich, die ein strafendes Eingreifen Gottes erklären würde, kommentiert er im Folgenden Heinrichs Umgang mit der Krankheit jedoch kritisch. Heinrich ist nämlich nicht bereit, sich, nach dem Verständnis des Textes, wie ein biblischer Hiob in die von Gott gesandte Krank-

16 Zum Begriff des Selbstobjekts vgl. Heinz Kohut, *Narzißmus (The Analysis of the Self). Eine Theorie der psychoanalytischen Behandlung narzißtischer Persönlichkeitsstörungen,* übertragen von Lutz Rosenkötter, Frankfurt a. M. 1976 (1971), u. a. S. 14.

17 „Er war eine Blüte der Jugend, ein Spiegel gesellschaftlicher Freuden [...]."

heit zu schicken[18], sondern glaubt unerschüttert an sein Vermögen, der Krankheit trotzen und mit eigener Anstrengung eine Heilung herbeiführen zu können (133f.). Diese Erwartung schlägt allerdings gründlich fehl, keiner vermag ihm zu helfen, und als ihm ein Arzt in Salerno zu guter Letzt mitteilt, seine Krankheit könne nur durch das Herzblut einer Jungfrau geheilt werden, die bereit wäre, für ihn zu sterben (224-232), kommt das für Heinrich einem Todesurteil gleich – denn ein solches Opfer liegt schließlich außerhalb seiner Macht.

Heinrich trifft seine Krankheit demnach in psychoanalytischer Terminologie als eine gravierende narzisstische Kränkung. Sie beraubt ihn in einem ersten Schritt seiner äußeren Wohlgestalt und damit seines bisherigen gesellschaftlichen Standorts, in einem zweiten Schritt seines Glaubens an sich selbst und die Machbarkeit der Dinge. Heinrichs narzisstisches Hochgefühl, in dem er sich mit der Welt und sich selbst in grandioser Einheit erlebte, erfährt durch die Krankheit einen Riss. Fortan ist er hinausgeworfen in eine Existenz des Ausgestoßenseins und der Getrenntheit. Der christliche Gott tritt als ein Schicksal und eine Instanz ins Spiel, die dem Weltbefangenen seine heile Welt zerstört und ihn vereinzelt. Heinrich genießt nicht mehr Ruhm und Ehre, sondern sieht sich stattdessen mit der größten narzisstischen Bedrohung des Menschen konfrontiert – dem Tod.

In ihrer ironisch-parodistischen Nacherzählung des *Armen Heinrich* nimmt Ricarda Huch insbesondere dieses Motiv eines sich selbst bespiegelnden Narzissmus auf. Ihr Heinrich gibt diese narzisstische Ausgangsposition allerdings nie auf.[19]

---

18 Der Text schreibt hier dem biblischen Hiob eine Dulderqualität zu, von der Heinrichs Verhalten absticht. Vgl. auch Joachim Theisen, Typologie und Individualität. Zur Rezeption des Buches Ijob im ‚Armen Heinrich' Hartmanns von Aue, in: Heidrun Colberg und Doris Petersen (Hg.), *Spuren. Festschrift für Theo Schumacher*, Stuttgart 1986 (Göppinger Arbeiten zur Germanistik 184), S. 81-106.

19 Der Ritter Heinrich liebt die in ihre eigene Schönheit verliebte Irminreich, die vornehmlich die Pose einer sich selbst im Handspiegel Betrachtenden einnimmt oder dem noch größeren Vergnügen frönt, sich mit Heinrich gemeinsam in einem großen Spiegel anzuschauen. Das Paar schwelgt im Selbstgenuss seiner Herausgehobenheit und sucht bei seiner Hochzeit die Spiegelung in den Augen der Menge – bis Heinrichs Blick auf einen Aussätzigen fällt, der dann die fatale Ansteckung mit sich bringt. Später nimmt er tatsäch-

3. Versuchung auf dem Meierhof

Heinrich beantwortet seine Krankheit schließlich mit dem Rückzug auf den Hof eines ihm verpflichteten Bauern, nachdem er alle seine sonstigen Güter veräußert und verschenkt hat. Der Wechsel seiner Lebensführung vom adligen Glanz in ein bäuerliches Milieu legt ein sichtbares Zeugnis von seinem ständischen Fall ab; gleichwohl erwartet ihn auf dem Bauernhof erneut eine idealische Struktur. Der Bauer auf diesem Hof ist kräftig und gesund, dessen Frau fleißig und die Kinder sind wohlgeraten (295f.). Unter den Kindern ist es vor allem ein achtjähriges Mädchen[20], das sich Heinrich in besonderer Weise anschließt. Wo die anderen ihn meiden, erscheint er dem Mädchen ganz rein (344), es weicht kaum von seiner Seite und sucht beständig den Platz zu seinen Füßen (324f.).

si was sîn kurzwîle gar.	Sie war seine ganze Freude.
si hâte gar ir gemüete	Sie hatte ihr Herz
mit reiner kindes güete	mit der Arglosigkeit eines Kindes
an ir herren gewant,	ganz ihrem Herren zugewandt,
daz man si zuo allen zîten vant	so dass man sie immerzu
under irs herren vuoze (320-325).	zu seinen Füßen fand.

lich das Selbstopfer des Bauernmädchens Liebheidli an, das bis zuletzt auf die Liebe Heinrichs hofft. Zwar ereilt ihn dafür die göttliche Strafe, doch er stirbt unbekehrt als ein lebenshungriger Ritter, dem seine eigenen Begierden näher stehen als christliche Tugenden. Die Dichterin erzählt die Geschichte des ‚armen Heinrich' so, dass dieser eine betont narzisstische Ausgangsposition nie aufgibt, gerade damit aber den einfältigen Mönch Baldrian in seinen Bann zieht: Ricarda Huch, Der arme Heinrich, in: *Gesammelte Werke,* Bd. 4, Köln / Berlin 1967, S. 699-757.

20 Zu den unterschiedlichen Altersangaben in den Hss. A und B – die Leithandschrift A nennt acht Jahre, die spätere Fassung B zwölf – vgl. Schiewer, Acht oder Zwölf (wie Anm. 4).

Es dient ihm hingebungsvoll, während er sich das Mädchen mit kleinen Geschenken gewogen macht, mit Spiegeln und Haarbändern, Gürteln und Ringen. Schließlich ist die Heimlichkeit unter den beiden so groß, dass er es sein *gemahel* nennt (341). Jeder bildet für den anderen den Mittelpunkt seiner Existenz.

Der geschärfte Blick für die defizitäre Ausgangsposition unseres Helden lässt jedoch erkennen, dass Heinrich hier erneut in eine Spiegelbeziehung hineingestellt wird. Das Mädchen und Heinrich bilden eine symbiotische Einheit, die gänzlich sich selbst genügt, in der ein jeder sich im anderen auf ideale Weise vervollkommnet sieht. Jeder ist auf den anderen im Sinne einer narzisstischen Objektwahl bezogen, die nach Ergänzung und Vervollständigung der eigenen Person trachtet. Das Mädchen sucht den schützenden Mann[21], zumal Heinrich für die gesamte Familie erklärtermaßen die Rolle eines Schutzherrn einnimmt (267-280), und Heinrich sucht in dem Mädchen das, was ihm selbst fehlt, nämlich Reinheit.[22] Damit wird offenbar, dass Heinrich seine Krankheit fürs Erste mit einem regressiven Phantasma der Wiederverschmelzung beantwortet.[23] Die Einheit mit dem gesunden Mädchen, das er sich mit kleinen galanten Geschenken geneigt macht, ermöglicht es ihm, seine Krankheit als eigenes Defizit auszublenden.

Damit ist aber auch schon eine weitere Ebene dieser eigentümlichen Beziehung zwischen einem erwachsenen Mann und einem jungen Mädchen berührt, das sich von ihm sein *gemahel* nennen lässt: eine Ebene des Begehrens. Denn daran lässt der Text keinen Zweifel: Heinrich will das Mädchen, und das Mädchen will Heinrich. Es umsorgt seinen Herrn, um in den Genuss seiner Zuneigung zu kommen (308-10), so vermittelt es uns der Text, und bringt es schließlich so weit, dass er es eben sein *gemahel* nennt (339-341).

---

21 Zu der Kategorie des Anlehnungstypus vgl. Freud, Zur Einführung des Narzißmus (wie Anm. 13), S. 157.

22 Vgl. Freuds Kategorie des narzisstischen Typus, ebd., S. 156. – Auf die komplementäre Funktion der Figur des Mädchens nimmt auch Schiewer, Acht oder Zwölf (wie Anm. 4), bes. S. 659, Bezug, der sich u. a. auch auf Ruh, Hartmanns ‚Armer Heinrich' (wie Anm. 5), beruft.

23 Eine ‚Regression auf den Primärzustand' führt Henseler, Narzissmus (wie Anm. 13), S. 464, als primitive Kompensationsform angesichts einer Erschütterung des Selbstwertgefühls an.

Er wiederum setzt seine Geschenke zielgerichtet ein, um dessen Gunst zu gewinnen (333f.). Heinrichs Krankheit und das kindliche Alter des Mädchens mögen ein erotisches Begehren zwar auf den ersten Blick verdecken, schiebt man diesen Vorhang jedoch beiseite, gibt die Beziehung unschwer ihren latent inzestuösen Charakter preis.[24]

Auffällig ist dabei zum einen, wie Heinrich das Mädchen mit der Ansprache *gemahel* nominell zu seiner Frau macht, zum anderen die auffällige Pose, in der uns das Paar vorgeführt wird. Das Mädchen sitzt zu Füßen Heinrichs (325), dessen Füße in seinem Schoß (462f.), wobei die Fußvokabel auffällig häufig fällt. Zu Beginn heißt es nicht nur, dass das Mädchen *under irs herren vuoze* (325) saß, sondern auch kurz vorher, dass es sich keinen Fußbreit von ihm entfernte (306f.). Als Heinrich später seine große Selbstbezichtigungsrede hält, wobei die Bedingung des Blutopfers ausgesprochen wird, und das Mädchen in der darauffolgenden Nacht seinen Entschluss zum Selbstopfer fasst, fällt das Wort *vüeze* gleich dreimal hintereinander. Zunächst in Bezug auf Heinrich, dessen Füße in seinem Schoß stehen, als es die bedeutungsvollen Worte hört (461-63), dann, um des Nachts seine Lage im elterlichen Bett zu Füßen des Vaters und, beigefügt, auch der Mutter zu beschreiben (470-72). Schließlich hören wir noch, wie die Tränen des Mädchens die Füße der Eltern benetzen: *daz ir ougen regen begôz / der slâfenden vüeze*[25] (478f.). Stephen L. Wailes liest insbesondere diese letzte Reihung so, dass ein sprachlicher Verbindungsfaden zwischen Heinrich als Ersatzvater und dem leiblichen Vater gesponnen wird, der einen inzestuösen Kontext herstelle.[26] Obendrein spreche die Bewegung des Mädchens vom elterlichen Bett zu dem Bett Heinrichs am Morgen nach der zweiten durchwachten Nacht, als es ihm seinen gefassten Entschluss mitteilen will, eine eigene Sprache (905-909). Die zweimalige Titulierung als *gemahel* trägt in dieser Szene zusätzlich zu dem Eindruck intimer Nähe bei.

Das Bild, wie Heinrichs Füße im Schoß des Mädchens ruhen, birgt aber noch mehr in sich. Man mag zunächst einen christlichen

24 Vgl. Wailes, Stories of Incest (wie Anm. 7).

25 „[...] dass der Regen aus ihren Augen die Füße der Schlafenden begoss.“

26 Vgl. Wailes, Stories of Incest (wie Anm. 7), S. 75f.

Horizont anzitiert sehen, wonach das Sichniederbeugen zu den Füßen als ein Akt spiritueller Unterwerfung zu gelten hat[27] und wir das Mädchen entsprechend in eine Aura der Heiligkeit gestellt sehen. Nimmt man allerdings einen rechtshistorischen Blickwinkel ein, demgemäß es als ein Zeichen der Inbesitznahme galt, den Fuß auf etwas zu setzen[28], dann erhält das Bild noch einmal eine veränderte Note. Wenn man nun zusätzlich berücksichtigt, dass aus psychoanalytischer Sicht den Füßen eine Stellvertreterfunktion als Phallussymbol[29] zukommt, dann wird mit einemmal unter der christlichen Patina mit männlichem Fuß und weiblichem Schoß ein sexuelles Bild sichtbar, das ein Moment männlicher Inbesitznahme und weiblicher Unterwerfung anzeigt. Heinrich als eine väterliche Ersatzfigur, so die versteckte Botschaft des Textes, lebt offenbar in allzu großer Nähe zu einer ‚Tochter', die er ‚seine Frau' nennt. Dass eine zu intime familiale Nähe Gefahren in sich birgt, hatte Hartmann bereits im *Gregorius* (411-420) explizit thematisiert. Während dort ein Geschwisterinzest und ein Mutter-Sohn-Inzest zum primären Gegenstand der Dichtung genommen sind, erweitert er hier das inzestuöse Spektrum um einen verdeckten Vater-Tochter-Inzest. Allerdings eröffnet im *Gregorius* die Übergabe der Schwester an den Bruder durch den sterbenden Vater, verbunden mit der Selbstbezichtigung des Vaters, seine Tochter nicht verheiratet zu haben, schon dort einen entsprechend erweiterten inzestuösen Bezugsrahmen.[30] Die Versuchung der machthabenden Väter, sich ‚ihre' Töchter zu unterwerfen, als die in patriarchalen Gesellschaften naheliegendste Inzestgefahr, bleibt allerdings bei Hartmann zugleich die verdeckteste.[31] Im *Armen Heinrich* wird sie durch die Verschiebung vom leiblichen Vater auf Heinrich als eine Art Ersatzvater verschleiert.

---

27 Vgl. Gerd Heinz-Mohr, *Lexikon der Symbole. Bilder und Zeichen der christlichen Kunst,* Freiburg i. Br. 1991, S. 121.

28 Vgl. *Herder-Lexikon Symbole,* Freiburg i. Br. 1978, S. 57.

29 Vgl. bei Sigmund Freud u. a. *GW V,* S. 54; *GW XI,* S. 157.

30 Vgl. Wailes, Stories of Incest (wie Anm. 7), S. 70.

31 Dazu immer noch lesenswert ist Otto Rank, *Das Inzest-Motiv in Dichtung und Sage. Grundzüge einer Psychologie des dichterischen Schaffens,* Leipzig / Wien ^{2}1926, Kap. XI. Die Beziehungen zwischen Vater und Tochter.

Heinrichs Krankheit jedoch, der Aussatz, gewinnt vor diesem Hintergrund einer quasi-inzestuösen Versuchung eine gänzlich neue Plausibilität. Sie steht in einem solchen Kontext nicht mehr nur als Causa der Beziehung im Hintergrund[32], sondern gerät gemäß dem mittelalterlichen Verweis- und Zeichencharakter der Lepra auch als sinnfälliger Ausdruck einer ‚unreinen' gegenwärtigen Beziehung in den Blick. Hinter dem quasi-unschuldigen Beisammensein zwischen Heinrich und dem Mädchen lässt Hartmann eine inzestuöse Schuld aufscheinen, die jener Beziehung das Zeichen der Sünde aufprägt.

Dabei ist es gerade die narzisstische, das heißt auf wechselseitiger Bedürftigkeit basierende, Färbung im Verhältnis der beiden Protagonisten, die den Inzestverdacht plausibel macht, hatte Hartmann doch etwa auch dem Geschwisterinzest im *Gregorius* eine gewisse Hilflosigkeit und Bedürftigkeit der Protagonisten nach dem Tod des Vaters beigegeben, die das Vergehen der beiden einfühlbar machten. Während der *Gregorius* allerdings eine Geschichte von Fall und Buße erzählt, erzählt der *Arme Heinrich* eine Geschichte von Erlösung und Befreiung. Vor einem glückhaften Ende verdichtet sich das Geschehen allerdings vorab im Hinblick auf das fragwürdige Selbstopfer des Mädchens, das der Deutung einige Rätsel aufgibt. Ich gehe in der Chronologie der Geschichte also noch einmal zurück.

4. Todesverachtung und Opferwille

Die Idylle auf dem Meierhof zwischen der dienstbeflissenen Familie und ihrem Grundherrn, unserem ‚armen Heinrich', wird nach Ablauf von drei Jahren dadurch gestört, dass diese beim Gedanken an den zu erwartenden Tod ihres Herrn all ihre, an dessen Großzügigkeit gebundenen, Vorteile in Frage gestellt sieht (349f.). Aus einem sehr handfesten Eigeninteresse bzw. einer realen ökonomischen Abhängigkeit heraus erkundigt sich der Bauer also bei dem kranken Heinrich nach dessen Heilungsaussichten. Heinrich gibt das zunächst Anlass, selbstkritisch Rückschau zu halten und in seiner Krankheit eine Antwort Gottes auf seinen vormaligen *hochmuot*

32 Vgl. auch Cormeau, Studien (wie Anm. 9), S. 139: „Die Erzählung ist aber ebenso wenig die Demonstration vom Fall, der Buße und der Wiedererhebung eines Menschen. Schuld und Leid bilden nicht eine Kette von Ursache und Wirkung."

zu erkennen. Diese wohl als gottgefällig zu interpretierende Einsicht verbindet er aber mit dem weniger gottgefälligen Beklagen der Ausweglosigkeit seiner Krankheit und dem Ausruf: *nû wes unwert und wes nôt / wart ie zer werlde merre?*[33] (426f.) An einen Gott der Gnade vermag Heinrich genauso wenig zu glauben, wie er zuvor einen Gott der Strafe gefürchtet hat. Er sieht sich veranlasst, die Aussagen des salernitanischen Arztes zu wiederholen, diese als Ausweis seiner endgültigen Hoffnungslosigkeit zu nehmen und Gott um einen schnellen Tod zu bitten. Heinrich hält damit, wenn man so will, weiterhin an einem narzisstischen Phantasma fest, das sich noch in der Ohnmacht an dem eigenen Willen zum Tod aufrichtet und die Hoheit über das eigene Unglück nicht streitig machen lässt. Nach christlichem Verständnis macht er dort, wo ihm das Vertrauen in Gott fehlt, seine Rechnung weiter ohne ihn.

Damit ist aber die Stunde des Mädchens gekommen, das jetzt den eigenen Todeswunsch gegen den Heinrichs setzt (459f.). In der Nacht, in der es den Platz zu Füßen Heinrichs mit dem Platz zu Füßen seines Vaters und seiner Mutter im Familienbett austauscht, weckt es die Eltern mit seinen Tränen um den drohenden Verlust Heinrichs. Es teilt ihnen mit, dass aus seiner, des Mädchens, Sicht die einzige Lösung des Problems in seinem Opfertod läge, brächte dieser doch erstens für Heinrich die Gesundung, zweitens für die Familie die ersehnte Sicherheit und drittens für es selbst das ewige Leben mit sich. Setzen nun die Eltern diesem verstörenden Wunsch des Mädchens in der ersten Nacht noch Widerstand entgegen, beugen sie sich seinen beredten Argumenten, aus denen für sie der heilige Geist zu sprechen scheint, schon in der Nacht darauf. Das Mädchen skizziert das Szenarium eines entbehrungsreichen Lebens im Diesseits und eines glückhaften Lebens im Jenseits, wenn es seine bisherige, vom Leben noch unbefleckte Unschuld rechtzeitig Gott darbrächte. Es möchte, so scheint es, seine Jungfräulichkeit als eine Art religiöses Kapital rechtzeitig einzahlen, bevor dieses unnützerweise verbraucht ist. Die Eltern willigen schließlich aus einer Nutzenabwägung in das Vorhaben ihrer Tochter ein. Sie wollen sich nicht den eventuellen Unmut ihres geschätzten Herrn zuziehen und sehen diese Art, ihr Kind zu verlieren, noch als die beste an (890-899).

33 „Wessen Schande und wessen Not wäre auf der Welt je größer gewesen?“

In der an ein Blutopfer gebundenen Heilungsbedingung für Heinrich scheint nun aber hinter aller aufgebotenen christlichen Rhetorik eine archaische Opfergesinnung durch, die eine höhere, blutheischende Macht mit dem Opfer eines stellvertretenden ‚Sündenbocks' zu befrieden sucht.[34] Indem das Mädchen in der Unterwerfung unter einen solchen Gott der Gewalt Teilhabe an dessen machtvoller Größe sucht, spricht es eine aus dem Gefühl der Insuffizienz geborene Wunschphantasie aus.[35] Es verlängert seine im Diesseits gleichsam ins Leere laufenden Ansprüche auf Glück in ein Jenseits, zu dem es den Schlüssel mit seinem Blutopfer in der Hand zu haben glaubt. Wenn es für Heinrich, der für es eine Vaterposition einnimmt, sterben will, dann, um mit einem göttlichen Stellvertreter Heinrichs, einem übergeordneten Vater im Himmel, auf immer vereint zu sein. Wo sich ihm das Leben verweigert, okkupiert es den Tod, mit dem es seiner Angst vor einem Verlassensein zuvorkommen will. Dabei leugnen sowohl Heinrich als auch das Mädchen in ihrer Verachtung des Todes dessen Realität gleichermaßen. Auch Heinrich leugnet ihn, wenn er das Selbstopfer seiner Gefährtin annimmt, um danach wie die sein zu wollen, die es dann nicht mehr geben wird.

Die provokative Entscheidung des Mädchens und die Annahme des Selbstopfers durch Heinrich setzten den Text demnach von allen Seiten her auf bedenklichen Grund. Die Eltern willigen in den Tod ihrer Tochter mit Blick auf eigene Vorteile und Sicherheiten ein, Heinrich nimmt bedenkenlos einen fremden Tod für das eigene Leben in Kauf – sofern ihn Zweifel beseelen, beziehen sich diese allenfalls auf die Entschlusskraft des Mädchens (940f.) –, und das Mädchen

34 Zur These eines archaischen Raubtiergottes vgl. Barbara Ehrenreich, *Blutrituale (Blood Rites). Ursprung und Geschichte der Lust am Krieg,* Hamburg 1999 (1997), S. 59, und Georg Baudler, *Gewalt in den Weltreligionen,* Darmstadt 2005.

35 Dass Größenphantasien aber nicht nur als Abwehrmechanismus gegen archaische Ängste mit einem Negativetikett zu versehen seien, sondern dass „Kultur ihrem Wesen nach kreativ umgesetzte Größenphantasie ist“, betont Peter Passett, Streiflichter auf die Entwicklung des Konzepts der Größenphantasie in der psychoanalytischen Theorie, in: Johannes Cremerius u. a. (Hg.), *Größenphantasien,* Würzburg 1999 (Freiburger Literaturpsychologische Gespräche 18), S. 23-43, hier S. 41. Immerhin lässt der Autor seine Figur ausgerechnet im Moment der Entfaltung ihres Phantasmas ihre größte Eloquenz entfalten.

ist angesichts der Angst um den Verlust Heinrichs bereit, das eigene Leben zu veräußern, um in einem imaginären Jenseits endgültig versorgt zu sein. Die mit Emphase und Eloquenz vorgetragene Begründung aus seinem Munde kann nicht darüber hinwegtäuschen, dass der Autor dem Handeln seiner Figuren mit Distanz gegenübersteht.

Den jeweils anderen haben die handelnden Figuren dabei nur sehr bedingt im Blick. Heinrich ist fixiert auf seine eigene Heilung, während ihm das Schicksal des Mädchens kaum zu Bewusstsein kommt. Das Mädchen wiederum will sich zwar für Heinrich opfern, kreist aber im Wesentlichen um die eigene Erlösung und den damit verbundenen Lohn. Hinter der symbiotischen Verklammerung der Figuren wird ihre tiefe Isolation spürbar. Aus dieser heraus gelingt Annäherung für Heinrich nur als Akt der Vereinnahmung und für das Mädchen nur als Akt der Unterwerfung.

5. Erkenntnis und Heilung

Nachdem das Mädchen nun seine Entscheidung Heinrich mitgeteilt hat, verfallen alle Beteiligten in tiefe Trauer (987f.). Mit Heinrichs Entschluss, das Opfer des Mädchens anzunehmen, wandelt sich die Situation jedoch wieder schlagartig (1011f.). Das Mädchen ist von Freude beseelt, und dank göttlichen Einflusses können sich nun auch die Eltern freuen. Heinrich trifft umgehend die notwendigen Reisevorbereitungen, wozu auch eine prachtvolle Ausstattung für das Mädchen mit schönen Pferden und kostbaren Kleidern gehört (1020-1026). Das Bild, so möchte man meinen, suggeriert die Heimführung einer Braut durch ihren Bräutigam zu einer bevorstehenden Hochzeit.

Die Situation in Salerno bringt für das Paar, das sich dem Leser bislang in dem Bild des zu den Füßen Heinrichs ruhenden kleinen Mädchens eingeprägt hatte, nun einschneidende Veränderungen mit sich. Zum einen wird die abgeschlossene Zweierbeziehung durch das Hinzutreten des Arztes aufgebrochen, und zum anderen tritt das vormals kleine Mädchen nun als junge Frau in den Blick. Folgendes spielt sich ab: Der Arzt nimmt zunächst das Mädchen beiseite, um es angesichts der anstehenden Operation zugunsten Heinrichs gleichsam auf die Probe zu stellen. Zu diesem Zwecke malt er die anstehende Prozedur mit allen Schrecknissen vor dem Mädchen aus. Er konfrontiert es mit der Aussicht, es ausziehen, fesseln und aufschneiden zu wollen (1084-1093). Dann fährt er in seiner Rede fort:

ez engeschach nie kinde alsô wê
Nie wurde einem Kind so weh getan

als dir muoz von mir geschehen.
wie Du es von mir erfahren musst.

daz ich ez tuon sol unde sehen,
Dass ich es tun und ansehen muss,

dâ hân ich michel angest zuo (1096-1099).
davor habe ich große Angst.

Der Arzt redet also nunmehr von der eigenen großen Angst, dieses Schlimme dem Mädchen antun zu müssen, und appelliert indirekt an dessen Durchhaltevermögen, denn sonst sei alles umsonst gewesen (1100-1103). Darauf wendet das Mädchen mit großer rhetorischer Geschicklichkeit den Spieß um und beschuldigt nun seinerseits den Arzt der Zimperlichkeit (1119-1130). Das Mädchen wirft dem Arzt mangelnde Männlichkeit vor und versichert ihm, dass es als erwachsene Frau schon die Kraft mitbrächte, das alles auszuhalten, wenn er es denn nur endlich wagen würde, zu ‚schneiden'. Sein Ziel, um das es sich andernfalls betrogen sieht, ist die Himmelskrone (1168).

Halten wir zwei mögliche Lesarten dieser Szene fest. Die erste, die sich in Anlehnung an die ausgewiesene Intention der Reise ergibt, ist diese: Der salernitanische Arzt stellt aus der Position ärztlicher Autorität heraus das Mädchen gezielt auf die Probe, um das ganze äußerst schwierige Unterfangen der Operation abzusichern. Das Mädchen reagiert im Sinne einer vorbildlichen Opferbereitschaft. Eine zweite Lesart, die einen verschobenen Blickwinkel einnimmt und verstärkt auf die Körperlichkeit und die Geschlechterdifferenz in der Szene hinsieht, ließe sich so formulieren: Ein Mann droht einer Frau damit, sie auszuziehen, zu fesseln und ihr Gewalt anzutun. Wenngleich vom Herausschneiden des Herzens die Rede ist, trägt die angekündigte Gewalt als ein Akt der Penetration mit Betonung auf der Nacktheit und der erwartbaren Scham der Frau deutlich sexuelle Züge. Dann zeigt der Mann sich selbst ängstlich, bemüht sich um Rückversicherung bei der Frau angesichts der heiklen Aufgabe, ihr weh tun zu müssen, bis schließlich sie ihn entschlossen auffordert, nicht so zögerlich zu sein, sich zu trauen und ihr endlich zu beweisen, dass er ein Mann sei. Männliches Drohen und anschließendes Zögern verwandeln sich hier auf eigentümliche Weise in eine explizite weibliche Aufforderung.

Es geht dann wie folgt im Text weiter: Der Arzt kehrt mit dem Mädchen wieder zu Heinrich zurück, berichtet ihm, dass mit dem Mädchen alles seine Richtigkeit habe, dass er jetzt Heinrich alsbald wieder gesund machen könne und zieht sich mit dem Mädchen erneut in ein *heimlîch gemach* (1181) zurück – um Heinrich zu schonen, wie es heißt. Obendrein verschließt er die Tür mit einem Riegel. Er fordert das Mädchen nun auf, sich auszuziehen, und dieser Aufforderung kommt das Mädchen mit erstaunlichem Überschwang nach:

des was si vrô und gemeit,	darüber war sie froh und glücklich:
si zarte diu kleider in der nât,	Sie riss die Kleider in der Naht auf,
schiere stuont si âne wât	gleich stand sie hüllenlos da,
und wart nacket unde blôz;	nackt und bloß;
si enschamte sich niht eins hâres grôz (1192-1196).	sie schämte sich nicht ein bisschen.

Das vorgeblich religiöse Begehren des Mädchens trägt hier ganz offenbar das Gesicht einer sehr irdischen Entblößungslust.[36] Das

36 Zu dem Motiv der Nacktheit vgl. u. a. Rosemary Wallbank, The Salernitan Dimension in Hartmann von Aue's ‚Der arme Heinrich', in: *German Life & Letters* 43 (1989/90), S. 168-176, hier S. 173. Sie knüpft an die Beobachtung an, dass gemäß entsprechenden Abbildungen eine vollständige Entblößung in der damaligen medizinischen Praxis eher unüblich gewesen sein dürfte, will aber die Nacktheit des Mädchens in ihrer spirituellen allegorischen Bedeutung ganz einem medizinischen Kontext enthoben sehen. Wailes, Stories of Incest (wie Anm. 6), S. 77, hingegen sagt über die Nacktheit des Mädchens „It plainly heightens the erotic impact of the episode".

Motiv der Nacktheit und des Ausziehens spielt eine bedeutsame Rolle, nicht zuletzt vorbereitet durch die üppige Kleiderausstattung des Mädchens im Vorfeld. Heinrich hatte es schließlich mit den Kleidern beschenkt, die es sich jetzt förmlich vom Leib reißt – allerdings vor einem anderen Mann.[37]

Die Nacktheit des Mädchens verfehlt auch keineswegs ihre Wirkung auf den Arzt. Dieser glaubt, noch nie ein schöneres Wesen gesehen zu haben, und zeigt sich erneut *verzaget* (1203). Der Blick des Mädchens fällt dann auf einen hohen Tisch, er veranlasst es, hinauf zu steigen und bindet es fest.[38] Dann greift er zu einem langen und breiten mezzer (1209-11) und beginnt, dieses an einem bereitliegenden wetzestein (1218) bedächtig entlang zu streichen (*ane strîchen*, 1219), vorgeblich weil er ihm den Tod möglichst sanft antun will (1216). Das wiederum hört der vor der Tür wartende Heinrich, er sucht, bis er ein Loch in der Wand gefunden hat, und sieht das nackte, gebundene Mädchen. Dessen *minneclicher* (1233) Körper und der Blick zurück auf den eigenen kranken, heißt es nun, bewirken eine Umkehr und lassen ihn einen *niuwen muot* (1235) fassen. Er klopft an die Tür, erreicht gegen den entschiedenen Widerstand des Arztes Einlass, läuft zu dem Mädchen und verkündet, dass es zu schön sei, als dass man es sterben lassen könne. Das nackte Mädchen bricht in ein großes Klagegeschrei aus, schlägt sich auf die Brust und rauft sich die Haare, weil es sich um alle imaginierte Glückseligkeit betrogen sieht. Das alles hilft ihm aber nicht weiter, Heinrich zieht es gegen seinen Willen wieder an. Er bezahlt den Arzt, macht sich mit ihm auf den Heimweg, erlebt unterwegs eine Spontanheilung und nimmt das Mädchen, nicht ohne die Zustimmung seiner Ratgeber eingeholt zu haben, schlussendlich zu seiner Frau.

---

37 Vgl. eine alte These Ranks, der die Kleiderfülle an dieser Stelle als Verdrängungsmotiv bzw. Überkompensation einer Exhibitionsneigung deutet: Otto Rank, *Psychoanalytische Beiträge zur Mythenforschung. Gesammelte Studien aus den Jahren 1912 bis 1914,* Leipzig / Wien 1919, zur Nacktheit S. 177ff., bes. S. 197ff.

38 Wailes, Stories of Incest (wie Anm. 7), S. 76f., zieht eine Verbindungslinie von dem Operationstisch zum häuslichen Bett: „The operating table recalls the only other furniture of the story, the beds at home, and the girl takes off her clothes to mount it just as she undressed to go to bed with her father (and mother)."

Das Mädchen selbst kommt nach dem Aufbruch nicht mehr zu Wort. Der Schluss lässt uns dann wissen, dass beide nach einem glücklichen langen Leben des ewigen Reichs Gottes teilhaftig wurden.

Dem unerschrockenen Blick eines Auslandsgermanisten in deutsche Wörterbücher der Obszönitäten verdanken wir die Beweisführung, dass es sich bei der fraglichen Operationsszene um die metaphorische Umschreibung eines Geschlechtsaktes handelt[39], oder besser: die In-Aussichtstellung eines solchen. Schon besagtes Messer fällt dadurch auf, dass es mit der Betonung seiner Länge und Breite als Operationsinstrument gänzlich ungeeignet ist.[40] Nicht als solches gewinnt es hier seine Bedeutung, sondern als Phallussymbol. Die explizite Bearbeitung des ‚weiblichen' Wetzsteins, das *wetzen* und *ane strîchen* sprechen ihre eigene Sprache. Anziehen und Ausziehen des Mädchens münden also hinter verschlossener Tür in ein verklausuliertes sexuelles Szenarium und eine Geräuschkulisse, die Heinrich notwendigerweise beunruhigen muss – ist die junge Frau doch schließlich ‚sein' Mädchen. All dies veranlasst ihn genauer hinzuschauen, und eben diesem Blick entspringt dann das Unmögliche: Erkenntnis und Heilung.

Vergegenwärtigen wir uns zunächst, worin die Einsicht Heinrichs im Anblick des nackten Mädchens besteht, bei dem er etwas sieht, was er vorher nicht gesehen hat. Er nimmt dessen gesunde Schönheit und seine eigene Krankheit wahr. Er macht die grundlegende Erfahrung einer Differenz als einer Differenz zwischen Gesundheit und Krankheit, Leben und Tod, Mann und Frau und damit die neue Erfahrung eigener Andersheit, wenn er zunächst sie und dann sich anschaut (1234).[41] Wenngleich hier primär die Unterschiedenheit

39 Margetts, Observations (wie Anm. 6), S. 202: „‚mezzer' (AH 1209) is used as a phallic circumlocution; ‚wetzestein' (AH 1218) is used for a part of the female genitals, the clitoris; ‚ane strîchen' (AH 1218) is used as a metaphor for deflowering and/or impregnation; ‚wetzen' (AH 1221) is a metaphor for copulation."

40 Vgl. auch Wailes, Stories of Incest (wie Anm. 7), S. 77f.

41 Vgl. Scott E. Pincikowki, The Body in Pain in the Works of Hartmann von Aue, in: Francis G. Gentry (Hg.), *A Companion to the Works of Hartmann von Aue,* Rochester 2005, S. 105-124, hier S. 117: „Heinrich learns that the pain he bears is his own and should not be transferred to the maiden's body."

von Krankheit und Gesundheit thematisiert wird, gemahnt die Szene nicht von ungefähr an die biblische Erkenntnis der Nacktheit im Paradies als Erkenntnis einer basalen Unterschiedenheit von Mann und Frau, Mensch und Gott und damit eines primären Bewusstwerdungsaktes überhaupt. Ein solcher ereignet sich auch hier, und dieser ist es, der Heinrichs narzisstischen Horizont aufbricht. Der bzw. die andere gerät nicht mehr nur als Verfügungsmasse eigener Bedürfnisse in den Blick, sondern als von ihm unterschiedenes Geschöpf Gottes. Christliches Verständnis will es so, dass ihm die Schönheit des Mädchens den Blick für die Präsenz eines göttlichen Schöpfers weitet, Heinrich kann sich erstmals selbst vergessen. Und mit dieser Erfahrung wird Heinrich das möglich, was ihm bislang verwehrt war – eine Verzichtsleistung zugunsten des Mädchens. Weil göttliche Ordnung wieder in ihr Recht gesetzt ist, kann sich dann auch seine Heilung ereignen. Diese entspringt nicht dem Zwangsmoment einer Opfertötung, sondern der Freiheit göttlicher Gnade. Die Handlungsfreiheit, die Heinrich gewonnen hat, spiegelt sich in der Handlungsfreiheit Gottes wider.

Die Reifung Heinrichs, die sich im Anblick des Mädchens vollzieht, vollzieht sich aber in dieser Lesart mitnichten an dem Mädchen als Sinnbild der Tugend, sondern als leibhaftiger Körper. Auf diesen richtet sich sein männlicher Blick, und in diesem erkennt er den Wert des Lebens. Dieses Sehen unterscheidet sich jedoch wesentlich von einem bisherigen blinden Verfügungsanspruch über eine von ihm Abhängige, der mit einem inzestuösen Makel behaftet war. Das kleine Mädchen, in dessen Schoß er bislang seine Füße stellte, ist ihm nun zu einem personalen, weiblichen Gegenüber geworden. Der ‚arme' Heinrich, der der Welt bislang ausschließlich mit dem selbstbezüglichen Anspruch auf Heilung begegnete, wandelt sich damit zu einem ‚sehenden' Heinrich, der das Mädchen ‚sieht' und rettet. Der männliche Blick auf den nackten Frauenkörper ist dabei aber kaum losgelöst von einem männlichen Begehren zu denken[42], auch wenn der Text ein solches beredt verschweigt. Heinrichs, mit dem

42 Zum Begehren als positiver Kategorie und Ursprung aller Lebendigkeit vgl. u. a. Jacques Lacan, Das Begehren, das Leben und der Tod, in: Ders., *Das Ich in der Theorie Freuds und in der Technik der Psychoanalyse,* übers. von Hans-Joachim Metzger, Freiburg i. Br. 1980 (Das Seminar von Jacques Lacan II), S. 259-274.

Anblick des Mädchens verbundene, explizite Einwilligung in die eigene Sterblichkeit steht somit, wenn man so will, in einem doppelten Sinn als Selbstopfer im Raum – sowohl als Zeichen der Hingabe an einen christlichen Gott[43] als auch in einem sehr kreatürlichen Sinn als Hingabe an den Anderen bzw. an die leibhaftige Andere.

Mögen wir dergestalt eine Freisetzung des Begehrens, welche eine bewusste Verzichtsleistung erst ermöglicht, beobachten können, bleibt noch die Frage nach einer vormaligen Hemmung offen. Eben diese aber ist es, die der Text in dem eigentümlichen Wechselspiel zwischen zwei Männern und einer Frau in Salerno abhandelt und einen wesentlichen Bestandteil des anfänglichen Dialogs zwischen dem Arzt und dem Mädchen ausmacht. In diesem folgte einer Drohgebärde seitens des Mannes in der Ausmalung der ‚Operation' gegenüber dem Mädchen das Eingeständnis eigener Ängste. Daraufhin übernahm das Mädchen die Führung und forderte den Mann explizit dazu auf, sich nicht so viele Gedanken zu machen und einfach zur Tat zu schreiten. Es hätte als Frau die Kraft, das alles schon auszuhalten.

Zwar geht es hier vorgeblich um die Prozedur des Blutopfers, aber vor dem Wissen um die metaphorische Bedeutung der nachfolgenden Operationsszene gibt dieser Dialog unschwer seinen sexuellen Gegenstand preis. Das Zögern und Zaudern des Arztes angesichts der Vorgabe, dem Mädchen weh tun zu müssen, das anspornende Verhalten des Mädchens und nicht zuletzt die mit dem sogenannten Opfer verbundene Blutassoziation lassen an das Szenarium einer Defloration denken, in der allerdings das Mädchen den aggressiven Part einnimmt und die Hemmung beim Mann liegt.

---

43 Das Motiv des Selbstopfers verbindet auch die unterschiedlichen Motivstränge. In der Silvesterlegende ist es der Verzicht des heidnischen Kaisers Konstantin auf das Bad im Kinderblut, das ihn in der anschließenden Taufe durch Papst Silvester heilt. In Konrad von Würzburgs ‚Engelhard' opfert der Freund seine Kinder, die dann wiedererweckt werden. Beide Legenden bieten eine männliche Verzichtsleistung aus unterschiedlichen Positionen an. Vgl. Christoph Cormeau / Wilhelm Störmer, *Hartmann von Aue. Epoche, Werk, Wirkung,* München 1985, S. 146-150.

Betrachtet man nun den Arzt als einen Doppelgänger Heinrichs, dann würde dessen Angst die Angst Heinrichs widerspiegeln. Ein offenes Begehren aber wird gänzlich in das Mädchen hineinverlegt, das dann seinen szenischen Höhepunkt in der exaltierten Selbstentblößung findet.

Thematisiert wird hier also eine männliche Angst, die durch ein weibliches Begehren kompensiert wird. Der Mann wechselt dabei von der quasi-sadistischen ärztlichen Rolle des Quälenden in die Rolle desjenigen, der des Zuspruchs bedarf. Heinrich blickt schließlich als ein Voyeur durch das Loch in der Wand und beantwortet damit die herausgehobene Zeigelust des Mädchens mit seiner Sehlust.[44] Es ist aber nicht nur der Anblick des nackten, sondern außerdem gefesselten Mädchens, der bei Heinrich offenbar eine Hemmung löst.[45] Die Schwäche des Mädchens lässt Heinrich stark werden, und in einem vorgeblichen Schutzimpuls findet er aus der Rolle des bedürftigen Opfers seiner Krankheit heraus und wandelt sich zum schutzgebenden Mann.[46]

Das Dreiecksszenarium zwischen Heinrich, dem Arzt und dem Mädchen ist jedoch auch so angelegt, dass der Arzt für Heinrich die Züge eines Rivalen annimmt, dessen Intentionen sich auf das gleiche Objekt richten.[47] Heinrichs Begegnung mit dem Rivalen fördert wiederum das eigene, verdeckte Begehren zu Tage, und dies bewirkt, dass er das Mädchen vor dem Zugriff des anderen retten muss. Retten und Begehren bzw. Retten, um das eigene Begehren zu sichern, fallen zusammen.

---

44 Shea, The H(I)men (wie Anm. 8), betont die stark voyeuristische Komponente im *Armen Heinrich*.

45 Margetts, Observations (wie Anm. 6), nimmt eine entsprechende sadomasochistische Komponente im Werk Hartmanns in den Blick.

46 Heinrich teilt hier eine männliche Entwicklung angesichts hilfsbedürftiger Frauen mit anderen Helden aus den Artusromanen Hartmanns von Aue.

47 Zum Phänomen des mimetischen Begehrens vgl. René Girard, *Das Heilige und die Gewalt (La violence et le sacré)*, übers. von Elisabeth Mainberger-Ruh, Frankfurt a. M. 1994 (1972), bes. Kap. VI. Vom mimetischen Wunsch zum monströsen Doppelgänger.

Heinrich lässt den Arzt dann schließlich in gewisser Weise als Larve seines alten Ichs zurück und bringt das Mädchen unbeschadet, das heißt unberührt, wieder nach Hause. Heinrich hat in einem komplexen Sinn der Versuchung widerstanden, das Mädchen zu opfern. Vermieden wurde ein archaisches Blutopfer, das den Gott des Christentums nicht mehr zu erreichen vermocht hätte, vermieden wurde aber auch der sexuelle Übergriff eines ‚Vaters' auf seine ‚Tochter' bzw. eines standeshöheren Mannes auf ein noch unberührtes Bauernmädchen. Stattdessen führt nun ein Bräutigam seine Braut heim.

6. Die Zirkulation des Begehrens

Heinrichs Entwicklung besteht darin, zwischenmenschliche Grenzen erkannt und gewahrt zu haben. Dem namenlosen Mädchen ist, wie in anderen Romanen Hartmanns auch, eine vergleichbare Entwicklung verwehrt.[48] Es ist die auf Heinrich hin angelegte Figur, die Heinrichs verdecktes Begehren auszutragen hat und gleichzeitig in ihrer Hilflosigkeit Heinrich den Anlass zur Bewährung liefert. Es ist im Wesentlichen der Katalysator Heinrichs, sein schrankenloser Hingabewunsch nötigt Heinrich, die Grenzen zu ziehen. Der bewusste Akt von Heinrichs Grenzziehung ist es dann, mit dem sich das Symptom des Aussatzes gleichsam erübrigt. Nicht mehr der Aussatz schafft eine leidvolle Distanz, sondern Heinrich respektiert die Distanz vor dem anderen. Mit der Hochzeit am Ende der Erzählung siegt aber gleichwohl beider Begehren, das, nunmehr inzestuöser Enge enthoben, in dem regulierten Rahmen der Ehe seinen Ort findet.[49]

Öffnet man dergestalt das spektakuläre Blutopfer des Mädchens in seiner Deutung auf die Normalität sexuellen Begehrens, auf damit verbundene Versuchung und Versagung hin, verliert der christliche

---

48 Zur kompensatorischen Funktion der weiblichen Hauptfigur in Hartmanns ‚Erec' vgl. Irmgard Gephart, *Das Unbehagen des Helden. Schuld und Scham in Hartmanns von Aue ‚Erec'*, Frankfurt a. M. u. a. 2005, bes. S. 71ff.

49 Schiewer, Acht oder Zwölf (wie Anm. 4), sieht im weltlichen Schluss der Hs. A einen Bruch „mit der religiös-legendarischen Grundstimmung der Erzählung" (ebd., S. 664); der B-Schluss hingegen, der beide Protagonisten ins Kloster gehen lässt, passe sich einer konventionellen Leseerwartung an (ebd., S. 665).

Horizont der Erzählung damit nicht an Evidenz, sondern gewinnt an Tiefe. Mit der Wahrnehmung einer mehrdimensionalen semantischen Struktur rücken regressive Selbstabkapselung und inzestuöse Versuchung als verdeckte Sünde in das Zentrum des Geschehens, und der mit dem Blutopfer verbundene männliche Verfügungsanspruch[50] gewinnt eine neue, beunruhigende Präsenz. Dessen Überwindung vollzieht sich für das männliche Subjekt jedoch überraschenderweise als eine integrative Öffnung oder, anders formuliert, als Anerkennung des eigenen Begehrens. Der Blick zurück auf sich selbst, den Heinrich tut, lässt eine neue Distanz zwischen ihm und dem Mädchen entstehen, die das begehrte Objekt der Bedrohung enthebt, vom Triebwunsch verschlungen und vernichtet bzw. ‚geopfert' zu werden. Erst der Blick zurück auf das eigene Begehren ermöglicht es dem Mann, dieses zu regulieren und die Frau zu retten, zu behüten und zu heiraten. Dann braucht diese nicht mehr, wie in einer späteren Fassung des *Armen Heinrich*[51], hinter Klostermauern verbannt zu werden, um sie vor dem Mann und den Mann vor sich selbst zu schützen. Die Anerkennung des eigenen Begehrens ist demnach gleichbedeutend mit der Anerkennung der Frau. Diese vollzieht sich im *Armen Heinrich* als ihre ständische Erhöhung im Akt der Heirat.

Der blinde Fleck der Erzählung aber ist das namenlose Mädchen. Es bleibt dem Leser überlassen, inwieweit er dessen exaltiertes Begehren als ein authentisches ansehen oder dieses als männliche Phantasie begreifen will. Die Figur des Mädchens erschöpft sich in der Absolutheit ihres Unterwerfungsanspruchs. Als eine namenlose Figur wird es vom Dichter nicht zu einer individuellen Existenz erweckt, sie bleibt namenlos wie das Begehren selbst. Allerdings hat sich Hartmann nicht zuletzt in den Reden seiner unterwürfigen Frauengestalten, so auch in denen des Mädchens, ein Denkmal gesetzt. In der Selbstdarstellung seines nicht eingelösten Begehrens überflügelt das Mädchen als sprachmächtiges Subjekt seine männlichen

50 Cormeau arbeitet genau dieses Moment der Versuchung, über fremdes Leben verfügen zu wollen, als zentrale Schuld Heinrichs heraus: Cormeau, Studien (wie Anm. 9), bes. S. 134ff. Ich stimme Cormeau im Wesentlichen zu, sehe aber hinter dem in Aussicht genommenen legendarischen Blutopfer noch das ‚Opfer' der Jungfräulichkeit des Mädchens aufscheinen.

51 So in der Fassung B, vgl. Schiewer, Acht oder Zwölf (wie Anm. 4).

Mitspieler bei Weitem. In ihm, möchte man meinen, gewinnt der narzisstische, grenzüberschreitende Gedankenflug des Dichters an Höhe.[52]

Siebenhundert Jahre später baut auch Gerhart Hauptmann seine dramatische Nachdichtung des *Armen Heinrich* um einen drohenden Missbrauch patriarchaler Verfügungsgewalt auf. Dass Hauptmann die Untertöne in der mittelalterlichen Dichtung nicht überlesen hat, ist der Art und Weise zu entnehmen, wie sowohl Gottfried, Ottegebes Vater, als auch Heinrich das Mädchen zu Anfang bedrängen. Ottegebe wird gleichsam zwischen Vater und Heinrich in einen Schraubstock patriarchaler Anmaßung eingeklemmt.

Hauptmann macht jedoch weniger eine inzestuöse Nähe als Heinrichs Krankheit zum Skandalon in der Beziehung zwischen Heinrich und Ottegebe. Anders als Hartmann, der Heinrichs Aussatz nur als abstraktes Zeichen in den Raum stellt, ohne ihm eine konkret-sinnliche Dimension zu verleihen, baut Hauptmann dieses Motiv aus. Heinrich, in fortgeschrittenem Stadium bereits zu einem räudigen Wilden geworden, unterliegt der Versuchung, das Mädchen „berühren", „ergreifen" und „besudeln" zu wollen und hält sich diese Versuchung dadurch vom Leib, dass er das Mädchen mit Steinwürfen auf Distanz hält.[53] Hauptmann gibt dem ‚schmutzigen' Begehren Heinrichs das konkrete Gesicht des Aussatzes. Hier wie dort aber steht eine sexuelle Versuchung im Raum, und hier wie dort führt männliche Entsagung zur Befreiung.

Während Versuchung und Entwicklung der Figuren im mittelalterlichen Epos allerdings noch der Projektionsflächen symbolischer Verschlüsselung und des Eingreifens einer göttlichen Macht bedürfen, teilen die sich selbst bespiegelnden Figuren im neuzeitlichen Drama offen ihre Reflexionen mit. Gottes Eingreifen und die Bedeutung der Operationsszene werden damit stark in den Hintergrund gedrängt. Die alte Botschaft der Triebzähmung formuliert Hauptmanns Heinrich im selbstbewussten Duktus der Moderne jetzt so: „Es ist ein stolzes Ding, die Lust verstehn und Herr der Freude

52 Hier sei erneut an das Motiv von Kultur als kreativ umgesetzte Größenphantasie erinnert; vgl. Passett, Streiflichter (wie Anm. 35).

53 Gerhart Hauptmann, Der arme Heinrich, in: *Sämtliche Werke,* hg. von Hans-Egon Hass, Bd. 2. Dramen, Berlin 1996, S. 75-181, hier S. 137.

sein!"[54], und die opferwillige Ottegebe[55] darf bei ihrer Hochzeit den Triumph ihres Begehrens auskosten: „Nun sterb ich doch den süßen Tod!"[56] Ottegebe aber, die bei Hauptmann zu einem Namen und auch zu reflexiven Selbsteinsichten gekommen ist[57], hat zugleich den eloquenten Glanz des Hartmann'schen Mädchens verloren. Sie ist zu einer Grenzgängerin geworden, über die sich vornehmlich Dritte austauschen. Im modernen Drama, in dem das Bild des Messers zurückgenommen wird, halten die männlichen Protagonisten nunmehr das Heft der Redehoheit umso fester in der Hand.

54 Ebd., S. 180.

55 Pater Benedikt spricht von Ottegebes „leidbegieriger Lust", ebd., S. 136.

56 Ebd., S. 181.

57 Etwa: „Ich log! Ich rang um seine Seele nicht [...]", ebd., S. 175.

Vittoria Borsò

Boccaccios *Dekameron*, der affektive Leib und die Materialität der Emotionen

Wie Giotto di Bondone für die bildende Kunst, so steht auch Giovanni Boccaccio auf verschiedene Weise im Mittelpunkt der Debatten über die Rolle des *Trecento*, des italienischen 14. Jahrhunderts, als Epoche eines ideologischen und ästhetischen Übergangs. Es handelt sich hierbei um eine heute stärker vertretene These, die sich gegen die Opposition zwischen Mittelalter und Renaissance[1] wendet, d. h. zwischen Weltentsagung im *Trecento* einerseits und Entdeckung des Menschen, Körperbejahung und Daseinsfreude des *Quattrocento* und *Cinquecento* andererseits. Für Boccaccio war Vittore Branca einer der ersten, der in der spätmittelalterlichen Kultur vom *Dekameron* eine Kontinuität der Epochen gesehen hat.[2] Wie Francesco Petrarca, so ist auch Boccaccio nicht etwa Vorläufer einer in der Renaissance zu sich selbst kommenden neuen Kultur – vielmehr befindet er sich in einem diskontinuierlichen Prozess emergenter Formen. Die Frage also, ob Boccaccio zum Mittelalter gehört oder im Zusammenhang mit dem derben Realismus seiner Novellen als ‚Vorläufer' der Renaissance gilt, hat zwar ihre Berechtigung[3], sie birgt jedoch auch die

---

1 So etwa Hans Ulrich Gumbrecht, Literarische Gegenwelten, Karnevalskultur und die Epochenschwelle vom Spätmittelalter zur Renaissance, in: ders. (Hg.), *Die Literatur in der Gesellschaft des Spätmittelalters,* Heidelberg 1980, S. 95-144.

2 Vittore Branca, *Boccaccio medievale,* Firenze 1975, hier S. 192f.

3 So etwa Panofsky über Boccaccio: „Einen neuen und höchst bedeutsamen Anfang machte Boccaccio. In seiner *Genealogia Deorum* (hier nach der venezianischen Ausgabe von 1511) gab er nicht nur einen neuen Überblick über das Material, das sich seit etwa 1200 erheblich erweitert hatte, sondern er versuchte auch bewußt, auf die echten antiken Quellen zurückzugreifen und sie sorgfältig miteinander zu vergleichen. Seine Abhandlung markiert den Beginn einer kritischen oder wissenschaftlichen Einstellung gegenüber der klassischen Antike und kann ein Vorläufer von solch wahrhaft gelehrten Renaissanceabhandlungen wie *De diis gentium ... Syntagmata* von L. G. Gyraldus [*Opera Omnia,* Leyden 1696. Bd. 1, Sp. 153: *Ut scribit Albricus, qui auctor*

Gefahr einseitiger Antworten in sich, die als Projektion des Mittelalter-Bildes des jeweiligen Forschers bewertet werden müssten. Dabei hat die Abwertung des Mittelalters in der Kunst eine lange Tradition, die auf Giorgio Vasari zurückgeht. Ähnliches gilt für die Erklärung der Kreativität Giottos im Sinne der Überwindung des Mittelalters durch einen Frühhumanismus, den Erwin Panofsky und die ikonographische Forschung stark gemacht haben.

Boccaccio selbst nimmt die Mimesis-These in Bezug auf Giotto vorweg, die später Vasaris Ästhetiktheorie begründen wird, und kritisiert jene. In der Giotto gewidmeten Episode (*Dekameron* VI, 5) spricht er zwar, wie dann auch Vasari, vom *ingenium* des Malers, der mit seinem Pinsel nach der Natur male – unterschiedlich ist indes die Interpretation der Rolle des Ingeniums und der Ähnlichkeit mit der Natur. In dieser sieht Boccaccio nur die Illusion der Identität mit der Natur, so dass „das Auge des Betrachters irregeführt ward und für echt ansah, was nur gemalt war".[4] Die imaginativ vermittelte Ähnlichkeit von Zeichen und Referent, von Bild und Abgebildetem, die die neuzeitliche Mimesis-These begründet, wird hier als irreführendes Konstrukt entlarvt. Dabei setzt sich Boccaccio nicht etwa vom Aristotelismus des Spätmittelalters ab. Vielmehr kritisiert er die Dichotomie zwischen Materiellem und Immateriellem sowie ein überlegenes Ingenium als Vermittler von Materie und Form bzw. Körper und Geist im Streben nach der ‚Natur'. Mit seinem ‚Realismus' ist Boccaccio radikal aristotelisch, eignet sich doch – entsprechend dem zweiten Buch der *Physik* der Materie[5] – eine Substanz als Potentialität. Im

---

mihi proletarius est, nec fidus satis] genannt werden, der, aus seinem Blickwinkel, vollauf berechtigt war, auf seinen populärsten mittelalterlichen Vorläufer als einen ‚proletarischen und unzuverlässigen Autor' hinabzusehen." Erwin Panofsky, Ikonographie und Ikonologie. Eine Einführung in die Kunst der Renaissance, in: Ders., *Sinn und Deutung in der bildenden Kunst,* Köln 1975, S. 55.

4 Giovanni Boccaccio, *Das Dekameron,* Bd. I-II, übersetzt von Ruth Macchi nach der kritischen Ausgabe von Charles S. Singelton, Berlin / Weimar 1987, Bd. II, S. 30. Alle deutschsprachigen Zitate des Werks stammen aus dieser Ausgabe.

5 Gumbrecht hat gezeigt, dass die Dichotomie zwischen ‚materiell' und ‚immateriell' im aristotelischen Begriff der Form noch nicht gegeben ist. Dies gilt etwa in Bezug auf die aristotelische Zeichendefinition, „wonach ein Zeichen eine Verknüpfung einer (Raum verlangenden)

16. Jahrhundert scheint dagegen der neoplatonisch gefärbte, offizielle Diskurs der *Accademia*[6] den Aristotelismus zu verlassen, so dass der Realismus des *Dekameron* obsolet zu werden droht – eine etwa von Francesco De Sanctis begrüßte Entwicklung: „La materia di Aristotele si fa obsoleta dinnanzi alle finezze tardoellenistiche. Boccaccio va fuori moda e Venere trionfante si fa cristiana."[7] Neuere Studien haben indes gezeigt, dass der Neoplatonismus der Renaissance-Ästhetik überbewertet wurde, welcher bis zum 20. Jahrhundert zu einer entkörperten Wissenschaft von Sprache und Bild führte, so z. B. Horst Bredekamps Abgesang der neoplatonischen Deutungskunst.[8] Vielmehr ist mit Bezug auf das sinnlich-materielle Prinzip des Aristotelismus das gängige Bild einer im Mittelalter und in der frühen Neuzeit vorherrschenden Poetologie des Immateriell-Geistigen zu korrigieren. Dies betrifft auch die Affektenlehre im

---

Substanz mit einer Form ist (die es der Substanz ermöglicht, wahrgenommen zu werden). Bei diesem Zeichenbegriff wird es vermieden, die beiden Seiten dessen, was im Zeichen zusammengebracht wird, im Sinne der fein säuberlichen Unterscheidung zwischen dem rein Geistigen und dem rein Materiellen zu deuten." Hans Ulrich Gumbrecht, *Diesseits der Hermeneutik – Die Produktion von Präsenz,* Frankfurt a. M. 2004, S. 102.

6 Vgl. Jan Rohls, Philosophie und Theologie in Geschichte und Gegenwart, Tübingen, 2002, S. 256f. Marsilio Ficino stellte im Auftrag von Cosimo de' Medici die erste Übersetzung des gesamten Corpus Platonicum ins Lateinische bereit (1462-1468). Die Autoren des Quattrocento sahen Plato durch die Brille von Neoplatonikern wie Plotin und Porphyrios. Der daneben bestehende, von Paolo Veneto und Agostino Nifo vertretene Aristotelismus mündete in die alexandrinisch-naturalistische Schule des Pietro Pomponazzi, dessen Polemik mit dem fünften Buch von Marsilio Ficinos *Platonica theologia de imortalitate animorum* die Trennung von Philosophie und Theologie anstrebte.

7 ‚Die Materie des Aristoteles wird obsolet gegenüber den späthellenistischen Finessen [des 15. Jh.s]. Boccaccio kommt aus der Mode, und die triumphierende Venus wird zur Christin.' (Übersetzung von V. B.).

8 Horst Bredekamp, Götterdämmerung des Neuplatonismus, in: Andreas Beyer (Hg.), *Die Lesbarkeit der Kunst. Zur Geistes-Gegenwart der Ikonologie,* Berlin 1992, S. 75-83. Ich verweise auch auf Horst Bredekamp, *Botticelli Primavera. Florenz als Garten der Venus,* Berlin 2002 (Orig. Frankfurt a. M. 1988).

Spätmittelalter, deren thomistische Grundlagen eine besondere Art der diskursiven Verbindung zweier Formen des Strebens, des *appetitus sensitivus* und des *appetitus intellectivus*, damit auch von Körper und Geist bzw. Materie und Form, nahelegen. Der als materiell und passiv und deshalb in der Hierarchie der Vermögen als minderwertig geltende sinnliche Affekt bleibt hier von der *via substantiva* der Erkenntnisgewinnung ausgeschlossen.[9] Diese Hierarchie, die auch die Verhältnisbestimmung von sinnlich-materiellen Affekten und immateriellen Emotionen geprägt hat, wäre indes anhand einer historischen Revision des Materie-Begriffs zu überprüfen. Bei Boccaccio sind wir jedenfalls mit einer produktiven Funktion der körperlichen Gemütsbewegung des Affektes konfrontiert, die der Autor des *Trecento* einem radikaleren Aristotelismus verdankt.

Schon die Komplexität dieses Sachverhalts zeigt, dass sich das *Dekameron* in besonderer Weise eignet, die historische Rolle des *Trecento* auf dem Weg einer neuzeitlichen Kultur zu analysieren. Boccaccio ist sich bewusst, am Scheideweg alter und neuer Zeiten zu stehen, wie er am Ende seiner Vorrede betont: „Die Geschichten wissen von süßen und bitteren Liebesabenteuern und vielerlei wunderlichen Begebenheiten aus alter und neuer Zeit".[10] Insbesondere die im Erzählrahmen dargestellten Transformationen, die von der Pest verursacht werden, sprechen dafür, dass Boccaccio selbst seine Zeit als Übergangs- und Schwellensituation gesehen hat.

---

9 Zum Verhältnis von *appetitus sensitivus* (Materie) und *appetitus intellectivus* (Form) als zwei Versionen des Strebens (*vis appetitiva*) bei Thomas von Aquin und in der spätmittelalterlichen Kultur vgl. Karl-Heinz Mühlen, Die Affektenlehre im Spätmittelalter und in der Reformationszeit, in: *Archiv für Begriffsgeschichte* 35 (1992), S. 93-114. Selbst bei Thomas von Aquin führt zwar der *appetitus sensitivus* nicht zur Substanz, doch ist auch hier (wie in aktuellen Theorien) die mit den Sinnen verbundene Lust ein Motor für den Willen zu der über den *appetitus intellectivus* vermittelten universellen Erkenntnis. Vgl. dazu Rafael Capurro, Ein Grinsen ohne Katze. Von der Vergleichbarkeit zwischen ‚künstlicher Intelligenz' und ‚getrennten Intelligenzen', in: *Zeitschrift für philosophische Forschung* 47, Heft 1 (1993), S. 93-102.

10 Boccaccio, Dekameron (wie Anm. 4), I, S. 10.

1. Die Auflösung der Ordnung durch die Pest. Materialhistorische Unbestimmtheit und affektiver Übergangsraum

Die Seuche, die Historiker als eine der größten Katastrophen der europäischen Geschichte einschätzen – sie wütete in ganz Europa zwischen 1347 und 1351 –, verschärfte für die Menschen des 14. Jahrhunderts eine extreme wirtschaftliche und soziale Krisensituation, die vor allem durch den Hundertjährigen Krieg zwischen England und Frankreich herbeigeführt worden war. Überdies litt das Ansehen des Papsttums durch die Abwesenheit der Päpste in Rom, der Klerus zweifelte an der mittelalterlichen Scholastik. Im historischen Gedächtnis inkarniert die Pest somit auch die Mentalitätskrise des 14. Jahrhunderts. Sie begünstigte jedenfalls Entwicklungen, die letztlich in den Jahrhunderten des Großen Schismas, der Reformation und der Renaissance münden sollten. Der schwarze Tod war aus Asien gekommen und führte den gesamten Handel des Levantes zum Zusammenbruch – 1347 erreichte die Pest Konstantinopel sowie alle Hafenstädte des östlichen Mittelmeers. Von Sizilien und von den Hafenstädten Genua, Venedig, Marseille und Barcelona gelangte sie rasch ins Innere Europas. So vernichtete der schwarze Tod nicht nur ein gutes Drittel der Bevölkerung im gesamten Europa, sondern tat dies auch über die Stände hinweg. Vor der Pest waren nun alle gleich: Hohe Kleriker und Bettler, Bürgermeister und Gesellen, junge Mütter und Greise. Die Sieneser Maler Ambrogio und Pietro Lorenzetti fielen z. B. der Pest ebenso zum Opfer wie der Leibarzt des englischen Königs, Roger de Heyton, oder der Florentiner Chronist Matteo Villani. Konventionsschranken galten nicht mehr – durch den schwarzen Tod kommt die Gesellschaftsordnung ins Wanken.

Dieses Thema wird in der Einführung des *Dekameron*, in der sich der Rahmenerzähler an die „reizenden Frauen“ wendet, mit einer Art „effet de réel“[11] behandelt. Eine apokalyptische Aufgipfelung von Bildern führt nach und nach die Zersetzung aller Gemeinschaftsrituale vor Augen[12], von der Pflege der Kranken bis hin zur Bestattung der Verstorbenen. Diese werden schließlich nicht mehr im

11 Roland Barthes, L'Effet de réel, in: *Communications* 11 (1968), S. 84-89.

12 Zum Ritual, u. a. des Begräbnisses, als Unterbrechung der geregelten Zeit und zugleich Reglementierung nach eigener Ordnung vgl.

geweihten Boden der Kirche begraben, sondern in großen Gruben verscharrt, indem man die Toten „wie Ware in den Schiffen, Schicht auf Schicht, nur mit wenig Sand bedeckt, zu Hunderten verstaute, bis schließlich die Gruben bis an den Rand gefüllt waren“[13] – so lautet Boccaccios Darstellung des gesellschaftlichen Auflösungsprozesses. Man kann die hier beschriebene Situation als Ausnahmezustand[14] bezeichnen, denn Rechtssetzung und Rechtserhaltung waren nicht mehr gewährleistet – plündernde und vergewaltigende Söldnerheere, Missernten, Klimaschwankungen, Hungersnöte, Erdbeben und kriegerische Auseinandersetzungen führen zum Ende der menschlichen Solidargemeinschaft. Boccaccio führt aus: „Während dieser Zeit des Elends und der Trauer war die ehrwürdige Macht der göttlichen und menschlichen Gesetze in unserer Vaterstadt fast völlig gebrochen und aufgelöst.“[15]

Die Beschreibung der Pest ist eine der berühmtesten naturalistischen Schilderungen des ruinösen Alltags jener Zeit und wurde auch für Historiker zur Herausforderung. Angesichts der Bedrohung durch den schwarzen Tod, durch ein radikal Fremdes, herrscht im materiellen Alltag das Ununterscheidbare. Durch die Auflösung tradierter Ordnungen verharrt menschliches Sein in einem Zwischenzustand kategorialer Undifferenziertheit. Neue Trennlinien, neue Strukturen sind noch zu definieren. Die Präsenz des schwarzen Todes ist deshalb die Materialisierung einer Unbestimmtheitsschwelle. So löst die Pest zwar die Gefährdung politischer Souverä-

---

Thomas Macho, *Das zeremonielle Tier. Rituale, Feste, Zeiten zwischen den Zeiten,* Wien 2004.

13 Boccaccio, Dekameron (wie Anm. 4), I, S. 23-24.

14 Als Zone der Unbestimmtheit verknüpft der Ausnahmezustand Gewalt und Recht in absoluter Weise. Vgl. Giorgio Agamben, *Ausnahmezustand,* Frankfurt a. M. 2005. Entgegen Carl Schmitt, der in dieser Verknüpfung die Legitimierung des Souveränen sieht, zwinge Benjamins Analyse – ähnlich Kafka im *Prozeß* – den Rechtsstaat, die Mechanismen der souveränen Gewalt zu offenbaren. Vgl. Vittoria Borsò, Benjamin – Agamben. Biopolitik und Gesten des Lebens, in: Vittoria Borsò / Claas Morgenroth / Karl Solibakke / Bernd Witte (Hg.), *Benjamin – Agamben. Politics, Messianism and Kabbalah,* Würzburg 2010, S. 35-48.

15 Boccaccio, Dekameron (wie Anm. 4), I, S. 18.

nitätsformen aus, aber auch latente Prozesse des Übergangs. Unbestimmtheit heißt also zugleich eine materielle Konfiguration offener Möglichkeiten und kontingenter Entscheidungen. Die Beschreibungen des *Dekameron* stellen eine entsprechende Schwelle dar: Mit der Pest befindet sich die Kultur am Scheideweg zwischen einer zerstörten alten und einer noch nicht entstandenen neuen Ordnung. Auf diese Leerstelle deutet auch das zentrale Moment des *Dekameron*-Kommentars in Auerbachs *Mimesis* am Beispiel von Frate Alberto (IV, 2) hin:

> Man tut ihm [Boccaccio] Unrecht und legt einen falschen Maßstab an, wenn man die Lebensordnung, die aus seinem Werk spricht, an der Dantes oder an den späteren Werken der voll entwickelten Renaissance misst. Die figurale Einheit der irdischen Welt ist in dem Augenblick zerbrochen wo sie, bei Dante, volle Beherrschung der irdischen Wirklichkeit gewonnen hatte; die Beherrschung der Wirklichkeit in ihrer sinnlichen Vielfalt blieb errungen, aber die Ordnung, in die sie gefasst war, ist nun verloren, und es trat zunächst nichts an ihre Stelle.[16]

Die Unbestimmtheit betrifft zudem die formale Ebene des Werkes, die sich – wie auch Auerbach betont – zwischen verschiedenen Stilen bewegt und nicht für den einen oder anderen entscheidet: höhere Tonlage und Mittellage, höfische und derbe Formen, Schriftkultur und Volkskultur, Schrifttraditionen und Mündlichkeit, kollektive Mythen und individuelle Lebensformen. Das Szenario des *Dekameron* ist also eine Übergangsfigur von Krise und Chance[17], was nicht nur metaphorisch, sondern auch materiell historisch gemeint ist.

16 Erich Auerbach, *Mimesis. Dargestellte Wirklichkeit in der abendländischen Literatur,* Tübingen / Basel 1946, S. 218. Fast als einziges Motiv setzte Boccaccio die Erotik ein. Ebd.: „Allerdings liegt in dieser jetzt, wovon in einer antiken Kultur nicht die Rede sein könnte, ein äußerst entwicklungsfähiger Keim von Problem und Konflikt, ein praktischer Ansatzpunkt für die sich vorbereitende Bewegung gegen die mittelalterlich-christliche Kultur."

17 Auch im Sinne der materiellen Geschichte ist die Pest eine Krise und eine Chance. Schon im Frühjahr 1348 erneuerten die Florentiner Behörden Bestimmungen für das Reinhalten der Straßen und Häuser und der Abfallbeseitigung. Vielerorts wurden aus Stiftungsgeldern neue Universitäten oder Kirchen erbaut. So wurden das Trinity College in Cambridge 1350 und das Canterbury Hall College in Oxford 1361 gegründet.

Indem die Pest die Gesellschaftsordnung aus den Fugen geraten lässt[18], sprengt sie nicht zuletzt die Kodifizierung der Emotionen, deren ‚alte' Ordnung nicht mehr gilt, während eine neue noch nicht definiert ist. So ist der Mensch starken Affekten ausgesetzt:

> Lassen wir es noch hingehen, daß ein Bürger den anderen floh, daß kein Nachbar sich um den Nachbarn kümmerte und Verwandte einander selten, nie oder nur von ferne sahen. Doch der Schrecken dieser Heimsuchung hatte die Herzen der Menschen mit solcher Gewalt verstört, daß auch der Bruder den Bruder verließ, der Onkel den Neffen, die Schwester den Bruder und nicht selten auch die Frau ihren Mann. Das Schrecklichste, ganz und gar Unfaßliche aber war, daß Väter und Mütter sich weigerten, ihre Kinder zu besuchen und zu pflegen, als wären es nicht die eigenen.[19]

Die Erfahrung der Pest löst demnach Affekte aus, die, als eine Art radikale Heimsuchung vom Fremden her, nicht restlos zu kodifizieren sind. Die unbekannte, unfassliche und ubiquitäre Bedrohung des schwarzen Todes bringt die Ordnung der Gefühle zum Zusammenbruch. Genau diese extreme Form von Affekt, auf den nicht ohne weiteres eine Ordnung der Emotionen folgen kann, eignet sich zur Hinterfragung des Verhältnisses von Affekten und Emotionen. Selbiges Verhältnis ist leibbezogen und komplexer zu denken als gemäß der moralisch und idealistisch begründeten Hierarchie von kulturell vermittelten, psychisch-immateriellen Emotionen einerseits und physischen, irrationalen und unvermittelten Affekten andererseits.[20]

---

18 Die detaillierte Beschreibung des Rahmens mündet in folgende Aussage: „Ach, wie viele große Paläste, wie viele herrliche Häuser und vornehme Wohnungen, zuvor von zahlreicher Dienerschaft, Herren und Damen bewohnt, wurden jetzt bis auf den letzten Knecht geleert! Wie viele ehrwürdige Geschlechter, wieviel kostbares Gut, welche ungeheuren Reichtümer sah man ohne würdigen Erben bleiben! Wie viele tapfere Männer, wie viele schöne Frauen, wie viele blühende junge Menschen, die sogar Galenus, Hippokrates und Äskulap für kerngesund gehalten hätten, speisten am Morgen mit ihren Eltern, Freunden und Gefährten und tafelten schon am darauffolgenden Abend drüben in der anderen Welt bei ihren Ahnen!" Boccaccio, Dekameron (wie Anm. 4), I , S. 25.

19 Ebd., S. 19-20.

20 Diese Hierarchie gilt bereits nach Niklas Luhmann nicht. Passion sei keinesfalls ein vorgefundener Zustand passiven Leidens. Vgl. Niklas

Vor einer historischen und systematischen Vertiefung der Frage des genannten Verhältnisses wenden wir uns zunächst dem Text des *Dekameron* zu.

2. Boccaccios Inszenierung von Emotionen zwischen Schweigen und Exzess

Die Arbeit an *Il Decamerone* nahm Giovanni Boccaccio nach der Pestepidemie von 1348 auf und beendete sie im Jahre 1353. Entsprechend der griechischen Etymologie des Titels *deka* (zehn) und *hemera* (Tag) umfasst das Werk hundert Novellen, somit die gleiche Zahl der Gesänge wie Dantes *Divina Commedia.* Die Rahmenhandlung verlegt Boccaccio in die Dominikanerkirche von Florenz, Santa Maria Novella, wo sich sieben Mädchen und drei Jungen verabreden, in ein Landhaus in den Hügeln um Florenz, nahe Fiesole, vor der Pest zu fliehen, die die toskanische Hauptstadt im Frühjahr und Sommer des Jahres 1348 heimsuchte. Im Landhaus geben sie sich der Muße hin und erzählen sich Geschichten. Dabei wird jeden Tag eine Königin oder ein König bestimmt, welche oder welcher einen Themenkreis vorgibt. Zu diesem soll jeder der Anwesenden eine Geschichte vortragen. Zehn Tage lang werden zehn Novellen erzählt. Danach kehrt die Gruppe nach Florenz zurück – soweit der bekannte Rahmen des Werkes. Der Stoff ist neben den *Gesta Romanorum* noch weiteren Sammlungen beliebter Motive entlehnt, die das Leben von Bürgern, Geistlichen, Handwerkern, Bauern, Schelmen und Spitzbuben in einer derben Sprache darstellten oder auch, wie die höfischen Formen, die sprachliche Welt von Rittern und Adligen repräsentieren. In beiden Sphären sorgen *amor* und *fortuna* für Unruhe aufgrund von Affekten und Emotionen, die unterschiedlich kodiert sind. Dabei werden nicht nur höfische Stoffe, sondern auch die derben amourösen Szenen, bei denen nichts ausgespart wird, sehr oft von Damen erzählt. Die in verschiedener Form fast überall auftretende Erotik im Spätmittelalter überrascht indes nur diejenigen, die allein jenes abstrakte, obskurantistische Bild des Mittelalters kennen, nicht aber seine materielle Mikrogeschichte.

Angesichts der Bedrohung der Pest erscheint das Erzählen, dem Motiv Scheherazades entsprechend, als eine Überlebensstrategie,

---

Luhmann, *Liebe als Passion,* Frankfurt a. M. 1982, hier S. 73f.

wobei der bukolische Ort, dem der utopische Charakter Arkadiens zu eigen ist, in Spannung zum Erzählrahmen steht. Konträre Emotionen werden aufgebaut, nämlich die Furcht vor dem schwarzen Tod und die Heiterkeit des Erzählens in der Binnenhandlung. In dieser Situation des Übergangs erproben einige Novellen die platonischen höfischen Formen der Liebe, andere die körperliche Liebe. Boccaccios Sprache schwankt zwischen einerseits ironischer oder direkter Kritik von Gesellschaftspraktiken, wie der Einsperrung der Frauen in unsinnigen und menschenfeindlichen Heiratsgesetzen bzw. von Praktiken der Exklusion oder der ‚Verwaltung' des Körpers durch die geltende Ordnung, andererseits einem derben Realismus exzessiver, erotischer Ausschweifungen und offener sprachlicher Handlungen. Auf diesem Wege entwickeln die hundert Novellen ein regelrechtes Laboratorium des ethischen und sprachlichen Umgangs mit Affekten wie Sympathie, Scham und Schauder sowie mit Emotionen wie Liebe, Verletzung, Trauer und Angst, etwa Todesangst und Angst vor Folter.

Schon in der *Divina Commedia*, die das große Vorbild der ‚menschlichen Commedia' Boccaccios darstellt[21], gibt Dante den Leidenschaften und Emotionen ausgiebig Ausdrucksraum, so dass wegen ihres materiell-sinnlichen Anblicks der Dichter wiederholt in Ohnmacht fällt[22] – und auch im Himmel muss sich Dante der Führung der Beatrice anvertrauen, um die Emotion der unendlichen Liebe ertragen zu können. In der Vorrede zum *Dekameron* schützt sich indes der Erzähler vor den Leidenschaften und beugt sich dem Verbot, Emotionen jenseits der kodierten Formen höfischer Reden frei auszudrücken. Dafür verlegt er die ausführliche Beschreibung der furchterregenden Wirkung der Pest in die an die Frauen gerich-

21 Boccaccio bewunderte die *Commedia* Dantes, welche erst 1555, also 234 Jahre nach dem Tod des Dichters, in der Edition von Ludovico Dolce von der Mittellage der Gattung der Commedia durch das Epiteton ‚Divina' in die höhere Tonlage gehoben wurde. Boccaccio hielt 1373 drei Monate lange in der Kirche Santo Stefano di Badia zu Florenz auf Einladung der Stadt etwa sechzig öffentliche Vorlesungen zu Dantes *Commedia*. Als er im Jahre 1373 inzwischen verarmt war, wurde er an einen eigens eingerichteten Dante-Lehrstuhl in Florenz berufen.

22 Zum ‚Blick' Dantes vgl. Vittoria Borsò, Dalí begegnet Dante: Transposition des Blickes und Abenteuer der Augen, in: *Deutsches Dante-Jahrbuch (DDJ)*, Bd. 73, Köln 1998, S. 153-180.

tete ‚Einleitung'. Anknüpfend an die aristotelische Katharsis hat hier die Pest zwar die Funktion eines dramatischen Szenarios für die Erfahrung von Furcht und Schrecken, nicht jedoch mit dem Ziel der Reinigung von den Affekten. Vielmehr werden in den Novellen Affekte dargestellt, deren Pathos sich durch somatische Zeichen und sprachliches Schweigen oder umgekehrt durch exzessive Ausdrucksformen artikuliert, wobei jedoch in beiden Fällen Boccaccio die Notwendigkeit eines neuen Umgangs mit Emotionen inszeniert. Die Krise der Auflösung der Weltordnung nutzend, plädiert er vielfach für einen neuen Verhaltenskodex. Die Unbestimmtheit einer emergenten, aber ideologisch oder sprachlich noch nicht definierten neuen Zeit wird erkennbar anhand sich verzweigender Wege der Versprachlichung von Emotionen zwischen Sprachlosigkeit und exzessivem Ausdruck. Zwei gänzlich verschiedene Novellen demonstrieren diese unterschiedlichen Wege: die als Falkennovelle berühmte Geschichte von Federigo degli Alberighi (V, IX), die unter der Führung von Lauretta erzählt wird, und die Geschichte von Pietro di Vinciolo (V, X), die, wie alle vom jungen Dioneo erzählten Schlussnovellen, erotische Ausschweifungen ins Zentrum stellt.

> Federigo degli Alberighi liebt und findet keine Gegenliebe. Zu Ehren seiner Dame verschwendet er alle seine Reichtümer und richtet sich zugrunde. Es bleibt ihm nur sein Falke, den er – da er nichts anderes mehr besitzt – der geliebten Frau bei einem unerwarteten Besuch zu Tisch vorsetzt. Als die Dame dies erfährt, ändern sich ihre Gefühle, sie nimmt Federigo zum Gatten und macht ihn wieder zum reichen Mann.[23]

So der Vorspann. Was dieser aber verschweigt, ist, dass die edle Dame den einst verschmähten Liebhaber Federigo aufsucht, um den adeligen Freund im Namen ihres kranken Sohnes zu ersuchen, er möge dem Sohn den Falken zum Spielen überlassen, damit jener wieder gesund wird. Diese Bitte wird von der edlen Dame zu spät, erst nach dem Gastmahl, geäußert; seinerseits spricht Federigo den Konflikt, in dem er sich befindet, nicht aus – nämlich mittellos zu sein und keine angemessenen Speisen vorbereiten zu können mit Ausnahme des geliebten Falken –, sondern gehorcht dem höfischen Gebot des Gastmahls und macht das begehrte Wesen zur Speise. Der Sohn stirbt. Doch als die Dame von der Großzügigkeit Federigos erfährt, nimmt sie ihn zum Gatten.

---

23 Boccaccio, Dekameron (wie Anm. 4), I, S. 628.

Das Happy End dieser Novelle ist der – für moderne Leser überraschende – gute Ausgang aus einem unversöhnlichen Gefängnis, in dem die Menschen durch das Nicht-Aussprechen von Emotionen gegenüber dem Schicksal, den Wechselfällen der *fortuna*, machtlos werden.

Die Kommunikationsformen, die der Dichter durch den Verweis auf den seit langer Zeit erzählten Stoff als vergangen markiert, sind unmenschlich, und dies wird auch durch die Allegorik der Fabel offenbart: Federigo kann seine Emotionen nicht direkt äußern, sondern nur durch höfische Verhaltensformen, wie den Kampf in Turnieren zu Ehren der geliebten Monna Giovanna und die buchstäbliche Aufopferung seines Reichtums als Adliger – so die mittelalterliche Symbolik des Falken, welcher höfische Lebensart verkörpert. Am Ende wird zwar Federigo belohnt – er erhält die lange Jahre ersehnte Edeldame samt ihrer Schönheit und Jugend sowie ihrer Güter, jedoch gründet dieses Glück auf dem Opfer des Lebens geliebter Wesen: des Falken und des Sohnes, der, wie der Text sagt, „sei es aus Trauer, weil er den Falken nicht bekommen konnte, oder sei es, weil seine Krankheit ohnehin zu diesem Ende geführt hätte – zum größten Schmerz seiner Mutter aus dem Leben schied."[24] Die Metaphorik des Einverleibens des geliebten Falken, ein Einverleiben, das das Objekt des Begehrens zerstört, drückt hier nicht die Pathologie der Subjekte aus, sondern die jener kodifizierten Ordnung, die den Menschen sprachlich dressiert und ihm psychophysisch Gewalt antut.[25] Die Affekte, nämlich Schmerz und Trauer, sind eine Anklage gegen die Gewalt dieser Ordnung. So etwa der Affekt, der den Körper des ansonsten in Anwesenheit seiner Geliebten schüchtern-zurückhaltenden Edelmanns[26] buchstäblich überfällt: „Als Federigo

24 Ebd., S. 636.

25 Ich beziehe mich auf Michel Foucaults Analyse der pastoralen Techniken der Domestizierung des Körpers zur Erstarkung des Subjektes in Michel Foucault, Introduction à l'usage des plaisirs (Bd. III der *Histoire de la sexualité*), deutsch: Einleitung zu „Der Gebrauch der Lüste", übersetzt von Ulrich Raulff und Walter Seitter, Frankfurt a. M. 1986. Zur Kritik dieser Techniken durch Boccaccio vgl. Vittoria Borsò, Botschaften aus dem Jenseits im italienischen Mittelalter: Körper und Macht, in: Hans Körner (Hg.), *Botschaften aus dem Jenseits* (Studia Humaniora, Bd. 35), Düsseldorf 2002, S. 135-155.

26 Boccaccio, Dekameron (wie Anm. 4), I, S. 633.

hörte, worum die Dame ihn bat, und erkannte, daß er ihrem Wunsch nicht willfahren konnte, weil er ihr den Falken zu Tisch vorgesetzt hatte, stürzten ihm in ihrer Gegenwart die Tränen aus den Augen, bevor er noch ein Wort hervorbringen konnte."[27] Ähnliches gilt für den Schmerz, die Tränen und die Verbitterung der Mutter nach dem Tod des Sohnes.[28]

Durch die Allegorik dieser Erzählung ist Boccaccios Botschaft unmissverständlich. Die höfischen Kommunikationsformen, das Verbot des Ausdrückens und Auslebens der Emotionen zugunsten einer höfischen Kodifizierung, welche sprachliche Zurückhaltung erzwingt, sind vergangen. Nicht vergangen – so die ebenso klare Botschaft dieser Erzählung – ist die höfische Tugend der *largesse*. Die Großzügigkeit des Helden ist eine auch für heutige Leser bewegende Emotion, die in dieser Erzählung erreicht, was meistens nur im Märchen das Recht auf Erfüllung hat. Auf das Genre des Märchens scheint zudem der Schluss dieser Erzählung hinzuweisen: „Und Federigo, der diese vortreffliche, heißgeliebte Frau, die noch dazu überaus reich war, zur Gattin bekam, hielt fortan seinen Besitz in sorgsamer Verwaltung und beschloß in Freude und Fröhlichkeit mit Giovanna seine Tage".[29] Die *largesse* beeindruckt zwar die Edeldame[30], die weitere Tugend, nämlich das höfische Gebot der Zurückhaltung, hat jedoch nicht das letzte Wort über die Emotionen. Wie auch in anderen Novellen ist es gerade die Frau, welche sich trotz des höfischen Kontextes gegen das Schweigen richtet und eine direkte Sprache für eigene Wünsche finden kann. Giovanna begehrt ‚den Mann' jenseits von Standesregeln und pocht auf das Recht einer neuen Qualität der Liebe. Ihren Brüdern, die sie ob ihres Entschlusses tadeln, den verarmten Federigo zu ehelichen, antwortet

27 Ebd., S. 635.

28 Ebd., S. 636.

29 Ebd., S. 637.

30 „Nachdem er diese Worte gesprochen hatte [er habe den Falken zu Ehrung des Gastes geopfert], ließ er ihr zum Beweis die Federn, die Fänge und den Schnabel des Falken vorlegen. Als die Dame das sah und hörte, tadelte sie ihn zuerst, dass er, um einem Frauenzimmer ein Mahl vorzusetzen, einen so kostbaren Falken getötet hatte. Dann aber lobte sie bei sich seine Großzügigkeit, die durch seine Armut weder verringert war noch jemals verringert werden würde." (Ebd., S. 636)

sie: „Meine Brüder, ich weiß wohl, daß es so ist, wie ihr sagt, und so ziehe ich denn einen Mann ohne Reichtum dem Reichtum ohne Mann vor.“[31]

Der Appell zu einer neuen moralischen Ordnung der Leidenschaften ist auch in der Stellungnahme von Lauretta, der Königin des Tages, bei der Einführung dieser Novelle deutlich:

> Nicht nur, damit ihr daraus erfahren sollt, was die Macht eurer Anmut über ein edles Herz vermag, sondern damit ihr auch daraus lernt, selbst, wo es sich schickt, eure Gunst zu verschenken und nicht immer dem Glück die Lenkung zu überlassen. Denn das Glück verteilt nicht klug und umsichtig, sondern, wie man weiß, launisch und mutwillig seine Gaben.[32]

Am Beispiel dieser Novelle plädiert Lauretta dafür, das Schicksal umzudeuten, nämlich im Sinne einer (neuzeitlichen) Selbstbestimmung des Glücks durch persönliche Bestimmung der eigenen amourösen Interaktion, ein letztlich auf der aristotelischen Naturphilosophie basierendes Liebeskonzept.[33] Genau auf der Grundlage eines solchen Konzeptes inszeniert diese Novelle eine Art Götterdämmerung jener höfischen Kommunikationsformen, welche die Zurückhaltung als Technik der Selbstinszenierung vorschrieben, und kündigt die Geburt einer neuen, auf Gefühlen basierenden Subjektivität an.

Die nachstehend besprochene Novelle (V, X), die in der Sammlung der Falkennovelle direkt folgt, inszeniert das Bemühen, ja den Kampf, einer Ehefrau zur Durchsetzung eines ‚anderen Umgangs‘ mit Begehren. Sie zeigt die freizügige Äußerung von Begehren und Lust, welche gar zum Motor von Selbstverwirklichung und gesellschaftlichen Veränderungen werden kann – ein Ansatz, der erst im

31 Ebd., S. 637.

32 Ebd., S. 629.

33 Vgl. auch meine Analyse der Marcela-Episode im ersten Band von Cervantes' Don Quijote: Vittoria Borsò, *Translatio* und *Innovatio* in der spanischen Renaissance, in: Christoph Kann (Hg.), *ISTI MODERNI. Erneuerungskonzepte und Erneuerungskonflikte in Mittelalter und Renaissance* (Studia Humaniora, Bd. 43), Düsseldorf 2009, S. 281-312.

18. und 19. Jahrhundert zum offiziellen Diskurs über Emotionen werden wird. Hier erneut die Zusammenfassung:

> Pietro di Vinciolo geht zum Abendessen aus; seine Frau lässt deshalb einen Liebhaber zu sich kommen, den sie, als Pietro unvermutet heimkehrt, unter einem Hühnerkorb versteckt. Pietro erzählt, dass im Hause Ercolanos, mit dem er speisen wollte, ein Jüngling gefunden worden sei, den Ercolanos Gattin versteckt hätte, worauf sich Pietros Frau über die Gattin Ercolanos sehr entrüstet. Indessen tritt ein Esel unglücklicherweise mit seinem Huf auf die Finger des unter dem Hühnerkorb versteckten Liebhabers, der laut aufschreit. Pietro eilt hinzu, findet den Burschen und erkennt die Falschheit seiner Frau, mit der er aber, seiner eigenen Verderbtheit wegen, zu guter letzt doch in Eintracht beisammen bleibt.[34]

Dioneo, der sich vorbehält, jeweils als letzter eines jeden Tageszyklus' zu sprechen, quasi als kecker Kobold, der mit schwankhaften Stoffen für das heitere Ausklingen des Tages sorgt, ist auch hier der Erzähler. Er führt mit einer Reflexion über das Lachen in das Erzählen ein und verkündet: Je unehrenhafter die Inhalte, desto ergötzlicher sind die Reaktionen. Dioneo erklärt die Rezeptionshaltung – gleichsam die Emotionen beim Lesen – durch folgende Metapher:

> Und während ihr mir zuhört, mögt ihr es halten wie beim Spaziergang durch einen schönen Garten, wo ihr mit ausgestreckten Händen nach den Rosen greift, die Dornen aber stehenlaßt. Lasset denn auch hier den nichtswürdigen Ehemann in seiner Verderbtheit beiseite, belächelt heiter die verliebten Betrügereien seiner Frau und empfindet Mitleid mit fremden Nöten, wo es am Platze ist.[35]

Hier wird eine Moral nahegelegt, die das Gegenteil einer pädagogisierenden Interpretation ist: Heiterkeit angesichts körperlichen Genusses und Mitleid gegenüber den ‚Nöten' eines Dritten, nämlich des gepeinigten Liebhabers, der von ‚einem die gesellschaftliche Ordnung wieder herstellenden Esel' buchstäblich getreten wird. Genuss beim Transgredieren eines widernatürlichen ehelichen Gesetzes und Mitleid gegenüber dem Opfer dieses Gesetzes sind die Emotionen, welche den Sieg über eine absurde Ehe austragen,

---

34 Boccaccio, Dekameron (wie Anm. 4), I, S. 638-639.

35 Ebd., S. 639.

die widernatürlich ist, weil sie ohne körperliche Erfüllung bleibt. So Boccaccio:

> Dabei wollte es das Geschick, daß er [der Ehemann], entgegen seinem eigenen Geschmack, an ein stämmiges junges Frauenzimmer mit fuchsigem Schopf und hitzigem Blut geriet, welches lieber zwei Ehemänner als einen hätte haben mögen, während es ihr nun geschah, daß sie einen erwischte, dem es nach allem andern mehr gelüstete als danach, eine Frau zu umarmen.[36]

Boccaccios Frauen, zumal sie in Dioneos Novellen vorkommen, wissen sich selbst zu helfen. Dies zeigt der innere Monolog des Frauenzimmers, deren derbe Metaphorik modernen Strategien weiblicher Subversion nichts zu wünschen übrig lässt:

> Dieser elende Kerl läßt mich im Stich, um in Holzpantoffeln durchs Trockne zu stapfen! Nun, so werde ich eben versuchen, einen andren zu Schiff durchs Nasse zu bringen! [...] Warum hat er mich zu seiner Frau gemacht, wenn er mit den Weibern nichts im Sinn hat? Er wußte doch, daß ich eine gesunde Frau bin. Dieses Leben ist nicht zu ertragen! [...] ich werde nur den menschlichen Gesetzen zuwiderhandeln, während er sich gegen die Gesetze der Natur versündigt.[37]

Das Weltbild wird hier zurechtgerückt. Körperfeindlichkeit ist widernatürlich, während die sexuelle und sinnliche Ausschweifung, die die obigen Metaphern all zu deutlich zum Ausdruck bringen, natürlich ist, und nur die menschlichen Gesetze laufen ihr zuwider, weshalb diese entsprechend Boccaccios Naturphilosophie transgrediert werden dürfen. Die Vernunft des Körperlichen findet eine Sprache, welche, um mit der Metapher der Rose zu sprechen, den Genuss von Rosen erfahren lässt, ohne von den Dornen verletzt zu werden. Dioneos Diskurs ist eine deutliche Umkehrung christlicher Moral und eine klare Verschiebung der mittelalterlich-christlichen Einrahmung volkskultureller Erotik. Diese legitimierte das Gift dargestellter sinnlicher Liebe mit Blick auf das therapeutische Ziel der Heilung von den Leidenschaften – so etwa auch die im *Akrostichon* des Prologs verschlüsselte moralische Legitimation der Celestina. Dioneo kehrt die mittelalterlich-christliche Moral um und bejaht den Augenblick. Die neue *ars amatoria* wird von einem in radikaler Weise vorgetragenen Motiv des *carpe diem* betont. Die

36 Ebd., S. 640.

37 Ebd., S. 640f.

Beraterin der jungen Frau ist ein altes Weib, „das an Frömmigkeit der heiligen Verdiana, welche die Schlangen fütterte, nicht nachzustehen schien".[38] Die Alte, in deren Munde das Motiv der Nutzung des Augenblicks gelegt wird, entspricht dem Typus der Kupplerin, deren berühmteste Darstellung die spanische *Celestina* um 1500 sein wird. Die Verführungskünste dieser Celestina stehen jenen der berühmten spanischen Schwester in nichts nach. So etwa die Worte, die die Alte an die Ehefrau richtet, nachdem diese ihren Wunsch geäußert hat, sich jungen Liebhabern zuzuwenden:

> Mein Töchterchen, Gott, der Allwissende, wird erkennen, daß du recht tust daran. Und wenn du es aus keinem andern Grunde tätest, so solltest du es, ebenso wie alle anderen jungen Frauen, schon deshalb tun, damit die Zeit der Jugend nicht ungenützt vorübergeht. Keine Reue ist bittrer als die Erkenntnis, daß man die Jugendzeit nutzlos vergeudet hat! Wozu, diavolo, sind wir denn noch gut, wenn wir einmal alt sin? Höchstens um die Asche im Herdloch zu hüten! Wenn jemand darüber Bescheid weiß und davon mitreden kann, so bin ich es, denn jetzt im Alter sehe ich, nicht ohne heiße, bittre, aber vergebliche Reue, wie ich meine Jugend ungenutzt habe verstreichen lassen. [...] Wenn ich mich daran erinnere und mich betrachte, wie ich jetzt aussehe, so weiß ich, daß sich niemand mehr finden wird, der mir die Lumpen zum Brennen bringt, und nur Gott allein weiß, wie tief mich das schmerzt. Den Männern freilich passiert das nicht. Sie sind zu tausenderlei Dingen geboren und nicht nur zu diesem einen. [...] Ja noch schlimmer, sie dichten sogar noch Spottverse auf uns und sagen: ‚Die Jungen soll man mit Kuchen entzücken, die Alten mit derben Brocken ersticken!'[39]

Hier wird dem Begehren eine Stimme verliehen, die zwar in der Volkskultur lokalisiert ist, doch eine ernstzunehmende ‚andere' Sprache von Affekten und Emotionen verrät. Die volkssprachlich tradierte, derbe Metaphorik repräsentiert den Affekt der alten Frau, die ausdrucksstarke Formeln für zweierlei Emotionen findet: die Reue der nutzlos verstrichenen Zeit der Jugend wie auch das Leiden infolge der Gewalt gegen alte Menschen weiblichen Geschlechts. In dieser affektgeladenen Sprache kündigen sich die Pathosformeln der Liebeslyrik der Renaissance an, sowohl die ‚affetti dogliosi' des *Canzoniere* und des europäischen Petrarkismus als auch die

38 Ebd., S. 641.

39 Ebd., S. 641-643.

ruinösen Leibesbilder insbesondere des spanischen Barock.[40] Entsprechend weiß Dioneo, der am Schluss von der Königin gebeten wird, ein Lied zu singen, derb-erotische Verse vorzutragen, wie „die Wellen des Meeres machen mich krank“, oder „Schneckchen klein will gestreichelt sein“ (652-653) usw., die indes, wie die Geschichte überhaupt, bei den Hörerinnen ‚Scham‘ verursachen (651) und von der Königin abgelehnt werden. Dabei ist mit der populären Diktion dieser Figur keine subalterne, periphere Kultur gemeint, gilt doch Dioneo als der Meinungsträger des Autors. Mit der volkskulturellen, karnevalesken Diktion gelingt es Boccaccio, das ‚andere‘ Wissen dieser Vertreter der Volkskultur zu restituieren und damit einen ‚anderen‘ Blick auf die offiziellen Diskurse zu werfen. Wir haben hier eine Analogie zu den im Kontext der Renaissance erreichten Ergebnissen der materiell orientierten kulturhistorischen Forschung, etwa die von Carlo Ginzburg in Bezug auf die umfangreichen Verhörprotokolle des Müllers Domenico Scandella, genannt Menocchio.[41]

Die eben besprochene Novelle gibt der Sprache körperlichen Begehrens breiten Raum. Allerdings ist von einer weiteren, sich ebenfalls somatisch äußernden Emotion die Rede: Es ist die Angst, die Ehefrauen vor der Rache ihrer betrogenen Männer haben. So ist in der von Pietro di Vinciolo erzählten Binnengeschichte die Ehefrau Ercolanos, die Ehebrecherin, „mehr tot als lebendig vor Schreck“, als sie die Stimme ihres während ihres Mals mit dem Geliebten plötzlich zurückkehrenden Ehemannes erkennt[42], und der junge Liebhaber der Ehefrau von Pietro „schlotterte“ vor Angst, entdeckt zu werden.[43] Im Wissen, dass „solche Dinge auch zuweilen einmal böse ausgehen können“[44], entscheidet sich Letztere, ihr Begehren ihrem Mann gegenüber offen anzusprechen, und die Geschichte gibt ihr schließlich Recht: Am Ende speisen Ehemann, Ehefrau und Liebhaber vergnüglich zu dritt, und der Erzähler Dioneo lässt offen,

---

40 Vgl. Ursula Hennigfeld, *Der ruinierte Körper. Petrarkistische Sonette in transkultureller Perspektive,* Würzburg 2008.

41 Carlo Ginzburg, *Der Käse und die Würmer. Die Welt eines Müllers um 1600,* Frankfurt a. M. 1979.

42 Boccaccio, Dekameron (wie Anm. 4), I, S. 644.

43 Ebd., S. 648.

44 Ebd., S. 646.

wer in der Nacht mehr Vergnügen an der Gesellschaft des Jünglings hatte, „die Frau oder der Ehemann“.[45]

Diese scheinbar moderne Moral ist in Bezug auf die Bekämpfung widernatürlicher Gesetze durchaus in der thomistischen Moraltheologie und Erkenntnisphilosophie, insbesondere im zweiten Teil der *Summa Theologiae*, angelegt. Von der *Nikomachischen Ethik* des Aristoteles[46] gewinnt zwar Thomas von Aquin das seinerzeit zum gesellschaftlichen und höfischen Modell gewordene Prinzip der *Sophrosyne,* d. h. der Überlegenheit der *vita contemplativa* beruhend auf den Kardinaltugenden Klugheit, Gerechtigkeit, Stärke und Mäßigung, das die höfische Sprache der Gefühle begründet. Indes zieht Thomas aus der *Politeia* des Aristoteles und aus der Idee einer Gesellschaftsordnung in Harmonie mit den Naturgesetzen auch den Schluss, dass in dem Fall, dass ein Gesetz ungerecht ist, die Missachtung des Gesetzes zur Pflicht wird. Boccaccio verschiebt auch hier die Implikationen des Naturgemäßen, das in seiner Naturphilosophie Körperbejahung impliziert und im *Dekameron* zum Prinzip der Transgression von Verhaltenscodices und sprachlichen Formen einer entleerten und zur Heuchelei, zur niederen Maske der kontemplativen Askese wird. Die Naturphilosophie Boccaccios, die in dieser Novelle durch den Monolog der Ehefrau die Enthaltsamkeit des Ehemanns als widernatürlich bezeichnet und den Entschluss begründet, durch ein gesetzeswidriges Verhalten die natürliche Ordnung des Begehrens wieder herzustellen, ist durchaus als Deutung jener Seite des Aristotelismus zu beurteilen, die Boccaccio mit einer körperbejahenden Anthropologie verbindet.[47]

---

45 Ebd., S. 650.

46 Zur Affektenlehre der Nikomachischen Ethik vgl. Klaus Jacobi, Aristoteles über den rechten Umgang mit Gefühlen, in: Ingrid Craemer-Ruegenberg (Hg.), *Pathos, Affekt, Gefühl. Philosophische Beiträge,* Freiburg / München 1981, S. 21-52.

47 Die Schlussnovelle des Dekameron mit Griselda, die sich von ihrem Ehemann alles gefallen lässt, könnte als märchenhafte Darstellung eines utopischen Bildungsprozesses gelesen werden, an dessen Ende sich Natur und Kultur versöhnen. So neben Kurt Flasch auch Winfried Wehle, Der Tod, das Leben und die Kunst. Boccaccios ‚Decameron‘ oder der Triumph der Sprache, in: Arno Borst u. a. (Hg.), *Tod im Mittelalter* (Konstanzer Bibliothek, Bd. 20), Konstanz 1993, S. 221-260.

3. Die Materialität der Schrift: Das Begehren in der Ornamentik der Sprache

Dass am Scheideweg zwischen verschiedenen Verhaltensformen und sprachlicher Kodifizierung von Affekten, Begehren und Emotionen bei Boccaccio keineswegs die Rede von einem historischen Progressionsmodell weg von der höfischen Gesellschaftsordnung hin zu den Realismen einer neuen Zeit sein kann, dass vielmehr das Begehren auch in der höfischen Welt zu seinem Recht kommt, zeigt eine der letzten Novellen (X, VI) über den Stoff der Karls-Epen. Im Zentrum dieser Novelle steht eine regelrechte Feier des Begehrens. Die Naturphilosophie Boccaccios führt dabei auch zu einem Abwägen zwischen freiem Ausdruck von Begehren und kontextbedingter Zurückhaltung.

Der kurze Vorspann dieser Geschichte lautet: „Der siegreiche König Karl der Alte, der sich in ein junges Mädchen verliebt hat, verheiratet diese und ihre Schwester in allen Ehren [an Dritte], da er sich seiner törichten Liebe schämt.“[48]

Wie bei den anderen Novellen ist auch diese Zusammenfassung eine moralische Interpretation, die mit der in der Materialität des Textes inszenierten ‚Vernunft des Körpers‘ nicht deckungsgleich ist. Karl kommt in das Gut des feindlichen ghibellinischen Ritters Messer Neri degli Uberti in Castellamare di Stabia und wird von diesem entsprechend den Regeln der Gastehrung mit aller Großzügigkeit empfangen. Der alte ehrwürdige König goutiert das Gastmahl, dessen Besonderheit das Aufbereiten frischer Fische ist, die die Töchter des Ritters, die Zwillingsschwestern Ginevra, die Schöne, und Isotta, die Blonde, während des Gastmahls in der nahegelegenen Quelle fischen, wodurch „die weißen, leichten Gewänder so fest am Leibe klebten, daß sie keinen Teil ihrer zarten Körper verbargen.“[49] Eine solche Darbietung vor den Augen des Königs war, wie der Text es verrät, vom Vater angeordnet. Diese erotische Szene raubt König Karl buchstäblich den Verstand. So die Pathosformel der Verzückung: „Mehr als allen andern aber hatten sie dem König gefallen, der so in ihren Anblick versunken war, als sie aus dem Wasser kamen, daß, wäre er in diesem Augenblick

48 Boccaccio, Dekameron (wie Anm. 4), II, S. 437.

49 Ebd., S. 441.

gestochen worden, er es gar nicht bemerkt hätte."[50] In sein königliches Quartier zurückgekehrt „vermochte er auch über den wichtigsten Staatsgeschäften, die seiner warteten, und obwohl er seine Neigung sorgsam verbarg, nicht die Schönheit und Anmut der schönen Ginevra zu vergessen, deretwegen er auch die ihr so ähnliche Schwester noch liebte".[51] Wegen seiner nicht mehr zu ertragenden Leidenschaft entschließt sich Karl, beide Schwestern zu entführen, und bespricht das Vorhaben mit seinem Vertrauten, dem Grafen Guido. Auf dem Höhepunkt seiner Macht, an der Schwelle des Alters, erliegt Karl dem Gott *Amor* wie niemals zuvor, so die Feststellung des entsetzten Grafen: „Euch um der Liebe willen lieben zu sehen, ist mir so neu und unerwartet, daß es mir wie ein Wunder erscheint."[52] Der Graf überzeugt Karl vom Unrecht seines Ansinnens, das Vertrauen seines Gastgebers zu brechen, der „die höchsten Ehren erwiesen und Euch sogar die Töchter, um Euch noch mehr zu ehren, fast nackt vorgeführt hat"[53], heißt es. Indes ist das entscheidende Argument, das den König von seinem Plan abbringt, neben dem Gebot der Souveränität über die eigenen Leidenschaften, durch die der König sich selbst besiegen kann[54], vor allem die Einsicht in die Widernatürlichkeit einer altersmäßig ungleichen Liebesvereinigung. Der König ordnet zwar die standes- und altersgemäße Heirat der jungen Mädchen an, verliert jedoch trotz der Einsicht in die Gerechtigkeit des Verzichtes seine Leidenschaft nicht. Der Schmerz, einen anderen Mann an der Seite derjenigen zu sehen, die er begehrt, bleibt „unbeschreiblich".[55]

Auch in den höfischen Novellen ist also die Naturphilosophie Basis einer Vernunft des Körpers, die Gemeinschaft stiftet und zugleich Subjekte erhebt. Doch das Bedeutende dieser Erzählung

50 Ebd.

51 Ebd., S. 443.

52 Ebd.

53 Ebd., S. 444.

54 Die Logik des Grafen Guido, nach der der höchste Sieg des Menschen der Sieg über die eigenen Leidenschaften ist, entspricht dem Gebot der von Michel Foucault dargestellten pastoralen Technik der Selbsterstarkung; vgl. Anm. 25.

55 Boccaccio, Dekameron (wie Anm. 4), II, S. 445.

ist neben der Moral auch die Sprache, nämlich ein Sprechen von Emotionen, dessen Klaviatur der Erzähler nun auf verschiedenen Ebenen virtuos spielt: der Ebene der Geschichte – Karl äußert seine Leidenschaft und seine Schmerzen und findet im offenen Dialog zu dem zwar schmerzhaften, jedoch gerechten Weg, nämlich zur ‚natürlichen Ordnung' der Emotionen. Auf der Ebene des Erzählens stellt der Text den Weg zu einer ‚poetischen Gerechtigkeit' her.[56] Bei der Beschreibung des Genusses Karls an der erotischen Szene des Spiels zwischen den Mädchen bekommt die indirekte Sprache der Leidenschaft einen großen, freien Raum. Die verzweigten Wege der sinnlichen Arabesken der Metaphern beleben die arkadische Ruhe des *locus amoenus* an der Quelle des Heines mit allen sinnlichen Nuancen. Die Sprache will hier nichts anderes ausdrücken als die Lust um der Lust Willen, eine Lust, die der alte Karl voll und ganz zu ihrem Recht kommen lässt:

> Die jungen Mädchen traten näher, verbeugten sich ehrerbietig und schüchtern vor dem König und begaben sich dann an den Eingang des Fischteiches. [...] Die eine der beiden stöberte an den Stellen herum, wo, wie sie wußte, die Fische sich versteckten, während die andere die Netze bereithielt. So fingen sie zum großen Vergnügen des Königs, der ihnen aufmerksam zusah, in kurzer Frist eine Menge Fische, die sie dem Diener zuwarfen, der sie sofort, noch lebend, in die Pfanne tat. Darauf nahmen die beiden jungen Mädchen, wie es ihnen vorher aufgetragen war, die allerschönsten Fische aus den Netzen heraus und warfen sie vor dem König, dem Grafen Guido und ihrem Vater auf die Tafel. Die Fische schnellten alsbald auf der Tafel hin und her, worüber der König so ergötzt war, daß er begann, sie wieder zu fangen und den jungen Mädchen wieder zuzuwerfen. Auf diese Weise unterhielten sie sich scherzend so lange, bis der Diener eine Anzahl der ihm übergebenen Fische zubereitet hatte. Alles dies geschah auf Messer Neris Anordnung und war mehr als ein kleines Zwischengericht denn als eine besondere Speise gedacht und dem König dargeboten.[57]

Diese lesenswerte Szene ist eine materielle Geste der Lust am Leben und zugleich ein Lob des Menschseins von König Karl, dem

56 Zum Verhältnis von Textmaterialität und einer ‚anderen' Ethik vgl. Vittoria Borsò, Audiovisionen der Schrift an der Grenze des Sagbaren und Sichtbaren: zur Ethik der Materialität, in: Sebastian Donat u. a. (Hg.), *Poetische Gerechtigkeit,* Düsseldorf 2012, S. 163-188.

57 Boccaccio, Dekameron (wie Anm. 4), II, S. 440f.

Betrachter dieser Szene. Die Bukolik hat bereits das erotische Ausdruckspathos der Venus von Botticelli.

4. Der affektive Leib und die Emotionen. Aristotelischer Materialismus und kulturwissenschaftliches Materialitätsparadigma

Die Substantialität der Materie im Aristotelismus des Spätmittelalters[58], insbesondere bei Boccaccio, und die Schwellensituation des *Dekameron*, in der neue Bewegungen wie auch neue Kodierungsformen ausgehandelt werden, lässt erwarten, dass die Frage nach einer impliziten Affekttheorie mit Gewinn gestellt werden kann. Die offene Darstellung von Emotionen der Angst ist eine Anklage gegen die Gewalt einer körperfeindlichen Ordnung, die auch die Geschlechterdifferenz umfasst. Neben der deutlichen Kritik an den pastoralen Techniken des Selbst, die die Züchtigung der Affekte und die höfische Zurückhaltung in der Äußerung von Emotionen abverlangen, findet das *Dekameron* auch verschiedene Sprachen für einen leibbezogenen Umgang mit diesen. Affekte und Begehren, deren sprachliche Äußerungen erst ab dem 18. Jahrhundert den Diskurs des Selbst begründen, sind hier Bewegungen, die zum Motor für Selbstbestimmung und für gerechtere Formen der Interaktion werden können. In allen diesen Formen, ob in der metaphorischen Betonung der Ausdrucksstärke (so etwa in V, X) oder im ornamentalen Charakter ihrer Figurationen (in X, VI), äußert sich in der Materialität der Schrift eine Vernunft des Körpers.[59] Der Text ist ein explorativer Raum der leibbezogenen Bewegungen von Affekten und Emotionen und nutzt dabei die Möglichkeiten der Sprache, welche an die Potentialität der Materie, Form zu werden, gebunden sind.[60]

---

58 Zu dieser Tradition vgl. Hilge Landweer / Ursula Renz (Hg.), *Klassische Emotionstheorien. Von Platon bis Wittgenstein,* Berlin 2008. Für die folgenden Ausführungen von besonderem Interesse ist der Beitrag von Martin Pickavé, Thomas von Aquin: Emotionen als Leidenschaften der Seele, ebd., S. 185-204.

59 Zum körperlichen Ausdruck von Emotionen im Ornamentalen vgl. den Aufsatz von Hans Körner in diesem Band.

60 Agamben sieht in der Formel von Melvilles Bartleby „I would prefer not to“ den Ausdruck einer „absoluten Potenz“ jenseits des moralischen Verständnisses der „*potentia ordinata*“ im Sinne des Strebens nach einer

Hier treffen wir auch auf die in der Forschung mehrfach festgestellte kritische Haltung Boccaccios gegenüber der thomistischen Ethik, welche in die Erkenntnislehre des Aquinaten hineingreift, der Materie Substantielles abspricht und die Potenz als dem Intellekt eigen und der *materia* extern konzipiert. Jedoch würde sich in historischer Perspektivierung lohnen, nach den Ambivalenzen des thomistischen Aristotelismus zu fragen. Denn obgleich die Ethik die innere Kohärenz des thomistischen Diskurses immer wieder herstellt, so finden sich doch im wiederholten Bezug auf den Aristotelismus auch Einlassstellen für materialitätsorientierte Deutungen. Im Zusammenhang mit dem Verhältnis von Geist, Materie und Seele ist etwa der Kommentar des Thomas von Aquin zu Aristoteles' elftem Buch der *Metaphysik* am Ende von *De unitate intellectus contra Averroistas* im Kontext der vorliegenden Überlegungen besonders aufschlussreich.[61] Der Ausgangspunkt ist die Bestimmung der Natur der Himmelskörper als vom Leib getrennte Wesenheiten (*substantiae*).[62] Im Sinne einer solchen vom Leib getrennten Wesenheit gilt zwar nach Aristoteles die Seele als abstraktes Prinzip, was aber nicht auf die menschliche Seele zutrifft, der ein Sonderstatus zukommt. Hierauf bezieht sich auch Thomas von Aquin und betont die Mittlerstelle der menschlichen Seele als eine an Geist und Leib beteiligte Entität: „*Iam autem supra ostensum est, quod*

moralisch begründeten Entscheidungsform entsprechend der Potenz der Form bei Thomas von Aquin. Giorgio Agamben / Gilles Deleuze, *Bartleby, la formula della creazione,* Macerata 1993 und Giorgio Agamben, *Bartleby oder die Kontingenz gefolgt von Die absolute Immanenz,* Berlin 1998.

61 Vgl. hierzu die Ausführungen von Wolf-Ulrich Klünker in: Thomas von Aquin, *Über die Einheit des Geistes gegen die Averroisten / De unitate intellectus contra Averroistas; Über die Bewegung des Herzens / De motu cordis,* Übersetzung, Einführung und Erläuterungen von Wolf-Ulrich Klünker, Stuttgart 1987, S. 138-144.

62 Nach Thomas von Aquin missverstehen die Averroisten Aristoteles' These der substantialen Unveränderlichkeit von Himmelskörpern als von Leibern getrennten Wesenheiten, denn sie schreiben diesen keine Tätigkeit zu, während Aristoteles zur Erklärung ihrer lokalen Bewegung eine Materie der Ortsveränderung annehme; Thomas von Aquin, De unitate intellectus (wie Anm. 61), S. 93ff.

intellectus est virtus animae quae est actus corporis.“[63] Die menschliche Seele bildet also eine Ausnahme innerhalb der intellektuellen Substanzen und befindet sich in einer eigentümlichen Ambivalenz. Als materiell individualisierter Intellekt, der eine Einheit mit dem Leib bildet[64], hat die ‚Sinnesseele‘ die Fähigkeit, beide kognitiven Vermögen zu verknüpfen – das sinnliche, körperbezogene, und das Vermögen des Intellekts, welches individuelle Formen erkennt und mit dem Universellen verbindet. Darin äußert sich abermals die Verknüpfung sinnlicher und geistiger Kräfte entsprechend dem ursprünglich aristotelischen Motiv „*nihil est in intellectu quod prius non fuerit in sensu*“. Die Tragweite der in dieser Konzeption leibbezogenen Erkennens implizierten Möglichkeiten hat Paul Ricoeur in seiner Studie zur kreativen Metapher gezeigt. Mit Bezug auf Thomas von Aquin charakterisiert er die Dynamik von Metaphern als über die ikonische Ausdrucksstärke materieller Manifestation der Sprache gefasstes ‚Werden‘ kognitiver Formen. Diese Erkenntniskraft, die der französische Philosoph anhand moderner Modellbegriffe (etwa von Max Black) interpretiert, kann, so Ricoeur, durch die dynamische Materialität des metaphorischen Diskurses („langage tensionel“[65]) Dinge ausdrücken, die in einer bestimmten historischen Sprache oder Weltsicht nicht sagbar oder als Epistemologie noch nicht diskursiv ausgeformt sind.

In *De motu cordis* definiert Thomas von Aquin die Bewegungen des Herzens zwar als „unwillkürlich“[66] im Unterschied zu der über

63 Ebd., S. 87.

64 Vgl. Capurro, Ein Grinsen ohne Katze (wie Anm. 9).

65 Paul Ricoeur, *La métaphore vive,* Paris 1975, S. 315. Zur ‚dynamischen Ontologie‘ bei Thomas von Aquin vgl. ebd., S. 349f. Zur Metapherntheorie von Ricoeur vgl. Vittoria Borsò, *Metapher: Erfahrungs- und Erkenntnismittel. Die metaphorische Wirklichkeitskonstitution im französischen Roman des XIX. Jahrhunderts,* Tübingen 1985.

66 „*Nec etiam animae sensitivae motus esse videtur, nec intellectivae, quia intellectus et sensus non movent nisi mediante appetitu: motus autem cordis involuntarius est.*“ „Ferner gehört die Bewegung offenbar weder der Sinnen- noch der Geistseele an, weil der Geist und die sinnliche Wahrnehmung ausschließlich mittels des Strebens (appetitus) bewegen – die Bewegung des Herzens ist dagegen unwillkürlich“; Thomas von Aquin, De motu cordis (wie Anm. 61), S. 103.

das Streben (*appetitus*) bewegten Sinnes- oder Geistesseele, betont aber mit Bezug auf Aristoteles' „Über die Bewegung der Sinnenwesen" im dritten Buch von *Über die Seele,* dass die mit dem Leib verbundene Bewegung des Herzens als natürliche Bewegung des Sinnenwesens zu betrachten ist.[67] Auch hier treffen wir auf Ambivalenzen. Thomas von Aquin gibt eine bestechende Analyse der Einwirkung der Stimmungen und Wahrnehmungen (*apprehensiones et affectiones*) der ‚Sinnesseele' auf die Bewegung des Herzens. Dabei liegen Emotionen, d. h. Zustände bzw. Widerfahrnisse (*passiones*) der Seele wie etwa der Zorn, im *Formalen*, während die leibgebundenen Bewegungen des Herzens, beispielsweise eine „Entflammung des Blutes in der Umgebung des Herzens", als das *Materiale* anzusehen seien.[68] Es wird hier direkt auf das aristotelische Prinzip Bezug genommen, nach dem entsprechend dem zweiten Buch der *Physik* in der Materie das Potential zur Form besteht.[69] Thomas von Aquin beschreibt also das Verhältnis von affektiven Bewegungen und Emotionen als Entwicklung von materiellen Regungen zu immateriellen, kodifizierten Emotionen, wobei es entsprechend der moralischen Überlegenheit des Formalen bzw. Immateriellen auf die Ausdifferenzierung der in der Materie angelegten Form ankommt, damit diese zur Vollendung gelangt.

Dieses komplexe Verhältnis von leibbezogenem Affekt und kodierter Emotion wird in der neueren Forschung auf der Basis von

---

67 Ebd., S. 107. Weiter wird ausgeführt : „*Sic igitur motus cordis est naturalis quasi consequens animam, inquantum est forma talis corporis, et principaliter cordis.*" „Demnach ist die Bewegung des Herzens, wie sie sich aus der Seele ergibt, natürlich, da die Seele eine entsprechende Form des Leibes und vor allem des Herzens ist." Ebd., S. 108.

68 „*[U]nde in passionibus animae, puta in ira, formale est, quod est ex parte affectionis, scilicet quod sit appetitus vindictae; materiale autem quod pertinet ad motum cordis, puta quod sit accensio sanguinis circa cor.*" „Deshalb liegt in den Zuständen (passiones) der Seele, beispielsweise im Zorn, das *Formale*, das von der Stimmung herrührt und etwa in dem Verlangen nach Rache besteht; das *Materiale* dagegen bezieht sich auf die Bewegung des Herzens, beispielsweise als eine Entflammung des Blutes in der Umgebung des Herzens." Ebd., S.111.

69 „*Non autem in rebus naturalibus forma est propter materiam, se e contra, ut patet secundo Physic., sed in materia est dispositio ad formam.*" Ebd.

phänomenologischen, psychoanalytischen, bild- oder neurowissenschaftlichen Ansätzen diskutiert[70], doch wird die thomistische Präferenz der Form gewissermaßen umgekehrt. In Übereinstimmung mit dem aktuellen Rematerialisierungsparadigma der Kulturwissenschaften, die die Unhaltbarkeit der Trennung von Körper und Geist, Natur und Kultur sowie Materie und Form gezeigt haben, wird die im Materiellen bestehende Potentialität von der Subordination unter die Form befreit.[71] Auch die kategoriale Trennung von materiellen Affekten und immateriellen Emotionen gilt nicht mehr. Emotionen sind durch Bewusstsein selegierte, moralisch und psychisch kodierte Affekte, d. h. Formen körperlicher Betroffenheit. Wir begegnen hier einer gewissen Konvergenz historischer und aktueller Überlegungen zum Verhältnis von Affekt und Emotion, hatten wir doch im Zusammenhang mit der Zerstörung der kodifizierten Ordnung den Affekt als materiell ausdruckstarke, körperbezogene Bewegung neben einer offenen Kritik hinsichtlich der moralischen Determinierung und Entkörperung der Emotionen beobachtet. Darüber hinaus war in dem in Bezug auf den Rahmen der Novellensammlung besprochenen Zitat von Boccaccio eine strukturelle Nähe von Affekt und Pathos festgestellt worden, die mit der phänomenologischen Definition von Affekt übereinstimmt: Der Affekt ist eine ausdrucksstarke Bewegung, die dem Menschen widerfährt.[72] Diese Deutung, die sich auch etymologisch bekräftigen lässt, impliziert zugleich

70 Zur Übersicht der neueren Theorien von Affekt und Emotionen vgl. Marie-Luise Angerer, *Vom Begehren nach dem Affekt,* Zürich / Berlin 2007.

71 So kehrt Agamben das Verhältnis von Form und Materie um. Materie ist das Potential zum Werden, wohingegen die Form das Opfer, die Preisgabe, aller anderen Möglichkeiten impliziert; vgl. Agamben, Bartleby (wie Anm. 60).

72 Mit Bezug auf die lateinische Etymologie betont Waldenfels im Begriff des Affektes das Ereignis eines Widerfahrnisses, einer Wirkung des Fremden; der *Af-fekt* sei als Pathos und als emotional unbestimmte Antwort zu definieren; Bernhard Waldenfels, *Grundmotive der Phänomenologie,* Frankfurt a. M. 2006, S. 73. Ähnlich hatte schon Wilhelm Kamlah zwischen Handlung und Widerfahrnis unterschieden. Letzteres sei ein Ereignis, dem man ausgesetzt ist, etwas, das einen unvorbereitet trifft, und das uns deswegen eben auch be-trifft; Wilhelm Kamlah, *Philosophische Anthropologie. Sprachkritische Grundlegung und Ethik,* Zürich 1972, S. 34ff.

Passivität und Wirkungsstärke. Entsprechend der griechischen Etymologie meint zwar „*πάθος*“ eine passiv erlittene Leidenschaft, doch äußerte sich dieser Begriff in der antiken Rhetorik als „ein dialektisches Spannungsverhältnis zwischen passiver Seelenerfahrung und aktiver Gefühlsäußerung“.[73] Noch deutlicher zeigt sich die im Pathos implizite Wirkungsdynamik durch die lateinischen Begriffe „*afficere*“ und „*affectus*“, die eine Aktivität bzw. eine innere Bewegung (Leidenschaft, Erregung, Begehren) ausdrücken. Verstehen wir also Affekte im Sinne der leibbezogenen Erfahrung eines Widerfahrnisses, so impliziert dies auch eine Verschiebung des Subjektivitätsbegriffs, denn das Subjekt des ‚passiven‘ Erleidens, des Pathos, ist vom Anderen her abgeleitet, wird vom Fremden affiziert und ist gegenüber diesem ‚responsiv‘.[74]

Der Affekt ist eine noch nicht definierte Bewegung, eine leibbezogene Erfahrung, die in der unbestimmten Dimension der *Materie* das Potential zu verschiedenen emotionalen Formen hat. Emotionen werden erst durch sprachliche Kodierung psychophysischer Regungen nachträglich ausdifferenziert – Thomas von Aquin spricht vom Formalen an den Passionen – und umfassen eine Verhaltensethik. In diesem ‚Werden‘ von Affekten zu Emotionen, deren nicht konsekutive, sondern sich überlappende Dynamik im Sinne des affektiven Leibbegriffs von Bergson und, visuell umgesetzt, im Affektbild durch Gilles Deleuze beschrieben werden kann[75], manifestiert sich

---

73 Jochen A. Bär, Pathos, in: Gert Ueding (Hg.), *Historisches Wörterbuch der Rhetorik,* Bd. 6, Tübingen 2003, S. 689-717, hier S. 690.

74 Vgl. Waldenfels, Grundmotive (wie Anm. 72) mit Bezug auf Emmanuel Levinas' Philosophie der radikalen Alterität.

75 Im zweiten Bergson-Kommentar bezieht sich Deleuze auf die immanente Dynamik des Materie-Begriffs bei Henri Bergson in *Matière et mémoire* (1896): „Cet ensemble infini de toutes les images constitue une sorte de plan d'immanence. L'image existe en soi, sur ce plan. Cet en-soi de l'image, c'est la matière: non pas quelque chose qui serait caché derrière l'image.“ Gilles Deleuze, *L'image-mouvement,* Paris 1983, S. 86. Aus der fließenden, deshalb unstrukturierten visuellen Materie, so Deleuze, differenzieren sich Bildtypen. Das Affektbild ist eine Überformung des Materiellen, die – wie die Großaufnahme – kontextlos ist. Es manifestiert sich als eine den Betrachter affizierende körperliche Bewegung oder eine Potentialität.

also der Affekt als unbestimmte körperliche Bewegung[76], welche Emotionen in Gang bringt bzw. das Potential von Wirkungen hat. Dementsprechend sind Affekt und Emotionen im affektiven Leib eng miteinander verbunden. Emotionen definieren sich dabei als leibbezogene Regungen entsprechend der Ordnung der Diskurse und der Moral.

In der bisherigen Forschung gilt Boccaccio als Begründer eines neuzeitlichen Wegs zu einer Sprache der Liebe, die als Symptom einer neuzeitlichen Begründung der Existenz in der Diesseitigkeit gedeutet wird.[77] Obwohl dies gewiss nicht falsch ist, hat sich hier auch gezeigt, dass jene Deutung nur eine Teilerklärung des Phänomens sein kann, dessen Komplexität weiterführend ist. Als Ergebnis unserer Überlegungen wäre festzuhalten: Es ist geltend gemacht geworden, dass die im *Dekameron* emergenten Sprachen der Emotionen nicht eine Verabschiedung des mittelalterlichen Denkens darstellen, sondern auf diesem gründen – so jedoch, dass dabei die diskursive Ordnung in Frage gestellt und moralische Deutungsmuster verschoben werden. Zum einen findet sich in der Übergangssituation des *Dekameron* eine offene Absage an die leibfeindliche christliche Moral, und es entwickeln sich sprachliche Formeln für Affekte als entgrenzte, die Leiblichkeit einbeziehende Bewegungen. Diese kündigen den sprachlichen Weg zu den materiellen Pathosformeln an[78],

---

76 Zur psychologischen Deutung der Emotion als Bewegung vgl. Giuliana Bruno, *Atlas of Emotion. Journeys in Art, Architecture, and Film,* New York 2002. Hauptthese dieser Studie ist, dass Emotionen Bewegung implizieren; hierdurch werde gleichsam ein affektiver Raum erzeugt, den die Autorin in Bezug auf globalisierte Kulturformen topographisch erfasst. Neurologisch setzen Emotionen eine Beteiligung des motorischen und vegetativen Nervensystems voraus, d. h. eine Beteiligung des Systems der sog. Botenstoffe und Hormone. In diesem Sinne handelt es sich um psychosomatische Ereignisse mit kommunikativen, motivationalen und kognitiven Folgen; vgl. etwa Lisa Feldman Barrett / Batja Mesquita / Kevin N. Ochsner / James J. Gross, The experience of emotion, in: *Annual Review of Psychology* 58 (2007), S. 373-403.

77 Vgl. Maria Lieber / Willi Hirdt (Hg.), *Kunst und Kommunikation: Betrachtungen zum Medium Sprache in der Romania,* Tübingen 1990.

78 Zu Warburgs Pathos-Konzept und zur Bedeutung der Affekte für die Frührenaissance vgl. Horst Bredekamp, *Sandro Botticelli – Primavera,* Berlin 2002.

welche sich in der Renaissance mittels der Neuaneignung antiker Pathosfiguren als Formeln eines ausdrucksstarken Leidenscodes ausdifferenzieren werden.[79] Zum anderen aber lädt der radikale aristotelische Materialismus des *Dekameron* auch dazu ein, die spätmittelalterliche Affektenlehre zu überdenken und in der moralischen Kohärenz des thomistischen Diskurses zugleich nach Ambivalenzen und Einlassstellen für einen leibbezogenen wissenschaftlichen Diskurs über das Leib-Seele- bzw. Körper-Geist-Verhältnis zu suchen.

79 Aus Sicht Aby Warburgs wird Pathos in der Antike als Mittel zur Ausdruckssteigerung kodiert, was sich die Renaissance neu aneignet. Aby Warburg [1893], Sandro Botticellis „Geburt der Venus" und „Frühling", in: Dieter Wuttke (Hg.), *Aby Warburg. Ausgewählte Schriften und Würdigungen,* Baden-Baden [3]1992, S. 11-64.

Katharina Philipowski

Zügellosigkeit und Kontrollverlust. Zum frühhumanistischen Emotionsdiskurs am Beispiel von Piccolominis *Eurialus und Lucretia*

„Why All the Fuss About the Body?“[1] fragte Caroline Walker Bynum 1995 in die Gemeinde der Kollegen hinein, die sich an der Körper-Forschung beteiligen. Gleiches ließe sich auch für die Emotionsforschung fragen, die mittlerweile nahezu unüberschaubar geworden ist[2]: Warum all' die Aufregung um Emotionen?

Meine folgenden Überlegungen sind auf das Gebiet der literaturwissenschaftlichen Emotionsforschung beschränkt; ich meine, dass dort unter dem Stichwort der Emotionen eines der ältesten Probleme der Literaturtheorie überhaupt diskutiert wird, das nämlich der Referenz.[3] Rüdiger Schnell schreibt über jene Fraktion der literaturwissenschaftlichen Emotionstheorie, die von der ‚Codierung von Emotionen‘ in der Literatur ausgeht[4], dass sie glaube, einer litera-

---

1 Caroline Walker Bynum, Why All the Fuss About the Body? A Medievalist's Perspective, in: *Critical Inquiry* 22 (1995), S. 1-33.

2 Zahlreiche bibliographische Hinweise finden sich in: *Journal of Literary Theory (JLT)* 1,2 (2007) ‚Emotionen‘; *Mitteilungen des Deutschen Germanistenverbandes* 54, Heft 3. Thomas Anz / Martin Huber (Hg.), *Literatur und Emotion,* Bielefeld 2007.

3 Diese Vermutung wird bereits nahegelegt durch den Titel eines Aufsatzes von Armin Schulz zum Thema, nämlich: Die Verlockungen der Referenz. Bemerkungen zur Emotionalitätsdebatte, in: *Beiträge zur Geschichte der deutschen Sprache und Literatur (PBB)* 128 (2006), S. 472-495.

4 Probleme dieses Konzepts werden deutlich in Darstellungen wie der folgenden: „Der Terminus ‚Codierung‘ bezieht sich zunächst explizit auf das Faktum, dass die Untersuchungsgegenstände der historischen Emotionalitätsforschung grundsätzlich medial vermittelt sind und Zeichencharakter haben. Bei der Analyse einzelner Zeugnisse erlangt der Terminus eine spezifische Bedeutung, indem er auf verschiedene in ihnen aktualisierte Zeichensysteme (z. B. Kleidung, Gestik, Mimik, Körper-Inszenierungen) bezogen wird. Dabei stellt sich die Frage, ob

rischen Emotionsdarstellung liege das Wissen um eine bestimmte psychische Disposition zugrunde, die nun in einer Dichtung ‚vermittelt' werde und von den Rezipienten anhand bestimmter Merkmale (‚Codierung') wiedererkannt bzw. identifiziert werden könne.[5] Bezeichnend für diese Forschungsrichtung ist die Überzeugung, mit

Emotionen als ‚natürliche' oder ‚künstliche' sowie als intendierte oder nicht-intendierte Zeichen anzusehen sind (und wie sie in den Texten selbst von den Figuren ‚gelesen' werden)." Ingrid Kasten, Stand und Perspektiven der historischen Emotionalitätsforschung, in: *Jahrbuch der Oswald-von-Wolkenstein-Gesellschaft* 15 (2005), S. 33-45, hier S. 36, Anm. 6. Hier zeigt sich die ganze Vagheit des Konzepts: Die Quellen selbst – also z. B. Texte oder Bilder – besitzen Zeichencharakter; aber welchen? Wofür sind sie Zeichen? Innerhalb ‚einzelner' der Untersuchungsgegenstände (welcher?) mit Zeichencharakter gibt es nun ‚Zeichensysteme'. Warum und für wen Kleidung oder Gestik (wessen? die von literarischen Figuren oder von Personen, die in historischen Quellen Erwähnung finden?) Zeichen sind, bleibt unklar, auch, weshalb diese Zeichenhaftigkeit die Frage aufwerfen soll, ob die Emotionen innerhalb der Zeichensysteme in den Untersuchungsgegenständen mit ‚Zeichencharakter' als ‚natürliche' oder ‚künstliche' anzusehen sind. Aus welcher Perspektive sollen sie als ‚natürliche' oder ‚künstliche' beurteilt werden? Ist hier die Perspektive innerhalb des Zeichensystems gemeint (also die Beurteilung der Emotion einer Figur durch eine andere Figur) oder die Perspektive auf das Zeichensystem (also die Beurteilung der Emotion einer Figur durch den Rezipienten)? Das Problem scheint mir zu sein, dass die Frage, welcher Art von Codierung eine Emotion unterworfen wird (körperlich, sprachlich, schriftlich, textuell, fiktional) hier nicht klar beantwortet wird. Vgl. in diesem Zusammenhang auch Jutta Eming, Emotionen als Gegenstand mediävistischer Literaturwissenschaft, in: JLT ‚Emotionen' (wie Anm. 2), S. 251-273, bes. S. 256-260; dies., *Emotion und Expression. Untersuchungen zu deutschen und französischen Liebes- und Abenteuerromanen des 12. bis 16. Jahrhunderts,* Berlin / New York 2006 (Quellen und Forschungen zur Literatur- und Kulturgeschichte 39); Stephen C. Jaeger / Ingrid Kasten, *Codierungen von Emotionen,* Berlin / New York 2003 und Claudia Benthin u. a. (Hg.), *Emotionalität. Zur Geschichte der Gefühle,* Köln u. a. 2000.

5 Die Argumentation gestaltet sich dann etwa so: „Für eine Codierung von Zorn in Wolframs ‚Willehalm' bedeutet dies, dass sich hinter der literarischen Zorndarstellung ein Wissen um diese Emotion verbirgt, das auf diegetischer Ebene (idealerweise) sowohl von der Erzählinstanz als auch den literarischen Figuren, auf einer außerliterarischen

Hilfe neuerer emotionstheoretischer bzw. psychoanalytischer Modelle, die ja von lebensweltlichen affektiven Zuständen ausgehen, auch literarisch präsentierte Emotionen besser verstehen zu können. Damit wird, trotz aller Beteuerungen der besonderen medialen Bedingungen literarischer Emotionsdarstellungen, eine Korrespondenz

---

Ebene (auch dies nur idealerweise) von seinem Autor und dessen sozialem Umfeld geteilt wird. Gerade Letzteres ist von Interesse, weil dadurch ein Anschluss an im Mittelalter vorhandene Zorndiskurse hergestellt wird.“ Valentin Blaas, Überlegungen zu einer Codierung der Emotion ‚zorn‘ im ‚Willehalm‘ Wolframs von Eschenbach, in: Bele Freudenberg (Hg.), *Furor, zorn, irance. Interdisziplinäre Sichtweisen auf mittelalterliche Emotionen* (= Das Mittelalter. Perspektiven mediävistischer Forschung, Bd. 14, Heft 1), Berlin 2009, S. 50-66, hier S. 53. Das aber ist eine klassische Zirkelschluss-Argumentation: Es ist wenig erstaunlich, dass es unter der Voraussetzung, dass sich ‚hinter der literarischen Zorndarstellung ein Wissen um diese Emotion verbirgt‘ gelingt, über die literarischen Emotionsdarstellungen ‚einen Anschluss an im Mittelalter vorhandene Zorndiskurse herzustellen‘. Deutlich ist, wie hier der methodische Zugriff seinen Gegenstand erschafft. So auch bei Ingrid Kasten, Emotionalität und der Prozess männlicher Sozialisation. Auf den Spuren der Psycho-Logik eines mittelalterlichen Textes, in: Ingrid Kasten u. a. (Hg.), *Kulturen der Gefühle in Mittelalter und früher Neuzeit,* Stuttgart / Weimar 2002, S. 52-71, wo sie den ‚Herzog Ernst‘ aus der Geschichtswissenschaft heraus perspektiviert: „Wenn man jedoch mit Forschungsansätzen arbeitet, die in der Geschichtswissenschaft entwickelt wurden, dann folgt die Darstellung einer in der historischen Praxis gängigen Logik. Politische Akte wie auch Versöhnungszeremonien wurden – so wie es im *Herzog Ernst* geschieht – vorab detailliert vorbereitet, bevor man sie öffentlich in Szene setzte. Von einer Beteiligung des Kaisers an den Vorbereitungen zu der Versöhnungszeremonie [...] ist im Bereich des Erzählers konsequenterweise nicht die Rede.“ S. 58. Die Behauptung, dass eine kulturhistorische Beschäftigung mit dem Thema Emotionalität sich der Tatsache stellen müsse, „dass sie es immer mit Repräsentationen von Gefühlen zu tun hat“ (ebd., S. 52) gerät so leicht zum Lippenbekenntnis, insbesondere dann, wenn die Deutung des literarischen Textes von außerliterarischen Positionen ihren Ausgang nimmt: „[...] Vor der Folie einer aristotelisch-thomasischen Bestimmung von gerechtem Zorn lässt sich das zornmütige Verhalten des Helden in Munleun nur schwerlich als legitim begreifen“ (ebd., S. 65).

,lebensweltlicher' und ,literarischer' Emotionen unterstellt.[6] An der Frage nach dieser mutmaßlichen Korrespondenz zwischen Emotionen und literarischen Emotionsdarstellungen entzünden sich immer neue Kontroversen der Forschung.[7] Sie deuten darauf hin, dass die Literaturwissenschaft noch weit davon entfernt ist, den ontologischen Status ihres Gegenstandes – also etwa den von ,erzählten Menschen', ,erzählten Körpern' oder eben auch ,erzählten Emotionen' – konsensfähig definieren zu können. Schnell spricht das zugrunde liegende Problem in aller Deutlichkeit aus: „Der Seinsstatus ,literarischer' Emotionen [ist] bis heute ungeklärt."[8]

Grundsätzlich gilt das jedoch in kaum geringerem Maße auch für andere Gegenstände der Literatur: Welchen Seinsstatus haben literarische ,Menschen' und ihre ,Körper'?[9] Warum vermögen uns Figuren

6 Rüdiger Schnell, Erzähler – Protagonist – Rezipient im Mittelalter, oder: Was ist der Gegenstand der literaturwissenschaftlichen Emotionsforschung, in: *Internationales Archiv für Sozialgeschichte der deutschen Literatur,* Bd. 33, Heft 2 (2008), S. 1-51, hier S. 9.

7 Diese finden sich ausführlich und systematisch dokumentiert bei Rüdiger Schnell, Historische Emotionalitätsforschung. Eine mediävistische Standortbestimmung, in: *Frühmittelalterliche Studien* 38 (2004), S. 173-276, und ders., Emotionsdarstellungen im Mittelalter. Aspekte und Probleme der Referentialität, in: *Zeitschrift für deutsche Philologie* 127 (2008), S. 79-102. Am Beispiel der Trauer zeigt Elke Koch, *Trauer und Identität. Inszenierungen von Emotionen in der deutschen Literatur des Mittelalters,* Berlin / New York 2006 (Trends in Medieval Philology 8) in ihrem ausführlichen einleitenden Kapitel zur Emotionstheorie (S. 18-79) die geisteswissenschaftlichen Positionen auf.

8 Schnell, Erzähler – Protagonist – Rezipient (wie Anm. 6), S. 14.

9 Die Problematik wird sichtbar wiederum in literaturwissenschaftlichen Forschungsbeiträgen, die die Codierung oder ,Verkörperung' von Emotionen zum Gegenstand haben: „Ich sehe den Körper [gemeint ist der einer literarischen Figur] als aktiven Part in einem Prozess, in dem Inneres außen sichtbar gemacht wird. Dieser Prozess vollzieht sich auf seiten der Figuren in habitualisierter Form, also nicht bewusst und auch nicht natürlich, aber kulturell codiert, und dies noch im Extremfall der ,Überwältigung' durch den Affekt. [...] Im höfischen Roman wird der Körper weder dem Gefühl unterworfen, noch ist er der Ort, an dem eine Emotion einfach von innen nach außen tritt. Vielmehr gibt der Körper einem wie auch immer mächtigen, aber grundsätzlich gestalt-

in Literatur, Theater oder Kino zu berühren[10] und zur Identifikation einzuladen, bezweifeln wir doch in keinem Moment der Auseinandersetzung mit ihnen, dass sie fiktional sind? Und welchen Seinsstatus haben ‚literarische' Wesen, die außerhalb der Imagination, bzw. der Fiktion, keine Existenz besitzen – wie etwa Einhörner,

---

und raumlosen, in manchen Kontexten auch diffusen Empfinden eine Form. Zwischen der Emotion und ihrem Erscheinen besteht ein Bruch, ein qualitativer Sprung, in dem Gefühl in eine intelligible Form, zum Beispiel in eine Geste überführt wird." Jutta Eming, Affektüberwältigung als Körperstil im höfischen Roman, in: Katharina Philipowski / Anne Prior (Hg.), *anima und sêle. Darstellungen und Systematisierungen von Seele im Mittelalter,* Berlin 2006 (Philologische Studien und Quellen 197), S. 249-262, hier S. 252f.

10 Vgl. dazu Jens Eder, Drei Thesen zur emotionalen Anteilnahme an Figuren, in: Anz / Huber (Hg.), Literatur und Emotion (wie Anm. 2), S. 362-378; Fotis Jannidis, *Figur und Person. Beitrag zu einer historischen Narratologie,* Berlin 2004 (Narratologia 3); Peter von Inwagen, Fiktionale Geschöpfe, in: Maria Reicher (Hg.), *Fiktion, Wahrheit, Wirklichkeit. Philosophische Grundlagen der Literaturtheorie,* Paderborn 2007, S. 73-93; Noël Carroll, Simulation, Emotions and Morality, in: Gerhard Hoffmann / Alfred Hornung (Hg.), *Emotion in Postmodern,* Heidelberg 1997, S. 385-399; Keith Oatley, A Taxonomy of the Emotions of Literary Response and a Theory of Identification in Fictional Narrative, in: *Poetics* 23 (1994), S. 53-74, und Herbert Grabes, Wie aus Sätzen Personen werden. Über die Erforschung literarischer Figuren, in: *Poetica* 10.4 (1978), S. 405-428; Jens Eder / Fotis Jannidis / Ralf Schneider (Hg.), *Characters in Fictional Worlds: Understanding Imaginary Beings in Literature, Film, and the Media,* Berlin / New York 2010 (Revisionen. Grundbegriffe der Literaturtheorie, Bd. 3). Zum Problem emotionaler Anteilnahme an fiktionalen Entitäten vgl. Alex Neill, Fiktion und Emotionen, in: Reicher (Hg.), Fiktion, Wahrheit, Wirklichkeit (wie Anm. 10), S. 94-119; Stein Haugom Olsen, Peter Lamarque (Hg.), *Aesthetics and the Philosophy of Art: The Analytic Tradition. An anthology,* Oxford 2004, darin z. B. Colin Radford, How Can We Be Moved by the Fate of Anna Karenina?, S. 300-306 (zuerst abgedruckt in: *Proceedings of the Aristotelian Society,* Suppl. Vol. 49 (1975), S. 67-80, dort auch: Michael Weston, How Can We Be Moved by the Fate of Anna Karenina? [II], S. 81-93), und Peter Lamarque, How Can we Fear and Pity Fictions?, S. 328-336; Robert J. Yanal, *Paradoxes of Emotion and Fiction,* Pennsylvania 1999; Don Mannison, On Being Moved By Fiction, in: *Philosophy* 60 (1985), S. 71-87.

Zwerge oder der Heilige Gral?[11] Weil diese Fragen den Literaturwissenschaftler aus dem Bereich genuin literaturtheoretischer Fragen in die Nähe von Philosophie und Ontologie führen, wird in der Regel vermieden, die Probleme, die der Emotionsdebatte (meiner Auffassung nach) tatsächlich zugrunde liegen, klar zu benennen und in wünschenswerter Differenziertheit zu diskutieren. Solange man ihnen jedoch ausweicht, wird auch weiterhin keine Einigkeit darüber zu erzielen sein, welchen Erkenntniswert und welche Reichweite psychoanalytische, kognitionswissenschaftliche oder neurologische Begriffe und Modelle für die Analyse literarischer Emotionsdarstellungen haben.[12]

1. Wonach fragt, wer literarische Emotionsdarstellungen untersucht?

Uneinigkeit besteht nach wie vor schon allein in der Frage, ob Emotionen, der Ausdruck von Emotionen, oder ob allein die literarische Gestaltung des Emotionsausdrucks Gegenstand der literaturwissenschaftlichen Analyse sind.[13] So kommt es immer wieder zu Zirkularitäten in der Argumentation – z. B. wenn einerseits eingestanden wird, dass literaturwissenschaftliche Emotionsforschung keine ‚realen' Emotionen zum Gegenstand habe, aber dessen ungeachtet zu ihrer Erforschung anthropologische Methoden und Modelle herangezogen werden, die genau dafür konzipiert sind, dazu nämlich, reale Emotionen zu schematisieren, zu beschreiben und zu analysieren.[14]

---

11 Vgl. dazu vor allem: Reicher (Hg.), Fiktion, Wahrheit, Wirklichkeit (wie Anm. 10) und Göran Rossholm, *To Be And Not To Be. On Interpretation, Iconicity and Fiction,* Bern 2004.

12 Vgl. Eming, Emotionen (wie Anm. 4), S. 264.

13 Dazu etwa Andreas Kraß, Neidische Narren. Diskurse der Missgunst im „Iwein" Hartmanns von Aue und im „Narrenschiff" Sebastian Brants, in: Wolfgang Haubrichs (Hg.), *Emotionen* (= Zeitschrift für Literaturwissenschaft und Linguistik, Heft 138), Stuttgart / Weimar 2005, S. 92-109. Vgl. zum Konstruktionscharakter von Emotionen auch: Alexander Brungs, Charakteristische Aspekte des Zorns in seiner Darstellung durch Philosophen des Mittelalters, in: Freudenberg (Hg.), Furor, zorn, irance (wie Anm. 5), S. 28-40, bes. S. 28-31.

14 Z. B. Eming, Emotionen (wie Anm. 4), die ihren Aufsatz mit der Bemerkung eröffnet, dass „Inszenierungsformen von Emotionen in

literarischen Texten des Mittelalters: Liebe, Trauer, Zorn, Eifersucht, Hass, [...] nur auf den ersten Blick denen der Moderne gleichen" (S. 251), um dann schon auf der nächsten Seite zu schreiben: „Das Repertoire der in den Texten dargestellten Emotionen entspricht einerseits insgesamt dem Spektrum, das die moderne Emotionspsychologie als ‚Basisemotionen' identifiziert. Andererseits werden in ihnen Valenzen des Fühlens beschrieben, welche am ehesten mit hierarchischen Emotionsmodellen erfasst werden können, die über basale Emotionen hinausgreifen." (S. 252). An einer Stelle behauptet sie: „Moderne emotionstheoretische Ansätze bieten dafür [die historische und kulturspezifische Signatur der Emotionsdarstellungen zu analysieren] Anregungen und Anknüpfungspunkte, sie stellen jedoch kein grundlegendes theoretisches Fundament bereit, das für die Literaturanalyse operationalisierbar wäre" (S. 252), um wenige Seiten später zu schreiben: „Ein instruktives Beispiel dafür, dass moderne Ansätze für die Analyse eines Emotionswortes [in der mittelhochdeutschen Literatur] fruchtbar gemacht werden können, bietet die Scham-Emotion. Zur Scham-Emotion liegen in der phänomenologischen und psychologischen Emotionsforschung eine Reihe anregender Untersuchungen vor." (S. 265) Oder: „Parzival empfindet auf der Gralsburg Neugier, und er wundert sich. Neugier und Interesse werden in der Emotionspsychologie zu den Emotionen des Menschen gezählt; wird dies für literarische Texte ausgewertet, zeigen sich Dynamiken emotionaler Prozesse, die bislang wenig untersucht worden sind." (S. 267) Unklar bleibt aber, wie man sich „mit Hilfe emotionstheoretischer Aspekte neue Zugänge zu Themen und Konfliktkonstellationen literarischer Texte eröffnen" soll (S. 265), wenn doch – wie Eming selbst schreibt – „an den literarischen Texten keine Emotionen, sondern nur sprachliche und schriftliche Zeichen für Emotionen analysiert werden können. [...] Der selbstverständliche Sachverhalt, dass auf der Grundlage einer Analyse von Zeichen auch nur Aussagen über Zeichen zu treffen sind, kann auf Grund der verschiedentlich geäußerten Unklarheiten über den Erkenntniswert, den die literarische [die literarische? nicht die literaturwissenschaftliche?] Emotionsforschung für sich in Anspruch nimmt, nicht genug betont werden." (S. 257) Es geht allerdings nicht darum, diesen Sachverhalt zu betonen, sondern ihn zu berücksichtigen. Das findet offenbar nicht statt, wenn einerseits erklärt wird, dass „einige allgemeiner formulierte Titel von interdisziplinär angelegten Sammelbänden wie *Geschichte der Gefühle* und *Codierungen von Emotionen* [...] offensichtlich der Vorstellung Vorschub geleistet haben, dass die literaturwissenschaftliche Mediävistik mit den Methoden der neueren Emotionsforschung reale

Die Frage nach dem „Seinsstatus ‚literarischer' Emotionen"[15] stellt sich u. a. auch deshalb immer wieder, weil erst eine Antwort auf sie dazu befähigen würde, darüber zu entscheiden, wonach die Literaturwissenschaft sinnvollerweise überhaupt fragen kann. Ginge man beispielsweise davon aus, dass literarische Emotionsdarstellungen weder Rückschlüsse auf eine außerliterarische ‚Gefühlskultur' noch etwas über die tatsächlichen Vorstellungen aussagt, die eine Kultur über Entstehung und Äußerungsformen von Emotionen gehabt hat, sondern vielmehr nur im Rahmen von Gattungstypologien und Erzähltraditionen erklärt und verstanden werden können[16], so würde man als Literaturwissenschaftler Literatur nicht auf

Emotionen erforschen möchte. Mitunter konnte so der Eindruck entstehen, als würde versucht, eine Phänomenologie historischer Emotionen zu ermitteln. Darum geht es, wie literaturwissenschaftliche Fragestellungen zu erkennen geben, jedoch nicht" (S. 253), dann aber andererseits umstandslos ein sozialkonstruktivistisches Emotionskonzept für die Interpretation literarischer Texte herangezogen werden kann: „Rosenwein hat dieser Vorstellung [dem Modell der Affektentladung] ein sozialkonstruktivistisches Emotionskonzept entgegengehalten, dem zufolge Emotionen auf neurophysiologischer Basis, in Reaktion auf soziale Situationen und zugleich in deren Bewertung konstituiert und in kulturell geregelten Modi zum Ausdruck gebracht werden. Diese Annahme kultureller – und ineins damit historischer – Konventionen und Stile des Emotionsausdrucks ist für die mediävistische Emotionsforschung in den Geschichts- und Literaturwissenschaften von entscheidender Bedeutung." (S. 255) Die Argumentationsfigur läuft also darauf hinaus, dass literarische Emotionsdarstellungen zwar keinesfalls für ‚reale' Emotionen gehalten werden dürfen, aber letztlich mit den gleichen Modellen und Theorie wie diese erforscht werden können.

15 Schnell, Erzähler – Protagonist – Rezipient (wie Anm. 6), S. 14.

16 So ist eigentlich evident, dass ‚Trauer' im Minnesang eine ganz andere literarische Funktion und Gestalt hat als im Heldenepos, dort eine andere als in der Legende, dort eine andere als im höfischen Roman. Eine solche Position könnte sich z. B. auf die Märendichtung beziehen. In ihr werden stellenweise Ehebeziehungen thematisiert, die von einer verstörenden Feindseligkeit, von Schadenfreue, Hass, Verachtung und bizarrer Grausamkeit charakterisiert sind. Kaum jemand würde nun aber so weit gehen, diese überzeichnete Feindseligkeit zwischen den Geschlechtern als Ausdruck einer ‚Gefühlskultur' aufzufassen oder auch nur als Ausdruck kollektiver Vorstellungen von Gefühlen, zu-

Emotionen, sondern allein auf die Darstellung von Emotionen hin befragen – ein kleiner, aber bedeutsamer Unterschied.[17]

Grundsätzlich würde die Diskussion davon profitieren, wenn ihre einzelnen potentiellen Erkenntnisgegenstände (oder -interessen) deutlicher voneinander unterschieden würden[18], z. B. in

mal etwa zeitgleich zur Märenliteratur Minnereden entstehen, die ein gänzlich anderes Geschlechterverhältnis vermitteln. Vielmehr sind Mären ebenso wie Minnereden Zuspitzungen eines gattungstypischen Erzählstils, der über die außerliterarischen Vorstellungen über Gefühle wenig Auskunft geben dürfte. Dass sich also „in literaturwissenschaftlicher Perspektive [...] das Erkenntnisinteresse der mediävistischen Emotionsforschung jedoch auf die kulturelle Semantik und die (Eigen-)Logik von Emotionen in mittelalterlichen Texten [richtet]" – so Eming, Emotionen (wie Anm. 4), S. 252 – ist in dieser pauschalen Formulierung nicht haltbar, weil nicht jede literarische Gestaltung auf eine ‚kulturelle Semantik' zu beziehen ist; welche sollte das für Kaufringers *Drei listige Frauen* denn sein?

17 Vgl. dazu Katharina Philipowski, Wer hat Herzeloydes Drachentraum geträumt? *Trûren, zorn, haz, scham* und *nît* zwischen Emotionspsychologie und Narratologie, in: *Beiträge zur Geschichte der deutschen Sprache und Literatur (PBB)* 128 (2006), S. 251-274. Schnell, Emotionsdarstellungen (wie Anm. 7), S. 89, bringt den springenden Punkt knapp und präzise zum Ausdruck: „Die Semiotik des Körpers wird in die Semiotik der Sprache übertragen." Schnell setzt seine Beobachtung auch in seine literaturwissenschaftliche Analyse um: „Das Argument, das Zeichensystem Sprache zeichne sich durch Arbitrarität und Differenziertheit aus, das Zeichenrepertoire der Gesten und Gebärden hingegen sei weit weniger arbiträr und auch begrenzter – körperrelevante Aussagen also leichter zu entschlüsseln –, führt hier nicht weiter, weil in einem Text das Zeichenrepertoire der körperlichen Gesten in Sprache verwandelt wird." (ebd., S. 90) Weitere Folgerungen thematisiert Nicole M. Wilk, Semiotik der Gefühle. Versuch einer Integration der Affekte in eine linguistisch-semiotische Theorie des Verstehens, in: Haubrichs (Hg.), Emotionen (wie Anm. 13), S. 129-141.

18 Dass die Gegenstände jeweils in unterschiedliche Gegenstandsbereiche fallen und mit ihnen auch disziplinäre Zuständigkeiten verbunden sind, ist heute keine Selbstverständlichkeit mehr. In der Regel sind Hirnforscher und Neurologen allerdings aus Gründen, über die meines Wissens noch niemand nachgedacht hat, zurückhaltender mit Deutungsvorschlägen zu mittelalterlichen Epen als Literaturwissenschaftler mit der Anwendung von Ergebnissen der Neurologie. Zu der

(i) Emotionen (wie beispielsweise Scham)

(ii) den körperlichen Emotionsausdruck (im Falle der Scham also beispielsweise die Rötung des Gesichts, das Niederschlagen der Augen, der verstärkte Herzschlag usw.)

(iii) die Versprachlichung von Emotionen (z. B. Begriffsbildung, der Begriff „Scham“)[19]

(iv) kulturelle Bewertungen von Emotionsäußerungen – z. B. des Errötens – als Indikatoren von Tugendhaftigkeit, Empfindsamkeit usw.

(v) literarische Darstellung von Emotionen

(vi) Bewertungen von Emotionsäußerungen in der Literatur (eine Figur reagiert z. B. mit *minne* auf das Trauern, Erröten usw. einer anderen Figur).

Jede dieser sechs Kategorien kann für sich oder im Verbund mit jeder der anderen historisiert oder universalisiert werden; so wird in der Forschung diskutiert, ob bereits Emotionen selbst einem historischen Wandel unterworfen sind, ob allein der körperliche Ausdruck es ist oder ob nur die kulturelle Bewertung von Emotionen sich im Laufe der Zeit und von Kultur zu Kultur ändert.

2. Emotionen auf der Ebene der *histoire*, Emotionsdarstellungen auf der Ebene des *discours*

Dass diese ganz verschiedenen Größen bei der Diskussion der Frage, was überhaupt Gegenstand der literaturwissenschaftlichen Emotionsforschung sein kann, immer wieder vermischt werden, resultiert aus der selbst in der Literaturwissenschaft zu selten bedachten Spaltung der Erzählung in die erzählte Welt (die *histoire*)

Forderung, dass „historische Fächer und moderne Lebenswissenschaften im Bereich der Emotionsforschung zusammenwirken sollten“, vgl. u. a. Klaus Ridder, Emotion und Reflexion in erzählender Literatur des Mittelalters, in: Jaeger / Kasten (Hg.), Codierungen von Emotionen (wie Anm. 4), S. 203-221, hier S. 221.

19 Hierzu z. B. Klaus Grubmüller, Historische Semantik und Diskursgeschichte: zorn, nît und haz, in: Jaeger / Kasten, Codierungen von Emotionen (wie Anm. 4), S. 47-69.

und die Erzählung (den *discours*)[20]: „In jeder Aussage lassen sich provisorisch diese beiden Aspekte auseinanderhalten: einerseits ein vom Sprecher ausgehender Akt, ein sprachliches Gebilde [*Sujet, Rede*]; andererseits die Evokation einer bestimmten Realität [*Fabel, Geschichte*]; und diese hat in der Literatur keine andere Existenz als diejenige, die ihr von der Aussage selbst gegeben wird."[21]

Die Ebene des *discours*, die Erzählung oder das Sujet, gerät leicht in Vergessenheit, weil es ihre Funktion ist, sich selbst vergessen zu machen zugunsten der *histoire*, der erzählten Welt, die der *discours* entstehen lässt. In ihr gibt es tatsächlich keinen Unterschied zu unserer außertextuellen Erfahrungswelt, denn sie wird vom *discours* zumeist präsentiert als jene Welt, in der Menschen leben, lieben und sterben. Diese Analogisierung zwischen der erzählten Welt und unserer Erfahrungswelt ist uns ganz selbstverständlich und gehört zu unserem literarischen Wissen. Sie befähigt uns, Literatur zu verstehen, denn zumeist soll die Erzählwelt mehr oder weniger genau unsere Erfahrungswelt abbilden. Deshalb ist es nicht nur legitim, sondern notwendig, dass wir ihre Leerstellen auffüllen: Wenn es regnet, dürfen wir solange davon ausgehen, dass die

20 Genette unterteilt die Erzählung in drei Ebenen: (i) die der *narration* („in einem dritten Sinn, der wahrscheinlich der älteste ist, bezeichnet *Erzählung* noch ein anderes Ereignis: diesmal nicht mehr das, von dem erzählt wird, sondern das, das darin besteht, dass jemand etwas erzählt: den Akt der Narration selber"; Gérard Genette, *Die Erzählung,* München ²1998, S. 15 (Hervorhebung im Original), (ii) die des *discours* („In einem ersten Sinn […] bezeichnet *Erzählung* die narrative Aussage, den mündlichen oder schriftlichen Diskurs [discours], der von einem Ereignis oder einer Reihe von Ereignissen berichtet"; ebd., S. 15) und (iii) die der *histoire* („in einem zweiten […] Sinn […] bezeichnet *Erzählung* die Abfolge der realen oder fiktiven Ereignisse, die den Gegenstand dieser Rede ausmachen, und ihre unterschiedliche Beziehung zueinander"). Zur Differenzierung zwischen *discours* und *histoire* vgl. inbesondere Émile Benveniste, *Problems in General Linguistics,* Miami 1971 (Miami Linguistics 8).

21 Tzvetan Todorov, *Poetik der Prosa,* Frankfurt a. M. 1972 (Ars poetica 36), S. 38. „In jeder Erzählung unterschieden sie [die russischen Formalisten] die *Fabel*, d. h. die Folge der dargestellten Ereignisse, so wie sie sich im Leben hätten abspielen können, vom *Sujet* als der besonderen Anordnung, die der Autor diesen Ereignissen gegeben hat."

Straßen in der erzählten Welt nass werden, bis der Erzähler uns korrigiert. Wenn uns erzählt wird, dass es in der erzählten Welt Nacht ist, schlussfolgern wir, dass es ‚dort' dunkel ist, auch wenn der Erzähler darüber kein Wort verliert. Wird uns mitgeteilt, dass eine Figur Mutter ist, so setzen wir die Existenz eines oder mehrerer Kinder fürderhin voraus, selbst wenn sie in der erzählten Welt niemals ‚auftreten'. Und selbstverständlich hat jede Figur auf der Ebene der *histoire* eine Kindheit durchlebt, hat Eltern, die entweder noch leben oder bereits gestorben sind. Und so wie wir haben alle Figuren der erzählten Welt auch ein Herz, eine Seele und eine Psyche, sie haben Gefühle wie wir und drücken sie auf eine Weise aus, die es uns erlaubt, sie zu verstehen. So wie wir verdrängen auch sie, träumen sie, haben sie verborgene Ängste und Wünsche, ein komplexes Unbewusstes und werden von Impulsen gesteuert, über die sie sich oft gar nicht im Klaren sind – allerdings gilt dies nur auf einer der beiden Ebenen, die die Erzählung konstituieren, nämlich der der *histoire,* jener erzählten Welt der Figuren selbst.

Wir behandeln literarische Texte also als Ausschnitte einer unabhängig vom Blick des Erzählers existierenden, vollständigen und abgeschlossenen Welt, obwohl wir es besser wissen. Denn natürlich stellt die Erzählung keinen Ausschnitt einer ‚anderen' Welt dar, sondern erzeugt diese (als literarische immer vollständige) Welt, die allein in und aus jenen Ausschnitten besteht, die erzählt werden, auch wenn diese uns suggerieren, dass beispielsweise die Handlungen in der Erzählung auch dann weiterlaufen, wenn der Erzähler sie gar nicht erwähnt: Wir setzen voraus, dass die Figuren nachts schlafen, auch wenn wir nicht darüber unterrichtet werden. Literatur bedarf der selbsttätigen Ergänzung durch den Leser (und Hörer): Der Erzähler muss die Blütenpracht einer Frühlingswiese nicht eigens beschreiben; wenn er uns mitteilt, dass eine Figur im Monat Mai einen Spaziergang durch die Landschaft unternimmt, ergänzen wir, was wir aus unserer Erfahrung wissen, und vervollständigen das Erzählte um das Gewusste und das Imaginierte. Wie solche literarischen ‚Leerstellen' zu bewerten sind, ist eine nach wie vor offene Frage: Gehört, was wir ergänzen, zur Erzählung oder ist es Teil unserer Phantasie? Hat der von der Erzählung ausgesparte nächtliche Heimweg einer Figur vom Ballhaus zum Ankleidezimmer, in dem wir ihr am nächsten Morgen ‚wiederbegegnen', je stattgefunden, wenn der Erzähler ihn nicht erzählt?

Diese Frage kann durch die Differenzierung zwischen Erzählebene und Erzählwelt leicht beantwortet werden. Denn der ausgesparte Rückweg hat in letzterer stattgefunden, obwohl sie auf der Erzählebene nicht vorkommt. Nur das Zusammenspiel und die Diskrepanz zwischen beiden bringt hervor, was wir als ‚Literatur' bezeichnen. Das aber bedeutet, dass die Identität zwischen der erzählten Welt und der Lebenswelt des Rezipienten nur besteht, solange jene zweite Ebene ausgeblendet wird, die die Erzählung gemeinsam mit der ersten konstituiert, nämlich die des *discours*. Er erschafft aber erst jene Welt, die uns der eigenen so ähnlich zu sein scheint und doch so wenig Räumlichkeit besitzt wie ein Bild, das zwar durch einen Fluchtpunkt perspektiviert ist, aber seine Zweidimensionalität und Ausschnitthaftigkeit niemals zu überschreiten vermag. Und so will das Bild ja auch verstanden werden: Als Ausschnitt einer Realität, die unabhängig von ihm existiert. So stellt die Mona Lisa eine Frau dar und nicht das Bild einer Frau. Das aber ändert nichts daran, dass es ein Bild ist und die darauf dargestellte Mona Lisa nur als Bild und nicht als Frau existiert. Die Füße der Dargestellten existieren, auch wenn wir sie uns zu ihr ‚dazu denken', so wenig wie jene Leerstellen, die wir in einer Erzählung ergänzen: Der Heimweg der Figur, die wir im Ballhaus verlassen und der wir morgens wiederbegegnen, die Kindheit der Figuren, das schlagende Herz in ihren Körpern oder die Dunkelheit der Nächte, die nicht als ‚dunkel' beschrieben werden.

So wie das Bild Räumlichkeit nur fingiert, fingiert die Erzählung eine Welt, in der wir die unsere wiedererkennen können und sollen. Wir genießen die Lektüre, weil wir so bereitwillig in die erzählte Welt und ihre Bewohner eintauchen, dass wir sogar in Bezug auf literarische Welten von ‚Sichtbarkeit'[22] sprechen, obwohl eigentlich

22 Im Folgenden in Auswahl einige Veröffentlichungen von Horst Wenzel, der einer der wichtigsten Vertreter der mediävistischen Forschungen zu den Themen ‚Lesbarkeit', ‚Sichtbarkeit' und ‚Körperlichkeit' ist: Horst Wenzel und C. Stephen Jaeger in Zusammenarbeit mit Wolfgang Harms, Peter Strohschneider und Christof L. Diedrichs (Hg.), *Visualisierungsstrategien in mittelalterlichen Text- und Bildzeugnissen,* Berlin 2005, darin: Horst Wenzel, Wahrnehmung und Deixis. Zur Poetik der Sichtbarkeit in der höfischen Literatur, ebd., S. 17-43; ders. (Hg.), *Visualität. Sichtbarkeit und Imagination im Medienwandel*. Themenheft der Zeitschrift für Germanistik. Neue Folge IX 3 (1999); ders., Verschobene Evidenzen. Zur Verstetigung

nur die Figuren und der Erzähler, nicht aber wir selbst etwas sehen können. Mag nun auch der ‚Leseratte' der durch keine Reflexion getrübte Lesespaß zugestanden und gegönnt sein, so sollte sich der Literaturwissenschaftler Rechnung ablegen über den Effekt, der den Eindruck der Plastizität, Lebendigkeit und Vollständigkeit jener Welt so geschickt fingiert, dass wir uns in sie nicht nur einfinden, sondern sogar so weit einfühlen können, dass wir zu vergessen beginnen, dass sie, die *histoire,* durch den *discours* hervorgerufen wird. Denn es laufen tatsächlich „die narrativen Absichten einiger Dichter [...] gerade darauf hinaus, den Rezipienten zu suggerieren, sie hätten ‚lebensechte' Personen mit all ihren emotionalen Eigenheiten direkt vor Augen"[23], doch das ändert nichts an der Tatsache, dass dieser Eindruck eben eine Suggestion ist. Es gilt zu beachten, dass jene Ähnlichkeit eine in jedem Punkt vom Erzähler hergestellte ist: Die erzählte Welt unterliegt weder einer Kausalität noch entspringt sie einer Natur, sondern allein dem Erzählakt des Erzählers.[24] Die Wahrheit, die innerhalb der Erzählung Gültigkeit

---

der körperlichen Wahrnehmung in Schrift und Bild, in: Maria Schnitter, Elisabeth Vavra und Horst Wenzel (Hg.), *Vom Körper zur Schrift,* Sofia 2007, S. 145-164.

23 Schnell, Erzähler – Protagonist – Rezipient (wie Anm. 6), S. 36.

24 Diese Präzisierung scheint mir gegenüber Schnell, Erzähler – Protagonist – Rezipient (wie Anm. 6), S. 32, geboten, der schreibt: „Ein solches Handeln aus subjektiven (selbstbestimmten, selbstverantworteten) Motiven bestreitet Philipowski. Ihr zufolge sind es allein die Erzählstrukturen, die für die Motivierung von Handlungen verantwortlich sind. Nicht die Protagonisten, sondern die Autoren bestimmen, wo es ‚lang geht'. An dieser Binsenweisheit wird man nicht rütteln wollen. Doch kommt es ja öfters vor, dass ein Autor einen Protagonisten präsentiert, der sich in einigen Situationen nach reiflichem Überlegen zu dieser oder jener Entscheidung durchringt und somit die Qualität eines Subjekts erlangt." Zunächst scheint es mir wichtig, zwischen Autor und Erzähler zu unterscheiden; meiner Auffassung nach ist es der Erzähler, auf den das Figurenhandeln zurückgeht, der die Figuren handeln lässt. Schließlich ‚hören' wir bei einem narrativen Text stets nur seine ‚Stimme' – was auch immer sich ereignet, ist durch ihn vermittelt. Diese Vermittlung ist ursächlich dafür, dass die Figuren ebenso wenig selbständig sind wie die dargestellten Personen auf einem Gemälde. Deren Schönheit bezeugt die Meisterschaft ihres Malers. An dieser grundsätzlichen Vermitteltheit än-

besitzt, wird allein durch ihn konstituiert, und zwar unabhängig von außerliterarischen Wahrheiten. So kann er umstandslos behaupten, unglücklich Liebenden zerspringe krachend das Herz im Leibe, ohne dass irgendjemand Anstoß daran nehmen würde, auch jedoch ohne dass irgendjemand glauben müsste, dass in der Welt außerhalb der Literatur tatsächlich Herzen in Leibern krachend zersprängen. Ursache dafür, dass die Herzen der Liebenden zerspringen, ist also auf der Ebene der Handlung ihre übermäßige Liebe, von der Perspektive des *discours* aus betrachtet aber der Erzähler, der sie zerspringen lässt.

---

dert sich auch dann nichts, wenn die Figuren als Subjekte geschildert werden. Denn auch dieses Merkmal der Subjektivität oder Individualität wird ihnen durch den Erzähler verliehen. Darüber hinaus ist zu differenzieren zwischen dem, was der Erzähler eine Figur sagen lässt bzw. wie er sie handeln lässt und dem, was er extradiegetisch über sie sagt. Wie diese Ebenen in der Analyse oft vermischt werden, lässt sich z. B. in einem Aufsatz von Jutta Eming, Mediävistik und Psychoanalyse, in: Jaeger / Kasten (Hg.), Codierungen von Emotionen (wie Anm. 4), S. 31-44, beobachten. Ebd., S. 43, heißt es: „Aufführungen und Inszenierungen in der mittelalterlichen Kultur sind so im Verbund mit einem höfischen Individuum zu denken, das diese durch ein erhebliches Maß an Verstellung, der Unterdrückung von Triebwünschen und Körperkontrolle erst produziert. [...] Dies zeigt sich an Erec [...]. Ihm genau wie ihr [Enite] scheint das Warten bis zur Hochzeitsnacht unerträglich, beide werden mit einem hungrigen Raubvogel verglichen [...]. Der Zwang, der sich im ‚Ableiten‘ des Begehrens in Blicke verbirgt, wird nicht nur in den naturalisierenden Vergleichen mit dem Raubvogel manifest [...].“ Zunächst werden Erec und Enite in der Beschreibung zu höfischen Individuen, die der Verstellung, der Unterdrückung von Triebwünschen und Körperkontrolle unterworfen sind. Doch schon auf der nächsten Seite wird unklar, um wessen Triebwünsche es beim Raubvogel-Vergleich eigentlich geht: „Wenn die Protagonisten des *Erec* als Raubvögel imaginiert sind, die einander gerne verschlingen würden, wenn sie nur dürften, werden indirekt Anforderungen eines höfischen Über-Ich ersichtlich, dem gegenüber sich das Ich als umso triebbestimmter empfindet.“ (ebd., S. 44) Wessen ‚Ich‘ ist hier den Anforderungen eines höfischen Über-Ich ausgesetzt? Erec, der wie ein Raubvogel empfindet, oder der Erzähler, der Erec mit einem Raubvogel vergleicht? Und was ist das ‚Ich‘ des Erzählers? Das des Autors Hartmann von Aue? Zu diesen Fragen Philipowski, Wer hat Herzeloydes Drachentraum geträumt? (wie Anm. 17).

Der fiktionale Text kann also von einer Welt erzählen, in der Kausalitäten herrschen, z. B. die, dass verhungert, wer nichts zu essen bekommt, aber er ist diesen Kausalitäten niemals selbst unterworfen. D. h.: Figuren können zwar Hungers sterben, aber sie müssen nicht essen, um am ‚Leben' zu bleiben – denn sie ‚leben' ja auch nicht. Was für unsere Welt die unverrückbaren Naturgesetzte sind, die diktieren, dass der Tag vierundzwanzig Stunden hat und der Herbst auf den Sommer folgt, ist für die erzählte Welt, also die *histoire*, der Erzähler, also das, was ich die Ebene der Vermittlung genannt habe, der *discours*. Wenn auf der Handlungsebene die Sonne aufgeht, ist das nicht darauf zurückzuführen, dass die Nacht vorüber ist, sondern darauf, dass der Erzähler einen neuen Tag anbrechen lässt. Wie alles andere in der Erzählung – wie den Sonnenaufgang, den Hunger, den Raum und die Figuren selbst – erzeugt er auch die Emotionen, die diese haben. Sobald wir die Figuren nicht mehr aus der Perspektive anderer Figuren beurteilen, für die sie nicht literarische Figuren sind, sondern Nachbarn, Verwandte, Liebhaber oder Geschäftspartner, müssen wir erkennen, dass sie eben keine Existenz vor oder nach der Beschreibung des Erzählers haben und wir diejenigen sind, die ihnen jene Plastizität und Anschaulichkeit verleihen, die sie uns dann so verwandt erscheinen lässt.

Denn sie selbst haben keine Eltern, führen kein Leben, haben keine Psyche und drücken auch keine Gefühle aus; der Erzähler tut das für sie, entweder, indem er ihre Gefühle beschreibt (‚sie schämte sich'), ihnen das Wort erteilt (sie sagte: ‚ich schäme mich') oder indem er berichtet, was sie taten, um ihre Gefühle zu zeigen (‚sie schlug die Augen nieder und errötete').[25] Aus dieser Tatsache folgt

25 Gesine Leonore Schiewer schlägt vor, in Bezug auf literarische Emotionsdarstellungen zu differenzieren in die ‚Thematisierung von Emotion': „Unter den *Ausdruck* werden alle nicht explizit thematisierten Manifestationsweisen subsumiert. Das Spektrum umfasst paraverbal-prosodische Phänomene wie zum Beispiel Stimmcharakteristika und Sprechtempo, ferner physiologische Reaktionen, die Mimik mit dem Blickverhalten, Gestik, Körperhaltungen und -bewegungen." Gesine Leonore Schiewer, Sprache und Emotion in der literarischen Kommunikation. Ein integratives Forschungsfeld der Textanalyse, in: Anz / Huber (Hg.), Literatur und Emotion (wie Anm. 2), S. 346-362, hier S. 347f. (Hervorhebung im Original). Ebd., S. 348: „Demgegenüber umfassen explizite *Thematisierungen* die verbale Benennung des Erlebens selbst." (Hervorhebung im Original). Schnell, Emotionsdar-

durchaus nicht „eine völlige Abschließung des einen Bereichs [der Erzählwelt] gegen den anderen [die Welt des Rezipienten]“.[26] Ebenso geht es nicht darum, „erzählte Emotion und Weltwissen

stellungen (wie Anm. 7), S. 89, bietet eine kleinteiligere Unterscheidung von „emotionsrelevante[n] Sprachebenen“ an: „erstens Ausrufe und Wörter, die unmittelbar die Emotion eines Sprechers *ausdrücken*: „Verdammt noch mal“ (Ärger) [...] zweitens die verbalen Fremd- und Selbst*beschreibungen* einer Emotion im Alltag; drittens die literarisch-rhetorische Beschreibung einer Emotion in einem Text.“ (Hervorhebungen im Original) Zu präzisieren wäre hier, dass sich diese Unterteilung noch weiter verfeinern ließe. Denn auch die beiden ersten Ebenen finden sich in der Literatur ja wieder. Dort können nicht nur Figuren ihre Emotionen durch Flüche und Ausrufe ausdrücken, sondern selbst beschreiben. Ihre Emotionen können aber auch durch andere Figuren beschrieben werden, etwa wenn eine Figur im Gespräch mit einer anderen entweder die Flüche und Ausrufe wiedergibt, durch die eine dritte Figur ihre Emotionen ausgedrückt hat (‚A sagte zu B: ‚und dann rief sie: ‚verdammt nochmal‘‘‘), die Äußerungen einer dritten Figur über ihre Emotionen einer anderen gegenüber weitererzählt (‚A sagte zu B: ‚C erzählte mir, dass sie sich geärgert habe‘‘) oder auch das Erscheinungsbild oder Verhalten einer Figur einer anderen gegenüber beschreibt (‚A sagte zu B: ‚C lief nach der Lektüre des Briefes rot an und stampfte mit dem Fuß auf‘‘). Diese drei Möglichkeiten stehen nicht nur den Figuren, sondern auch dem Erzähler zur Verfügung. Es gibt also sechs verschiedene Optionen zur literarischen Darstellung der Emotion einer Figur. Darauf kommt Schnell, ebd., S. 90, später selbst zu sprechen.

26 Schnell, Erzähler – Protagonist – Rezipient (wie Anm. 6), S. 38. Ähnlich der Einwand von Koch, die sich dagegen wendet, dass der Literaturwissenschaft „das Potential ab[gesprochen werde], einen eigenen, methodisch konstruktiven Beitrag zu Theorieangeboten zu leisten, die in der Mediävistik seit geraumer Zeit rezipiert werden und die zwar für die Beschreibung sozialer Phänomene angelegt worden sind, dazu jedoch auf Emotionsinszenierungen in literarischen Texten rekurrieren. Besonders zu nennen sind die nicht unumstrittenen, aber wirkmächtigen Arbeiten von Norbert Elias zum ‚Prozess der Zivilisation‘ und von Niklas Luhmann zu ‚Liebe als Passion‘.“ Elke Koch, Bewegte Gemüter. Zur Erforschung von Emotionen in der deutschen Literatur des Mittelalters, in: *Literaturwissenschaftliches Jahrbuch* 49 (2008), S. 33-54, hier S. 41. Ein ‚eigener‘ Beitrag der Literaturwissenschaft könnte in meinen Augen jedoch eben nur ein literaturwissenschaftlicher sein.

vollständig voneinander [abzukoppeln]".[27] Der Hinweis auf die Spaltung der Erzählung in *histoire* und *discours* stellt an sich noch keine Forderung nach Abkoppelung dar, er ist nichts weiter als eine Differenzierung, die so selbstverständlich ist wie die zwischen Leinwand und Darstellung im Falle der Malerei. Um das Verhältnis zwischen der Erzählwelt und der Welt des Rezipienten zu verstehen, muss, wie ich meine, diese Differenzierung vorgenommen werden, weil nur sie erkennen lässt, welchen Vermittlungsvorgängen das Erzählte unterworfen wird, bevor es Erzählung wird und als solche Analogien zum Erleben des Rezipienten aufweisen kann oder eben auch nicht.

Wenn aber davon auszugehen ist, dass Emotion und erzählte Emotion sich dadurch unterscheiden, dass letztere stets eine vermittelte, also zugewiesene, ist, niemals eine ‚eigene', ‚echte' sein kann, mag sie auch noch so glaubwürdig erzählt sein (denn erzählt wird sie – abgesehen von Ich-Erzählungen – stets von demjenigen, der sie nicht hat), dann ist zweifelhaft, ob Modelle, die zur Beschreibung von ‚echten' Emotionen konzipiert wurden, auf sie angewendet werden können.[28] Dann aber ist auch fraglich, was überhaupt adressiert, wer vom Unbewussten einer Figur spricht. Ist das, was sie verheimlicht, verdrängt, vergisst, Teil der Figur selbst, Teil des Aussagesubjekts, das die Realität der Geschichte konstituiert, also des Erzählers, oder ist es Teil der Erzählung als ganzer? Wie lässt sich die Figur überhaupt aus dem Erzählganzen isolieren?

Jeder Sachverhalt, der uns im Rahmen einer Erzählung mitgeteilt wird, weist folglich eine doppelte Wahrheit auf: eine, die für die Figurenwelt Gültigkeit besitzt (also z. B. die Behauptung, eine Figur sterbe an gebrochenem Herzen) und eine, die auf der Erzählebene gültig ist; hier ist die Frage nach der Ursächlichkeit des Todes ganz anders zu beantworten. Wie für alles andere gilt das auch für

27 Koch, Bewegte Gemüter (wie Anm. 26), S. 48.

28 „Die Darstellung der klagenden Kriemhild hat es also möglicherweise weniger auf die Beschreibung einer Emotion abgesehen als auf das Herausarbeiten von textimmanenten Bedeutungen dieser Emotion. Wir müssen in unserem Fall damit rechnen, dass – bei ein und derselben Emotionsdarstellung – symbolische Zeichenfunktionen über ‚natürliche', indexikalische Zeichenfunktionen ([die] ein ‚realistisches' Bild von Schmerz vermitteln wollen) siegen." Schnell, Erzähler – Protagonist – Rezipient (wie Anm. 6), S. 21.

Emotionsdarstellungen: Die Emotionen literarischer Figuren sind menschliche – und auch wieder nicht, so wie literarische Figuren existieren – und auch wieder nicht. Wie diesem Sachverhalt methodologisch Rechnung getragen werden kann, werde ich versuchen, weiter unten zu zeigen.

3. ‚Emotionen von Figuren' oder ‚Emotionsdarstellungen literarischer Texte'?

Ein entscheidender Unterschied zwischen Emotionen und Emotionsdarstellungen innerhalb literarischer Texte ist der, dass letztere sich nicht aus dem Erzählganzen isolieren lassen, ebenso wenig wie sich etwa ein wichtiges Ereignis oder eine zentrale Entscheidung aus dem Erzählganzen isolieren lässt. Vielmehr wird ein Ereignis – etwa ein Mord, eine Trennung, eine Krise – angekündigt, motiviert, auf verschiedenen Ebenen plausibilisiert und mit der Charakterzeichnung, dem Figurenprofil, verwoben.[29] Das macht es so

29 In diese Richtung gehend lassen sich Äußerungen verstehen, die Schnell macht. Er weist darauf hin, dass „Emotionsdarstellungen über das rein intratextuelle Geschehen hinaus extratextuelle Aufgaben erfüllen. Freilich ist es dann nicht die dargestellte Emotion, die emotionale Wirkung ausübt, sondern der Text! Die sprachliche Vermittlung einer Emotion wirkt auf Hörer und Leser, nicht die Emotion." Schnell, Emotionsdarstellungen (wie Anm. 7), S. 84. Vgl. auch das Fazit von Gerok-Reiter in einem Aufsatz zu Angst: „Angst tritt in dieser frühen deutschsprachigen Epik nicht als differenzierendes Charakteristikum der einzelnen Psyche auf, sie bietet keinen Zugang zur emotionalen Feinstruktur des Helden. Die Angstdarstellung dient vielmehr umgekehrt in der Hebelwirkung zwischen Gut und Böse der holzschnittartigen und effektvollen Typisierung der Figuren. Sie weist nicht in das Innere der Figuren hinein, sondern über die einzelne Figur, ja über den Text hinaus, ist als Rezeptionssignal an den Hörer zu verstehen, wie die Helden von vornherein zu bewerten sind." Annette Gerok-Reiter, Die Angst des Helden und die Angst des Hörers. Stationen einer Umbewertung in mittelhochdeutscher Epik, in: Annette Gerok-Reiter / Sabine Obermaier (Hg.), *Angst und Schrecken im Mittelalter. Ursachen, Funktionen, Bewältigungsstrategien* (= Das Mittelalter. Perspektiven mediävistischer Forschung, Bd. 12, Heft 1), Berlin 2007, S. 127-143, hier S. 133. Sabine Obermaier schließt sich Gerok-Reiter im Rahmen ihrer Eneas-Roman-Lektüre an: „Dies legt die Annahme nahe, dass es bei dieser Angst gar nicht um Angst als psychischen Zustand, als

problematisch, Emotionsdarstellungen wie Emotionen zu behandeln, denn sie sind – wie andere narratologische Textphänomene – keine selbständigen Entitäten.[30] Ähnlich umfassend wie die narrativen Funktionen zentraler Ereignisse sind auch die von Emotionen. Sie sind ebenso wenig eng an eine einzelne Figur geknüpft wie es etwa der Tod einer Figur ist. Zwar ist beispielsweise Siegfrieds Tod im *Nibelungenlied* natürlich ‚sein' Tod, doch dieser beginnt für den Rezipienten bereits vor dem Mord, lange sogar vor der Einführung der Figur in die Handlung, und er beeinflusst die Handlung noch lange Zeit später, er hat Auswirkungen auf andere Figuren an anderen Orten.

Gleiches gilt für Emotionen: Ähnlich wie von der Ermordung Siegfrieds wird die Handlung des *Nibelungenliedes* von Anfang bis Ende auch von Kriemhilds anfänglicher *minne* für Siegfried, ihrem *trûren* über seinen Tod und ihrem späteren *haz* gegenüber Hagen dominiert. Emotionen fungieren als Motive, als Ursachen, als Signale, die sich nicht auf eine einzige Figur fokussieren lassen. Kriemhilds Trauer beispielsweise, die sich in der nassgeweinten Kleidung manifestiert, die sie trägt, als sie König Etzels Boten Rüdiger empfängt, macht diesen, der Kriemhild ungeachtet der

innere emotionale Befindlichkeit geht. Vielmehr hat das Erzählen von der Angst des Helden hier Signalfunktion. Die Angst des Helden wird zum Indikator dafür, dass das Vertraute verlassen wird, um in ein unbekanntes Unheimliches vorzudringen." Sabine Obermaier, Höllenangst, Kriegerangst, Liebesangst. Narrative Räume für Angst im ‚Eneasroman' Heinrichs von Veldecke, in: Gerok-Reiter / Obermaier (Hg.), Angst und Schrecken im Mittelalter (wie Anm. 29), S. 144-160, hier S. 149.

30 Der Tod Siegfrieds etwa ist kein Unglück, das dem Helden widerfährt, vielmehr deutet sein ganzer Charakter auf seinen gewaltsamen Tod hin, frühe Vorausdeutungen des Erzählers und Träume der Figuren machen ihn von Anfang an unausweichlich, die ganze spätere Handlung, das Verhältnis zwischen den Figuren – den Verschwörern, Kriemhilds Gefolgschaft, ihr und ihrem Sohn Ortlieb – all das bildet einen umfänglichen, ausgedehnten, aber zusammenhängenden Komplex, in dem der Tod durchgängig ursächlich oder maßgeblich wirkt. Er ist nicht etwas, das der Figur zustößt, sondern ein Leitmotiv, das im Verbund mit anderen Leitmotiven wie dem Hort, dem Schwert Balmung oder den ungehört verhallenden Warnungen, die immer wieder ausgesprochen werden, den Text strukturiert und die Handlung vorwärts treibt.

eindeutigen Zeichen ihrer anhaltenden Trauer um Siegfried hartnäckig dazu drängt, die Werbung seines Herrn anzunehmen, mitschuldig an seinem Ende. Kriemhilds auch bei Etzel noch fortgesetzte Trauer um Siegfried wird im zweiten Teil zur Lüge der Boten, die den Burgunden die verräterische Einladung überbringen, Kriemhild dabei aber auf ihr Geheiß hin als ausgeglichen schildern und dafür später zur Rechenschaft gezogen werden. Bei der Ankunft der Burgunden bei Etzel wird Kriemhilds Trauer zur Warnung, die Dietrich seinen Freunden gegenüber ausspricht: „*Kriemhilt noch sêre weinet den helt von Nibelunge lant.*“[31] In dieser anhaltenden Trauer, von der in Worms zu erzählen den Boten verboten worden war[32], ist der ganze Verrat der Einladung, das von langer Hand vorbereitete Ende der Burgunden, verdichtet und vorweggenommen. Sie ist nicht allein Kriemhilds Emotion, sondern Ausgangspunkt und Antriebskraft des gesamten zweiten Teils des Nibelungenliedes.[33] Deshalb ist sie als Bestandteil und Funktion innerhalb des Erzählzusammenhanges viel präziser und differenzierter zu bestimmen denn als Hervorbringung (der Psyche) einer Figur. Parzivals *minne* z. B. strukturiert die gesamte Blutstropfen-Episode, den Raum, in dem sie sich abspielt, und die Figuren, die Parzival begegnen, die Handlungen, die ausgeführt werden. Die Entwicklungen, die dadurch stattfinden, hängen mit ihr zusammen, exponieren, kommentieren, bewerten und vergegenständlichen sie.[34] Sind Figuren füreinander auch Menschen, so erlangen sie die Bedeutung,

31 Das Nibelungenlied, nach der Ausgabe von Karl Bartsch hg. von Helmut de Boor, Wiesbaden [15]1959 (Str. 1724, 4).

32 „*Und swaz ir mîner vriunde immer muget gesehen / ze Wormez bî dem Rîne, den sult ir niht verjehen / daz ir noch ie gesæhet betrüebet mînen muot.*“ (Str. 1415, 1-3).

33 Vgl. zu diesem Zusammenhang auch: Jan-Dirk Müller, *Spielregeln für den Untergang. Die Welt des Nibelungenliedes,* Tübingen 1998.

34 Elke Koch spricht diesen Aspekt an: „In Erzähltexten wird über Emotionen nicht oder nicht vorrangig abstrahierend gesprochen, vielmehr werden darin Figuren unter anderem dadurch konstituiert, dass ihnen durch unterschiedliche narrative Strategien Emotionen zugeschrieben werden. Diese Emotionen erscheinen daher in Handlungszusammenhänge und soziale Konstellationen eingebunden. Diese Besonderheit gilt es systematisch einzubeziehen.“ Koch, Bewegte Gemüter (wie Anm. 26), S. 46.

die sie für den Leser haben, doch nur dadurch, dass sie Teil jenes komplexen und verzahnten Verweisungszusammenhanges sind, den wir ‚Erzählung' nennen:

> Wir reagieren auf Figuren als fiktive Wesen, Symbole, Symptome und Artefakte, verwenden dabei diverse Formen der perspektivierten Einschätzung und werden durch zeitliche und situative Kontexte der Figuren beeinflusst. [...] Zum Tragen kommen aber auch Gefühle auf weiteren Ebenen, etwa Erkenntniserleben beim Verständnis der Symbolik, emotionale Resonanzen eigener Identitäts-Aspekte, Wertschätzung der künstlerischen Leistung, politische oder cineastische Selbstbestätigung. Diese Ebenen stehen in Wechselwirkung miteinander.[35]

Wir nehmen Figuren also nicht einfach nur als Modelle von Menschen wahr, sondern beziehen uns auf sie immer im Rahmen eines vielschichtigen Zeichengefüges, in dem die Bedeutung einer Figur sich immer auch aus der Bewertung anderer Figuren ergibt: Wie wir Kriemhild im *Nibelungenlied* und ihre Handlungen beurteilen, hängt auch davon ab, welche Konnotationen wir Siegfried, Hagen, Dietrich und Rüdiger verleihen. Wenn es aber bereits zu einfach ist, eine Figur als abgrenzbare Handlungseinheit innerhalb des Erzählganzen zu verstehen, dann muss es erst recht eine Simplifizierung darstellen, die Emotionen, über die sie sich in das narrative Geschehen einbringt und die der Erzähler mit Orten, Ereignissen und anderen Figuren verknüpft, einfach als ‚ihre' Emotionen aufzufassen.

Das möchte ich im Folgenden am Beispiel der Prosanovelle *Eurialus und Lucretia* zeigen. Was ich an diesem Text veranschauliche, scheint mir allerdings ganz allgemein auf die literarische Gestaltung und Stilisierung von Emotionen zuzutreffen; *Eurialus und Lucretia* habe ich ausgewählt, weil die Erscheinung, auf die ich hinweisen will, hier ganz besonders deutlich ist – nicht, weil der Text in spezifischer Weise mit Emotionsdarstellungen verfahren würde.

4. *Eurialus und Lucretia*

Die sich als Brief gerierende Prosanovelle *Eurialus und Lucretia* ist eine Übersetzung aus dem Lateinischen. Niklas von Wyle übersetzt die *Historia de duobus amantibus* von Eneas Silvio Piccolomini,

35 Eder, Drei Thesen (wie Anm. 10), S. 376.

der den Text 1444 schreibt, 1462 Wort für Wort ins Deutsche. 1478 wird der Text zusammen mit 17 anderen *Translatzen*[36], also einzelnen Übersetzungsstücken aus dem Lateinischen, zum ersten Mal in Esslingen von Konrad Fyner gedruckt.

Der Text erzählt von der tragisch endenden passionierten Liebe zwischen dem deutschen Edelmann Eurialus und der verheirateten sienesischen Bürgerin Lucretia. Ihre ehebrecherische Liebe wird jedoch nicht als idealisierte Ehebruchsminne, sondern als eine wahre Begebenheit, die sich erst unlängst zugetragen hat, erzählt. Der *Eurialus* wirkt, wie bereits Cramer anmerkt[37], ungemein modern dadurch, dass zwar ein Ehebruch seinen Gegenstand bildet, er aber alle aus der höfischen Literatur des Mittelalters zur Verfügung stehenden Mittel der Fiktionalisierung, der Legitimierung und der Stilisierung zur verfeinerten höfischen *minne* suspendiert. So ist der Text beispielsweise nicht in Versform, sondern in Prosa abgefasst, er besitzt keine sinntragende oder -generierende symbolische Erzählstruktur, keine höfische Idealisierung der Beziehung zu *dienst* oder *minne* verklärt sie: Leidenschaftlich entflammt begeht Lucretia offenen Auges Ehebruch mit allen daraus resultierenden

---

36 Edition: Niclas von Wyle, Translationen, hg. von Adelbert von Keller, Stuttgart 1862, Bibliothek des Litterarischen Vereins in Stuttgart (*BLVS* oder *StLV*), Bd. 57. Zur Frage der Überlieferung der Schriften Piccolominis vgl. Frank Fürbeth, Aeneas Silvius Piccolomini Deutsch. Aspekte der Überlieferung in Handschriften und Drucken, in: Stephan Füssel / Volker Honemann (Hg.), *Humanismus und früher Buchdruck.* Akten des interdisziplinären Symposions vom 5./6. Mai 1995 in Mainz, Nürnberg 1997, S. 83-113. Zur Person Niklas' siehe Franz Josef Worstbrock, Niklas von Wyle, in: ²VL, Bd. 6., Sp. 1016-1035, und Franz Josef Worstbrock, Niklas von Wyle, in: Stephan Füssel (Hg.), *Deutsche Dichter der Frühen Neuzeit 1450-1600. Ihr Leben und Werk,* Berlin 1993, S. 35-50. Zu der Person Piccolominis: Franz-Josef Worstbrock, Piccolomini, Aeneas Silvius (Papst Pius II.), in: ²VL, Bd. 7, Sp. 634-669.

37 „Das Werk kann so als literarische Einlösung der Forderung nach Beobachtung der Wirklichkeit gelten. Deren Analyse macht aus der bloßen Faktenerzählung eine psychologische Studie, die sich aller Mittel der modernen Erzähltechnik bedient: Briefe, innere Monologe, Dialoge in direkter Rede und wechselnde Erzählperspektiven." Thomas Cramer, *Geschichte der deutschen Literatur im späten Mittelalter* (Geschichte der deutschen Literatur 3), München 1995, S. 360.

Gefahren, Peinlichkeiten und Gewissensnöten. Die Anziehung, die Eurialus und Lucretia aufeinander ausüben, entspringt keiner Auszeichnung, keinem Adel oder besonderen Tugendhaftigkeit, und sie produziert (deshalb) auch, anders als die *minne* in mittelalterlichen Ehebruchserzählungen, keinen *hohen muot*.[38] Lucretia ist nicht Eurialus' *minne*-Herrin, er dient ihr nicht, sondern verführt sie, kaum mit dem Ziel der ethischen Selbstvervollkommnung, sondern mit dem, sie zu seiner Geliebten zu machen. Es ist schiere und unbeschönigte körperliche Leidenschaft, die zwischen ihnen herrscht; ob überhaupt von einer Liebesgeschichte im emphatischen Wortsinne die Rede sein kann, darf also füglich bezweifelt werden. Thema der Novelle ist deshalb auch kaum die Frage, ob „tiefe, todbereite Liebe nicht über kirchlicher und weltlicher Gesetzgebung [steht]".[39] Im Grunde wirft der Text gar keine Fragen auf, sondern konfrontiert seinen Leser mit Tatsachen wie der, dass dem Untergang geweiht ist, wer so rückhaltlos seine Selbstbeherrschung aufgibt wie Lucretia. Dass der Autor sich dazu der Geschichte eines Ehebruchs bedient, hat nichts mit den mittelalterlichen Konnotationen ehebrecherischer *minne* zu tun, die die Liebe zu einer verheirateten Frau als „die erzählerisch optimale Möglichkeit [nutzen], um die erotische Dialektik als lebensgefährlichen Wechsel zwischen Einssein und

38 Signifikanterweise erzeugt schon ganz am Anfang, in der Beschreibung des Erscheinungsbildes Lucretias', deren Schönheit keine Freude unter den Anwesenden, sondern Zwietracht und Zerwürfnis: „*Nützit was an Jrem lybe vnloblichs. Jr vsswendig forme vnd gestalt / gab zemercken geschicklichkait Jnnwendiger form vnd vernunfte. vnd tet niemant die sechen / der nit hie durch ainen yeden man wurde vynden vnd hassen.*" Aeneas Silvius Piccolomini (Pius II) and Niklas von Wyle, *The Tale of Two Lovers / Eurialus and Lucretia*, ed. with introduction, notes and glossary by Eric John Morall, Amsterdam 1988, im Folgenden ‚*Eurialus und Lucretia*', S. 82, 18-22. Mit ihren Blicken kann Lucretia töten: „*Mit welichen ougen sy ouch wån sy wolt mocht tőten / vnd die selben toten (so sy gelust) wider vmb bringen zů dem leben.*" ‚*Eurialus und Lucretia*', S. 82, 5-7.

39 Benedikt Konrad Vollmann, Der Literat Enea Silvio Piccolomini, in: Franz Fuchs (Hg.), *Enea Silvio Piccolomini nördlich der Alpen*. Akten des interdisziplinären Symposions vom 18. bis 19. November 2005 an der Ludwig-Maximilians-Universität München, Wiesbaden 2008, S. 9-19, hier S. 12.

Distanz zu inszenieren“[40], sondern mit dem besonderen Status der Ehe als literarischem Thema des Frühhumanismus[41]:

> Das [Exempel] der Ehe ist insofern exemplarisch, als der Ehediskurs eine besonders hohe Exempeldichte aufweist und als die Ehe das zentrale Lebens- und Ordnungsmodell der Epoche ist und alles, was über sie gesagt wird, deshalb mit dem Anspruch auf autoritative Geltung auftritt. Beim Thema Ehe steht so viel auf dem Spiel, daß die anvisierten texttheoretischen und kulturtypologischen Überlegungen von hier aus eine besondere Reichweite gewinnen können.[42]

So wie durch den Erzähler kein Versuch unternommen wird, die Ehebruchshandlung, die Figuren oder ihre Leidenschaft zu beschönigen, so folgerichtig ist auch das dramatische Ende, das weder ein Happy End, noch auch nur eine Überhöhung des Paares im Liebestod für den Leser bereit hält. Vielmehr unterstreicht der einsame und qualvolle Tod der verlassenen Lucretia, die an der unmotivierten, keineswegs von den Ereignissen erzwungenen, Beendigung der Beziehung durch Eurialus zerbricht, und dessen durch den Kaiser veranlasste Verheiratung mit einer jungen Dame, was bereits zuvor deutlich geworden ist: *Eurialus und Lucretia* erzählt keine Liebesgeschichte, sondern spricht eine Warnung vor der Liebe und vor der unaufhaltsamen Zerstörung des Menschen aus, der der Leidenschaft zum Opfer fällt.

---

40 Walter Haug, *Die höfische Liebe im Horizont der erotischen Diskurse des Mittelalters und der Frühen Neuzeit,* Berlin / New York 2004 (Wolfgang Stammler Gastprofessur für Germanische Philologie 10), S. 56f.

41 „Die *Eurialus und Lucretia*-Novelle Enea Silvio Piccolominis ist ein perfektes Beispiel, um zu zeigen, dass die Prosanovellistik ideale Möglichkeiten bietet, humanistische Inhalte und Ansprüche auf kunstvolle Weise zu verbinden.“ Ursula Kocher, *Boccaccio und die deutsche Novellistik. Formen der Transposition italienischer ‚novelle' im 15. und 16. Jahrhundert,* Amsterdam / New York 2005, S. 279; vgl. auch Edith Feistner, Form und Funktion der Quaestio bei Albrecht von Eyb. Ein Beitrag zur Rhetorik des Ehediskurses in der Frühen Neuzeit, in: *Germanisch-romanische Monatsschrift* (*GRM)* 45 (1995), S. 268-278.

42 Manuel Braun, Unzuverlässige Zeugen. Exemplum und Geschlechterverhältnis im 16. Jahrhundert, in: *Scientia Poetica* 6 (2003), S. 1-27, hier S. 5.

Das zeigt sich in paradigmatischer Weise an den Emotionsdarstellungen: Die Heftigkeit und Unbeherrschbarkeit der Emotionen charakterisiert nicht allein die Figuren[43], es ist eher das Gegenteil der Fall: Diese sind funktional den Modellen von Emotionen zugeordnet, vor denen gewarnt werden soll. Unbeherrschbarkeit und Unkontrollierbarkeit sind jedoch nicht allein Merkmal der Emotionen, sondern sie bilden die Grundstruktur der gesamten Geschichte, die hier erzählt wird. Denn die Figuren beherrschen weder ihre Emotionen noch sich selbst, ihr Handeln oder die Entwicklung ihres Schicksals – nicht einmal Eurialus tut das. Als in den Diensten Kaiser Sigismunds stehend ist er seinem Befehl unterstellt, so dass nicht nur die Begegnung mit Lucretia, sondern auch die temporären Trennungen von ihr und schließlich auch seine Verheiratung mit einer anderen Frau von jenem und nicht unmittelbar von Eurialus herbeigeführt werden. Die beteiligten Figuren lenken die Handlung nicht aktiv, sondern sind ihr unterworfen, sie lassen sich treiben und sind ganz und gar vom Affekt gesteuert. Als Eurialus Pandalus, den er als Liebesboten zu gewinnen versucht, von den Anfängen seiner Beziehung zu Lucretia berichtet, stellt er deren Entstehung als eine *schickung des gelückes* dar:

> *vnd ist das (min lieber Pandale) nit beschechen miner schuld halb / sunder durch schickung des gelückes in des hand vnd gewalt steet die gantz welt / die wir dann eerent.*“[44] *[...] „wőlt got daz ich dise fröwen nie hett erkennet. aber wer ist der / der widersteen mug des gelückes schickung? jch hab mir die nit erwellet sunder hằt des gelückes fale mir die gegeben lieb zehaben.*[45]

---

43 Lucretia beispielsweise wird zum Gegentypus ihrer Namensschwester, von der Pia Holenstein behauptet, dass sie die „Exempelkataloge vorbildlicher Frauen [...] dominiert“. Pia Holenstein, *Der Ehediskurs der Renaissance in Fischarts ‚Geschichtsklitterung‘. Kritische Lektüre des fünften Kapitels,* Bern u. a. 1991 (Deutsche Literatur von den Anfängen bis 1700, Bd. 10), S. 311; vgl. auch Ian Donaldson, *The Rapes of Lucretia. A Myth and its Transformations,* Oxford 1982.

44 *‚Eurialus und Lucretia‘*, S. 150, 9-11.

45 Ebd., S. 150, 41-152, 2. Vgl. zur Figur der ‚Fortuna‘ auch Jan-Dirk Müller, Fortuna, in: Almut Schneider / Michael Neumann (Hg.), *Zwischen Mittelalter und Neuzeit* (Mythen Europas. Schlüsselfiguren der Imagination, Bd. 3), Regensburg 2005, S. 144-167.

Die Emotionen der Figuren sind keine ‚subjektiven' Merkmale, die die Figuren individualisierten, sondern eher Kristallisationspunkte jener Motive, um die die Erzählung kreist (nämlich Kontroll-, Freiheits- und Identitätsverlust[46]) und die den Kern der Warnung ausmachen, den diese frühhumanistische Auseinandersetzung mit der *conditio humana* darstellt.[47]

Dabei sind die feinen Unterschiede in der Figurenzeichnung von Eurialus und Lucretia signifikant: Entscheidend ist, dass diese nicht der spezifischen Eigenart der Figuren entspringen, sondern sie als Repräsentanten ihres Geschlechts charakterisieren. Es sind modellhaft ‚männliche' und ‚weibliche' Emotionen und Verhaltensweisen, die an Lucretia und Eurialus exemplifiziert werden. Dass Eurialus ein milderes Schicksal ereilt als Lucretia, ist deshalb auch allein der Tatsache geschuldet, dass Männer weniger heftig von der Liebesleidenschaft heimgesucht werden als Frauen, wie Lucretia in einem Brief an Eurialus selbst feststellt:

> *ir mane sint ains vestern gemůtes vnd mugen dise vngestůmen anfechtung bas gestillen dann wir fröwen. Ain fröwe wenne die in liebe angehept zewůten, so mag sy allain das end sőlicher liebe mit tode erfolgen. danne fröwen nit allain lieb habent / sunder sint sy in liebe vnsinnenklichen wůten, vnd es syge dann daz sy rechte bezalung vnd widergeltung haben irer liebe, so ist nützit vngestůmers dann ain liebhabende fröwe.*[48]

46 Von Lucretia erzählt beispielsweise Pandalus dem Eurialus: „*Dann alle ding bis an dich schetzet sy klain vnd nútzit, besunder allain dich acht sy grosz Du bist zů aller zyt in Jrem gemůt. din begert sy. näch dir belanget sy. din allain gedenckt sy. oft hat sy mir gerůft vnd gesprochen Euriole los (bitt ich) also ist die fröw durch liebe verwandelt, daz sy nit die ist / die sy vor gewesen ist.*" ‚*Eurialus und Lucretia*', S. 156, 7-12.

47 Vgl. dazu ausführlicher Katharina Philipowski, Prosaisches Begehren: ‚Eurialus und Lucretia' im Kontext des europäischen frühhumanistischen Frauen-, Ehe- und Affektdiskurses, in: André Schnyder (Hg.), *Eulenspiegel trifft Melusine,* Amsterdam / New York 2010 (Chloe, Beiheft zum Daphnis), S. 409-435.

48 ‚*Eurialus und Lucretia*', S. 108, 32-38.

Demgegenüber sagt sie über sich: „*jch erkenne mich selbs. ist daz ich an heb lieb zehaben, so halt ich weder mäsz nach regel.*“[49] Denn „*Ain fröw ist ain vngezåmptes tiere, mit kainen zômen zebeheben*“[50], weswegen es ihr noch weniger als dem männlichen Naturell gelingt, sich gegen die Leidenschaft zu wehren.[51] Dass Eurialus die leidenschaftliche Beziehung überlebt, ist also nicht durch seine Standhaftigkeit oder sein Vermögen motiviert, gegen sie anzukämpfen, ist kein Verdienst, sondern resultiert lediglich daraus, dass er Lucretias aufgrund seiner größeren Virilität und Vitalität bereits überdrüssig geworden ist.[52] Die zahlreichen von den Figuren wie vom Erzähler vorgenommenen Vergleiche mit berühmten Figuren der antiken Literatur unterstreichen die Modellhaftigkeit von Lucretia und Eurialus; sie werden stilisiert, und sie stilisieren sich in ihren Monologen selbst in der Tradition antiker Vorbilder, mit denen sie sich identifizieren und die sie dem Rezipienten zur Identifikation anbieten.[53] Diese deutliche Zitat- und Modellhaftigkeit entindi-

---

49 Ebd., S. 108, 17f.

50 Ebd., S. 116, 29f.

51 Das kündigt sich bereits in der brieflichen Korrespondenz der beiden an: „*Vnd schraib Euriol nit so brinnend. Lucrecia tett Jm so brinnend antworten.*“ ‚*Eurialus und Lucretia*‘, S. 116, 8f.

52 So antwortet er ihr auf ihr Angebot, mit ihm zu fliehen, mit Ausflüchten: „*jch dien dem kaiser / der håt mich gemachet zů ainem mane / mechtig gewaltig vnd ryche vnd Jch môcht ouch nit von Jm komen / åne zerstôrung vnd niderfale mines standes. Verliesz jch dann Jnn, so môcht Jch dich nit zimlich vnd als sich nåch dinen eeren geburte haben vnd halten. Volgte Jch aber nåch dem hofe, So wer weder dir noch mir aincherlay růwe.*“ ‚*Eurialus und Lucretia*‘, S. 170, 29-35.

53 So bezieht sie sich, als sie sich ihrer Leidenschaft für Eurialus bewusst wird, explizit auf antike Vorbilder: „*Vil ander fröwen haben disz ding ouch getån. Helena wolt werden gefangen vnd Paris fůrt die nit hinweg mit jm wider jren willen. Was sol jch melden Adrianam oder Medeam? Niemant straffet den Jrrenden der mit vil Jrret.*“ ‚*Eurialus und Lucretia*‘, S. 88, 28-31. Eurialus sagt, als er uneins mit sich ist, ob er sich seiner Leidenschaft hingeben soll oder nicht, zu sich selbst: „*Ist mir nit gebürlich daz sich gepurt Julio / das sich gepurt Alexandro vnd sich gepurt Hanibali?*“ ‚*Eurialus und Lucretia*‘, S. 96, 40-42. Vgl. auch Burghart Wachinger, Antike Muster bei der Verständigung über Frauen und Liebe in Latein und Volkssprache, in: Wolfgang Harms / Jan-Dirk

vidualisiert die Figuren und ihre Emotionen zusätzlich. Nicht nur die von Lucretia werden immer wieder als krankhaft (dazu weiter unten) dargestellt, auch Eurialus' scheinbare Liebe wird durch den Erzähler als vordergründig denunziert. Sie ist anfangs zwar groß und unbändig, doch so rasch sie sich beim ersten Zusammentreffen mit Lucretia eingestellt hatte, ist sie auch verflogen, als das Paar beinahe in Lucretias Zimmer vom Ehemann überrascht wird und Eurialus gezwungen ist, sich vor ihm zu verstecken. Sofort beginnt er an Lucretias Integrität zu zweifeln und seine Werbung um sie zu bereuen: „*Euriolus erschrack des vnd ward kranck vnd entsetzet aller siner kreften vnd hůb yetz an Lucretiam zehassen [...].*“[54]

So schnell seine Liebe dem Zweifel gewichen war, so schnell verflüchtigt sich aber auch dieser wieder, als die Gefahr gebannt ist. Für den Leser wird die starke und unerschütterliche Liebe, von der Eurialus Lucretia gegenüber behauptet, dass er sie empfände, dadurch nachdrücklich in Frage gestellt – sie entpuppt sich als Illusion und als Selbsttäuschung. Nicht nur, dass Eurialus über 24 Zeilen hin weinerlich und ängstlich sein Leid beklagt[55] und heilige Schwüre ablegt, die er später nicht einhalten wird („*Jst aber daz der gőten hilff mich hier von erlőset, kain liebe tůt mich yemer mer widerumb also instricken vnd fåhen*“[56]), sondern vor allem, dass er während seines gesamten inneren Monologs keinen einzigen Gedanken an die Gefahr verschwendet, in der sich schließlich auch Lucretia befindet, zeigt, dass Eurialus' Liebe alles andere als selbstlos und beständig ist.[57] So beklagt er die Schlechtigkeit der

Müller (Hg.), *Mediävistische Komparatistik.* Festschrift für Franz-Josef Worstbrock zum 60. Geburtstag, Stuttgart 1997, S. 163-176.

54 ‚*Eurialus und Lucretia*‘, S. 128, 12-14.

55 Nach seiner Rückkehr nach Hause wird er gegenüber seinen Dienern über weitere 23 Zeilen hinweg die Gefahren beschwören, die ihn bedroht haben, und die grausamen Strafen, die er im Falle seiner Entdeckung zu gewärtigen gehabt hätte.

56 ‚*Eurialus und Lucretia*‘, S. 128, 30f.

57 Röcke schreibt, dass Eurialus „in die trivialste Misogynie [mündet], welche die Liebesschwüre und Unterwerfungsrituale seiner Briefe ins Gegenteil verkehrt.“ Werner Röcke, Schriftliches ‚gedencken‘ und paradoxe Verneinung. Aspekte von Verschriftlichung und Affektkultur in der Novellistik des Spätmittelalters, in: Horst Wenzel (Hg.),

betrügerischen Frauen – *„Jch hab oft gehórt von betrugnüsz der wyben, vnd doch mich hie vor nit kónnen hůten*“[58] –, während es schließlich aber genau jene List und *betrugnüsz* Lucretias sein wird, die den Ehemann aus dem Zimmer schafft und dadurch ihren Geliebten und Lucretia selbst rettet. Dennoch gibt Eurialus unmittelbar nach diesem ersten Stelldichein sein Liebesgeheimnis seinen beiden Dienern preis, prahlt über seine Eroberung und setzt Lucretia dabei vor ihnen herab:

> *we mir toren Mins houptes hab ich vertruwt ainer fröwen / des hät mich min vater nit vnderwisen / do er mich lert / daz Jch mich an kainer fröwen trúw sólt verlässen. vnd da er sprach ain fröwen sin ain tiere vngezämpt / wild / vntrüw / beweglich vnstett / grim vnd grülich vnd tusentfaltigen zůfällen Jrs gemůtes vnderworffen.*[59]

Abwegig ist es deshalb, Eurialus' Wankelmut einer extrem belastenden Situation oder einem allgemeinen sozialen Druck zuzurechnen, damit das Verhältnis zwischen ihm und Lucretia als Liebesbeziehung stilisiert und in eine Reihe mit anderen Liebesgeschichten eingeordnet werden kann, in die sie nicht gehört:

> Doch scheint es mir wichtig, diesen plötzlichen Umschlag von Liebe in Feindseligkeit im Kontext einer extrem belasteten Situation nicht als die ‚eigentliche' Einstellung des jungen Mannes zu seiner Geliebten aufzufassen, was im Vergleich zur sonstigen Schilderung seiner Liebe

---

Gespräche – Boten – Briefe. Körpergedächtnis und Schriftgedächtnis im Mittelalter, Berlin 1997 (Philologische Studien und Quellen 143), S. 226-243, hier S. 234. Auch Kocher setzt sich mit Eurialus auseinander, der in ihren Augen „in einem ängstlichen Selbstgespräch seine Feigheit und treulose Einstellung gegenüber Frauen offenbart. Der Leser hat auf diese Weise einen Wissensvorsprung gegenüber Lucretia, die Eurialus nach wie vor voll und ganz vertraut." Kocher, Boccaccio (wie Anm. 41), S. 282.

58 ‚*Eurialus und Lucretia*', S. 128, 36f.

59 Ebd., S. 134, 22-27. In diesem Zusammenhang der Herabsetzung würde ich auch deuten, was Eurialus seinem Diener gegenüber über Lucretia sagt: *„wólt got daz du by mir gewesen werest. Candele des küngs Lidie elich husfröwe ist nit so húpsch gewesen als die ist. Jch hab nit wunder daz der selb küng sinen gemachel nackent wolt gezógt haben sinen gesellen vmb daz er dester volkomner fróid enpfienge. dann ich tete des gelychen ouch wo ich mócht vnd liesse dich Lucreciam nackent sechen.*" ‚*Eurialus und Lucretia*', S.136, 26-32.

> zu Lucretia auch nicht zu bestätigen wäre, sondern als Symptom für ein allgemeines Klima des sozialen Drucks.[60]

Ausgeblendet wird hier, dass der Text sich selbst (und das wird schon in den Widmungsbriefen, die ihm vorangestellt sind, deutlich) nicht als Liebesgeschichte, sondern als eine Warnung vor der Liebe präsentiert, die als Krankheit und als Wahnsinn konzipiert ist.

Weil die Leidenschaft, von der Piccolomini erzählt, so anstößig wie gefährlich ist, bedarf es ganzer dreier Paratexte, um behutsam und umsichtig zu der anzüglichen Geschichte, die als ein ‚*lychtfertiges ding*'[61] bezeichnet wird, hinzuführen. Außerdem sind weitere Sicherungsmaßnahmen notwendig: Niklas kann es sich mit der Legitimation seiner *Translatze* leicht machen, indem er auf die Autorität ihres päpstlichen Autors verweist: „*Aber wes entschuldigen Jch mich Jn so langen worten vnnütze, dann hǻt der hochgelert man Eneas Siluius obgenant / dises ding zů latin getǒrren machen vnd beschriben, der sidher bǻbst worden ist, Warvmbe solt dann ich das nit getǒrren tútschen vnd transferyeren [...].*"[62] Piccolomini selbst hat es schwerer und zieht sich zur Legitimation des Textes auf den mutmaßlichen Auftrag Marianus Sozimus zurück: „*Marianus Sozimus [...] hǻt mich disz tage her gebetten, daz Jch Jm beschrib zwey liebhabende menschen Vnd sagt / daz nit Jrte / ob ich die wǻrhait fürnem, oder nach sitt der poeten die ding erdechte.*"[63]

Darüber hinaus legitimiert er seine Geschichte durch einen nachdrücklich erhobenen und wiederholten Wahrheitsanspruch: „*Disz mans bitte maint Jch nit sin zeuerachten / vnd han beschriben ain geschichte zwayer liebhabenden menschen / vnd hier Jnne nútzit erdǻcht, sunder ist disz ding zů Senis beschechen / zů zyten do kaiser Sigmund allda lag [...].*"[64] Die Frivolität der Geschichte ist also

60 Jutta Eming, Die Maskierung von Emotionen in der Literatur des Spätmittelalters. Florio und Biancefora und Eurialus und Lucretia, in: Haubrichs (Hg.), Emotionen (wie Anm. 13), S. 49-69, hier S. 65.

61 „*Wie aber oder wǻr vmb ain mensch so groser tugend. Von mir erfordere oder beger / so ains lychtfertigen dinges / waisz ich nit.*" ‚*Eurialus und Lucretia*', S. 72, 28-30.

62 Ebd., S. 68, 2-7.

63 Ebd., S. 70, 5-10.

64 Ebd., S. 72, 36-40.

keine, für die sich der Autor verantwortlich machen lassen möchte, vielmehr liegt sie, seinen Aussagen zufolge, in der Natur der Ereignisse, die er nur wiedergibt und nicht erfindet.

Eine dritte Schutz-Strategie, derer sich sowohl Piccolomini als auch Niklas von Wyle befleißigen, ist die didaktische Funktion, mit der die Erzählung verknüpft wird: Niklas von Wyle schreibt in seinem Widmungsbrief an die Pfalzgräfin Mechthild, dass aus der übersetzten Geschichte die Erkenntnis hervorginge, dass „*in yetlicher bůlscher liebe allwegen entlich mer bitterkait vnd laides funden werden dann su̍ssikait můtes oder frőiden vnd deshalb sőlich liebe / billich sin zefliechen.*"[65] Noch deutlicher hatte sich Piccolomini, der von Vollmann als ein „persuasiver Literat"[66] bezeichnet wird, in seinem Widmungsbrief an Marianus Sozimus ausgesprochen:

> *So ist disz ding ain warnung Jungen lüten. Vnd dar vmbe so hőrent vnd merckent vf die Jungen fröwen vnd so sy diser sache vnder richtet syen, so wőllent sy fürsechen vnd sich hu̍ten, daz sy nit nǎch liebe der Jungen sich gangen verderben. Dann dise histori lert vnd vnder wyset, daz die jungen sich nit verfǎchent noch vnderwindent der ritterschaft der liebe / die da allwegen entlich mer gallen hǎt dann honges, sunder daz sy die gailikait zů rugk schlachent, die da die menschen beroubet Jrer vernunfte, vnd daz sy anhangent der lere gůter tugend / die da allain gewon ist zeseligen jren besitzer.*[67]

Wie geboten eine solche Warnung ist, wird vor allem daran deutlich, dass Piccolomini lieber von anderer Leuten Liebschaften erzählen möchte als von einer eigenen, weil er befürchtet – ob vorgeblich oder nicht, tut nichts zur Sache –, andernfalls durch die Erzählung in sich einen für bereits erloschen gehaltenen Funken Leidenschaft neu zu entzünden: „*Aber Jch wil lieber sagen vnd melden von ander lúten liebe dann von miner, Vmb daz Jch nit (So ich ains alten füres äschen vftrechen wőlt) Jn mir find ainen gnaiste noch glu̍ynde vnd*

65 Ebd., S. 66, 17-19.

66 Vollmann, Der Literat (wie Anm. 39), S. 14.

67 ‚*Eurialus und Lucretia*', S. 78, 24-33. Vgl. auch den Epilog: „*Welche da disz lesen werden / die wőllen sich lernen warnen vnd hu̍ten by ander lúten schaden daz Jnen das kom zů nutze, vnd nit sich flyssen zetrincken das getranck der liebe / das ferr vnd wyt mer aloes vnd bitterkait in im hǎt dann honges oder su̍sse.*" Ebd., S. 176, 18-22.

lebend [...].“[68] Die Brisanz des Stoffes wird auf allen Ebenen des Textes markiert: In den Vorreden, vom Erzähler, von den Figuren und der dramatischen Handlung selbst. Am drastischsten wird sie aber in den Emotionen der Protagonisten, die von diesen selbst nicht weniger differenziert thematisiert werden als vom Erzähler.

5. *bůlsche liebe*

Aus der Perspektive dieser mehrfachen Sicherungs-, Legitimations- und Schutzmechanismen wird klarer erkennbar, was den eigentlichen Gegenstand der hochemotionalen Geschichte bildet. Welch verderbliche Macht das Paar ergreift, wird insbesondere in den auffällig umfangreichen und langatmigen Figurenreden in Form von Dialogen oder Monologen, ergänzt um ausführliche Briefe, entwickelt. Immer wieder werden dabei Mächte wie Zufall[69] bzw. Schicksal[70], Krankheit[71] oder Natur[72] als ursächlich für die Leidenschaft erklärt, die beide erfasst. Sie sind als Liebende nicht nur unfrei, sondern sich auch selbst entfremdet.[73] Die Unbedingtheit von Lucretias Leidenschaft ist also durchaus keine positiv konnotierte

68 Ebd., S. 78, 9-12.

69 Der Erzähler klagt: „*wer wil nit sagen vnd bekennen alle ding vnder des gelückes gunst vnd vngunste geregiert werden? [...] dann dasselb welich es wil. tůt erheben vnd welich es wil trucken vf die erden. wer hăt Baccaro in disen dingen geschadt dann daz gelúcke?*“ Ebd., S. 140, 13-15 und 23-25.

70 Eurialus sagt: „*jch hab mir die nit erwellet sunder hăt des gelückes fale mir die gegeben lieb zehaben.*“ Ebd., S. 150, 42-151, 2. Mit „*gelück*“ übersetzt Niklas sowohl „*fatum*“, als auch „*casus*“.

71 Der Erzähler weist bereits am Anfang ihrer Passion auf „*das kranck gemůte diser fröwen*“ hin (ebd., S. 96, 24). Und auch Eurialus spricht Pandalus gegenüber von „*kranckhait*“. ‚*Eurialus und Lucretia*‘, S. 156, 17.

72 Lucretia sagt: „*dar vmb was widerstrebe jch dann der satzung der nature? liebe vberwindet alle ding.*“ Ebd., S. 98, 35-37.

73 Nachdem er Lucretia erblickt hat, ist Eurialus „*füro sin selbs nit mer mechtig*“, ebd., S. 84, 37f.

Gefühlsstärke (wie Worstbrock meint[74]) und wird auch von den Figuren selbst nicht bejaht, sondern etwa von Lucretia als krankhaft geschildert. Dem treuen Diener Sosias gegenüber, dem sie sich anvertraut und der sie ermahnt, die Flammen der Liebesglut in ihrem Herzen zu ersticken, klagt sie: „*Jch waisz sprach Lucrecia daz es recht vnd wol getån wer / das du sagst vnd råtest. Aber vngestůmikait der liebe zwinget mich nåch zefolgen dem bôsern Min vernunft merckt vnd waisz was grossen tieffen fals mir nåhet / vnd fall gesechend vnd wissend.*“[75] Und Pandalus schildert ihr Verhalten Eurialus gegenüber folgendermaßen: „*dise fröw [...] brinnet in liebe / vnd ist jr selbs vnmechtig. vnd ich kom ir dann zehilff so ertôtt sy sich mit ainem messer oder mit fallen oder springen vsser aim venster. dann ir ist nit me ainch acht weder Jrer eeren noch irs lebens.*“[76]

Aus dieser auf der Figuren- wie auf der Erzählerebene entwickelten Konnotation von Leidenschaft als Zwang und Ohnmacht den eigenen Affekten gegenüber müssen auch die Emotionsdarstellungen des Textes verstanden und bewertet werden, denn auf diese Aussage hin sind die Emotionen entworfen. Sie sind keine kulturhistorischen Indizien einer ‚Affektkultur‘[77] des 15. Jahrhunderts, sondern normative und didaktische literarische Modelle falschen Verhaltens und seiner Konsequenzen. Sie sind deshalb nicht vor dem Hintergrund dessen zu verstehen, was wir über Emotionen zu wissen glauben, allerdings auch nicht vor dem Hintergrund dessen, was ‚das 15. Jahrhundert‘ über Emotionen wusste[78], sondern als Bestandteil

---

74 „Die Autonomie der Leidenschaft wird nur an Lucretia wahr. Nur sie besteht sie, Schrecken und Bewunderung auslösend, als Schicksal und ist darin unantastbar.“ Worstbrock, Piccolomini (wie Anm. 36), Sp. 645.

75 ‚*Eurialus und Lucretia*‘, S. 94, 12-16.

76 Ebd., S. 156, 1-5.

77 So Röcke, Schriftliches ‚gedencken‘ (wie Anm. 57), S. 241.

78 Auch andere, textinterne Erklärungen dafür, warum die Beziehung der beiden scheitern muss, scheinen mir wenig überzeugend – etwa Röckes Versuch, dieses Scheitern auf die Kommunikationsformen des Paares zurück zu führen: „Gleichwohl liegen die Gründe für das Scheitern ihrer Bindung keineswegs ausschließlich in den gesellschaftlichen Konventionen, sondern u. a. und – wie ich meine – maßgeblich auch darin, wie die beiden Liebenden miteinander kommunizieren. Dies ge-

eines literarischen Spezialdiskurses[79], nämlich der frühhumanistischen Übersetzungsliteratur, den Barbara Weinmeyer mit dem Stichwort ‚Liebes- und Ehediskussionen' näher bezeichnet. Die Texte, die zu diesem literarischen Funktionstyp gehören, beschreibt sie folgendermaßen:

> Sie präsentieren sich als novellistisch zugespitzte, häufig in Sammlungen und Zyklen zusammengefaßte ‚Fallbeispiele', welche die Urteilsfähigkeit des Lesers herausfordern und praktische Entscheidungen aktivieren sollen. Bezogen sind solche Entscheidungen auf das Spannungsfeld der Beziehungen zwischen Mann und Frau. Sie sollen eine praktikable Balance der darin angelegten Extreme von Selbstverweigerung und Selbstverlust ermöglichen.[80]

Wichtig an dieser Beobachtung ist, dass die literarische Konzeption von Liebe nicht nur gattungs-, sondern diskursspezifisch ist. So kann ein Prosa-Roman des späten 15. Jahrhunderts eine gänzlich andere Liebeskonzeption aufweisen als eine Novelle, doch auch innerhalb des Corpus von Novellen – etwa denen des *Decamerone* – finden sich (selbstverständlich!) misogyn-schwankhafte und solche,

---

schieht, von dem ersten Zusammentreffen und dem ersten Aufflammen ihrer Liebe einmal abgesehen, in schriftlicher Form: Sie schreiben einander Briefe." Röcke, Schriftliches ‚gedencken' (wie Anm. 57), S. 233. Demgegenüber gehe ich davon aus, dass die Beziehung scheitert, weil sie als Exempel des frühhumanistischen Diskurses über leidenschaftliche ‚*bůlsche liebe*' fungiert und bereits aus dieser Ideologie heraus zu gar keinem anderen Ende führen kann als dem Scheitern.

79 Ich schließe mich im Gebrauch dieses Begriffes Walter Haug an: „Diskurse sind vorgegebene symbolische Ordnungen im Sinne von Deutungsmustern und Normgebungen, in die die Subjekte eintreten; dabei können diese an mehreren solchen Ordnungen teilhaben, ohne daß diese kompatibel sein müßten. [...] Die Diskurse wirken durch ihre Struktur determinierend und disziplinierend, sie sind machtbezogen, sie zeigen sich als Zwänge. Doch gerade dies treibt Gegenimpulse hervor. Der Statik der Ordnung wohnt ein dynamisches Moment inne, das sich in Diskontinuitäten auswirkt. Dies ist die ereignishafte Seite des Diskurses: Er drängt zu seiner eigenen Grenze und provoziert sie subversiv." Haug, Die höfische Liebe (wie Anm. 40), S. 13f.

80 Barbara Weinmayer, Studien zur Gebrauchssituation früher deutscher Druckprosa. Literarische Öffentlichkeit in Vorreden zu Augsburger Frühdrucken, München 1982 (Münchener Texte und Untersuchungen zur deutschen Literatur des Mittelalters 77), S. 214.

die den Tugenden der Frau im höchsten Maße huldigen. Um die Konnotationen, die innerhalb einzelner Texte vorliegen, angemessen verstehen zu können, reicht es deshalb nicht aus, literarische Epochen und Gattungen zu differenzieren, vielmehr muss der Zusammenhang eines spezifischen Sprechens, Wertens und Darstellens (z. B. von Emotionalität) herausgearbeitet werden, der Konnotationen steuert, Texte in Zusammenhang zueinander setzt und ihnen dadurch Bedeutung als Zitat, Kommentar oder Exempel verleiht. Von derartigen Konventionen hängt auch ab, wie Emotionsdarstellungen innerhalb eines Textes eingesetzt und funktionalisiert werden. In *Eurialus und Lucretia* sind Emotionen das, was den Vernunftgebrauch der Figuren und damit ihre Identität zerstört. Und so lässt sich die Darstellung der Emotionalität im Umkehrschluss auch als ein Lobpreis der Vernunft verstehen: „‚vernunft' ist ein Schlüsselbegriff in diesem Brief an Mechthild[81], in Eneas' Brief an Nicolaus von Wartenberg und in allen anderen *Translatzen* ebenfalls. Vernunft ist vonnöten, wenn man, obwohl man verliebt ist, richtig handeln will (Sigismunda); man braucht sie aber auch, um Texte zu verstehen."[82]

Vor diesem Hintergrund ist es wenig nachvollziehbar, wenn behauptet wird, dass Gefühl und Rationalität in *Eurialus und Lucretia* nur scheinbar einen Gegensatz bildeten:

> Das Modell der ‚passionierten Liebe', das für Eurialus und Lucretia ebenso wie für andere Dichtungen des Spätmittelalters in besonderem Maße geltend gemacht wurde, [...] bekommt dadurch einen speziellen Akzent, dass es mit einer Einsicht verknüpft ist, die in der Emotionalitätsforschung jedweder Couleur mit besonderem Nachdruck vertreten wird: dass Gefühl und Rationalität nur scheinbar einen Gegensatz bilden.[83]

Denn die heftigen Emotionen der Figuren bilden nicht nur einen deutlichen Gegensatz zur Vernunft, auf die die Warnungen des Erzählers immer wieder zielen, vielmehr sind sie für den Rezipienten nur in Bezug auf die Bedeutung von Vernunft in der frühhumanisti-

81 Gemeint ist das Widmungsschreiben Niklas von Wyles an Mechthild von der Pfalz, das der dritten *Translatze*, nämlich ‚*de remedio amoris*', vorgeschaltet ist.

82 Kocher, Boccaccio (wie Anm. 41), S. 277.

83 Eming, Die Maskierung von Emotionen (wie Anm. 60), S. 66f.

schen Auseinandersetzung mit verzehrender erotischer Leidenschaft adäquat zu deuten. Um das Spannungsverhältnis zwischen Vernunft und Emotionen herum ist die gesamte Erzählung komponiert[84]:

> Piccolominis Novelle Eurialus und Lucretia ist die Perfektionierung der novellistischen Erzählform, wie sie bei Boccaccio ihren Anfang nahm, in lateinischer Sprache. Die Standardthemen dieser Textform sind wesentliche Diskussionspunkte der Humanisten, die sich vor allem auf die folgenden fünf reduzieren lassen: Liebe und Ehe, vernünftiges Handeln, rhetorisches und poetisches Können sowie das aktive, unvoreingenommene Analysieren der Erscheinungen. [...] Ohne Einsatz des Verstandes und einer vernünftigen Urteilsfähigkeit ist dem Schicksal der Liebenden nichts für das eigene Leben abzugewinnen.[85]

Das wird nicht nur durch die Prosanovelle *Eurialus und Lucretia* nahe gelegt, sondern durch das Überlieferungsprogramm der *Translatzen* bestätigt, innerhalb derer die ersten drei Texte durch ihre Thematik eine programmatische Zusammenstellung bilden: An den *Eurialus*, die erste *Translatze*, schließt sich hier *Guiscardo und Sigismunda*, die vierte Novelle des zehnten Tages des *Decamerone*, an.[86] Wie Lucretia fällt auch Sigismunda ihrer übergroßen Liebe zum Opfer. Und auch die dritte *Translatze* hat übermäßige Liebe zum Gegenstand: Es ist die Übersetzung von Piccolominis *De remedio amoris*[87], ein Traktat, der die Schrecken und das Laster der ungebührlichen Liebe anprangert und pathologisiert:

> *Dise libe nimpt hin des menschen sinn, verkert aller erkantnüsz. Verstopft und töbt die vernunft und erleschet alles gemüte. Danne so du*

---

84 Auch von Baccarus, einem jungen Mann, der sich in Lucretia verliebt, wird gesagt, dass er „*von wegen grosser liebe beroubet [war] siner sinnen*". ‚*Eurialus und Lucretia*', S. 138, 5f.

85 Kocher, Boccaccio (wie Anm. 41), S. 286.

86 Gegenstand dieses Textes ist der Liebestod Sigismundas, die sich, früh verwitwet, in Guiscardo verliebt, der allerdings eine unstandesgemäße Partie darstellt. Ihr Vater erfährt von der heimlichen Liebschaft, lässt Guiscardo töten und seiner Tochter das herausgeschnittene Herz überbringen. Sie übergießt das Herz mit Tränen, trinkt sein Blut und stirbt an gebrochenem Herzen.

87 Georg Braungart, *De Remedio Amoris*. Ein Motiv und seine Traditionen von der Antike bis Enea Silvio Piccolomini und Johannes Tröster, in: *Archiv für Kulturgeschichte* 62/63 (1980/81), S. 11-28.

ain frŏwen lieb hast, so lebst du nit in dir sunder allein in ir. Was ist aber bösers? danne ainen lebenden menschen nit leben. ainen vernünftigen menschen nützit mercken noch versteen.[88]

6. Animalität: *bůlsche liebe* als Vernunftverlust, Vernunftverlust als Identitätsverlust

Für die Liebenden sind ihre Emotionen nicht nur nicht rationalisierbar, sondern sie machen sie – und das plausibilisiert die Überlieferungsgemeinschaft der Novelle mit Lukians *asinus aureus* im Heidelberger cpg 101[89] – den Tieren gleich. Besonders prägnant ist das hier entwickelte Liebeskonzept nämlich in seinem Aspekt der Animalität: Im Bann der Liebe wird der gebildete, freie Mensch zum unfreien und unvernünftigen Tier, er wird seiner Würde[90], seiner Willensfreiheit und seiner Souveränität beraubt.

Dass Eurialus mit seinem tänzelnden Streitross verglichen wird und die entflammte Lucretia mit einem heißen trockenen Acker, in dem, ist ein Brand erst einmal ausgebrochen, diesen nichts mehr aufzuhalten vermag, ist denn auch als Anspielung auf ihre erotische Haltlosigkeit zu verstehen, die unfehlbar die Katastrophe nach sich ziehen muss.[91] Die Leidenschaft, der das Paar zum Opfer fällt,

88 3. *Translatze* (wie Anm. 36), S. 96.

89 Vgl. das Digitalisat unter http://diglit.ub.uni-heidelberg.de/diglit/cpg101/

90 Röcke schreibt, dass das Paar gezwungen sei, seinem Liebeswunsch auf „verächtlichste Form nachzukommen: da verkleidet sich der mächtige Höfling Euryalus gegen alle Regeln der Öffentlichkeit der Ehre als Arbeitssklave, um zur geliebten Lucretia zu gelangen. Lucretia ihrerseits nimmt auf das strenge Reglement, das ihr als verheirateter Frau auferlegt ist, immer weniger Rücksicht.“ Röcke, Schriftliches ‚gedencken‘ (wie Anm. 57), S. 231.

91 „*es was Euriolo ain apfel gräwes pferd ains starcken vfrústigen halses mit dickem kambe vf die rechten syten geworffen vnd ains klainen houptes sich wol zŏmende. vnd daz da wincket mit den oren. welchs pferd ouch hüpsch vnd sichtbar machten ain kurtzer buche ain faisser rugk vnd ain kecke brust, das so man trumetet nit kond an ainer statt stille steen / sunder den gesampnoten zöme vnder sinen naslŏchern stetz kúwende tett bewegen / vnd mit vestem horne sines fůsses mit lutem gedŏn húlen das ertrich. disem pferd Euriolus sich gelychet so*

veredelt den Menschen nicht, sie ist auch keine einfache menschliche Schwäche, sondern sie beraubt ihn in ihrer Außerordentlichkeit seiner Menschlichkeit, indem sie seinen Verstand trübt oder gar ausschaltet. So klagt der Erzähler über die Bereitschaft des von Leidenschaft Ergriffenen, sich selbst zu erniedrigen:

> *vsz menschen werden vnuernünftige tiere stain oder krüter. das håt ouch gemaint der fürnemest poet Maro / da er geschriben håt daz Circe etlich jre bůlen hab verkert in gestalten vnd formen vnuernúnftiger tieren. Vnd es ist ouch also. daz vsser dem flammen der liebe des menschen gemůt also wirt geendert, daz wenig vnderschaids ist, zwüschen dem selben gemůt vnd ainem vnuernünftigen tiere.*[92]

Deshalb ist der Tod hier – anders als in mittelalterlichen Inszenierungen des Liebestodes – nicht mehr Bestätigung der Unverbrüchlichkeit der Liebe, der untrennbaren Liebeseinheit, an die keine Vergesellschaftungsform heranreicht, also letztlich Transzendierung des Paares über die engen Beschränkungen aller irdischen Konsoziation hinaus. Was der Tod hier besiegelt, ist das Scheitern der eigenen fehlgeleiteten Existenz. Damit sie an Lucretia exemplarisch entwickelt werden kann, darf Eurialus Lucretias Schicksal nicht teilen. In dem Maße, in dem er Distanz zu Lucretia und ihrem emotionalen Übermaß gehalten hat, gelingt es ihm auch, seine eigene Existenz fortzuführen. Die Forschung hat die erzählerischen Alternativen, die an beiden modellhaft entwickelt werden, missverstanden – etwa, indem sie von einer „Autonomie der Leidenschaft" gesprochen hat, die „nur an Lucretia wahr [wird]"[93] – weil sie sie an mittelalterlichen Liebenden gemessen hat. Doch Lucretias Tod hat nichts Glanzvolles; der Heroik des mittelalterlichen Liebestodes stellt der Text das Dahinsiechen gegenüber, der unauflöslichen Verbundenheit im Sterben Lucretias Einsamkeit und der heroischen

oft er Lucreciam sechen ward. weliche Lucrecia ouch [...] noch dann so sy Euriolum ersach / kain mässe weder ir selbs noch dem flammen irer liebe wist zegeben, sunder wie ain truckner túrrer acker durch zů gelässen füre wirt verbrennet vnd der selb so die haissen trucken winde den durch bläsent hőcher vnd wyter wirt brinnen, also wart die vnselig Lucrecia entzúndet." ‚*Eurialus und Lucretia*', S. 90, 9-24.

92 Ebd., S. 124, 32-39.

93 Worstbrock, Piccolomini (wie Anm. 36), Sp. 645.

Überhöhung des Liebesleides das bürgerliche neue Leben, das Eurialus nach dem Tod Lucretias beginnt.

Was am Beispiel des Textes in Bezug auf die literaturwissenschaftliche Emotionsdebatte deutlich wird, ist, dass die Emotionstheorie uns zwingt, die Emotion einer Figur als eine anthropologische Größe zu verstehen. Das aber ist weniger selbstverständlich, als es auf den ersten Blick erscheint. Denn diese anthropologische Perspektive auf die literarische Emotionsbeschreibung muss ausblenden, dass die Emotion der Figur immer eine Emotionsdarstellung des Erzählers ist, durch die er zwar eine einzelne Figur charakterisiert, durch die er aber immer auch sehr viel mehr als das allein tut. Die Emotionen Lucretias etwa sind nicht nur eine Aussage über sie selbst, sondern auch eine über die weibliche Charakterschwäche, über die Gefahr der Leidenschaft und über die Würde der Vernunft, die aufs Spiel setzt, wer sich seinen Emotionen ausliefert und hingibt. Die Art und Weise, wie (insbesondere Lucretias) Emotionen und das Ende, das sie herbeiführen, in *Eurialus und Lucretia* gezeichnet sind, ordnet die Beschreibung einem vielstimmigen literarischen Austausch über die Rolle der Frau und ihr Verhältnis zum Mann zu, der im Humanismus am Beispiel von Figuren wie Griseldis, Sigismunda oder Marina geführt wurde. Wenn wir uns aber klar machen, dass eine literarische Emotionsdarstellung nicht nur Bestandteil eines hochkomplexen narrativen Textgefüges ist, sondern darüber hinaus von literarhistorischen Diskursen geprägt wird, die nicht repräsentativ für ihre Zeit sein müssen (humanistische Werte repräsentieren beispielsweise nicht ‚die' Werte des 15. Jahrhunderts!), dann muss füglich bezweifelt werden, dass literarische Emotionsdarstellungen sinnvoll den Gegenstand von Emotionstheorien bilden können. Das mag eine enttäuschende Einsicht für denjenigen sein, der Schnittstellen etwa zwischen den Natur- und Geisteswissenschaften sucht (oder suchen muss). Sie macht aber darauf aufmerksam, dass es unter allen Erkenntnisgegenständen einen einzigen gibt, dessen Erforschung die Kompetenz des Literaturwissenschaftlers erfordert – nämlich die Literatur.